리바이어던 재정

예산과 세금의 정치경제학

이화학술총서

리바이어던 재정

예산과 세금의 정치경제학

박정수 지음

PUBLIC FINANCE AS LEVIATHAN

이화여자대학교출판문화원

프롤로그

토머스 홉스Thomas Hobbes는 『리바이어던*Leviathan or The Matter, Forme, and Power of a Commonwealth Ecclesiasticall and Civil*』(1651)에서 국가의 필요성을 사회계약설을 통해 설명한다. 이 책의 표지에는 수많은 사람의 조합으로 이루어진 거인이 머리에 왕관을 쓰고 오른손에는 검을 쥔 채 산 너머의 도시를 내려다보는 그림이 있는데, 이 거인의 이름이 바로 '리바이어던'이다. 『구약성서』「욥기」에 나오는 괴물이지만, 혼돈을 상징하기보다는 통치와 질서를 보장하는 힘의 소유자다. 우리가 국가에 세금 부과의 권리를 부여하는 것은 자연 상태의 만인 대 만인의 투쟁에서 벗어나 개인의 안전과 질서, 그리고 안락한 삶을 보장받기 위해서다. 하지만 비록 국가에 자신의 권리를 일정 부분 양도했더라도 국가가 책임을 다하지 않는다면 국민은 이를 거부할 자유를 갖는다. 1215년 영국에서 대헌장Magna Carta이 선포된 후 재정public finance은 국가의 살림으로 사회계약에 의해 승인된 권력이 되었다.

복합 위기를 이야기하는 지금, 국민의 행복을 증진시키고 지속가능하게 하기 위해서는 나라살림에 대한 정치경제학적 이해가 필요하다. 시장에서는 자원의 배분이 '보이지 않는 손', 즉 가격과 경쟁에 기초해 이뤄진다. 수요와 공급의 압력이라는 기제를 통해 재화와 서비스의 가격이 결정되고, 이에 따라 요소와 산출물, 서비스가 교환 배분되며, 그 과정에서 소위 파레토 효율Pareto efficiency이라는 균형을 찾아가게 된다. 물론 이때의 한계는 참 많다. 완전 경쟁이라는 비현실적인 가정, 즉 지식과 정보에 대한 제약이 없고 무수히 많은 수요자와 공급자가 존재한다는 가정이 상정되기 때문이다. 더불어 근본적으로는 보상을 전제하며 재분배에 대해서는 눈을 감는다. 이로 인해 시장이 실패하는 부분에서 정부의 역할과 재정이 등장하고, 형평성과 정의 그리고 사회 안전망의 구축이 대두된다. 최근에는 환경environment, 사회social, 지배구조governance를 뜻하는 'ESG'와 기후 변화가 사회 전반에서 주요 키워드로 부상하고 있는바, 이 영역 역시 정부가 룰메이커이자 페이스메이커로서 앞서 실천하는 역할을 해줄 것이 기대되고 있다.

하지만 정부도 시장과 마찬가지로 불완전하다. 무엇보다 비교 대상이 없으니 적절한 가격이나 가치를 알기 어렵다. 따라서 좋은 정부, 역량 있는 정부, 일 잘하는 정부, 신뢰받는 정부에 대해서 국민적인 공감대를 형성하는 것은 여간 어려운 일이 아니다. 정치인들이나 정부 관료들이 내거는 구호 혹은 보도자료의 미사여구와 실제 예산 지출에 따른 성과는 거리가 있다. 대표적으로 천문학적인 규모에도 불구하고 실제 성과는 미미한 일자리 예산, 저출산 대책 예산, 지역 균형발전 예산을 생각하면 쉽게 짐작할 수 있다. 정부 업무평가 및 재정 사업평가 등 다양한 형식의 사전·사후 성과 평가 제도가 운영되고 있지만 성과지표가 투입이나 과정 중심이고, 이 또한 형식적인 운영만을 반영한다는 비판이 자주 나온다.

국가가 내 돈을 어떻게 쓰는지 제대로 알기는 정말 어렵다. 본질적으로 정부 서비스는 예산과 세금을 통해 공급되고, 이에 대한 의사결정은 정치적 과정을 통해 이루어지기에 그렇다. 재정 운용의 기조가 이념이나 권력투쟁에 휘둘려 좌우로 치우쳐서 흐르기 쉬운 이유가 바로 여기에 있다. 어차피 시장과 정부는 균형을 이루어 함께 갈 수밖에 없는 것이라고 할 때 정부가 중심을 잡고 기준선base line을 분석하며, 거기에 변화가 생길 경우 세심히 모니터링하고 이를 국민과 소통하는 '신뢰할 수 있는 재정 운용'을 하는 것이 중요하다. 시장의 셈법도 불완전하고 정부의 정치 셈법도 불완전하기는 매일반이다. 그래도 모든 국민이 행복하려면 국민 경제의 파이를 지속적으로 키워나가야 한다는 점에서, 시장의 활력을 살리고 재정건전성을 지속가능하게 유지하는 선에서 복지를 점진적으로 확충해나가야 한다. 재정이 화수분인 양 욕심껏 마구잡이로 곳간을 열다 보면 어느새 국가의 경쟁력은 사라질 수 있다. 우리나라의 복지 분야는 여전히 중진국 수준이며, 세계에서 유례없는 저출산·고령화 사회, 분단 국가, 소규모 개방경제 국가로서의 한계가 분명히 있다. 정책의 시계time horizon를 보다 장기로 가져가면서 자원 배분에 있어서의 국민적 합의를 모아야만 한다.

한 나라의 경제 주체는 가정, 기업, 정부로 구성된다. 가정도 기업도, 마찬가지로 정부도 살림을 산다. 가정경제에 대한 논의는 소비자 선택의 문제이지만, 가계부채가 지나치게 되면 정부의 역할을 필요로 한다. 또, 기업의 경영은 이윤 극대화라는 분명한 목표하에(최근에는 지속가능경영 또는 ESG의 차원에서 반드시 이윤 극대화만은 아니라는 논의도 많다) 전략 기획에서부터 마케팅에 이르기까지 일관성 있는 의사결정이 이루어지지만, 이 부분에 있어서 역시 환경보호 및 공정경쟁의 담보와 같은, 시장 실패를 보완하는 규제를 하는 것은 정부의 몫이다. 뿐만 아니라 정부는 중소벤처기업에 대한 지원과 R&D(연구개발research and development)에 대한 지원 등 기업에 상당한 수준의 재정 지원도 제공한다. 나라살림인 재정과 관련한 정부의 역할은 머스그레이브와 머스그레이브(Musgrave & Musgrave, 1973)의 『재정의 이론과 실제*Public Finance in Theory and Practice*』에 잘 정리되어 있다. 효율적인 자원 배분, 소득 재분배, 경제 안정화라는 3대 목적을 실현하는 데에 기여해야 한다는 것이다.

효율적인 자원 배분이란 파레토 효율적인 자원 배분을 말한다. 그리고 파레토 효율적으로 자원이 배분된 상태는, '적어도 한 사람의 후생을 감소시키지 않고서는 다른 사람의 후생을 증대시킬 수 없도록 자원이 배분된 상태'를 의미한다. 그런데 우리는 이처럼 보이지 않는 손에 의해 작동하는 순수한 의미의 시장경제에 있어서 효율적인 자원 배분이란 현실적으로 매우 어렵다는 점을 잘 알고 있다. 국방, 법과 질서의 유지, 재산권의 확립과 보호에서 나아가 시장의 실패market failure가 발생하는 영역에 정부의 개입이 요구되는 이유다. 생산물 시장과 요소 시장이 완전 경쟁 상태에 있기 어렵고, 거래비용 제로의 가능성도 기대하기 힘들며, 생산자와 소비자가 완전한 정보를 가진다는 것도 현실적으로 불가능하기 때문이다.

소득 분배의 문제에 있어서는 더욱 그렇다. 사회적으로 자원 배분이 효율적으로 이루어진다고 하더라도 소득 분배는 대단히 불공평하게 이루어질 가능성이 얼마든지 있다. 특히 우리나라의 경우 소득 분배는 (통계에 따라 다르게 나타나긴 하지만) 시장소득 분배도 문제거니와 정부가 세금 및 예산 지출로 개입한 이후의 분배 수준 개선 정도가 다른 선진국에 비해 매우 미흡한 것이 더 큰 문제다. 창궐하던 코로나19 팬데믹이 한풀 꺾이고 인공지능을 위시한 4차 산업혁명의 시대가 도래하면서 부富의 집중이 심각해졌으며, 이에 따른 양극화가 심화되고 있는 것이 작금의 현실이다. 양극화가 초래한 사회적 폐해와 관련하여 국민적 공감대가 형성될 경우, 이를 조정하기 위해 정부가 세금과 예산 지출을 통해 개입을 늘리는 것이 정당화된다. 우리나라에서도 선거철만 되면 복지 확대가 주요 화두가 될 만큼 정부의 복지재정에 대한 수요는 갈수록 증대되고 있다.

경제 안정을 위한 정부의 역할이 필요한 이유는, 시장의 메커니즘만으로는 적정한 수준의 성장, 고용 안정, 물가 수준의 안정적 유지에 어려움이 따르기 때문이다. 중앙은행을 통해 국가가 발행하는 국채의 절반을 소화하는 등 전통적으로 금융당국에 기대되는 역할, 즉 금융권의 건전성 감독 및 중립성이라는 역할을 넘어선 보다 적극적인 역할이 요구된다. 상시화되고 있는 기후 변화에의 대응, 주기가 더욱 빨라지고 있는 경기 변동에 따른 실업 등 경제의 어려움을 극복하기 위하여 재정의 역할이 더욱 중요해지고 있다. 경제위기는 경기를 불안정하게 하고, 경제 성장을 둔화시키며, 경기부양을 위한 대규모 재정 지출을 초래하게 만든다. 이러한 대규모 지출의 증대는 필연적으로 재정 적자 및 국가채무의 증대를 가져오며, 재정건전성 및 지속가능성에 심각한 악영향을 줄 것으로 전망되므로 거시재정규율의 필요성이 강조되기도 한다. 정부는 가속 페달과 브레이크 페달을 균형 있게 사용하는 예술적 경지에 이르러야 한다.

한편 나라살림에 대한 예산을 결정할 때 정치적 과정과 절차를 거쳐야 한다는 점, 그리고 경제 안정 또는 소득 재분배의 목소리가 높아지고 있다는 점으로 인해 자원의 효율적인 사용을 혼란하게 하는 결과를 초래해서는 안 된다. 재정을 관리하는 데 있어서 견지해야 하는 중요한 원칙은 교환의 법칙이 작동하는 시장, 그리고 합의와 투표에 의한 정치적 의사결정이 이루어지는 정치 과정이 적절하게 균형을 이루어야 한다는 것이다.

2008년 리먼 브라더스의 파산 이후 본격화된 전 세계적인 경제위기와 이에 대응한 확장적 재정 정책의 지속, 그리고 코로나19 팬데믹 등으로 인해 우리나라뿐만 아니라 대부분의 선진국 재정 여건이 급격히 악화되고 있다. 세계 재정의 기조는 경제 안정화에서 재정건전성 강화로 옮겨갔고, 이에 따라 정부가 재정 준칙의 도입을 주도할 정도로 재정건전성을 회복하는 것이, 즉 '리바이어던에 족쇄를 채우는 것'이 세계 경제의 화두로서 부상하고 있다.

앞으로는 복지와 관련된 국가의 역할에 대한 논의가 확산되고 국민들의 복지에 대한 기대수요가 더욱 높아질 것이다. 복지재정 집행의 평가 및 수요 전망에 기초한 논의가 엄정하게 이루어져야 한다. 이에 더하여, 근간의 복지 지출 기반 확대 및 증가 추세에도 불구하고 선진국들과의 단순 격차에 근거해 복지 확대를 요구하는 목소리 또한 높아지고 있다. 기구축된 복지제도의 성숙화, 인구 고령화, 저출산 및 재원 배분 구조 등 다양한 지출 요인을 감안하여 복지재정 수요를 평가하고 이에 부합하는 대응 방안을 마련하는 것이 필요하다. 향후 고령화와 기존 복지제도의 성숙으로 인해 선진국과의 지출 격차가 대부분 축소되어 추가적인 재정 확대 여력이 제한적이게 되리라는 점을 분명히 인식해야 한다.

재정 현상은 정부의 경제적 활동으로 나타나며, 이러한 정부의 경제적 활동을 계획하고 집행하고 모니터링하는 일련의 행정 과정이 재정운용이다. 정부는 시장과 정치과정의 두 상이한 부문을 아울러서 세금을 걷고 재정을 지출함으로써 시장을 보완하는 혼합경제의 한 축을 담당하게 된다. 그러므로 최근 더욱 중요해지고 있는 정부의 경제적 활동을 보다 잘하기 위해서 필요한 지식을 습득하고 이를 비판적 시각에서 개선하려는 노력이 필요하다.

재정은 선택, 즉 의사결정의 문제다. 정부가 재정을 통해 직접적으로 시장에 개입할 것인지, 아니면 규제 등과 같은 간접 개입 방식을 통해서 시장의 실패를 보완할 것인지에 대한 중요한 선택의 과정을 파악할 수 있어야 한다. 자칫 리바이어던으로 변하기 쉬운 재정을 추렴하는 주인의 입장에서 이를 지속가능하게 관리하려면 시민이 깨어 있어야 한다. 그런 점에서 이 책은 독자들이 세금 및 예산 운용 관련 정책의 원리와 배경지식을 이해하고, 구체적인 정책의 효과에 대한 지식 수준을 높이는 것을 목표로 한다.

정부의 경제적 활동은 정치적 · 경제적 · 관리적 측면을 동시에 지니는 복합적인 성격을 띤다. 공공선택론 등 예산과 정치 행태에 대한 논의가 정치적 접근이라면 재정학은 경제적 접근이고, 이 책에서 초점을 맞추고자 하는 정책과 운용적인 측면은 융합적 성격에 보다 가깝다고 할 수 있다. 나라살림은 수입과 지출에 대한 의사결정, 집행에 대한 선택, 또 그 결과를 감시 기관watchdog institution이 제3자적 입장에서 보고 · 감사하고 국민 대중과 이해관계자들에게 피드백하는 전 과정을 더 스마트하게 만드는 데 필요한 기술과 기법, 그리고 그러한 의사결정의 원인과 결과 간 관계를 이해하는 데 방점을 두고 운용된다. 이때 경제학으로서의 재정학

내지 공공경제학, 경영학으로서의 재무관리, 정치학으로서의 예산과 정치, 법학으로서의 헌법, 행정법과 재정 관련 법제도 등을 포괄적으로 이해하고 나라살림을 보다 잘 운영하려면 누가who, 언제when, 무엇을what effect, 왜why, 누구를 위해for whom, 그리고 어떻게how 의사결정하고 있는가as is, 또한 해야 하는가to be에 대한 탐구가 중요하다.

우리나라는 전통적으로 예산 관료의 힘이 강했고 지금도 매우 강한 편에 속한다. 그 덕택에 상대적으로 건전한 재정 운용이 가능했고, 이를 기반으로 1997년 외환위기와 2008년 경제위기를 상대적으로 쉽게 극복했다. 또한 재난적 위기 상황이라고 할 수 있는 코로나19 팬데믹에도 나름 잘 대응했다. 뿐만 아니라 다양한 재정개혁 프로그램을 역동적으로 도입·운영해 어느 정도의 성과를 거두고 있기도 하다. 하지만 한편으로는 여전한 형식주의의 만연이 지속적인 개혁의 수요를 창출하고 있다.

미국 정치학자 애런 윌다브스키Aaron Wildavsky와 알렌 쉬크Allen Schick는 예산이 정치적 과정의 산물이며, 예산의 과정은 예술이라고 이야기한 바 있다. 앨프리드 마셜Alfred Marshall이 『경제학 원론*Principle of Economics*』(1890)에서 언급한 '뜨거운 가슴과 차가운 머리' 이야기를 떠올리면, 부가 불균등하게 배분되어 있고 항상 자원은 부족하게 마련인 현실 속에서, 그리고 시장이라는 민간부문의 의사결정 기제가 아닌 정치라는 공공부문의 의사결정 기제하에서 나라살림을 어떻게 학습해야 하는지에 대한 해답이 나온다. 행정의 형식주의를 극복하는 지혜는 망원경으로 보고 또 현미경으로 봐서 도출되는 회계 데이터에 기반해 재정 운용의 실체를 철저히 이해하는 데에서 나온다. 우리는 예산이라는 계획이 결산회계(재무회계)라는 실제 운용을 통해 증거기반으로 자신의 삶에 어떻게 영향을 미치는지 알아야 한다. 이러한 재정 배분 메커니즘('국가는 내 돈을 어떻게 쓰는가?')에 대해 이해하는 것이 정치경제학의 핵심 영역이다.

이 책은 크게 네 부분으로 구성되어 있다. 첫 번째 부분인 1부 '예산과 세금에 대한 이해'는 나라살림에 필요한 기초지식을 학습하는 영역이다.

시장과 정치의 중간 영역에서 이루어지는 나라살림의 기본원칙들, 어디까지를 정부 재정의 범위로 볼 것인가에 대한 논의, 재정 관리에 필요한 언어라고 할 수 있는 재정정보와 정부회계에 대한 내용, 그리고 '정부 안에 사람 있다'를 보여주는 공공선택론에 대한 설명으로 구성했다.

두 번째 부분인 2부 '예산 배분과 전략적 지출'은 예산의 효율적 배분과 관련한 내용을 다룬다. 윌다브스키가 '정치적 과정의 산물'이라고 보았고 블라디미르 키Valdimer O. Key는 '예산이론의 결여'라고 본 바 있는 예산 배분에 대한 의사결정, 예산 과정의 논리, 국회 예산 심의 과정, 비용-편익 분석 등에 대해 짚어본다.

세 번째 부분인 3부 '세금 부담과 재분배'는 나라살림의 원천에 대한 내용이다. 지금까지 재정 관리 영역에서 거의 다루지 않아 온 부분이지만, 재정이 포퓰리즘으로 흐르지 않기 위해서는 수입의 기초를 명확하게 이해하는 것이 재정 배분만큼이나 중요하다고 판단하여 포함시켰다. 여기서는 조세이론에 기초한 조세 원칙, 역시 한국이라는 공간적 환경 및 2020년대 초반이라는 시간적 환경 아래에서의 분배론, 사회보장론 등에 대해 살펴본다.

마지막으로 네 번째 부분인 4부 '예산과 세금의 정치경제학'은 실제 재정 현장에서 활발하게 의제화되고 있는 영역인 재정 분권과 지방재정, 복지재정과 연금, 정부부채와 건전성, 칸막이식 교육재정 등에 대한 내용을 알아본다. 지방재정과 교육재정, 정치와 예산, 그리고 행정과 정치개혁에 대해 시대적 환경에 대응하는 실제 현상을 재정의 관점에서 알아본다. 또한 여기서는 모든 재정 영역에 대한 기본 개념과 이론에서 나아가, 현실적인 정책 대안을 모색하며 그에 관한 저자의 생각을 정리했다. 특히 이론적이고 교과서적인 설명을 넘어서 저자가 학회에서 발표하거나 일간지에 기고한 시론 등을 재편성하고 적절히 수정해 현장감과 실제감을 제고하기 위해 애썼다.

이 책은 대학과 대학원에서 관련 과목을 전공하는 학생들뿐 아니라 재정 당국, 그리고 세금을 내는 당사자이자 재정 지출의 대상이 되는 모든 국민이 알아야 하는 재정의 속성을 쉽게 이해할 수 있도록 마련되었다. 미디어 등을 통해 퍼주기식 공약 남발과 재원 대책 없는 기본소득 논쟁을 접했을 때 이 책이 확실한 판단 기준을 갖추고 그것을 바라볼 수 있게 도와줄 것이다. 최근 팬데믹 재정위기를 거치면서 '함께 못사는 나라로 가고 있다'라든가 '정부 사용 매뉴얼'과 같은 유형의 저작물들이 등장하고 있다. 그리고 이를 통해 '재정 중독'과 '족쇄 풀린 리바이어던'에 대한 염려에 공감하는 목소리들도 높아지고 있다. 이 책이 '내가 내는 세금으로 운영되는 나라살림'에 대한 지속가능하고 바람직한 방향을 함께 모색하며 우선순위를 마련해가는 데 길잡이가 될 수 있기를 기대한다.

2023년 6월
신촌 연구실에서
박정수

차례

Part 1

예산과 세금에 대한 이해

PUBLIC
FINANCE
AS

LEVIATHAN

Chapter 1

재정을 구성하는 주춧돌

경제의 의사결정 주체는 가정, 기업, 정부다. 가정의 경우 수입의 범위 내에서 지출 계획을 세우고 규모 있게 살림을 사는 집안과 그렇지 않은 집안은 시간이 지남에 따라 가세家勢가 크게 달라지게 마련이다. 한편 정부 재정과 기업 재무는 이러한 가정경제와 다를 수밖에 없다. 특히 정부의 재정은 자유롭게 기업 재무의 도구와 개념을 빌려오지만, 그것들이 항상 같은 의미로 사용되지는 않는다.

정부 재정과 기업 재무 사이에는 세 가지 근본적인 차이점이 존재한다. 첫째, 정부는 재원을 마련하기 위해 상품이나 서비스를 판매하기보다는 강제로 세금과 부담금을 부과한다. 둘째, 법인이든 개인 사업체든 주인이 분명한 기업과 달리 정부의 주인은 명확하지 않다. 물론 정부의 소유주를 국민이라고는 하지만 집단적인 국민이 주인 노릇을 하긴 쉽지 않다. 이는 지방자치단체의 예산 낭비 사례나 공공기관의 방만 경영 사례를 보아도 금방 알 수 있다. 셋째, 정부 서비스의 가치는 계량화하기가 쉽지 않으며 단일한 척도에 반영하기도 어렵다. 측정하지 못하는 경우 개선하기란 여간 어려운 것이 아니므로 정부 살림에 대한 성과 평가가

실질적인 효과를 발휘하도록 하는 데는 많은 장애 요소가 따른다.[1]

나라살림을 제대로 이해하기 위해서는 시장의 실패와 정부의 기능을, 그리고 정부와 시장 사이에 무수하게 다양한 혼합체entities가 존재한다는 사실을 알아야 한다. 또한 우리가 이야기하는 정부에는 중앙정부와 243개의 지방자치단체, 17개의 지방교육 자치단체가 포함된다는 점, 정부도 여러 가지 이유로 제 기능을 수행하는 것이 어렵다는 점을 명확하게 알아야 한다. 곧잘 이념에 경도되어 정부와 공공기관을 포함한 공공부문에 과도한 환상을 갖기도 하지만, 우리는 냉철한 이성으로 시장과 정부, 즉 가격 기능과 정치 기능에 따른 자원 배분의 장단점을 증거에 기반해 파악하고, 각자가 잘할 수 있는 영역을 구분할 줄 알아야 한다.

1. 시장 실패와 정부의 기능

1) 공공재

시장에서 거래되는 재화는 크게 네 가지로 나눌 수 있다(<표 1-1> 참조). 먼저 사적재private goods는 한 사람이 재화를 소비했을 때 다른 사람이 그 재화를 소비할 수 있는 양이 줄어들고(경합성rivalry·alternate use), 가격을 지불하지 않으면 그 재화로부터 발생하는 혜택을 전혀 받을 수 없다(배재성excludability·feasible to exclude). 시장에서 구입할 수 있는 모든 재화가 이러한 성격을 지니고 있다. 한편 공공재public goods는 다른 사람이 소

1 이러한 이유로 인해 '정부부문의 성과 관리'라는 영역이 행정학과 정책학에서 비중 있게 다뤄지게 된다. 특히 최근 20년 동안 미국, 세계은행과 한국 등에서 정부부문의 성과 관리에 관심을 쏟고 있으며, 이를 위한 각종 평가 제도의 구축, 균형성과기록표Balanced Score Card: BSC의 도입이 대대적으로 이루어졌다. 그럼에도 불구하고 공동성(2013) 등은 우리나라의 성과 관리가 제대로 된 성과 관리는 아닌 것으로 평가한다.

비에 참여한다고 해서 자신이 소비할 수 있는 양이 줄어들지 않으며(비경합성non-rivalry·joint use), 어떤 사람이 가격을 지불하지 않았다고 해서 그 사람을 소비의 혜택으로부터 배제할 수도 없다(비배재성non-excludability·not feasible to exclude).

공공재의 특징인 비경합성과 비배재성을 구체적으로 보면, 먼저 소비에 있어서 비경합성이란 일단 공공재가 공급되었을 때 추가적으로 다른 사람이 재화나 서비스의 소비에 참여하는 데 드는 비용이 '0'(한계비용 제로)임을 의미한다. 따라서 이러한 재화를 시장에 맡길 경우 과소공급under-supply이나 과소소비under-consumption가 발생할 수 있다. 다음으로 비배제성은 공공재에 대한 대가를 지불하지 않은 사람을 공공재의 소비로부터 배제하는 것이 불가능하거나 바람직하지 않은 특성(한계비용 > 0)을 의미한다. 이는 무임승차자의 문제free rider problem를 발생시킨다. 이와 같은 비경합성과 비배제성으로 인해 공공재는 시장에서 아예 공급이 되지 않거나 공급이 된다고 하더라도 그 양이 부족하게 마련이다.

혼잡재(또는 요금재toll goods)라는 것도 있다. 소비에 있어서 비경합성이 존재하지만 소비에 대한 대가를 지불하지 않은 사람을 배제할 수 있는 재화를 의미한다. 극장, 유료 터널, 프로야구 경기장 등의 사례를 들 수 있다. 단 혼잡재는 혼잡congestion이 발생하지 않을 때여야만 소비에 있어 비경합적일 수 있다. 유료 고속도로와 같이 지나치게 많은 사람이 소비에 참여하는 경우에는 혼잡으로 인해 개인이 얻게 되는 한계편익이

<표 1-1> 재화의 구분

경합 여부 / 배제 여부	경합성	비경합성
배제성	사적재 : 음식, 의류, 텔레비전	혼잡재(요금재) : 유료 고속도로, 통행세 부과 다리
비배제성	공유재(공유자원) : 대수층, 어장, 석유 및 가스 매장층	공공재 : 국방, 사법제도, 실명 배개세 통제

급격히 줄어들게 된다.

공유재(또는 공유자원common-pool resources)라는 것도 있다. 소비는 경합적이지만 대가를 지불하지 않았다고 해서 소비자를 배제할 수 없는 재화를 말한다. 예를 들면 낚시터, 유전, 탄광, 지하수, 목초지 등이다. 자칫 공유지의 비극tragedy of the commons이 발생할 수 있으므로 공유재의 효율적인 사용을 위해 정부 개입을 필요로 한다.[2] 여기서 정부는 개인 간의, 그리고 시간의 흐름에 따른 자원의 사용이나 소비를 규제함으로써 집단 구성원 공통의 이익을 극대화할 수 있도록 조정하는 역할을 담당한다.

2) 외부효과

한 개인이나 기업의 경제적 행위가 제3자에게 혜택을 주거나 손해를 입힘에도 불구하고 대가를 받거나 지불하지 않는다면 이 경우 외부효과가 존재한다고 한다. 외부효과는 방향성에 따라 긍정적인 것과 부정적인 것으로 나뉜다. 먼저 긍정적 외부효과positive externality는 다른 사람에게 혜택을 주면서도 대가를 받지 못하는 경우다. 독감 예방접종이나 과수원 농사, 양봉업 등의 사례가 이에 해당한다. 사회적으로 바람직한 수준보다 낮은 수준에서 생산 및 소비 활동이 이루어짐으로써 불충분한 자원의 배분을 야기한다.

한편 부정적 외부효과negative externality는 다른 사람에게 손해를 입히면서도 대가를 지불하지 않는 경우다. 예컨대 매연, 공장 폐수와 하천오염을 생각할 수 있다. 최근 기후 변화에 따라 체결된 'RE 100'과 같이 다양한 환경 규제가 이루어지는 영역이기도 하다. 사회적으로 바람직한 수준보다 높은 수준에서 생산 및 소비 활동이 이루어짐으로써 지나치게 많

2 1968년 12월 13일자 『사이언스*Science*』에 실린 개럿 하딘Garrett J. Hardin의 논문 「공유지의 비극The Tragedy of the Commons」에서는 개인주의적 사리사욕이 결국 공동체 전체를 파국으로 몰고 간다고 보았다.

은 양의 자원 배분이 야기되는 상황을 말한다.[3]

3) 경쟁의 실패

시장에서 기업 간 경쟁이 없으면, 최저비용보다 높은 수준에서 생산활동을 영위하는 독점기업이 발생하여 비효율이 야기된다. 규모의 경제economy of scale(수확 체증 법칙increasing returns to scale)로 인해 소규모 기업보다 대규모 기업이 유리하게 되어 자연독점natural monopoly 현상이 발생하기도 한다. 자연독점 현상은 전기, 철도, 통신 산업 등 네트워크 부문에서 주로 나타난다. 독점시장의 문제를 개선하기 위해 정부가 개입하기도 하지만, 시장에 대한 정부 개입이 반드시 바람직한 결과를 초래하는 것은 아니다.

불완전 시장incomplete markets과 불완전 정보imperfect information로 인한 시장 실패가 일어날 수도 있다. 시장에서 자원이 효율적으로 배분되기 위해서는 모든 재화에 대하여 시장이 존재하고, 그에 따라 가격이 형성되어야 한다. 그러나 어떤 재화에 대해서는 시장이 매우 불완전하게 존재하기도 한다. 대표적인 불완전 시장으로 보험시장이 있으며, 이는 역선택adverse selection과 도덕적 해이moral hazard를 발생시킨다.[4] 그리고 이로 인해 시장이 실패하는 경우 정부가 개입해 시장을 창출하거나 조정하는 역할을 담당한다. 시장이 완전 경쟁 상태에 있기 위해서는 모든 소비

3 1991년 노벨경제학상을 수상한 영국의 경제학자 로널드 코스Ronald H. Coase는 1937년 논문 「기업의 본질The Nature of the Firm」에서 회사의 크기를 결정하는 요인으로 '거래비용transaction cost'이라는 경제 개념을 처음 선보였다.

4 역선택은 불완전 정보에 기초하여 행동함으로써 발생하는 비정상적인 선택이다. 정보의 격차가 존재하는 시장에서는 도리어 품질이 낮은 상품이 선택되는 가격 왜곡 현상을 말하며, 자기선택 또는 반대선택이라고도 한다. 경제학적으로 '도덕적 해이'는 정보의 비대칭이 존재하는 상황에서 주인principal이 대리인agent의 행동을 완전히 관찰할 수 없을 때 대리인이 자신의 효용을 극대화하는 과정에서 나타난다. 그리고 이러한 도덕적 해이의 결과로 나타나는 것이 바로 역선택이다.

자가 시장에 존재하는 재화와 그 가격에 대해 완벽한 정보를 가지고 있어야 하는데, 현실에서 개인들이 경제적 결정을 하기 위해 필요한 정보를 획득하는 데는 시간이 걸리고 비용도 발생한다. 따라서 그로 인해 비효율적인 자원 배분이 초래되기도 하는데, 불완전 정보는 이와 같은 경우에 해당한다.

4) 경제 안정화

정부는 높은 실업률 감소, 구매력을 떨어트리고 금융시장을 왜곡시키는 요인인 인플레이션 통제, 경제 성장 및 삶의 질 제고를 위한 거시경제의 안정화 등을 추구하는 역할을 한다. 통화정책monetary policy(통화량과 이자율 조절)과 재정 정책fiscal policy(세입세출 변화)을 통하여 시장 실패를 교정하고자 하는 것이다. 그러나 국가 재원을 활용하려는 후진국 정부의 결정이 심각한 경제 문제를 야기할 수도 있다. 이미 전 세계는 팬데믹 위기와 남유럽 재정위기(포르투갈, 이탈리아, 그리스, 스페인)의 사례를 통해서 경제 안정화가 얼마나 어려운 기능인가를 실감했다.

개방경제에서 정부는 가계 소비, 기업 투자, 정부 지출, 수출입 등 총수요를 조절하여 경제를 안정시킨다. 총수요가 부족해 경기 침체와 실업이 우려되면 세수를 줄여 민간 수요를 살리거나 직접 정부 지출을 늘려 부족한 총수요를 메운다. 반대로 총수요가 넘쳐 인플레이션이 우려될 때는 세수를 늘리거나 정부 지출을 줄여 총수요를 억제한다. 이러한 조치를 일컬어 재량적 재정 정책이라고 한다.

한편 정부가 일부러 개입하지 않더라도, 총수요가 급증할 경우 이를 자동적으로 억제하고 부족할 경우 자동적으로 보충하는 재정의 내재적인 제도적 장치가 있다. 이를 재정의 자동 안정화 장치built-in stabilizer라고 한다. 예컨대 누진세율 구조를 갖는 소득세의 경우 경기가 호황일 때는 높은 세율이 적용되어 가계 소비를 억제하고, 불황일 때는 낮은 세율이 적용되어 민간 소득과 소비의 감소 폭을 줄이게 된다. 고용보험의 경우에도 경기가 호황일 때는 실업자가 줄어드는 만큼 실업수당 지급액도 줄어 총수요가 감소하는 반면, 불황일 때는 실업자가 많아져 실업수당 지급액도 커지기 때문에 총수요를 진작하는 데 도움이 된다. 이처럼 재정은 정책과 제도를 잘만 운영하면 경제를 안정화시키는 데 중요한 역할을 한다. 또한 재정을 건전하게 관리하면서 전략적으로 운용한다면 경제 성장에도 크게 기여할 수 있다.

경제 개방화가 빨라지는 환경에서는 대외 경제 여건에 따라 국내 경기가 큰 폭으로 움직이는 탓에 이자율 조절이나 통화량 정책과 같은 금융 정책만으로 거시경제를 안정화하는 데 한계가 있다. 이러한 상황에서는 경제를 안정화시키는 재정의 역할이 더욱 절실해진다. 1997~1998년의 외환위기와 2020~2022년의 팬데믹 위기 당시 경기 침체를 벗어나는 데 재정이 결정적 역할을 하자, 경제를 안정화시키는 재정의 기능에 대한 인식이 확산된 사례도 있다. 중기 재정계획Mid-Term Expenditure Framework: MTEF의 도입으로 전년도 예산 편성의 굴레에서 벗어나 중기적 시계에서 경기 변동을 감안해 재정수지를 관리하는 것이 가능하게 되었고, 따라서 재정의 경제 안정화 기능도 더욱 강조되었다.[5] 하지만 김태일(2021) 등에 따르면 우리나라의 국가재정운용계획, 즉 중기 재정계획은 목표 변수와 예산의 연계 정도가 미흡하다. 국가재정운용계획은 예산에 대한 구속력이 전혀 없다. 이에 반해 EU(유럽연합European Union)에 속한 절반 이상의

---

5 세계 경제학계가 '국가부채'를 둘러싼 논쟁으로 후끈 달아올랐다. 노벨경제학상 수상자 등 세계적인 석학들이 대거 뛰어들었다. 쟁점은 '국가부채가 경제 성장의 적敵인가'의 여부였다. 논점이 분명한 만큼 학자들 간의 전선도 뚜렷했다. 이른바 '긴축파'와 '성장파'다. 긴축파의 대표 논객은 카르멘 라인하트Carmen Reinhart와 케네스 로고프Kenneth Rogoff 하버드대학교 교수이며, 성장파에는 노벨경제학상 수상자인 폴 크루그먼Paul Krugman 프린스턴대학교 교수가 버티고 있다. 로고프 쪽은 "국가부채가 많았을 때 성장률이 낮아진 것은 역사가 증명하는 사실"이라고 주장한다. 정부 빚이 성장을 가로막는다는 얘기다. 반면 크루그먼 쪽은 "경기 침체(저성장) 때문에 국가 빚이 늘어나는 것"이라고 반박한다. 긴축론자들이 인과관계를 잘못 읽었다는 시각이다.

국가에서는 중기 재정계획을 예산에 엄격하게 구속하거나 임의로 변경하지 못하게 하고 있다.

5) 재분배

재화가 시장에서 효율적으로 공급되었다고 해도 사회구성원의 소득까지 공정하게 분배되리라는 보장은 없다. 예컨대 가치 있는 재화나 서비스를 효율적으로 생산해도 유능하고 수완 좋은 몇 사람이 모두 차지할 수 있는 것이다. 그러나 소득이 지나치게 불평등하게 분배되면 실업자나 빈곤계층이 생겨나고, 범죄나 시위가 일어나서 사회적 외부비용이 발생한다. 이런 까닭에 소득 재분배 과정에 정부가 개입하게 된다. 정부는 우선 세입 측면에서 소득세, 상속·증여세 등에 누진세율을 적용하여 고소득자에게 조세 부담을 무겁게 지운다. 또한 세출 측면에서는 기초생활 보장, 의무교육, 보금자리 주택 지원 등을 통해 사회적 취약계층을 지원한다.

소득 재분배를 위한 재정 개입의 범위와 수준, 그리고 방법론은 시대에 따라, 또 나라별로 다르겠지만, 급격하게 변하는 최근의 산업 구조와 고용 형태, 고령화로 인한 소득 불평등 심화 현상을 볼 때 재정의 소득 재분배 기능은 사회 통합과 지속가능한 성장을 위해 필수적이다. 정부는 국민이 최소한의 인간다운 삶을 영위할 수 있도록 자원 재배분 프로그램이나 시스템을 운영한다. 또한 정부는 재분배를 위하여 누진세 적용, 저소득 가정을 위한 직접 소득 보조direct income payment와 의료보호, 그리고 실업급여unemployment benefit와 같은 사회 보조 서비스assistance services를 시행한다. 그러나 미국은 소득 재분배에 대해 다른 국가에 비하여 소극적이며, 그 결과 미국의 고소득층과 저소득층의 소득 격차는 타 선진국과 비교할 때 더 크게 벌어지고 있다.

재분배 기능은 주로 복지 분야에 집중되는데, 우리나라도 요즘 한창 복지논쟁이 뜨겁다. 무상급식부터 시작해 반값 등록금과 무상보육까지 복지논쟁이 계속되고 있고, 이는 보편적 복지와 선택적 복지의 견해 차이로 요약될 수 있다. 무상으로 모든 사람에게 혜택을 부여하는 보편적 복지와 저소득층에게만 선택·집중 혜택을 주는 선택적 복지 간의 논쟁이 급식 문제, 보육 문제, 의료 문제, 급기야는 대학등록금 문제로까지 연계되고 있다.

공평하다는 것, 그리고 정의롭다는 것은 가치판단이 개입되는 문제이므로 일의적으로 정의 내릴 수 없다. 데이비드 존스턴David A. Johnston의 『정의의 역사*A Brief History of Justice*』(2011/2011)는 함무라비 법전의 유명한 문구, "이 땅에 정의가 도래하고 악과 사악을 타파하여 강한 자들이 약한 자들을 억누르지 못하게 하고…"로 시작한다. 여기서의 정의, 즉 고대의 정의는 '보복'과 '복수'였다. 이른바 '상호성reciprocity'으로서, 준 만큼 받는다는 원리다. 보복으로서의 정의 혹은 상호성 개념은 중근동 지역을 중심으로 고대 사회에 널리 퍼졌으며, 이후로도 상한 생명력을 발휘해온 개념이다.

상호성을 배격한 것은 그리스 철학이다. 플라톤은 정의란 세속적 관심사가 아니라 궁극적 관심사라고 봤다. 주고받는 것이 아니라 궁극적으로 추구해야 할 가치라는 것이다. 이 같은 사상이 탄생하게 된 배경에는 상업과 도시국가, 민주정치의 발전이 있다. 하지만 아리스토텔레스를 비롯한 그리스 철학자들은 인간이 절대로 동등하지 않다고 보았다. 정의 개념이 보편적으로 적용된 것은 고대 로마 시대다. 키케로Cicero는 '정의는 타고나는 것'이라고 하며 정의가 인간 사이에 보편적으로 존재한다고 믿었다. '안내자의 도움을 받으면 미덕을 성취하지 못할 국가도 없고 미덕을 개발하지 못할 사람도 없다'는 주장이다. 이 같은 정의의 개념은 신 앞에서 모든 인간은 동등하다는 기독교 사상의 전파와 함께 확산됐다. 이런 인식은 '인간들은 사회적 세계를 자신들의 의도대로 형성해나갈 수 있다'는 소피스트들의 생각과 함께 이후의 사상사에 큰 영향을 미쳤다

서구에서 정의의 개념은 17세기 홉스를 거치면서 "모든 인간은 능력

에 관계없이 똑같은 가치를 지니므로 정의의 문제에서 평등하게 고려되어야 한다"는 칸트의 주장과, "다양한 계층에 속한 인간들의 능력과 성격에 나타나는 차이는 거의 사회적 산물, 교육 기회의 산물, 노동의 구체적 분화의 산물"이라는 애덤 스미스Adam Smith의 주장으로 갈린다. 특히 "사회 안에서 일궈진 거의 모든 부富는 단순히 개인들의 생산물을 하나하나 모은 것이 아니라 사회적 산물이다"라고 본 애덤 스미스의 통찰은 정의의 개념이 '사회정의'로 이어지게 하는 계기를 제공했다.

존 롤스의 공정으로서의 정의 이론에 관한 내용 중 가장 두드러진 것이 차등의 원칙이다. 구성원이 100명인 사회를 가정하고, 여기서는 구성원 각자의 행복을 사회적 기본재의 지수로 측정할 수 있다고 하자. 척도는 1에서 10까지로 표시되고, 10은 가장 높은 수준의 행복을, 1은 가장 낮은 수준의 행복을 나타낸다. 이제 한 사회가 두 가지 대안적인 기본구조를 놓고 선택해야 하는 상황에 직면해 있다고 하자. 이 경우 기본구조 A에서는 사회구성원 100명 중 25%가 사회적 기본재 9의 몫을, 50%가 6의 몫을, 25%가 3의 몫을 각각 향유하고 있다. 이러한 구조라면 구성원들의 집합적 행복은 600=[(25×9)+(50×6)+(25×3)]이 된다. 반면 기본구조 B에서는 525=[(25×7)+(50×5)+(25×4)]가 되는 경우를 상정해보자. 이럴 경우 '사회적 및 경제적 불평등은 사회에서 가장 취약한 사람들에게 가장 이로워야 한다'는 차등의 원칙에 따른다면, 이 사회는 기본구조 A의 집합적 행복이 더 높더라도 가장 취약한 계층이 더 많은 것을 누릴 수 있는 기본구조 B를 택해야 한다. 여러분의 생각은 어떠한가.

2. 정부의 역할 변화

우리는 앞에서 시장이 실패하면 정부가 이를 보완하는 역할을 담당하게 되는바, 이러한 경우를 공공재, 외부효과, 불완전 경쟁과 불완전 정보

등 경쟁의 실패로 나누어 살펴보았다. 한편 정부가 실패하는 경우가 있다. 정부도 시장과 마찬가지로 전지전능하지 않으며, 정부를 구성하는 관료들이 올바르게 의사결정하도록 하는 유인이 제대로 작동하기 어렵기 때문이다. 아울러 정부에 영향력을 행사하는 집단들이 정부의 의사결정을 왜곡할 수 있고, 또 실제로 이러한 사례를 우리는 종종 목격한다. 때문에 오늘날 지구상의 모든 경제는 시장과 정부의 조합에 의해 경제 활동을 조절해나간다. 시장과 정부의 역할 분담은 역사적으로도 변화해왔고 나라와 문화적 토양에 따라서도 매우 다양한 형태를 보인다.

서구의 경우 16세기 말부터 18세기까지는 정부가 시장과 자본주의를 육성하는 중상주의 시대를 거쳤고, 애덤 스미스의 고전적 자유방임주의 시대에는 치안과 국방만을 국가가 담당하는 야경국가 또는 값싼 정부cheap government를 표방했다. 또한 20세기 초·중반에는 세계대공황에 대처하고 두 차례의 세계대전을 거치면서 케인스주의자Keynesian들의 주장대로 정부 개입이 확대되었으며, 1980년대 이후 신자유주의의 능상으로 정부 역할이 축소되고 시장 기능이 강화되었다. 그리고 2008년 세계경제위기 이후에는 다시 정부의 역할이 강조됨에 따라 미국 등에서 '월가를 점령하라Occupy the Wall Street'는 주장이 등장했으며, 이어서 2020~2022년을 통해 전 세계가 지독하게 겪은 팬데믹 위기 속에서도 정부의 역할은 더욱 강화되었다.

이러한 시장과 정부의 역할 변화는 공기업 민영화의 사례를 통해 살펴볼 수 있다. 민영화란 국가 및 지방자치단체가 특정 기업에 대해 갖는 법적 소유권을 주식 매각 등의 방법을 통해 민간부문으로 이전하는 것을 말한다. 넓은 의미에서는 외부 계약, 민간의 사회간접자본시설 공급, 공공서비스 사업에 대한 민간 참여 허용public private partnership 등을 모두 포함하나, 좁은 의미에서는 공기업에 대한 정부 소유 주식의 50% 이상을 민간 소유로 전환시키는 것을 의미한다. 민영화의 의미는 국가와 지역에 따라 다르게 사용되기도 한다. 국가경제에서 정부부문의 비중이 낮은 미국은 민영화를 '정부가 직접 공급하던 공공서비스를 민간으로 하여금 공급하도록 하는 민간 위탁' 개념으로 이해한다. 반면에 미국 이외의 다른 대부분의 국가는 민영화를 정부가 보유하고 있는 자산 등을 민간에 매각하는 등 국가경제에서 정부가 차지하는 비중을 줄이는 개념으로 이해하고 민간 위탁을 민영화의 한 유형으로 본다. 대표적인 민영화의 형태는 시장 실패를 야기하지 않을 정부 소유 기업의 민간 이전, 전기나 통신 등에 대한 자연독점력을 가진 정부 소유 기업의 민간 이전, 그리고 계약을 통한 민간 위탁으로 나누어볼 수 있다.

1) 민영화

민영화의 논거로는 작은 정부 지향, 운영 효율성 제고와 고객에 대한 대응성 향상, 매각 대금 확보를 통한 재정 확충, 서비스 수행을 위한 적절한 인력이나 전문가 부족의 개선, 운영의 유연성 확보, 빠른 프로그램 운영, 혁신 속도 증진 및 서비스 질 향상 등을 꼽는다. 특히 기술이 발전하면서 네트워크 산업의 자연독점력이 떨어지게 됨에 따라 통신, 석유화학, 가스, 자동차, 전력, 항공, 철강 산업 분야 등 모든 산업 분야에서 민영화가 논의되었다. 도로, 공항, 우편서비스, 학교의 민영화는 통신이나 석유화학 기업의 민영화보다 훨씬 더 많은 사회적·정치적·경제적 논쟁거리를 야기한다. 이러한 서비스는 다른 산업에 비해서 더 큰 공공성과 외부효과를 가지고 있기 때문이다. 민영화를 해야 한다고 주장하는 쪽의 이유로는 방만한 운영 타개, 정부 고위직 또는 선거 기여자를 낙하산 인사로 활용(공기업 감사, 이사, CEO로 선임)하는 문제의 해결, 싸고 질 좋은 서비스(수도, 전기, 철도, 고속도로 등) 제공, 경쟁 유도에 따른 품질 향상 가능성 등을 꼽는다.

반면에 민영화를 반대하는 쪽은 실패했을 때 뒤따를 엄청난 경제적 타격을 염려한다. 실제로 미국 몇몇 주의 수도사업을 민영화한 결과 많은 영세사업자가 우후죽순으로 참가해 결국 두 배 이상 비싼 가격에 질 나쁜 수돗물을 공급하게 된 경우를 경험했고, 영국의 경우에도 철도산업 민영화가 대형 열차 탈선 사고라는 결과를 초래했다. 많은 기업이 도산하고 남은 기업마저 적자를 기록하여 더는 시설 투자를 할 수 없는 상태에 이르는 경우를 걱정하는 논거다. 결국 민영화에 대한 찬반 논쟁은 개별 공기업의 시장성, 공공성, 시장의 성숙 정도 등을 판단해 논의해야 할 사안이라 하겠다.

2) 생산과 공급

정부의 역할과 관련된 이슈들은 생산과 공급의 개념을 나누어 생각해볼 수 있다. 서비스의 공급에 관한 이슈는 '공급은 정부가 효용을 보장하기 위해 개입하거나 서비스의 재원을 제공하는 것으로, 정부에 의한 생산이 반드시 수반되어야 하는 것은 아니'라는 것이다. 또한 서비스의 생산에 관한 이슈는 '생산은 정부부처를 비롯한 공공부문에서 할 수도 있지만 민간기업(영리 및 비영리) 또는 다른 정부에서 할 수도 있으며, 이를 구매해서 당해 서비스가 공급되도록 하면 된다'는 것이다.

정부와 민간의 생산-공급 유형은 네 가지로 정리해볼 수 있다. 첫째, 정부가 생산하고 직접 공급하는 경우다. 폭설의 사후 처리 사례를 보면, 시정부의 관리하에 시공무원이 동원되고 이들은 시정부의 장비와 물품을 사용한다. 둘째, 정부가 서비스를 공급하지만 민간이 생산하는 경우다. 정부가 재산세를 계산하기 위해 민간 부동산 감정 평가 회사를 고용해 부동산의 가치를 측정하는 것이 그 예에 속한다. 셋째, 민간이 공급하고 정부가 생산하는 경우도 있다. 가령 자동차 경주가 있는 날에는 경주로를 소유한 회사가 임시 교통통제 서비스에 드는 비용을 시에 지불한다. 넷째, 민간이 공급하고 민간이 생산하는 경우다. 민간 제조업체가 경비 인력을 이용해 자신의 회사를 순찰하는 경우 등이 여기에 해당한다.

일부에서는 민영화를 통하여 정부의 재정 부담을 덜 수 있다고 주장하지만, 민간기업이 공공재를 만족스러운 수준으로 제공할 수 있을 것이라고 기계적으로 기대해서는 안 된다. 민영화가 재정 문제에 대한 일반적이고 완벽한 해결책은 아니다. 물론 그렇다고 민간에서 효율적으로 공급되는 공공재를 비효율적인 정부 공급으로 대체할 필요는 없다. 다만 시장 인센티브를 활용하는 것이 정부에 의한 공급을 효율화하는 데 도움이 될 수 있다.

3) 개인의 선호와 사회적 의사결정

개인적 선택이 사회적 선택으로 바뀌는 논리는 세 가지 단순한 주장에 근거를 두고 있다. 첫째, 개인은 자신의 행복에 대해 가장 좋은 판단을 하며, 일반적으로 자신의 행복을 증진시키기 위해 행동한다. 둘째, 사회적 후생은 사회를 구성하는 개인의 후생에 기반을 둔다. 셋째, 파레토 최적Pareto Optimal(파레토 기준), 즉 특정 정책으로 인해 단 한 사람이라도 나아지고 나빠지지 않을 때 전체로서 사회가 최적이 된다.

공공선택학파의 거장인 제임스 뷰캐넌James M. Buchanan(1986년 노벨 경제학상 수상자)과 고든 털럭Gordon Tullock의 집단 의사결정 비용에 대한 이해도 필요하다. 이들은 어떤 의사결정 방법이든 그 결정은 결정 비용(합의하는 데 필요한 시간과 노력)과 외부비용(원하지 않는 결정을 수용해야 하는 비효용)을 수반할 수밖에 없다고 보았다. 이 주장은 의사결정 방법을 선택하는 데 있어 외부비용뿐만 아니라 의사결정 비용까지 고려해야 한다는 점을 밝혀냈다는 데 의의가 있다. 이러한 내용은 공공선택론을 다루는 4장에서 더 구체적으로 살펴보기로 하자.

필요는 단순한 욕망보다 우선되어야 하며, 따라서 더욱 많은 정부 활동을 요구한다. 털럭의 『사적 욕망과 공공수단*Private Wants, Pubic Means*』(1970)에 따르면 민간 시장과 정부는 둘 다 필요하며, 사적 욕망을 우선시해야 한다든가 정부가 하는 일은 개인의 욕망보다 필요를 더 잘 충족시키는 것이라고 보는 시각은 옳지 않다. 시장지상주의나 정부지상주의와 같은 선험적 원리에 의존하기보다는, 외부성이 개인과 집합체 중 어떤 방식에 의해 더 잘 해결되는지를 증거에 기반해 면밀히 비교해나가는 방식이 필요한 것이다.

3. 정치, 대표, 의사결정

대의민주주의하에서 이루어지는 집합적 의사결정의 비합리성을 이야기해보자. 공공지출, 수입 증대 등의 의사결정이 반드시 기계적 합리성을 가지는 것은 아니다. 의사결정 과정에서 개인적 이익, 이익단체, 정당 등의 개입이 나타나게 마련이기 때문이다. 대표성의 과정을 탐구하기 위해 앤서니 다운즈Anthony Downs가 만든 분석 틀은 이러한 의사결정 과정에 영향을 미치는 요소를 이해하는 데 도움이 된다. 우선 민주주의에서 정당은 임금이나 권력, 명성을 유지하기 위해 표를 얻는 것이 목적이라고 가정한다. 이때 정보 부족(정당은 시민들이 무엇을 원하는지 모르고, 시민들은 정부가 하는 일을 모르는 상태)과 정보를 획득하는 데 필요한 높은 비용으로 인해 정보 결핍이 나타나고, 이는 시민들의 선호가 표로 구현되는 것을 어렵게 한다.

정치적 의사결정인 간접민주주의 대표 과정representative process은 그 결과가 정부 행위에 영향을 주므로, 여기에 관여하는 소수의 의사가 일반인들의 의사보다 정치적으로 중요하다. 영향력 있는 전문가들이 등장하고, 이들 중 일부는 대표가 된다. 이들은 정부를 설득하여 이득을 얻고, 이들에 의해 배포된 정보는 단지 이들 자신에게 유리한 정부를 유지하기 위한 제한된 정보일 수밖에 없다. 합리적 정부는 이들을 배제해야 하지만 실제로는 그렇지 못한 것이 현실이다. 불완전한 정보가 문제다. 정당이 유권자를 설득하기 위해 필요한 가치 있는 정보를 획득하려면 경제적 재원이 필요하게 된다. 정당의 경제적 재원의 필요성은 정치인이 뇌물에 취약한 구조를 형성하게 만든다. 정보를 획득한 정당은 유권자의 지지로 권력을 얻게 되고, 정당의 정치적 영향력은 사회적 가치의 불균등을 야기한다. 이러한 과정이 반복되어 사회적 불균등이 고착화되기도 한다.

로비lobby는 완벽한 정보의 부재에 대한 합리적인 대응이지만, 이익의 중요한 불균형성은 로비 과정에 영향을 미치기도 한다. 재정은 전체 납세자가 세금을 통해 부담하지만 편익은 일부 집단에서 취하게 되며, 로비에 사용되는 비용보다 편익이 크므로 기업들은 로비를 하게 된다. 로비는 두 가지 형태로 나타난다. 먼저 전형적인 로비의 형태인 개인 로비는 사교성이 뛰어난 개인이 대통령, 국회의원 등과 개별 접촉하여 공공 정책 수행 등에서 원하는 계약을 체결하는 것이다. 또한 대중 로비grassroots lobbying도 있는데, SNS(소셜네트워크서비스social networking service), 전화, 이메일, 팩스 등을 통한 집합적 행위에 의해 이루어지는 로비로서 대중 캠페인이 대표적이며, 통신기술의 발달로 점차 활성화되고 있다.

합리적 무지rational ignorance에 대한 이해도 필요하다. 시민들이 선거를 위해 정보를 획득하고자 노력하는 것은 오히려 비합리적인 행위가 된다. 정보 획득과 투표는 관련이 없으며, 정보를 가지고 투표를 하더라도 더 많은 사람이 정보 없이 투표한다면 결국 정보 없이 투표한 사람들이 선거에서 이기게 되므로 투표자는 정보 획득을 위한 노력을 하지 않게 된다. 유권자들은 순수한 즐거움을 포함하여 다양한 동기로 아주 부분적인 정보에 기반해 투표한다는 것이다.

선호 강도intensity of preference에 대한 개념도 이해해야 한다. 일반 선거에서 특정 이슈에 있어 선호 강도를 측정할 수 있는 방법은 없다. 선호 강도에 따라 교환 투표를 조장할 수 있는바, 가령 어느 의원이 B이슈에는 관심이 있고 A이슈에는 관심이 없다고 하더라도 B이슈에 대한 다른 의원의 투표를 유도하기 위하여 A이슈에 투표할 수 있다. 이러한 투표거래logrolling로 인해 자원 낭비가 나타날 수 있다. 이 부분도 역시 4장에서 자세히 알아보기로 하자.

4. 정부의 계층 구조

미국의 정부 계층은 한국과 마찬가지로 세 부분으로 구성되지만 그 기능은 매우 다르다. 일반적으로 미국의 연방정부는 우리의 중앙정부, 주정부는 시·도, 기초정부는 시·군·구라고 쉽게 연결 짓지만, 실제 우리의 중앙정부 기능은 미국 연방정부와 주정부 기능의 중간쯤으로 이해하는 것이 얼추 더 맞는다. 미국에는 공공재 공급, 조세 징수, 자금 차입 권한을 가진 연방, 주, 기초자치단체를 포함한 8만 6,000개 이상의 정부가 있는 반면, 한국의 정부는 17개의 시·도 광역자지난체와 226개의 시·군·구 기초자치단체로 구성되어 있다(2023년 4월 기준). 우리는 미국과 같은 연방제 국가와는 달리 영국, 프랑스처럼 단일형의 정부 계층 간 구조inter-governmental relations를 취한다. 단일형 정부는 중앙정부, 그것도 행정부가 많은 권한을 가지고 있고, 비록 의회가 일부 권한을 가지긴 하나 대부분 정부안을 승인하는 정도에 그친다.[6] 지방 세입 및 세출과 관련하여 지방정부는 중앙정부의 우산 속에서 움직인다. 영국, 벨기에, 프랑스, 네덜란드, 노르웨이, 폴란드 등이 이에 속한다.

반면에 연방정부 체제는 하위단위 정부들이 조세 등의 의사결정과 관련하여 독립성을 가진다. 미국의 하위단위 정부들은 재정 정책과 기타 사항을 독립적으로 결정할 수 있는 전권을 가지고 있다. 실제로 연방정부는 주정부들이 모여 정한 연방헌법에 의해 위임된 기능만을 수행하고,

6 물론 유럽 대부분의 선진국은 의원내각제 형태를 취하고 있으며, 이 경우 행정부와 입법부는 한 몸이 되어 의사결정을 내린다.

그 밖의 기능은 주정부가 권한을 쥐고 수행한다. 아르헨티나, 호주, 브라질, 캐나다, 독일, 인도, 멕시코, 러시아 연방이 이에 속한다.

미국의 연방헌법은 카운티, 시, 빌리지, 타운 등의 기초지방정부에 대하여 어떠한 규정도 두고 있지 않다(연방헌법상 연방정부는 지방정부에 대한 명시적인 통제 권한을 부여하지 않는다). 지방정부에 대한 통제는 주정부의 권한이고(연방수정헌법 제10조) 주와 지방 간 관계는 계층적 · 주종적이어서 지방정부들이 주정부로부터 독립할 권한이 없으며, 시, 카운티, 타운, 타운십 등과 같은 지방정부 단위들도 주정부의 창조물로서 주의 통제하에 있다. 딜론의 법칙Dillon's Rule에 의해 지방정부에 대한 주정부의 권한 강화, 그리고 지방정부에의 권한 및 책임 부여는 전적으로 주 의회의 재량에 속하며, 지방정부는 법률에 의하지 않고는 어떠한 행위도 할 수 없다. 어떠한 계약도 체결할 수 없고 어떠한 의무도 부담할 수 없으므로, 결국 지방정부는 주정부의 관료조직과 같은 위치가 된다. 반면에 자치운동Home Rule Movement은 미국의 자치헌장 제도로 이해하면 된다. 시의회가 스스로 자율적인 헌장을 마련하여 활용하는 제도로, 주정부가 금지하지 않는 경우 지방정부가 재량을 가지고 행위할 수 있다는 적극적인 해석이 작용하며, 지방정부의 자율성을 보다 강조한다.

반면 한국에서 지방 분권은 민주화의 일환으로 1991년 지방자치법 개정을 통해 진행되었다. 재정 분권도 중앙정부 주도형에서 중앙과 지방의 균형 쪽으로 변화되고 있다. 지방자치가 실시된 이후에도 지방교부세보다 국고보조금을 강화하고 새로운 보조금을 늘려가는 강한 보조금 주도 정책, 그리고 국세를 중요시하는 국세 주도 정책이 자리하고 있다. 지방자치가 실시된 이후 신설된 보조금 제도는 지속적으로 확대된 반면, 두 번의 재정 분권 조치(2018년과 2021년)를 통해 지방소비세 세원 이양의 규모가 확대되었음에도 불구하고 지방정부의 과세권 신장이나 중앙-지방 간 세원 배분 체계 측면에서 괄목할 만한 개편 조치는 아직 단행되지 않고 있다(김재훈, 2022).

5. 공공기관과 재정

정부의 서비스는 지방자치단체와 더불어 공공기관을 통해 전달되는 경우가 많다. 공공기관은 정부의 위탁사업을 주로 수행하는 준정부기관과 함께 공기업으로 구성된다.[7] 공기업의 정부 소유에 대한 가장 중요한 질문은 '왜 공기업을 국가에서 소유하고 운영해야 하는가'이며, 이에 대한 비교적 명확한 사례는 비상업적 활동 추구라는 명확한 목적을 가지고 설립된 공기업에서 찾을 수 있다. 공기업에 대해서는 종종 민간 분야보다 높은 수준의 사회적 책임이 기대되지만, 그것이 국가소유권을 인정하는 결정적 요인은 아니다.[8] 최우선 사항은 공공의 이익을 진정으로 대표하는 절차를 통하여 공기업을 설립해야 하며, 투명성과 책임성을 충분히 보장해야 한다는 것이다. 남아 있는 주요 이슈는 비상업적 우선순위를 가지고 있지만 그럼에도 불구하고 경쟁 구도의 시장에서 운영되는 공기업의 영향이다. OECD(경제협력개발기구Organisation for Economic Cooperation and Development)의 공기업 가이드라인에서는 상업성 및 비상업성 우선순위에 대해 기업목표와 기업윤리의 관점으로 권고하고 있다.

EU 및 OECD 국가들을 중심으로 공기업의 비상업적 활동과 공공기관의 지배 구조에 대한 관심이 증대하고 있다. 궁극적으로 수익 사업 활동을 하는 공공기관들은 민간기업들과 같이 일반 기업법의 적용을 받도록 법적으로 기업화하는 것이 경쟁중립성competitive neutrality 확보의 요체라고 본다.[9] 하지만 정부의 모든 사업 활동이 기업화에 적당한 것은 아

---

7 공공기관 중 준정부기관은 주로 정부의 위탁사무를 담당하는 집행기관으로, 많은 나라에서 정부 내 산하 조직의 기능을 담당한다.

8 민간기업도 이제는 단순히 이익 추구만이 아니라 ESG라는 사회적 책임을 강조하는 환경 속에서 운영되고 있다. 환경보호, 사회공헌, 윤리경영을 포함하는 지속가능경영이 강조된다는 점에서는 공기업과 큰 차이가 없다.

9 경쟁중립성이란 공기업의 주인은 국민이고 그 대리인이 정부라는 시각을 바탕으로, 세금과 예산 지출, 그리고 각종 규제에서 공기업이 특별대우를 받게 될 경우 그 경쟁 관계에 있는 민간기업의 공정경쟁 가능성이 훼손되므로 이들이 같은 대우를 받아야 한다고

니며, 정부 사업들을 모두 기업화하는 것이 경쟁중립성 문제의 해결책도 아니다. 예를 들어 자체 수익 사업과 정부의 정책 사업을 동시에 수행하는 공기업의 경우 구조적으로 공공부문과 기업부문의 구분회계를 통한 분리를 고려할 수 있으나, 기술, 자본 설비, 인적자원의 분리 한계 등으로 인해 실제로는 불가능한 경우가 많다. 결국 정부의 정책 사업을 수행하는 시장형 공기업의 부문은 가능한 한 이를 줄여나가고 있지만, 그렇다 하더라도 상당수 공기업의 경우에는 정부의 재정 지원을 통해 정부 정책 사업을 수행하고 있는 것이 현실이다.

정부 재정과 공기업 운영의 관계는 민간기업과의 공정경쟁이라는 차원에서 접근하는 것이 바람직하며, 공기업의 비상업적 활동을 분리하는 것이 자원 배분의 왜곡을 줄이는 방안이 될 것이다. 해외 사례 조사에 따르면 공기업의 공익성 추구를 위한 부분Public Service Obligation: PSO은 구분회계를 통해 재정으로 보전하고 있으며, 나라마다 보전의 수준은 차이가 난다. 하지만 이러한 부분이 전체 매출에서 차지하는 비중은 미미한 수준이기 때문에 제도 단위로 재정의 범위를 설정하는 것이 글로벌 표준이라 할 수 있다. 원가 보상률 50% 이상인 공기업 중에서도 대규모 정부 정책 사업을 위탁 수행함에 따라 기관 부채가 급증한 경우, 정책 사업에서 비롯된 부채를 일반정부의 범위에 포함시켜야 하는지에 관한 이슈에서 문제의식이 출발한다. 결론적으로 주요 선진국에서 공기업은 주로 상업적 목적commercial priority을 추구하며, 비상업적 목적non-commercial priority을 추구하는 경우는 많지 않다. 또한 비상업적 목적 사업(비수익 사업)을 수행하는 경우에도 공기업의 부채를 곧 정부의 부채로 인식하는 경우는 찾아볼 수 없다.

공기업과 일반정부에 속하는 준정부기관을 잘 구분하여 유형별로 지정·관리하는 것이 중요하다. 또, 일단 공기업에 속하는 기관에 대해서는

보는 원칙이다.

기관의 의사결정 및 재무 책임에 있어 독립성과 자율성을 충분히 보장해야 한다. 국제표준으로 제시되는 'ESAEuropean System of National and Regional Accounts 2010'의 50% 규칙[10]을 엄격하게 적용하고, 정부가 정책 사업으로 추진하는 비상업적 활동에 대해서는 시장가격을 보상함으로써 기관에 재무 부담을 지우지 않는 것이 중요하다. 우리나라의 토지주택공사나 수자원공사와 같은 기관에서 수행하는 비수익 정책 사업의 경우 대부분의 주요 선진국과 일부 동유럽 체제전환국에서 일반정부 내 공공기관 또는 지방정부 수준의 공급이 이루어지는 사례를 확인할 수 있다.[11] 국제표준에 따른 일반정부와 공기업을 구분하는 기준은 시장에서 사업을 운용하느냐sales financing 혹은 정부 재정에 의존해 사업을 수행하느냐tax financing에 달려 있다. 공기업이 정책 사업을 수행하는 경우 적자를 보전해주는 의미에서 지급되는 보조금은 매출액에서 원천적으로 제외하여 50% 규칙을 적용하게 된다. 부채 조달에 의한 사업비 조달debt financing의 경우도 결국 그 원금과 이자를 공기업의 향후 매출을 통해 보전한다면 여기에 재정이 개입할 여지는 별로 없다.

우리나라 공공기관에서 정책 사업을 수행하는 현황을 조사한 결과에 따르면 수입구조분석(수입재원과 지출결산) 및 수행사업분석(법적 근거 및 실질적 의사결정 권한) 결과 정부 대행 성격의 정책 사업이라는 개념이 모호하며, 판단 기준이 일의적으로 이루어지기 어렵다. 그럼에도 불구하고 우리나라 대부분의 SOC(사회간접자본Social Overhead Capital) 및 토목·건설 산업 분야 공기업(도로공사, 토지주택공사, 수자원공사 등)에서 정부 정책 사업을 수행하고 있다. 따라서 차제에 정부 정책 사업을 가격 기제를 활

10 50% 규칙이란 기관 수입의 50% 이상을 매출 수익으로 충당하는 경우 이를 공기업으로 보는 것이다.

11 국제적인 기준을 적용할 때 이 국가들을 일반정부로 구분하기는 어려우며, 차제에 이들이 정책 사업에 대한 재정에서의 보상 방법을 원가 보상 기준에서 매출 기준으로 전환한다면 현재의 논란에서 벗어날 수 있을 것으로 판단된다.

용하는 방식과 원가 보상 방식으로 구분하고, 후자에 대해서는 수익 사업 위주의 매출에서 제외하는 방법을 적용하되, 정책 사업은 전액 보상 원칙을 견지하도록 하는 것이 바람직하다. 아울러 공기업의 서비스에 대한 요금 통제 역시 시장에 맡기는 자율 결정 방식을 따르는 것이 합리적이다. 한국전력의 전기료 인상 통제에 따른 적자 누적, 그리고 이로 인한 자원 낭비 사례는 공기업 요금 결정에 있어서 독립적이고 자율적인 설정이 중요함을 시사한다.

* * *

지금까지 시장과 정부의 균형, 정부의 역할 변화, 정치적 의사결정과 공공선택론에 입각한 정치 과정으로서의 재정 정책, 정부 간 계층 구조, 공공기관에 이르기까지 정치경제학적 이해를 통해 나라살림의 다양한 모습을 살펴보았다. 유구한 역사를 통해 분업·경쟁·교환을 핵심으로 해온 시장과는 구분되는 정부의 세금과 예산 지출에 대해 이해하기란 쉽지 않음을 알 수 있었다. 정부의 서비스는 비경합성과 비배제성(독차지할 수 없음)의 특징 때문에 의미 있는 가격 설정 및 판매가 불가능하고, 따라서 정부의 의사결정 구조는 시장에 의한 수요와 공급의 법칙이 아닌 정치적인 과정을 거칠 수밖에 없다. 일반적으로 합리적인 선택을 돕는 가격에 기초한 시장 기제market test mechanism를 활용하는 것이 어렵다는 이야기다. 대의제 민주주의하에서 재정은 단순하지 않다. 정부는 공공 선호에 대한 정부의 대응과 무시된 소수의 의사에 대해서도 판단해야 하고, 합리적이지 않은 국민들의 행태도 감안해야 한다. 예산과 재정 기능, 즉 나라살림의 모습은 역사적·문화적 경험에 의거해 각국 정부마다 다르게 나타나게 마련이다.

정부의 개입은 재정과 규제로 대별해볼 수 있다. 시장과 가격 기제를 활용하는 것이 재정이라고 하면 규제는 정부의 행정 권한에 입각해 통제적으로 규율하는 방식이다. 시장이 실패하는 영역이라고 해서 반드시 정부가 개입해야 하는 것은 아니다. 코스(Coasc, 1937)가 언급한 바와 같이, 외부효과로 인한 시장 실패를 해결하는 데 있어서 정부의 개입이 없더라도 재산권 설정과 자율적인 협상은 중요하다. 시장이 불완전하다고 해서 불완전한 정부가 반드시 개입해야 하는 것은 아니며, 정부는 정부가 잘 할 수 있는 영역에 집중하는 지혜를 체득해야 한다. 재정은 화수분이 아니며 시장과 기업의 영역은 가능한 한 존중되어야 한다. 예를 들어 일자리 만들기 같은 사업은 시장의 규제혁신을 통해 기업들이 신바람 나게 운영할 수 있는 분위기를 만들어주는 것이 정부의 역할인 것이다.

시장과 대별되는 정치 영역에서 의사결정이 이루어지는 예산과 세금을 이야기할 때 가장 먼저 떠오르는 대표적인 사람이 있다면 『국부론*An Inquiry into the Nature and Causes of the Wealth of Nations*』(1776/2018)의 저자 애덤 스미스다. 그는 국가의 간섭 없이 노동, 자본, 화폐, 재화의 자유로운 이동이 이루어지는 경제적 자유가 보장되어야만 분업과 교환을 통한 자기 이익, 그리고 재화와 서비스의 생산·교환에 있어서의 경쟁이 보이지 않는 손에 의해 효율적으로 작동하고, 이로 인해 안정적이고 번영된 사회를 만들 수 있다고 강조한다. 정부는 국방과 외교, 치안과 사법 질서, 그리고 교육과 보건 등의 공공서비스를 세금과 부채를 통한 정치 과정에 의해 마련하는데, 이때의 정치 과정은 가격경쟁이 아닌 대표성과 권력관계에 기초를 둔다. 따라서 세금과 예산을 설명하는 데 있어서도 합리모형보다는 점증모형 또는 만족모형이 더 높은 설명력을 지닌다. 중앙정부와 지방정부, 그리고 다양한 영역의 공기업에 이르기까지, 좋은 서비스를 제공하고 좋은 정부를 만들기 위해서는 시민의 '이탈·항의·충성' 기제가 잘 작동하게 하는 것이 중요하다. 시장이 실패하는 영역이라고 해서 반드시 정부가 개입해야 하는 것은 아니며, 정부와 시장 사이에는 다양한 형태의 거버넌스(지방정부와 공공기관 등)가 운용되고 있음을 알아야 한다. 정부 서비스가 불만족스러울 때 우리는 항의를 하기도 하고, 또 지방정부나 공공기관에서 이탈하여 보다 나은 대안을 모색하는 경우도 종종 있다.

가격 기제가 아니라 정치적인 선택을 통해 운용되는 예산과 세금으로 구성되는 재정을 이해하기 위해서는 다음 네 가지 질문을 끊임없이 제기해야 한다. 첫째, '정부는 시장에 언제 개입해야 하는가'다. 우리가 쉽게 의존하곤 하는 정부는 시장 실패에 대한 구세주라는 허구적 신화에서 깨어나야 한다. 시장은 시간을 거치면서 진화해 다양한 형식으로 보이지 않는 손의 기능을 놀라울 정도로 훌륭하게 수행할 수 있다. 둘째, '정부는 어떻게 개입하는가'다. 정부가 시장에 개입하는 방식은 예산과 세금, 규제가 있는바, 제한적이고 만족모형에 입각한 사람들로 구성된 정부의 개입에는 항상 한계가 따르게 마련이다. 셋째, '정부 개입은 과연 어떠한 경제적 효과를 가져오는가'다. 정부가 보도자료를 통해서 온갖 미사여구로 성과를 치장하는 언명이 아니라, 실제 세금을 거두어 예산 지출을 통해 과연 어떤 성과를 거두고 있는가에 대한 비판적 분석이 필요하다. 넷째, '정부 개입이 왜 그렇게 이루어졌는가'에 대한 정치경제학적 질문이다. 정부를 플라톤의 '철인哲人'이나 니체의 '위버멘쉬Übermensch(overman)' 개념으로 보기보다는 우리와 똑같은 사람들로 구성된 국회의원, 대통령, 관료들로 보고, 이들의 의사결정에 담긴 진정한 동기와 실제 현상적 결정 과정을 치밀하게 분석할 수 있어야 한다.

Chapter 2

재정의 범위

1. 재정의 범위는 왜 중요한가

최근 우리 정부의 화두는 단연 복지 확대라고 할 수 있다. 시장과 정부가 함께 기능하는 혼합경제시스템에서는 복지가 확대될 때 정부가 재정 지원만이 아니라 가격과 품질 관련 정보 공시, 인프라 등 민간서비스 공급의 품질 관리 및 감독 등의 역할을 균형 있게 수행해야 하지만, 그래도 가장 관건이 되는 것은 재정 지원과 세금의 규모다. 유럽과 미국 등에서도 재정위기가 금융위기, 나아가 경제위기를 가속화시키는 모습이 나타나는 가운데, 정부부채가 GDP(국내총생산Gross domestic product)의 일정 수준을 넘어설 경우 경제 성장을 저해하는 문턱threshold이 존재하는가와 지속가능성 여부를 놓고 논란이 벌어지는 등 재정 범위에 대한 관심이 집중되고 있다.[1]

1 하버드대학교의 라인하트와 로고프는 『이번엔 다르다*This Time is Different: Eight Centuries Folly*』(2009)와 몇몇 논문에서 "GDP 대비 부채 비율이 90%를 넘어설 경우 고용 및 경제 성장에 의미 있는 저해가 뒤따른다"고 주장한 바 있다. 이에 대해 매사

정부의 재정 정책을 거시적 관점에서 제대로 평가하기 위해서는 재정의 범위가 명확해야 한다. 즉 어디까지가 정부의 책임인가에 대한 논의가 선행되어야 한다. 또한 글로벌 환경을 감안할 때 국제 비교 가능성도 중요한 기준이 될 것이다. 현재 국가 재정 및 정책 결과의 상황을 정확하게 분석·판단하고 활용하며, 나아가 향후 지속가능한 재정 정책 의사결정에 도움을 주기 위해서는 재정의 범위를 분명히 하는 것이 중요한 과제가 된다. 정부의 간여 수단이 주로 규제와 재정이라고 할 때 어디까지를 정부로 볼 것인가는 정부 정책의 효과를 평가하는 데 매우 중요한 경계 설정의 문제가 된다.[2]

우리나라는 국가채무를 중앙정부와 지방정부 및 세 기금(공공자금관리기금, 외국환평형기금, 국민주택기금)이 발행한 국채를 합산한 금액으로 산정하고 있다. 세계금융위기가 발발한 2008년도 예산상의 국가채무는 317.1조 원 수준이었으며 이는 GDP 대비 32.7%로 2006년도 OECD 평균인 77%에 비해 현저히 낮았다. 2023년의 경우에는 일반회계와 특별회계 결산을 기준으로 총수입이 425.4조 원, 총지출이 441.1조 원, 공공자금관리기금 등 68개 기금의 수입액과 지출액을 포함한 총수입 및 총지출이 각각 625.7조 원, 638.7조 원, 국가채무는 1134.8조 원으로

추세츠대학교의 한 박사과정생이 자료를 재검토하여 통계에 오류가 있음을 밝혔고, 프린스턴대학교의 크루그먼이 미디어를 통해 이를 본격적인 논의 주제로 다루면서 재정 긴축 정책의 효과에 대한 관심은 전 세계적으로 확산되었다(Wdisenthal, 2013. 5. 26.). 크루그먼의 주장은 인과관계가 오히려 반대 방향으로 향한다는 것, 즉 고용 및 경제 성장의 부진이 재정 적자를 낳고, 이 부분이 축적되어 높은 부채 비율을 초래한다는 것이다. 정책적 시사점과 정부의 관련 역할에 대해서는 여전히 여러 논란이 계속되고 있다. 우리나라의 경우 문재인 정부 당시 경기부양을 위해 확대 재정 정책을 적극적으로 활용함에 따라 부채 비율 40%를 왜 넘으면 안 되는지에 대한 문제 제기가 있었고, 2022년을 기준으로 국가채무 비율은 이미 50%에 달하게 되었다.

2 이 부분에서 우리는 재정학의 네 가지 기본질문 중 하나인 '정부 정책의 직접효과와 간접효과는 어떠한가'를 반추할 필요가 있다. 이 질문은 언제 개입하는지, 어떻게 개입하는지, 그리고 어떠한 수단을 선택할 것인지와 함께 공공경제학의 근간이 되는 연구 주제를 구성한다.

GDP 대비 49.8% 수준으로 증가했다. 물론 중앙정부와 지방정부를 합한 일반정부를 기준으로 OECD 국가 전체의 평균 부채 비율(2019년 기준)이 110.0%라는 점에 비추어 볼 때 우리나라는 상대적으로 건전한 재정 구조를 유지하고 있다고 할 수 있다.

하지만 국가채무 범위를 확대하여, GDP 대비 국가채무(A), 기금부채(B), 국민연금기금 잠재부채(책임준비금 부족액)(C), 통화안정증권 발행 잔액(D), 공공기관부채(E)를 모두 합한 광의의 국가부채(A+B+C+D+E)를 산정하면 2006년도에 1,142조 원에 이르며, 이는 GDP를 이미 초과(134.7%)한 수준이라는 주장도 제기된 바 있다(박재완, 2007).[3] 이러한 논의는 결국 새로운 국제지침의 발표와 국제 비교가 가능한 통계 산출의 필요에 따라 공공부문 재정통계라는 개념을 도입하게 만드는 데 기여했다(한국조세연구원, 2013). 국가채무 통계는 국가 간 재정 관행에 따른 차이를 보이며, 따라서 시계열 확보 및 국제 비교 가능성을 통한 표준화가 중요한 규범이 된다.

예산 지출을 충당하는 세금 수입의 부족분(적자)이 쌓여 국가채무(빚)가 된다는 점에서 재정 수입의 범위도 논의의 대상이 된다. 전통적인 의미의 조세 및 사회보장기여금 부담의 합(국민 부담)을 명목 GDP로 나눈 백분율인 국민 부담률은 2007년 28.7%를 기록했다가 이후 다소 낮아져 2012년 26.5% 수준이던 것이, 문재인 정부를 거치면서 2022년 31.1%로 증가했다. 이는 OECD 평균인 33.5%보다는 여전히 낮은 수준이지만, 조세성 부담금을 포함하는 '대안적 국민 부담 지표'를 통한 실질 국민 부담률은 2007년에도 29.7%에 달한다는 주장이 있었다(박재완,

3 국가부채와 국가채무는 다른 개념이다. 국가채무는 D1 기준으로 현금주의에 의한 계리로서 정부가 직접적인 상환 의무를 부담하는 것이며, 국채, 차입금 등 지금 시가와 금액이 확정된 것을 의미한다. 반면에 국가부채는 D2 기준으로 국가재무제표상의 부채, 즉 이미 발생해 중앙정부와 지방정부가 반드시 상환해야 하는 국가채무에 미래의 잠재적 빚까지를 더한 개념이다.

2007). 아울러 대안적 국민 부담 지표의 계산에 있어 조세성 부담금 기준의 자의성 및 비객관성, 상이한 부담금 체계에 따른 국가 간 비교 곤란성으로 인해 국민 부담률에 한계가 있으며, 이를 보완하는 확대된 정보 자료가 필요하다는 주장도 있다.

이 장에서는 국제 기준에 따른 통계 산출을 통해 국가 간 비교가 가능한 재정통계를 공개하는 차원에서 공공부문부채 통계를 포함하는 재정의 범위를 살펴본다. 재정에 영향을 줄 수 있는 다양한 정보를 투명하게 공개하는 것도 필요하지만, 이미 상장되어 민간기업과 경쟁하는 글로벌 공기업의 부채를 모두 공공부문의 부채라는 차원에서 재정의 범위에 포함하는 것이 타당한지는 논란의 여지가 있다. 따라서 차제에 재정의 범위와 관련된 논의를 분명히 할 필요가 있다. 그럼 지금부터는 먼저 재정통계의 범위와 국가채무 현황을 살펴보고, 국제 표준을 중심으로 환경의 변화를 살펴본 후, 이어서 재정 범위의 재검토와 국민 부담의 재검토 순으로 논의해보도록 하겠다.

2. 재정통계 범위와 국가채무

1) 현황

지금까지 정부는 국가채무government debt를 중앙정부와 지방정부 및 3개 기금(공공자금관리기금, 외국환평형기금, 국민주택기금)이 발행한 국채를 합산한 금액으로 발표해왔다. 다시 말해 현금주의 예산회계 체제하에서 우리나라의 국가채무 통계는 포괄 범위로서 일반정부(중앙정부와 지방정부, 준정부기관 포함, 공기업 제외)의 직접적인 상환 의무를 부담하는 확정채무를 의미하며, 국공채와 차입금, 국고 채무 부담 행위를 포함한다. 최근에는 일반회계와 특별회계 세입세출, 68개 기금 수입지출을 모두 포함한 재정수지를 계산하여 국가채무 규모를 산출하고 있다. 이때 국가재정법에 따라 중앙관서의 장이 관리·운용하는 회계 또는 기금이 부담하는 금전 채무인 중앙정부 채무, 여기에 지방정부를 포함한 국가채무가 계산된다.

국가채무는 일정 시점을 기준으로 그때까지 발생한 재정 적자의 총합으로 저량貯量·stock의 개념이다. 따라서 재정 적자의 누적은 국가채무의 증가를 초래한다. 현재는 국가채무를 국제통화기금International Monetary Fund: IMF의 'GFSGovernment Finance Statistics 1986' 기준에 따라, 일반정부(중앙정부와 지방정부)가 직접적으로 원리금 상환 의무를 지는 확정 채무로 이해한다. 보증 채무, 사회보장기금의 준비금 부족액, 중앙은행 채무(통안증권 발행고), 공기업 채무 등은 제외되고 있는 것이다. 그러나 한국조세연구원(2013)과 윤용중·이강구·윤준승·서재만·김정미(2011) 등은 재정건전성을 유지하기 위해 보증 채무, 공기업부채, 민간관리기금부채, 연금 채무(준비금 부족분) 등을 광의의 국가채무로 규정하고 모니터링할 것을 지속적으로 권고해왔다.

이에 따라 정부는 2011회계연도[4] 결산부터 발생주의 복식부기 회계제도를 도입하고 재정통계체계를 개편함으로써 새로운 국가부채 개념을 추가했다. 기존 현금주의 방식의 국가채무 이외에 발생주의에 따른 재무제표상 부채, 최신 국제기준('GFS 2001' 기준)에 따른 일반정부부채가 추가되었으며, 이들은 각각 회계기준, 포괄 범위, 채무 구성 항목 등에서 차이가 있다(<표 2-1> 참조).

일반정부부채는 최신 국제기준에 따라 산출되며, 국가채무 항목 외에 예수금, 미지급금, 선수금 등 발생주의 항목을 추가로 포함한다.[5] 일반정부부채는 중앙정부와 지방자치단체의 모든 회계·기금 및 비영리 공공기

---

4 예산이 효력을 갖는 일정 기간을 회계연도fiscal year or budget year라고 하며, 국가마다 조금씩 다르지만 우리 정부의 회계연도는 1월 1일에 시작하여 동년 12월 31일에 종료하는 구조다.

<표 2-1> 2021년 결산 기준 세 가지 국가채무(부채) 비교

구분 항목	국가채무(D1) GFS 1986 기준	일반정부부채(D2) GFS 2001 기준	공공부문부채(D3)
근거	국가재정법 제91조	국제기준	국제기준
인식 기준	현금주의	발생주의	발생주의
중앙정부	일반회계 특별회계 정부관리기금	일반회계 특별회계 정부관리기금 공공기관관리기금 비영리공공기관	일반회계 특별회계 정부관리기금 공공기관관리기금 비영리공공기관
지방정부	일반회계 특별회계 기금 교육비특별회계	일반회계 특별회계 기금 교육비특별회계 비영리공공기관	일반회계 특별회계 기금 교육비특별회계 비영리공공기관
비금융 공기업	제외	제외	포함
규모 (GDP 대비)	970.7조 원(46.9%)	1,066.2조 원(51.5%)	1,427.3조 원(68.9%)

* 자료: 기획재정부(2022c).

관의 회계 · 기금을 포괄한다. 국가회계법에 따라 발생주의 복식부기 회계기준으로 산출되며, 국가채무 항목 외에 충당부채가 포함된다. 공무원 · 군인 연금충당부채가 포함되어 재무제표상 세 가지 채무 중 가장 부채 규모가 크다. 결국 세 종류의 국가채무가 발표되는바, 첫째, 국가채무관리보고서는 현행과 같이 현금주의 국가채무 기준으로 작성하고, 둘째, 일반정부부채는 국가 간 재정건전성 비교 용도로 활용하며, 셋째, 재무제표상 부채는 우리나라의 재정 상태를 정확히 파악하고 잠재적인 재정 위험 요인을 분석하기 위해 활용한다.

5 예수금, 미지급금, 선수금 등은 미리 받아놓은 자금 또는 지불 의무가 있는 자금을 의미하는 복식부기 발생주의 회계 용어다. 자세한 내용은 3장 참조.

2) 국가채무의 성질별 분류

국가채무는 금융성 채무와 적자성 채무로 구분된다. 금융성 채무는 주로 외환시장에서의 원/달러 환율 급등락에 따른 외환시장 안정, 서민 주택 안정, 그리고 농어촌 구조 개선을 위한 융자 재원 마련 등을 목적으로 하는 국채 발행에 따른 것이다. 한편 적자성 채무는 주로 공적자금 상환을 위한 정부 보증 채무의 국채 전환, 일반회계 적자 보전에 따른 재원 조달, 국고 채무 부담 행위 등에 따른 것이다.

국가채무는 유형별로 크게 중앙정부 채무와 지방정부 순채무로 구성되며, 이 가운데 중앙정부 채무는 국채, 차입금, 국고 채무 부담 행위로 구분된다. 국채는 국가의 재정수지상 세입 부족액을 보전하고 수지 균형을 도모하기 위해 국가가 발행하는 채권이다. 국채의 규모는 2021년 기준 국가채무 956.0조 원의 96.9%인 926.1조 원에 이른다. 차입금은 정부가 한국은행, 민간기금 또는 국제기구 등으로부터 법정 유가증권의 발행 없이 직접 차입한 금액을 의미한다. 차입 대상에 따라 정부가 한국은행 등 국내 금융기관이나 민간기금 등으로부터 차입하는 국내 차입금, 국제부흥개발은행International Bank for Reconstruction and Development : IBRD 이나 아시아개발은행Asian Development Bank: ADB 등 국제기구와 외국 정부로부터 차입하는 해외 차입금으로 구분된다. 2021년도 본예산 기준 국가채무 중 국내 차입금은 2.3조 원 규모에 불과하다. 결국 국가채무의 대부분은 국채, 즉 정부가 채권을 발행해 마련한 자금으로 이루어짐을 알 수 있다.

국고 채무 부담 행위는 국가재정법 제25조에 따라 국가가 법률에 따른 것과 세출 예산 금액 또는 계속비 총액 범위 안의 것 외의 채무를 부담하는 행위로서, 사전에 국회 의결을 받은 범위 내에서 이루어진다. 즉 일반적인 예산 사업은 예산을 확보한 후 사업을 집행하는 데 반해, 국고 채무 부담 행위는 예산 확보 전에 국회의 승인을 얻은 범위 내에서 미리

<표 2-2> 2010~2021년 국가채무 규모와 증감 추이

(단위: 조 원, %)

연도 항목	2010	2013	2015	2017	2019	2021
국가채무(C=A+B) (GDP 대비)	392.2 (29.7)	489.8 (32.6)	591.5 (35.7)	660.2 (36.0)	723.2 (37.7)	970.7 (46.9)
금융성 채무(A)	199.0	236.7	260.6	285.4	315.6	373.2
적자성 채무(B)	193.3	253.1	330.8	374.8	407.6	597.5

* 자료: e-나라지표 > 부단위기관 > 기획재정부 > 국가채무추이.

이루어지는 지출원인행위(계약)이며, 이에 따른 실제 지출은 이후 수년에 걸쳐 이루어지게 된다. 국고 채무 부담 행위는 해당 연도 세출 예산에 계상하지 못하는 필수불가결한 사업을 수행하기 위한 예외적인 제도로서, 해양경찰청의 함정 건조 사업이나 외교부의 재외공관 건축 사업 등이 국고 채무 부담 행위로 집행된 바 있다. 현재 이들 사업은 세출 예산(계속비 등)으로 편성되고 있으며, 2021년도 본예산 기준 국가채무 중 국고 채무 부담 행위는 0.1조 원 규모로 국가채무에서 차지하는 비중은 미미하고 그 규모가 점점 감소하는 추세다(2010~2021년의 국가채무 규모와 증감 추이는 <표 2-2> 참조).

지방정부 순채무는 지방정부의 지방채 및 지방교육채 잔액에서 중앙정부에 대한 채무 잔액을 차감한 것으로 정의된다. 국가재정법에 따른 국가채무의 범위에 속하지는 않지만, 국제 비교 등을 위해 국가채무 관리계획에서 1997년 이후 매년 지방정부 순채무를 국가채무에 포함하고 있다. 2021년도 결산 기준 국가채무 중 지방정부 순채무는 31.5조 원 규모다(2021년 결산 기준 국가채무 결산 결과 및 2019년 대비 증감 추이는 <표 2-3> 참조).

<표 2-3> 2021년 국가채무 결산 결과 및 2019년 대비 증감 추이

(단위: 조 원, %)

항목 \ 구분	2019년 결산	2021년 결산	증감
국가채무(①+②) (GDP 대비)	723.2 (37.7)	970.7 (46.9)	247.5 (9.2%p)
중앙정부(①)	699.0	939.1	240.1
-국채 -차입금 -국고 채무 부담 행위	696.3 2.6 0.1	937.0 2.0 0.1	240.7 -0.6 0
지방정부(②)	24.2	31.5	7.3

* 주: 지방정부의 전체 채무 중 중앙정부에 대한 채무를 제외한 금액.
* 자료: e-나라지표 > 부단위기관 > 기획재정부 > 국가채무추이.

3) 재정수지 추이

재정수지는 해당 연도의 재정 수입에서 재정 지출을 차감한 수치로서, 해당 연도 재정활동의 건전성을 파악할 수 있는 지표가 된다. 재정 지출이 재정 수입보다 더 크게 나타나 재정수지 적자가 발생하면 차입이나 국채 발행, 자산 매각 등을 통한 보전이 필요하게 되므로 국가채무의 증가 또는 국가 자산의 감소로 이어지게 된다. 정부는 IMF 권고에 따라 정부 재정통계기준('GFS 1986' 기준)에 맞춰 통합재정수지를 작성해 발표하고 있다. 통합재정수지는 일반회계, 특별회계, 기금을 모두 포괄하는 수지로서, 회계 · 기금 간 내부거래 및 차입 · 채무상환 등의 보전거래를 제외한 실질적 의미의 수입 · 지출 간 차이를 나타낸다.

한편 관리재정수지는 통합재정수지에서 4개 사회보장성기금수지를 제외한 재정수지로서, 재정건전성을 보다 정확히 판단하기 위해 2000년부터 집계하기 시작했다. 그동안 국민연금기금, 사립학교교직원연금기금, 고용보험기금, 산업재해보상보험 및 예방기금 등 4개 사회보장성기금은 아직 연금수급자가 본격적으로 발생하지 않아 보험료 수입이 계속

<표 2-4> 2011~2021년 재정수지 추이

(단위: 조 원, %)

항목 \ 연도	2011	2013	2015	2017	2019	2021
통합재정수지 (GDP 대비)	18.6 (1.3)	14.2 (0.9)	Δ0.2 (0.0)	24.0 (1.3)	Δ12.0 (Δ0.6)	Δ30.5 (Δ1.5)
사회보장성 기금수지	32.1	35.3	37.8	42.5	42.4	60.1
관리재정수지 (GDP 대비)	Δ13.5 (Δ1.0)	Δ21.1 Δ1.4	Δ38.0 (Δ2.3)	Δ18.5 (Δ1.0)	Δ54.4 (Δ2.8)	Δ90.6 (Δ4.4)

* 자료: e-나라지표 > 부단위기관 > 기획재정부 > 통합재정수지.

누적되어온 관계로 큰 폭의 흑자가 발생하고 있는데, 이는 통합재정수지를 양호하게 하는 요인으로 작용한다. 사회보장성기금의 장기적인 재정 소요를 고려하면 이러한 사회보장성기금의 흑자를 통합재정수지에서 제외하는 관리재정수지가 재정건전성을 판단하는 유용한 재정 지표라고 할 수 있다(2011~2021년의 재정수지 추이는 <표 2-4> 참조).

「2022~2026년 국가재정운용계획」에 따르면 통합재정수지는 2022년 △70.4조 원에서 2026년 △13.4조 원으로 적자 폭이 다소 줄어들 전망이다. 관리재정수지 적자도 2022년 △110.8조 원에서 2026년 △56.6조 원으로 적자 폭이 점진적으로 줄어들어, GDP 대비 관리재정수지 비율 역시 2022년 △5.1%에서 2026년 △2.2%로 △2~3%대가 지속될 것으로 전망된다.[6]

6 2020년과 2021년은 팬데믹에 따른 경제위기 극복을 위한 팽창적 재정 정책이 필요했던 시기로, 이에 기반한 재정수지 전망치는 2022년 윤석열 정부 출범 후 재정건전성을 강조하고 재정 준칙을 제정하려는 시도가 실효적으로 추진되면서 향후 다소 줄어들 것으로 예상하고 있다.

4) 국가채무 국제 비교

국가 간 채무 수준을 비교할 때는 국가채무의 절대 규모보다 GDP 대비 국가채무 비율을 사용하는 것이 바람직한데(OECD, 2013), 2021년 우리나라의 GDP 대비 국가채무는 47.3%로 OECD 평균 국가채무 비율 110.0%에 비해 매우 낮은 수준으로 나타났다(<표 2-5> 참조).

<표 2-5> 2001~2022년 OECD 회원국별 GDP 대비 정부 채무 비율

(단위: %)

연도 국가	2001	2004	2007	2010	2013	2016	2019	2022
호주	17.2	11.9	9.7	20.4	30.5	40.5	46.3	60.1
오스트리아	66.4	64.8	64.7	82.4	81.0	82.6	70.3	80.7
벨기에	108.2	97.2	87.3	100.3	105.5	104.9	98.7	107.5
캐나다	81.5	71.9	66.9	81.2	86.1	91.7	88.6	101.8
칠레	14.5	10.3	3.9	8.6	12.7	21.0	27.9	38.3
콜롬비아	41.1	41.5	32.7	36.5	37.6	49.8	52.3	60.6
체코	22.7	28.4	27.3	37.1	44.4	36.6	30.2	43.3
덴마크	48.5	44.2	27.3	42.6	44.0	37.2	29.4	33.7
에스토니아	4.8	5.1	3.8	6.6	10.2	9.1	8.4	20.9
핀란드	40.9	42.6	33.9	46.9	56.2	63.2	59.0	67.1
프랑스	58.3	65.9	64.5	85.3	93.4	98.0	98.1	112.6
독일	57.9	65.0	64.0	82.4	78.7	69.2	59.5	70.9
그리스	107.1	102.9	103.1	146.3	177.9	181.1	180.9	185.4
헝가리	51.7	58.3	65.2	80.6	77.4	75.5	66.3	75.9
아이슬란드	42.4	32.7	27.1	85.4	81.8	51.2	66.2	68.8
아일랜드	33.2	28.2	23.9	86.0	120.1	74.2	57.3	53.3
이스라엘	83.7	91.2	73.0	70.6	67.1	62.1	60.0	67.1
이탈리아	108.9	105.1	103.9	119.2	132.5	134.8	134.8	150.6
일본	146.8	171.6	175.3	207.7	232.2	236.4	238.0	262.5

국가＼연도	2001	2004	2007	2010	2013	2016	2019	2022
한국	17.2	22.4	27.4	29.5	37.7	41.2	41.9	52.0
라트비아	17.5	14.2	8.1	46.8	39.4	40.2	36.8	47.3
리투아니아	22.9	18.7	15.9	36.3	38.7	39.9	37.7	40.1
룩셈부르크	7.7	7.9	8.2	20.2	23.7	20.1	22.1	25.7
멕시코	39.3	40.8	37.2	42.0	45.9	56.7	53.7	58.4
네덜란드	48.2	49.1	42.0	59.4	67.8	61.9	48.4	55.3
뉴질랜드	28.2	22.5	16.3	29.7	34.6	33.5	31.5	51.2
노르웨이	27.3	44.0	49.7	43.2	31.6	38.1	41.3	47.8
폴란드	37.1	45.1	44.5	53.5	56.0	54.3	46.0	53.3
포르투갈	53.4	62.0	72.7	100.2	131.4	131.5	117.7	121.6
슬로바키아	51.1	41.7	30.3	41.0	54.7	52.0	48.0	61.4
슬로베니아	26.1	26.9	22.8	38.3	70.0	78.7	66.1	71.4
스페인	54.1	45.4	35.8	60.5	95.8	99.2	95.5	116.4
스웨덴	51.8	48.5	39.0	38.1	40.2	42.3	34.8	35.1
스위스	52.6	59.3	45.8	42.5	43.0	41.9	42.1	41.5
터키	75.5	57.2	37.8	39.7	31.2	28.0	33.0	43.7
영국	34.0	38.4	41.5	74.6	84.2	86.8	85.4	87.8
미국	53.1	66.1	64.7	95.5	104.9	106.6	108.7	125.6

* 자료: IMF (2022).

5) 한국의 국가채무 증가 추이

우리나라의 국가채무는 1997년 외환위기 이후 급격히 증가해오던 중 2020년 팬데믹 위기 상황으로 그 추세가 더욱 급격해졌고, 이러한 상승세는 지금까지도 계속되고 있다. 특히 2003년 이후에는 공적자금의 국채 전환 및 외환시장 안정용 국채 발행 증가 등으로, 그리고 2020년부터는 팬데믹 위기 상황으로 그 증가 속도가 가속화되고 있다(<그림 2-1> 참조).

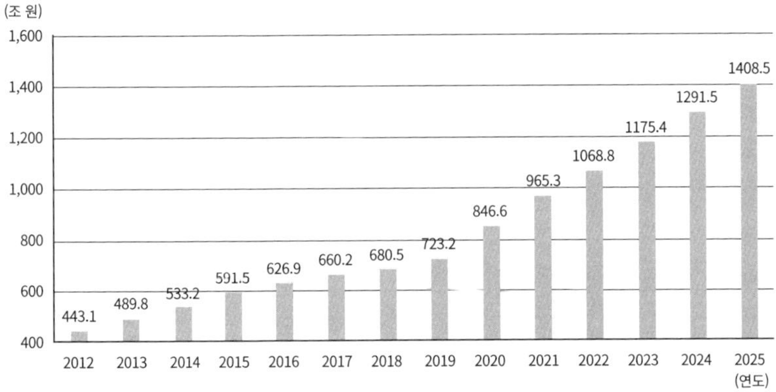

<그림 2-1> 우리나라 국가채무 추이

* 주: 2022년 이후는 「2021~2025 국가채무 관리 계획」 전망.
* 자료: e-나라지표 > 부단위기관 > 기획재정부 > 국가채무추이.

한국의 GDP 대비 국가채무는 2002년 19.5%에서 2012년 30.8%, 2021년에는 47.3%로 빠른 속도로 증가하고 있다. 기획재정부 e-나라지표 자료에 따르면 2022년에 추경을 반영한 1068.8조 원(GDP 대비 49.7%) 수준으로 늘어났다가 2025년 이후에는 균형재정을 통해 부채 증가 속도가 둔화될 것으로 전망하고 있다.

그러나 우리 국가 재정은 향후 세수 증가율은 둔화되는 가운데 유례없는 저출산과 고령화로 인한 복지 지출, 남북관계 관련 지출이 빠르게 늘어남에 따라 중장기적으로 재정 소요의 급증이 우려되는 상황이다. 과도한 국가채무는 거시경제의 안정을 저해하고, 국민경제에 부담을 주며, 재정 운용의 탄력성을 약화시킨다. 또한 국가 재정의 건전성과 지속가능성을 저해하게 될 것이므로, 현재와 같은 급격한 국가채무의 증가 속도에 유의하면서 재정의 안정적인 운용에 중점을 둘 필요가 있다는 점에서 국가채무의 범위, 나아가 재정통계의 범위를 명확히 하는 과제는 매우 중요한 의미를 지닌다.

3. 제도적 환경의 변화

정부는 경제·사회 환경 변화에 대응한 국가채무의 효율적 관리를 위하여 지금까지의 국가채무 통계가 지닌 문제점을 분석하고, 발생주의 회계의 도입에 따른 국가부채의 개념, 포괄 범위에 대한 대안을 마련하기로 하여 2011년 결산부터 적용하고 있다. 현재 국가에서 공표하는 채무범위는 IMF 기준을 사용하는데, 이 기준은 국가 및 지방자치단체가 갚아야 할 금액으로 차입금, 국·공채, 국고 채무 부담 행위를 포함하는 반면, 정부보증 채무와 같은 우발채무, 공기업부채 및 IMF 차입과 같은 통화당국의 채무 등은 포함하지 않고 있다. 또한 재정통계는 IMF의 'GFS 1986' 기준에 따라, 금융성기금을 제외한 모든 정부회계(일반회계, 특별회계 및 기금)의 현금수지 기준 통합재정수지를 작성하고 연도 말에 지방자치단체와 합산하여 산출하고 있다. IMF의 'GFS 2001' 기준은 정부 재정통계를 발생주의 회계에 의하여 작성하는 동시에 재정의 범위를 공공기관까지로 확대할 것을 권고하고 있다. 이에 따라 국가회계는 2011년부터 발생주의 회계를 채택하고 있고, 2014년부터는 주요 외국보다도 선도적으로 공공부문 재정통계를 산출하고 있다.

현행 국가재정법에 따른 예산결산과 국가회계법상 재무 결산의 재정범위는 일반회계, 특별회계, 기금으로 동일하게 정의되어 있다. 다만 국가재정법과 동 시행령에서 중앙관서의 장이 관리·운용하지 않는 회계 또는 기금은 명시적으로 제외한다. 따라서 국가재정법과 국가회계법상의 국가채무 범위에는 차이가 있다. 결국 국가회계법상의 국가채무 범위에 따르면 민간기금의 확정 채무, 예를 들어 중소기업진흥 및 산업기반기금이 발행하는 중산채, 예금보험공사와 자산관리공사 구조조정 채권의 포함 여부가 논란이 되는바, 이에 대한 심도 있는 논의가 필요하다. 윤용중 등(2011)도 기금은 독자적으로 법률상 책임을 지고 거래를 수행할 수 없을 뿐만 아니라 자신의 명의로 부채를 부담할 수도 없어 별도의 제도 단위institution가 될 수 없으므로 이를 관리 주체별로 구분하여 시장성 테스트를 실시하는 것은 적절하지 못하다고 지적하고 있다.

1) 재무 결산 도입과 국제 비교 기준

현재의 채무 통계는 과거 기준인 'GFS 1986'을 준용하여 금융성기금을 제외한 통합수지 공시 및 통계 산출을 하고 있다. 'GFS 1986' 기준은 현금주의 결산 및 정부의 기능 중심으로 재정통계를 산출하며, 금융성 활동은 제외한다. 그러나 'GFS 2001' 기준은 발생주의 결산 및 제도 단위 중심으로 재정통계를 산출하고, 지방정부, 준정부기관, 비금융공기업, 금융공기업을 포괄하는 공공부문 통계를 산출할 것을 권고한다. 우리나라도 국가회계법 도입으로 'GFS 2001' 매뉴얼에 따른 발생주의 통계 산출 시 준정부기관을 포괄하는 방향으로 세 가지 국가채무 기준을 구분해 발표하고 있다.

기금회계가 중앙정부 통합재무제표 작성 범위에 포함되면서 준정부기관 및 공기업에 대해서도 공공부문부채 통계에 포함하도록 'GFS 2001'에서 규정하고 있으나, 우리나라의 경우 공기업 범위를 객관적으로 선정하는 데 어려움을 겪고 있다. 윤용중 등(2011)은 정부의 재정통계 개편이 결과적으로는 국제기구에 제출하는 재정통계 개편의 의미로서, 국가채무 범위나 처리 방식 등에 대해서는 합리적 개선 방안을 제시하지 못한 것으로 평가하고 있다.

2) 국가채무 통계 산출 방식

협의의 국가채무는 중앙정부의 디지털 예산회계 정보시스템인 '차세대 D-Brain'과 지방정부 재정통합시스템 'e-호조'를 통해 분기별로 산출하되, 지방정부가 포함된 자료는 연단위로 산출한다. 중앙정부의 통합수지에는 일반회계, 기업특별회계, 기타특별회계, 비금융성기금이 포함되며, 수입, 지출, 순융자 중심으로 현금주의 방식을 택하고 있다.

2011년 결산부터 발생주의 및 복식부기가 도입되면서 금융성기금과 외국환평형기금이 포함되었다. 현행 통합수지에서는 금융성기금 중 보증 관련 기금(7개), 저축예금 관련 기금(1개)과 외국환평형기금은 금융성

<표 2-6> 재정 범위 관련 국제 기준

구분 항목	GFS 2001	GFS 2014	SNA 2008	ESA 1995
부채 범위 결정 기준	- 제도 단위 - 실질적 통제 가능성 - 사업의 공공성 - 활동의 시장성	- 발생주의 기준의 구체화 - 다양한 거시통계 체제, 즉 SNA, ESA, PSDS 등을 GFS 체계로 통합	- 제도 단위 - 실질적 통제 가능성 - 사업의 공공성 - 활동의 시장성	- 제도 단위 - 실질적 통제 가능성 - 사업의 공공성 - 활동의 시장성
제도 단위의 의미	- 자산의 명의로 부채 부담 능력 - 경제적 실체	- 일반정부와 공기업을 명시적으로 구분하고 시장 생산자로서 경제적으로 유의한 가격economically significant prices 개념 도입	- 의사결정의 자율성 - 완벽한 회계 자료	
실질적 통제 가능성 의미	- 전반적 정책 또는 사업을 결정할 능력(이사회 임면권, 중대한 영향력 행사가 가능한 자금 제공)	- 자신의 명의로 부채 부담 능력 - 경제적 실체	- 정부가 일반 정책을 결정하는 능력 보유	—
사업의 공공성 의미	- 정부의 경제적 기능 수행	- 정책이나 계획을 정부가 의도대로 결정할 능력 보유	- 공공의 이익을 위한 공급	
활동의 시장성	- 경제적으로 의미 있는 가격으로 서비스 제공	- 구성원 간 상호부조 성격의 제도 단위는 제외 - 경제적으로 의미 있는 가격으로 서비스 제공	- 시장적 기능 가격을 생산비용의 50% 이상이 매출액으로 보전	

* 자료: IMF(2014).

활동으로 제외되고 있다. 우편사업특별회계, 우체국예금특별회계 등 기업특별회계와 우체국보험특별회계, 기타특별회계는 'GFS 1986' 기준에서 금융 활동으로 제외하도록 했지만 우리는 포함하고 있다(재정의 범위와 관련된 국제 기준은 <표 2-6> 참조). 윤용중 등(2011)도 우정사업본부가 관리하는 3개 특별회계에 대해서는 미래창조과학부(현재는 과학기술정보통신부)라는 중앙행정기관의 소속기관이며, 기관장의 임명, 예산, 우정재산 및 이익잉여금의 활용 등 자율성에 대해 강한 국가 통제를 받고 있다는 점에서 준기업으로 보아 제외하는 것은 문제가 있다고 지적한다.

한편 준정부기관 및 공기업이 수행하는 정부 성격의 기능은 포함하지 아니한다. 'GFS 2001' 기준은 통합재정의 정보 범위를 정부의 경제적 기능을 수행하며 재정 정책에 뚜렷한 영향을 미치는 실체entity 중심으로 개편하고, 발생주의와 저량·유량 개념을 도입하고 있다. 제도 단위 중심인 경우 금융성기금을 포함해, 통화금융기관인 한국은행도 포함한다.

3) 공공부문 포괄 범위

최근 정부는 공공부문 재정통계 범위의 설정에 있어, 국제적으로 비교가 가능한 통계 작성을 위해 '지배성'을 기준으로 공공부문의 포괄 범위 설정에 대한 논의를 지속하고 있다. 기존 시장성 기준에 따라 일반정부 통계에서 제외되었던 공기업들을 추가하여 공공부문 범위를 완성하기로 한 것이다. 2011년 재정통계 개편 시 국제기준에 따라 원가 보상률 50%와 특수기준을 사용하여 일반정부와 공기업을 구분한 바 있는데, 정부 정책 사업을 대행하는 공기업 사업 관련 부채의 처리 문제 등으로 논란이 되었기 때문이다.

실제적으로 현재 일반정부 범위에 더해 공공기관운영에관한법률 대상 또는 공공기관, 지방공기업법 대상 공공기관(지분율 50% 미만인 협의의 제3섹터 제외), 그리고 한국은행의 국민계정통계상 공공기관 범위를 포괄

<표 2-7> 2021년 기준 한국 공공부문의 범위

항목 \ 구분	관리목적 공공기관	통계 목적 공공부문		
		공기업(B)	일반정부(A)	계(A+B)
1. 중앙	350	129	304	433
2. 지방	407	57	4,919	4,976
계(1+2)	757	186	5,235	5,421

* 자료: 기획재정부·행정안전부·한국은행(2021) 재작성.

하는 범주를 선택하기로 했다. 2020년 기준 일반정부 범위에 포함되어 있는 317개 비영리공공기관(중앙 221개, 지방 96개)에 정부의 지배성 기준을 충족하는 186개의 공기업public corporation을 추가해, 중앙·지방 정부와 503개의 공공기관으로 이루어진 공공부문public sector을 구성한 것이다. 2021년 기준 중앙 350개(공공기관운영에관한법률), 지방 407개(지방공기업법)가 모두 포함되었다(2021년 기준 한국 공공부문의 범위는 <표 2-7> 참조).

특히 기존의 공공기관운영에관한법률과 지방공기업법상의 공기업에, 한국은행의 국민계정상 분류에서 공기업으로 분류하는 한국은행, 금융감독원, 산은금융지주, 산업은행, 기업은행, KBS, EBS의 7개 기관이 추가적으로 포함되었다. 국내 재정통계를 산출하는 기관 간 불일치의 문제를 원천적으로 해결하기로 한 것이다.

4. 국가채무의 범위

지금까지 정부는 국가채무로 중앙정부와 지방정부 및 세 기금(공공자금관리기금, 외국환평형기금, 국민주택기금)이 발행한 국채만을 합산한 금액을 발표해왔다. 그러나 여기에다 군인연금 및 공무원연금처럼, 장래에 적자 상태로 전환되어 국고 지원이 불가피한 국민연금기금의 책임준비금 부족액만 포함하더라도 국가채무 범위는 눈덩이처럼 불어난다. 아울러 공공기관운영에관한법률에 의해 관리되고 있는 350개 주요 공공기관이 공시한 부채와 국가채무에는 포함되지 않으나, (선진국에서는 국채 발행으로 대응하는) 물가 안정을 위해 한국은행이 발행한 통화안정증권의 잔액까지 더할 경우 국가가 관리해야 할 공공채무는 GDP를 이미 초과한다는 지적도 신중히 검토되어야 한다.

그러나 국가채무 범위를 재검토할 때는 국가재정법과 국가회계법상 범위의 차이를 조정하는 과제가 선결되어야 하고, 그것도 총액 개념이 아닌 순계 개념이 도입되어야 함을 분명히 해야 한다. 국가회계기준(복식부기 발생주의 원칙의 채택)에 따른 국가부채 통계에서는 기금부채, 국민연금 책임준비금 부족액, 임대형 민자 사업Build Transfer Lease: DTL, 우발채무 충당금 등의 포함 여부를 고민해야 한다. 국가회계법의 시행으로 당장 국가채무에서 범위가 확대되는 것은 군인연금 및 공무원연금 등 교환거래적 부채성 충당금, 민간기금부채, 임대형 민자 사업 등이다. 국민연금 등 사회보험 책임준비금 부족액, 우발채무 등은 포함하지 않는다.

'GFS 2001' 매뉴얼과 관련해서 통안증권 등 한국은행부채, 공공기관 부채의 포함 여부에 대해서는 재정의 범위 및 규모와 관련하여 잠재성 공공부채로 관리·모니터링해나가는 방식으로 재정건전성 제고를 도모하는 것이 필요하다. 국가채무의 통계는 시계열 확보 및 국제 비교 가능성을 통한 표준화가 중요한 규범이 되므로, 전통적인 국가채무의 범위를 유지하는 것은 당분간 필요할 것으로 판단된다. 국가 간 재정 관행이 차이로 인한 항목 누락 등의 문제는 복식부기 발생주의 원칙에 따른 재무 결산을 통해 대부분 해결될 것으로 전망된다.

이러한 판단하에 공공부문의 범위 문제는 원천적으로 해결했으나 연금충당부채의 산정, 내부거래의 제거 등은 여전히 과제로 남아 있다. 우선 연금 제도는 사회보장제도와 고용 관련 제도로 분류된다. 사회보장제도에 속하는 연금 제도는 미래의 지급 약정을 통계적으로 부채로 인식하지 않고 암묵적 우발부채로 분류한다. 국민연금과 같은 미래 지급 의무 제도는 대상 제도 단위를 명시하고 순계 규모를 비망 항목에 부기하도록 권고하고 있다. 고용 관련 제도는 연금수급권을 비롯한 연금 지급 의무를 각 제도 단위의 채무로 계상한다. 'SNASystem of National Accounts 2008'은, 첫째, 연금 지급 의무 결정에 있어서 정부가 산정 공식을 자의적으로 변경할 수 있는 경우, 둘째, 인구 전반을 대상으로 하는 경우, 셋째, 사회보장제도에 가까운 경우 정부 재정상태표statement of financial position에 포함시킬 필요가 적은 것으로 해석하고 있다. 우리는 정부가 직접 고용한 공무원 및 군인에 대한 공무원연금과 군인연금충당부채는 일반정부 범위 국가재무제표상 충당부채로 공표하는 반면, 간접적 책임을 지는 사학연금과 국민연금 충당부채는 EU 국가의 사례를 감안하여 부기하는 방식을 채택하고 있다.

국제적으로 비교 가능한 우리나라의 (D2로 잘 알려진) 일반정부부채 비율은 2019년 기준 42.1%로서 OECD 평균 109.5%에 비해 매우 낮은 수준이다. 그런데 공무원·군인연금충당부채는 GDP 대비 49.3%이기에, 이를 합치면 일반정부부채 비율은 91.4%에 달한다. 상당히 충격적인 수치다. 우리나라 국가 재정이 장기적으로 지속 불가능하다는 것은 이미 잘 알려져 있지만, 현 상태에서도 정부부채가 이렇게 높다는 것은 심각한 문제가 아닐 수 없다. OECD(2021)에서는 정부 채무를 비교할 때 호주, 캐나다, 콜롬비아, 이스라엘, 스웨덴, 미국 등 6개국은 공무원연금충당부채를 포함하고 있음을 유의해야 한다고 특별히 지적한다. 연금충당부채를 포함한 이들의 정부 채무 비율은 호주 76.2%, 캐나다 107.7%, 콜롬비아 82.8%, 스웨덴 55.6%, 미국 136.0% 등이다(옥동석, 2021).

보증 채무의 경우 일반적으로 우발부채로서 비망 항목에 부기하는 것이 원칙이다. 한국은 2010년 국가재정법 개정으로 매년 국가보증 채무 관리 계획을 작성해 국회에 제출하고 있다. 하지만 국가보증 채무는 미

확정 채무로서 확정 채무인 국가채무에는 포함되지 않으며, 공공부문부채를 산출할 때는 정부 보증 채무나 공기업 지급보증 등 대부분의 보증채무가 포함된다. 다만 민간부문에 대한 보증은 우발부채로서 다른 부채와 일률적으로 합산하기보다는 별도의 부기가 원칙이다.

내부거래의 제거와 관련해서는, 정부는 2012년 재정통계 개편 시 국민연금 등이 보유하는 국채를 내부거래로 보아 제외하되, 부기하여 공개하도록 개편한 바 있다. 국민연금 보유 국채는 시장을 통한 간접거래로 보아 국가채무에 포함시켜온 바, 사회보장제도를 별도 부기 대상으로 하여 충당부채를 계상하지 않는 것과 일관성을 유지하기 위해 부기 대상으로 공개하는 것이 적절할 것으로 본다.

요컨대 재정 범위에 대한 논란의 핵심은 재정 범위를 일반회계, 특별회계, 기금 등과 같은 펀드 단위가 아니라 통제력 기준의 기관 단위, 즉 제도 단위로 규정해야 한다는 것이다. 이러한 주장은 시장의 의사결정에 따르는 기업부문과 정치의 의사결정 기제를 따르는 준정부기관의 차이를 반영한 것으로, 시장에서는 선택의 논리가 작동하지만 정치에서는 계약의 논리가 작동함을 감안한 것이라 할 수 있다(옥동석, 2012).

5. 재정 범위와 국민 부담

1) 조세 부담률과 국민 부담률

조세는 국세와 지방세의 합으로 정의되며, 조세 부담률은 이를 경상 GDP로 나눈 백분율이다. 정부의 조세 수입은 일반정부부문이 수취하는 강제적 이전을 의미한다. 우리나라의 조세 부담률은 2008년 이후 약간 하락한 경우를 제외하고는 2000년 이래 대체로 17~21%대에서 안정적인 모습을 보이고 있다. 조금 더 시계를 확장하면 1970년대 초반 상승기

<표 2-8> 한국의 조세 부담률과 국민 부담률

(단위: %)

연도 / 항목	2012	2013	2014	2015	2016	2017	2018	2019	2020	2021
조세 부담률	17.8	17.0	17.1	17.4	18.3	18.8	19.9	20.0	20.0	22.1
국민 부담률	23.7	23.1	23.4	23.7	24.7	25.4	26.7	27.3	28.0	29.9

* 자료: e-나라지표 > 부단위기관 > 기획재정부 > 조세부담률, 국민부담률.

를 거쳐 1976년 이후 20여 년간 연간 16~18% 수준을 유지하다가 2013년 17%였던 것이 2022년 다시 20.7%로 늘어날 전망이다.

국민 부담은 조세 및 사회보장기여금 부담의 합으로 정의되며, 국민 부담률은 이를 명목 GDP로 나눈 백분율이다. 사회보장기여금에는 고용보험, 산업재해보상보험, 건강보험(노인장기요양보험 포함) 등 제보험과 국민연금, 사립학교교원연금, 군인연금, 공무원연금 등 준조세 성격의 4대 공적연금이 포함된다. 우리나라의 국민 부담률은 1988년 이후 지속적으로 증가하여 2007년 26.5%에 달했으나, 2008년 이후 조세 부담 경감과 상승으로 2022년 31.1%로 늘어나는 추세를 보인다(한국의 조세 부담률과 국민 부담률의 증감 추이는 <표 2-8> 참조).

우리나라의 조세 부담률은 OECD 회원국들과 비교해볼 때 낮은 수준이다. 특히 OECD 주요 회원국들의 평균 조세 부담률인 24.9%(2019년 기준)에 비해서는 상당히 낮은 것으로 나타난다. 영국은 28.3%, 이탈리아는 29.4%로서 매우 높은 것으로 나타났으나, 일본과 미국은 각각 15.9%와 18.3%로 우리나라에 비해서도 낮은 수준이다. <표 2-9>에서 볼 수 있듯이 우리나라는 국민 부담률에다 국가부채를 포함한 총 재정 규모가 유럽 국가는 물론 일본과 미국에 비해서도 상당히 작은 수준임을 알 수 있다.

<표 2-9> 2018년 기준 주요국의 재정 규모 비교

(단위: %)

항목 \ 국가	한국	스웨덴	미국	독일	영국	이탈리아	프랑스	OECD 평균
조세 부담률 (A)	19.9	34.3	18.2	23.8	27.1	29.0	30.0	24.9
사회보장 부담률 (B)	6.8	9.6	6.1	14.4	6.4	13.1	16.1	9.1
국민 부담률 (C=A+B)	26.7	43.9	24.3	38.2	33.5	42.1	46.1	34.0
재정수지 (D)	3.0	0.8	-6.7	1.9	-2.2	-2.2	-2.3	-2.9
총 재정 규모 (C-D)	23.7	43.1	31	36.3	35.7	44.3	48.4	36.9

* 자료: OECD(2021).

2) 조세 부담률 통계의 한계

조세 부담률은 정부 수입 가운데 조세만을 국민 부담으로 파악하여 측정하고 있으나, 조세와 유사한 성격, 강제성, 비대가성, 비상환성을 갖는 여타 국민 부담 부분을 고려하지 못한다는 문제가 있다. 복지국가 및 고령화 사회로의 이행 때문에 최근 급격히 증가하고 있는 사회보장기여금은 강제 가입을 원칙으로 하고 있고, 이에 국민들에게 상당한 부담으로 작용하고 있음에도 현재 세법상의 조세가 아니어서 조세 부담률에는 반영되지 않는다.

유사한 성격의 국민 부담이 국가에 따라 조세의 형식을 취할 수도 있고 조세 이외의 형식을 취할 수도 있기 때문에 국가 간 비교에 있어서 서로 다른 대상을 비교하게 되는 문제가 발생할 수 있다. 현재 우리나라에는 강제성, 비상환성, 비대가성이라는 GFS의 조세 개념에 해당하는 준조세들이 많이 존재한다(옥동석, 2004). 실제로 도시국가인 싱가포르를

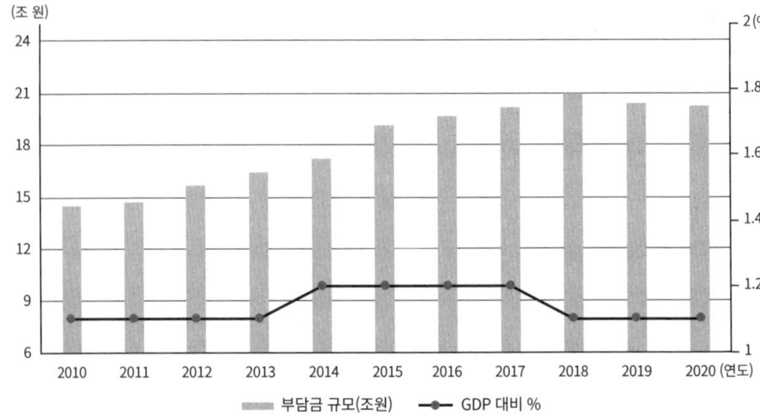

<그림 2-2> 한국 부담금 규모

* 주: 매년 5월 말 전년도 부담금 징수 규모 확정.
* 자료: 기획재정부(2021).

제외하고는 미국이나 일본과 같은 조사 국가들 대부분이, 우리나라의 경우 부담금을 통해 조성하는 재원을 이들은 조세를 통해서 조성하고 있다(손원익 외, 2004). 병역의무와 같이 선진국에는 존재하지 않으며 민간부문이 현금 혹은 현물이 아닌 노동으로 부담하는 부분, 의무교육 등 선진국에 비해 정부 제공 서비스가 적어서 민간부문이 부담해야 하는 부분과 같이 국민의 부담으로 작용함에 따라 조세 부담률에서는 제외되는 것들이 있다(박재완, 2007).

기획재정부의 부담금운용종합보고서에 따르면 2021년 부담금관리기본법상 관리 대상 부담금은 21.4조 원 수준에 달하는바, 국민 부담 차원에서 부과의 타당성이 부족한 경우 그리고 성격이 조세와 유사한 경우 등 개선의 필요성이 상당한 것으로 평가하고 있다(한국 부담금 규모의 증감 추이는 <그림 2-2> 참조).

박재완(2007)은 OECD 기준에 따라 정부가 발표하는 국민 부담률에 한계가 있다고 보고, 따라서 OECD 회원국과 직접 비교하는 것이 적절하지 않다고 지적하며 국민 부담에 대한 다양한 추가 요소들을 고려해야 한다고 했다. 국민 부담으로 포함시킬 것이 고려되는 요소들로는, 첫째, 100여 개에 달하는 각종 법정부담금, 둘째, 선진국과 달리 학부모가 부담하는 공교육 납입금 및 공영방송 수신료, 셋째, 선진국과 달리 징병제를 채택하면서도 사병(현역 사병, 공익근무요원, 전투경찰, 상근예비역 등)들이 제공하는 노동력에 대해 적절한 보상을 하지 않고 개인적인 부담으로 전가하는 것,[7] 넷째, 국민연금보험의 재정이 고갈되지 않도록 하는 데에 필요한 적정 연금보험료를 당장 거두지 않고 미래세대의 부담으로 이연하는 것,[8] 다섯째, 면허료 등 행정 요금과 적십자회비와 같이 사실상 반강제성을 띠는 각종 성금 · 기부금 등이 있다.

3) 조세성 부담금에 대한 검토

OECD(1998)는 조세를 일반정부가 반대급부 없이 강제적으로 징수하는 금액이라고 정의하면서 다음과 같은 기준을 제시하고 있다. 첫째, 비대가성이다. 부과금을 낸 자가 공공서비스 혜택을 받지 못하거나, 비례하여 제공받지 못하는 경우다. 요금fees이나 사용자 부담금user charge처럼 수혜자가 서비스 비용으로 대가를 지불하는 경우는 세금이 아니나, 다음과 같은 경우에는 대가성이 없는 것으로 보고 조세로 분류한다. 즉 사용자의 지불액이 서비스 제공에 드는 비용을 과도하게 초과할 경우, 징수

7 고교 무상교육 정책의 실시로 공교육 납입금 문제는 해결되었고, 징병제로 인해 병사 임금의 적절한 보상이 이루어지지 않는 부분에 대한 문제 제기가 지속되면서 윤석열 정부는 2025년까지 병장에게 매월 250만 원을 지급할 계획이라고 밝혔다

8 현재 국민연금 적립금은 약 1,000조 원으로, GDP 대비 45%에 이르는 엄청난 규모다. 이는 압도적 비율로서 전 세계 1위 수준이다. 흔히 GDP 2,000조 원인 나라에 있는 국민연금 적립금 1,000조 원은 '연못 속의 고래'로 비유된다. 이 막대한 자원이 생산적으로 활용돼야 우리나라의 부가가치가 상승한다. 1988년 도입 당시 3%였던 납입요율이 현재는 9%인데, 연금재정 추계 결과 기금이 고갈되는 시점이 2057년보다 앞당겨질 것으로 예상되자 국회가 공적연금개혁특별위원회(연개특위)를 설치해 보험요율과 소득대체율 등에 대한 개혁 방안을 모색 중이다. 논의되는 대안 중에서는 보험요율 15%로의 인상 방안이 큰 공감대를 얻고 있다.

액을 지불하는 자가 이득의 수혜 대상이 아닌 경우, 면허가 발행됨에도 불구하고 정부가 보상으로서 특별한 서비스를 제공하지 않는 경우, 이득이 징수액에 비해 과도하게 적은 경우 등이다. 둘째, 부과 주체 및 귀속처가 일반정부인 경우다. 부담금의 부과 주체가 일반정부(중앙정부, 지자체)이며, 부담금이 일반정부로 귀속되는 경우를 말한다. 일반정부는 중앙정부와 그것의 실효적인 통제하에 있는 기관들, 지방정부들, 특정 사회보장기구들과 독립적 정부 단위들로 구성된다. 재정 독점에 따른 이익은 조세로 분류되나, 공기업 혹은 비정부기구 등이 징수하는 금액은 강제성이 있는 경우에도 조세로 분류되지 않는다. 또한 자발적 기여금이나 정부에 지급하는 것이 아닌 사회보장기여금은 세금으로 분류되지 않는다.

이런 기준이 있음에도 불구하고 이 기준들을 실제로 적용할 때 조세인지 여부를 판단하기란 매우 어렵다. OECD 기준은 "국제 비교를 위한 국가 간 통일성이 바람직하다는 점, 그리고 요금이나 부담금 액수의 규모가 비교적 작다는 점을 고려할 때 양자를 구분하는 요금이나 부담금을 조세의 범위에 포함시킬 것인가에 대해서는 각국의 개별적인 판단에 따르기보다는 국제적으로 통용되는 관행을 따르는 것이 필요하다"고 지적한다(Messere & Owens, 1985).[9] 따라서 구체적인 부담금의 유형을 판단할 때에는 추가적인 기준이 필요하다. 행정 수요의 신규 발생 원인을 제공한 자에게 정부가 행정 서비스 제공에 필요한 비용을 보전하기 위하여 부과하는 부담금은 대가성이 있는 것으로 판단할 수 있다. 비용 부담자와 편익 수혜자의 연계가 밀접하면 대가성이 있으므로 조세가 아니라고 판단하지만, 광범위한 의미에서 약간의 연계가 이루어지면 대가성이 없는 것으로 보아 조세로 판단한다. 정부가 특정 행위의 억제를 위해 부과

---

9 OECD는 조세를 다음과 같이 정의한다(Messere & Owens, 1985). "The term 'taxes' is confined to compulsory, unrequited payments to general government." 여기서 강제성, 직접적 수혜와 연계되지 않는 비대가성, 일반정부의 수입이라는 조세의 세 가지 요소를 확인할 수 있다.

하는 부담금, 혹은 원칙적으로 금지된 행위에 대해 허용하는 한편으로 그에 대해 부과하는 부담금의 경우에는 벌금성 부담금으로 파악하여 조세에 해당하지 않는 것으로 판단할 수 있다. 정부가 특정인에게 별도의 행정 서비스는 제공하지 않으면서 단순히 배타적인 권리를 인정하고 이로부터 취득한 수익에 대해서 부과하는 부담금은 대가성이 없는 것으로 판단할 수 있다. 비상시를 대비하여 미리 재원을 조성하거나, 조직을 운영할 목적으로 재원을 조성하기 위해 부과하는 부담금은 그 재원으로 징수 대상자를 위하여 서비스를 제공할 것이므로 대가성이 있는 것으로 판단할 수 있다.

현재의 국민 부담률에 조세성 부담금으로 분류되는 부담금들을 추가하여 '대안적 국민 부담률' 지표를 새로이 작성할 필요가 있다. 그간 우리나라는 OECD 국가들에 비해 부담금의 비중이 크고, 그 부담금 가운데에는 OECD 기준에 비추어 조세가 상당한 비중을 차지해왔다. 하지만 이들 조세성 부담금들이 조세 부담률이나 국민 부담률의 계산에서는 제외되어온 것이 사실이다. 따라서 조세성 부담금을 포함하는 '대안적 국민 부담률' 지표를 작성하는 것은 OECD 국가들과의 보다 적절한 비교를 가능하게 한다는 점에서 의의가 있다.

대안적 국민 부담률은 OECD 조세 기준에 입각하여 우리나라의 조세성 부담금을 포함하는 새로운 지표이지만, OECD가 밝힌 바와 같이 구체적인 부담금의 성격을 규명해서 조세성 부담금인지 여부를 명확하게 판단하기에는 한계가 있다. 따라서 이 역시 어느 정도의 자의성을 띤다고 볼 수 있기 때문에 논쟁의 여지가 있을 수 있다. 국가마다 서로 다른 부담금을 운용하고 있으므로 각 국가가 스스로 조세성 부담금 여부를 판단하여 대안적 국민 부담률을 산정하게 하는 것이 적절하지 않을 수도 있다. 그럼에도 불구하고 외국의 경우 부담금을 활용하는 경우가 많지 않고 그 액수도 미미하다는 점에 주목하여 대안적 국민 부담률을 외국의 국민 부담률과 비교할 수는 있을 것으로 생각된다. 정부에서도 이러한 문제를 인식하고 부담금운용심의위원회를 구성하여 부담금 제도 개선 방안에 '불필요한 국민 부담 경감, 부담금 징수율 제고, 납부자 권익 보호 강화, 성격이 유사한 부담금 통합' 등을 포함하고 정기적으로 점검 및 평가함으로써 부담금 제도를 지속적으로 개선해나가고 있다.

* * *

지금까지 살펴본 바와 같이 정부의 크기에 따른 재정의 범위는 시장과 정부의 영역 구분에 따른 범위, 즉 '자발적 교환의 기준인 가격'이 아니라 '강제징수인 세금 부담'의 범위라는 점에서 그 의미가 매우 크다. 이 장에서는 정부의 국민경제 관여 수준을 지출 측면에서, 그리고 국민 부담 수준 측면에서 비판적으로, 또 글로벌 표준의 차원에서 비교 가능성에 초점을 두고 재정의 범위와 국가부채의 규모를 중심으로 살펴봤다. 감귤이 회수를 지나면 탱자가 된다고 했다. 결국 전달 체계의 효율성 및 효과성을 포함한 국민에 대한 서비스 수준과, 이를 조달하기 위한 조세 및 부채 수준을 국제적으로 비교하는 부분은 매우 어려움을 다시 한번 확인할 수 있다. 그럼에도 불구하고 우리는 왜 지금 국가 재정통계 작성의 국제 기준이 변화하는지에 주목할 필요가 있다. 재정활동의 영역을 보다 포괄적으로 정의함으로써 잠재적인 정부의 관여 부분을 파악하려는 것이다. 이러한 추세는 전통적인 국가채무national debt 대신 더 넓은 개념의 일반정부부채general government liability가 국가 간 재정 상태를 비교하는 지표로서 타당성이 높다는 점을 반영한 것이다.

한국토지주택공사나 한국수자원공사와 같이 국가 정책 사업을 상당한 비중으로 수행하는 공기업을 운용하는 우리나라로서는 논란을 불식시킬 수 있는 좋은 여건을 맞이했다고 볼 수 있다. 2021년 말 기준으로 우리나라 공공기관의 부채는 583조 원 수준이다. 정부의 2021회계연도 결산 결과 지방정부 채무를 포함한 국가채무가 965.3조 원이라고 할 때,

단순하게 계산해 중앙정부 공공기관의 빚이 정부 전체 빚의 60% 수준을 넘고 있다는 점에 주목할 필요가 있다. 정부 재정의 건전화와 함께 공공기관 재무 건전화가 주요 과제로 등장하는 이유다. 올바른 재정 정책을 수립하기 위해서는 재정건전성의 현 위치, 그리고 앞으로의 정확한 중장기적 전망이 가능해야 한다.

현재 우리나라의 재정건전성 수준은 현금주의 국가채무로 볼 때는 매우 건전하지만, 발생주의 일반정부부채, 여기에 논란의 여지가 있는 공기업부채를 더한 공공부문의 부채로 판단할 때는 주요국들에 비해 부채비율이 높지 않다고 해서 재정건전성을 과신할 수 있는 수준은 아닌 것으로 판단된다. 더욱이 공공기관부채의 증가 추세가 우려스럽고, 여기에 복지재정 수요의 증가 추세를 감안하면 더더욱 정부의 관여 수준 확대에 엄정한 기준을 적용해야 한다는 데 국민적 공감대를 형성해나갈 필요가 있다. 이제는 정부 사업을 공기업에 떠안기는 준재정활동에 대해 보다 엄격한 준칙과 구분회계의 적용, 그리고 면밀한 감시가 필요하다. 원인을 잘못 진단하면 처방도 그르치게 마련이다. 소규모 개방경제를 표방하는 우리나라는 재정건전성이 우려될 경우 바로 경제위기로 치달을 수 있다는 점을 잊지 말아야 한다. 재정의 범위는 국제 비교가 가능한 수준으로 관리되어야 하며, 편익은 비용과 함께 고민되어야 한다.

정부에 대해 국방, 외교, 치안, 보건, 교육 등 기본적인 서비스만을 담당하는 작은 정부를 지향할 것인지, 아니면 폭넓게 복지 기능 및 사회 안전망을 갖춘 정부를 지향할 것인지, 만약 후자라면 그 밀도는 어느 정도 수준으로 가져갈 것인지 등은 그 나라 국민의 선택사항이라고 할 수 있다. 기본적으로는 재정통계의 투명성과 비교 가능성의 확보가 중요하다. 조세 부담률, 국가채무와 같은 통계에 있어서도 그 포괄 범위에 따라 대책은 완전히 달라진다. 여기서는 건강보험료가 세금과 같이 정부 재정의 범위에 포함되는지, 연금충당부채는 일반정부부채 범위에 포괄되어야 하는지 등을 논의해야 한다.

국가가 내 돈을 책임지고 잘 썼을 때 우리는 좋은 예산 집행으로 평가한다. 국민 개개인은 자신의 씀씀이에 대한 의사결정을 채 하기도 전에 세금과 사회보험을 강제징수당한다. 당연히 지속가능하고 효과적인 나라살림을 운용해서 국민들이 정부를 신뢰하게 만드는 게 중요하다. 그렇다면 세금을 가치 있게value for money 썼는지와 관련한 우리나라 예산의 책임성은 과연 어느 정도일까? 책임성을 논하려면 먼저 투명성을 생각해야 한다. 즉 재정의 범위가 어디까지인지, 우리에게 공표되고 있는 재정정보는 정확한지를 알아야 한다.

지난 2019년 재정개혁특별위원회는 활동을 마무리하면서 다음과 같은 두 가지 과제를 콕 찍어 주문했다. 첫째, 국민이 생각하는 나라살림의 범위를 기준으로 재정정보를 통합적으로 제공해야 한다고 강조했다. 포괄적인 관점에서 재정을 파악할 수 있도록 중앙, 지방, 교육 각각의 플랫폼에서 제공 중인 재정정보를 연계 통합하고, 국가 재정 이외의 비용으로 운영되고 있는 건강보험을 국가 재정에 포함해 통합적으로 보고하라는 것이다. 이는, 공급자가 아닌 세금을 내는 국민의 입장에서 보면 국세와 지방세가 따로 보고되고, 재정과 건강보험이 별도의 정보를 제공하는 것이 혼란을 야기할 수 있기 때문이다. 둘째, 정부의 재정 지출은 조세 등 국민 부담을 재원으로 하는 만큼, 정부는 재원 배분 및 지출 현황 등의 재정정보를 국민에게 알기 쉽고 투명하게 공개해야 한다고 강조했다. 국민 개개인이 지원받을 수 있는 재정 사업 정보를 수요자 맞춤형으로, 그리고 선제적으로 제공하라는 것이다. 더는 '송파 세 모녀 사건'이나 '수원 세 모녀 사건'과 같은 비극이 일어나서는 안 된다는 의미의 주문이었다.

특히 국민건강보험과 노인장기요양보험이 재정 외로 운영되는 점은 국민들이 국가 재정 및 복지 지출의 규모를 과소하게 인식하게 만들어 심각한 왜곡을 초래할 수 있다. 건강보험 등의 재원은 국민이 의무적으로 납부하는 보험료로 조성됨에도 불구하고, 기금이 아닌 건강보험공단의 회계라는 이유로 국회 심의·의결 대상에서 제외시키는 것은 중대한 결함이 되는 문제다. 이에 특위에서는 1단계로 통합적 국가 재정의 규모를 파악하기 위해 건강보험 등을 포함한 총지출 규모의 정보를 공개하고, 2단계로 건강보험 보장성을 강화하는 대책을 마련함과 동시에 2022년까지 건강보험의 재정건전화 방안을 마련하고 기금화를 추진하도록 했다.

장기요양보험 역시 고령화로 인한 돌봄서비스 이용의 증가와 시설 이용에 유리한 비용 구조 등으로 인해 지속가능성이 위협받고 있다. 운영의 효율성을 제고하고 앞으로 닥칠 위험에 선제적으로 대응하기 위해서는 투명하고 효과적인 국회의 통제가 필수적이다. 앞으로 우리나라는 글로벌 표준에 맞춰 재정을 운용해나가야 한다. IMF의 GFS에는 포함시키면서 우리 국민들에게 알리는 총지출에는 빠져 있는 건강보험 등을 기금화해서 투명성을 제고해야 한다. 복합 위기를 재정 혁신의 기회로 바꾸는 정부와 국회의 실천력을 기대한다.

Chapter 3

정부회계와 재정정보

1. 회계의 개념

나라살림은 기본적으로 세금과 빚으로 충당된다. 정부 정책을 집행하기 위해 세금을 부과하고 빚도 결국 세금으로 갚는다고 할 때 우리는 세금으로 마련된 정책의 성과에 대해 궁금하게 마련이다. 국가는 내 돈으로 과연 무엇을 했는가? 2000년에 시행된 국민기초생활보장제도, 1996년에 시행된 금융소득종합과세, 2008년의 근로장려세제 도입과 4대강 사업, 2017년의 탈원전 정책 등 굵직한 정책의 성과를 평가하려면 살림의 계획인 예산과 함께 살림의 결과인 회계 정보를 통해 근거에 기반한 평가를 해야 한다.

정부회계는 나라살림에 대한 책임성 보고report로서 국가가 내 돈으로 무엇을 성취했는지를 설명하는 것이다. 예산회계에서는 현금이 들어오고 나가는 것만을 이야기하는 데 반해, 재무회계로서 정부회계는 경제적인 거래를 통한 권리와 의무의 발생까지 흐름과 상태를 함께 파악한다. 정부회계든 기업회계든 회계accounting는 정보체계information system이며,

사업business의 언어라는 점에서 사업 관련 의사결정에 필요한 정보를 제공하는 기능을 담당한다. 회계의 목적은 경제·사회 체제 내의 수많은 사용자 집단을 위해 경제적 자료에 나타난 거래 내역을 요약·보고·해석하여 제공함으로써 오렌지와 레몬, 포도와 사과를 비교할 수 있는 표준화된 정보를 제공하는 것이다. 회계는 회계 정보 사용자가 요구하는 정보의 유형에 따라 신뢰성 있는 정보를 제공하고 건전한 의사결정을 지원하는 기능을 한다.

재무회계financial accounting는 이러한 정보를 기관business entity 안팎의 정보 사용자에게 제공하는데, 주로 회고적으로 기록되며 통제와 책임성 확보가 목적이다. 재무회계의 사용자는 CEO를 비롯한 관리자, 주주, 금융기관, 정부부서, 일반 투자자를 망라한 이해관계자라고 할 수 있다. 화폐 단위를 기본으로 하는 원가주의를 채택하는 재무회계는 비용 인식 시점을 기준으로 현금주의와 발생주의(감가상각 포함) 회계 방식으로 구분된다.

먼저 현금주의cash basis 회계 방식은 현금에 초점을 맞춰 현금이 들어오거나 나갈 때 거래를 인식하는 방식이다. 재화나 서비스는 대가가 지불된 때에 소비되는 것으로 간주한다. 따라서 현금이 수납된 때에 수익 또는 수입이, 현금이 지출된 때에 비용 또는 지출이 이루어진 것으로 본다. 현금주의는 가장 이해가 쉽고 측정이 확실하며 자의적인 회계가 불가능한 방식이므로 통제가 용이한 장점이 있다. 반면에 자산과 부채 및 자본, 즉 저량을 인식하지 못하기 때문에 별도의 장부 기록이 없다면 이들 자산과 부채를 파악하는 것이 불가능하다. 다시 말해 지출 성격의 인건비 같은 소모성 경비와 토지 매입 같은 투자성 경비를 구분하지 않아 재정건전성이나 성과 측정에 도움이 되는 정보를 제공하는 데는 한계가 있다.

한편 발생주의accrual basis 회계 방식은 기업회계에서 사용하는 기준으로 재무 자원을 포함한 모든 경제적 자원의 변동이 일어날 때, 즉 거래가 발생할 때 수입 · 지출이 이루어진 것으로 인식하는 방법을 말한다. 따라서 수익은 경제적 자원이 획득된 때 또는 받을 수 있는 권리가 확정된 때 인식하고, 비용은 그것이 발생한 때 인식한다. 결국 현금의 수납이나 지출과는 관계없이 수익 · 비용이 발생한 때 거래를 기록하게 된다. 발생주의 회계의 장점은 자산과 부채에 대한 정보를 재무보고에 포함하고 있어 실상을 반영 · 파악하기 용이하며, 따라서 이들에 대한 관리를 더 효율적으로 할 수 있고 기간별 성과 비교 및 원가에 기반한 성과 측정이 가능하다는 것이다. 반면에 현금주의 회계 처리에 비해 복잡한 절차가 요구되므로 여전히 많은 나라의 정부회계에서는 현금주의 회계 처리 방식을 유지하고 있다.

수정발생주의modified accrual basis는 발생주의에 대한 수정된 형태의 인식 기준을 적용한다. 모든 경제적 자원을 인식하는 발생주의와는 달리 재무적 자원의 변동만 인식하는 방법으로 절충하는 방식이다. 재무적 자원을 인식할 때 수익은 측정 가능하고 지출을 위해 사용할 수 있는 경우에 인식하며, 비용도 측정 가능하고 재무적 부채가 발생한 경우에 인식하게 된다. 비용의 인식에 있어 감가상각 배분 등은 비용으로 인식하지 않고, 재고 자산도 구입 당시 비용으로 간주하거나purchase method, 소비될 때의 비용으로 간주하기도consumption method 한다.

재무회계는 주기fiscal year와 연속성을 지니며, 원칙적으로 보수주의를 견지하고 최소비용 개념minimum risk을 강조한다. 물론 측정 단위는 화폐 기준이 된다. 원화 표시가 기본이지만 한국석유공사와 같이 국제거래가 사업의 주요 내용인 경우 달러 표시를 채택할 수도 있다.

재무회계와 달리 관리회계managerial accounting는 기업의 관리 과정에 있어서 의사결정을 돕는 재무 자료를 제공할 목적으로, 과거 재무 자료뿐만 아니라 미래의 추정 자료를 제공하는 회계를 말한다. 현금 관리, 새로운 제품이나 서비스의 가격 설정, 재무회계와 중복이 있으나 관리 목적을 위한 추가 정보 제공, 관리에의 '유용성'이 기준이 된다.

일반적인 재무회계 원칙으로 받아들여지는 회계기준Generally Accepted Accounting Principle: GAAP은 상시적으로 진화하는 상거래 현상을 반영한다. 자연법이 아니라 거래 환경 및 기법에 적응하는, 일반적인 수용성이 기준이 된다. 미국의 경우 FASB(재무회계표준이사회), GASB(정부회계표준이사회), AICPA(공인회계사회), SEC(증권거래위원회), IRS(국세청) 등이 주요 관련 기준 제정 기관이다. 국제회계기준위원회International Accounting Standards Board: IASB는 국제회계기준International Financial Reporting Standards: IFRS을 개발하고 개정할 때 이용할 수 있는 완전하고 업데이트된 개념 체계를 구축함으로써 재무 보고를 개선할 목적으로, 재무 보고를 위한 개념 체계의 개정 작업을 진행하고 있다.

우리나라에는 한국회계기준원이 설치되어 있다. 한국회계기준원Korea Accounting Institute: KAI은 우리나라 기업재무보고와 외부 감사인의 감사가 통일성과 객관성을 유지할 수 있는 회계 처리 기준의 제정에 관한 업무를 수행하기 위하여 1999년 9월에 독립된 민간기구로 설립되었다. 2000년 7월부터 주식회사의외부감사에관한법률에 의거하여 우리나라 회계처리 기준의 제정, 개정, 해석, 질의 회신 및 이와 관련된 제반 업무를 수행하며, 회계 처리 기준에 관한 사항을 심의·의결하기 위하여 관계 전문가로 구성된 회계기준위원회Korea Accountong Standards Board: KASB를 두고 있다. 한편 정부회계기준을 위해서는 자문기구로 기획재정부에 정부회계기준위원회가 설치되어 있다. 이 위원회는 정부회계기준의 제정 또는 개정에 관한 사항 및 국가와 지방자치단체 사이의 정부회계 제도 상호 연계에 관한 사항을 심의하여 자문한다.

또한 정부회계와 관련해서 국가회계기준센터가 기획재정부의 국고지원으로 2010년 7월 26일 한국공인회계사회 부설로 설립되었다가 2014년 한국조세재정연구원으로 소속을 변경하고 명칭도 국가회계재정통계센터로 개칭했다. 정부는 국가와 지방자치단체에 적용되는 회계 제도를 모두 기업 방식의 복식부기 회계로 전환했는데, 이러한 회계 제도의 개혁은 정부 재정 관리에 있어서 혁신적인 변화의 하나로 평가된다. 따라서 새로운 회계 제도로 변경함에 따라 발생되는 여러 관련 사항에 대한 연구와 함께 변경된 회계 제도에 맞는 많은 조치가 필요하게 되었다. 이러한 전문적인 사항을 연구하고 새로운 회계 제도가 조속히 정착될 수 있도록 하기 위해 국가회계기준센터가 만들어진 것이다. 국가회계기준센터는 기획재정부의 국가회계시스템 정착을 지원하고자 국가회계기준에 대한 실무 해석 및 질의 회신에 대한 검토, 국가회계 제도에 관한 선진제도 조사·연구, 그리고 회계 담당 공직자들에 대한 교육 등을 주 임무로 하여 운영되고 있다.

재무회계의 주체는 자영업자, 기업, 정부, 자치단체, 학교, 단체, 병원, 교회를 망라해 회계 주체accounting entities를 구성하는 모든 기관이 될 수 있으며, 나아가서 한 회계 주체가 여러 회계 단위를 가질 수도 있다. 결국 회계는 외부 이해관계자outsiders에게 정확한 재무 정보를 제공하고 수익성 및 재무건전성 등을 공시함으로써 이들이 경영 성과에 대해 정확한 의사결정을 할 수 있도록 지원하는 기능을 담당한다.

정부와 기업의 차이는 곧 정부회계와 기업회계의 차이로 나타난다. 존재의 이유가 이윤 추구인 기업과 국가 전체의 질서 유지 및 공공 이익 추구를 목표로 하는 정부는, 국민 복지 증진이라는 차원에서 근본적인 차이점을 찾을 수 있다. 이러한 차이는 곧 활동 재원의 차이로 귀결되는바, 기업은 판매 수입이 주 수입원인 데 반해 정부는 강제력에 의한 세금을 기본적인 재원으로 하여 살림을 산다. 그러나 최근 들어 정부의 영역이 확장되면서 공기업, 준정부기관, 민관합동의 제3섹터 등의 활동 재원은 이 두 부문의 성격이 혼합되어 나타나고 있음을 2장 재정의 범위에서 이미 학습했다. 회계 역시 이러한 거래의 실체를 반영하여야 한다는 점에서 정부회계의 모습은 기업회계의 모습과 매우 유사한 형식을 따라가고 있는 추세라 하겠다. 문제는 활용으로, 이렇게 마련된 나라살림에 대한 결산 회계(재무회계)가 예산 편성이라는 의사결정에 환류되는 수준이 매우 낮다는 비판은 새겨들어야 한다.

2. 현금주의와 발생주의 회계기준

회계 인식 기준으로서의 현금주의와 발생주의는 조직에서 일어나는 거래를 인식하는 시점에 의해 구분된다(<표 3-1> 참조). 현금주의 기준은 현금을 수취하거나 지급한 시점에 거래를 인식하는 방식이다. 현금을 수취했을 때 수익으로 인식하고, 현금을 지불했을 때 비용으로 인식한다. 따라서 현금주의에서는 재화와 용역을 제공했다고 하더라도 현금으로 회수되지 않는 동안은 수익으로 계상하지 않고, 재화와 용역을 제공받았다 하더라도 현금으로 지급되기 전에는 비용으로 계상하지 않는다.

<표 3-1> 현금주의와 발생주의의 차이점

항목 \ 구분	현금주의	발생주의
거래의 해석과 분류	현금 수불	쌍방 흐름(이원거래 개념)
수익비용의 인식 기준	현금의 수취·지출	수익의 획득/비용의 발생
선급비용·선급수익	수익·비용으로 인식	자산·부채로 인식
미지급비용·미수수익	인식 안 됨	부채·자산으로 인식
감가상각, 대손상각, 제품 보증비, 퇴직급여 충당금	인식 안 됨	비용으로 인식
상환이자 지급액	지급 시기에 비용으로 인식	기간별 인식
무상거래	인식 안 됨	이중거래로 인식
정보 활용원	개별 자료 우선	통합 자료 우선
추가 정보 요구	별도 작업 필요	기본 시스템에 존재
적용 예	가계, 비영리 공공부문	기업, 기금관리형 준정부기관

발생주의 기준은 현금의 수입·지불과는 관계없이 거래가 발생된 시점에 거래를 인식하는 방식이다. 실질적으로 수익이 획득되거나 지출 또는 비용이 발생한 시점을 기준으로 한다. 따라서 선급 비용과 선급 수익은 현금주의에서는 수익과 비용으로 인식하는 데 반해 발생주의에서는 자산과 부채로 인식한다. 또, 미지급 비용과 미수 수익은 현금주의에서는 인식되지 않는 데 반해 발생주의에서는 부채와 자산으로 인식한다. 감가상각과 대손상각은 현금주의에서는 인식되지 않으며, 발생주의에서는 비용으로 인식한다.

그런데 인식 기준에 의한 구분은 현금주의와 발생주의라는 대립적인 두 가지만 있는 것은 아니다. 오히려 순수한 현금주의와 완전발생주의 기준을 양극단으로 한 연속선상에 여러 기준이 있는 것으로 보는 것이 타당하다. 국제회계연맹International Federation of Accountants: IFAC의 공공부문위원회Public Sector Committee는 현금주의 기준, 수정현금주의 기준, 수정발생주의 기준, 발생주의 기준으로 구분하고 있다.

수정현금주의는 현금 기준의 조건을 완화한 것으로서 보통 현금뿐만 아니라 경상적 재무 자원의 흐름에 초점을 맞춘다. 회계 기간이 끝나도 며칠의 유예 기간을 두어 회계 기한 중에 마치지 못한 지출 혹은 수입에 대해 유예 기간 안에 지출 및 수납하는 것을 허용한다.

수정발생주의는 일반적으로 현금과 경상적 재무 자원뿐만 아니라 장기 재무 자원까지도 인식하며, 현금의 수납 및 지급 시점이 아니라 이들의 거래가 발생한 시점에 비용과 수익을 인식한다. 그러나 여러 해 동안 편익을 제공하게 될 물리적 자산의 경우 자산으로 인식하지 못하고 당해 연도에 소비되는 것으로 비용 처리된다는 점에서 완전발생주의 기준과는 다르다.

이렇게 회계기준은 현금주의와 발생주의를 양축으로 해서 중간의 연속선상에 여러 가지 기준이 존재한다. 회계 정보 측면에서는 발생주의 기준이 현금주의 기준보다 훨씬 유용한 정보를 산출하게 되지만, 조직의 특성 또는 제도 도입의 제약 조건 등을 고려해 수정발생주의 기준을 채택하는 경우도 있다. 실제로 미국의 공인회계사회는 수정발생주의 기준을 정부형 기금에 가장 효과적인 기준으로 제시하고 있다. 현재 완전발생주의 기준을 적용하고 있는 국가는 뉴질랜드, 영국, 호주 등 영연방 국가들이다.

우리나라는 현금주의 회계를 '예산회계', 발생주의 회계를 '재무회계'라고 부른다. 현재 우리나라의 예산회계는 거래를 현금의 수취나 지급 시기로 인식하지는 않으며, 재무적 자원인 현금을 회계 측정의 대상으로 하는 것을 거래로 본다. 그리고 현금주의하에서도 지출원인행위 기준이나 권리 의무 확정 기준에 의하여 거래를 기록한다. 따라서 출납 정리 기한이 마련되어 있는 우리나라의 예산회계에는 수정현금주의 기준이 적용되고 있다고 볼 수 있다.

예산회계는 예산의 관리 및 통제에는 매우 편리한 과학적인 회계시스템이지만, 자원의 효율적 사용이나 자산 및 부채 관리에 관한 회계 정보 제공에는 부족한 점이 많다. 이러한 사유로 영미형 정부회계시스템을 취하는 국가들의 경우 발생주의 정부회계를 도입하기 시작했다. 국가채무에 관한 정보 역시 기본적으로는 현금주의 기준에 의한 채무 정보를 산출하지만, 발생주의 기준을 적용할 때 좀 더 정밀한 정보를 얻을 수 있다. 먼저 회계 원리accounting principles를 기초 수준부터 학습해보자.

3. 회계의 원리

1) 회계의 기초

회계의 형식에는 단식부기와 복식부기의 두 가지 방법이 있다. 먼저 단식부기란 회계 거래 및 재산 계산을 단순히 한쪽 측면에서 파악하는 방법이다. 하지만 모든 거래는 이중성이 있고, 바로 이 이중성이 복식부기의 원리가 된다. 즉 복식부기는 특정 거래가 발생하면 원인과 결과의 관점에서 이중으로 기록하는 것을 원칙으로 한다. 단식부기는 이러한 이중성에 대한 고려 없이 발생 사실만 기록하는 방식이다. 모든 회계 거래를 원인과 결과에 따라 차변과 대변의 양편에 기록하는 복식부기의 이중 기록 방식은 대차평균의 원리principle of equilibrium라 한다. 이때 차변과 대변이라는 용어는 회계의 발전과 함께 나타난 것으로, 어떤 계정이든지 계정의 왼쪽을 차변debits이라고 부르고 오른쪽을 대변credits이라고 부른다. 이는 자기통제의 기능으로 작용한다. 거래를 집계하게 되면 차변과 대변의 합계가 동일해야 하는데, 만일 그렇지 못한 경우 잘못 처리된 것으로 나타나기 때문이다. 이 부분이 복식부기 원리의 특징이다.

복식부기를 채택하기 위해서는 현금주의 회계에서 발생주의 회계로 전환하는 것이 필수적이다. 따라서 발생주의 회계로 전환했다는 것은 복식부기 방식에 의해 회계 처리가 되고 있음을 전제한다. 단식부기와 현금주의, 그리고 복식부기와 발생주의가 등식이라는 것이 항상 타당하지는 않지만, 통상 발생주의 회계와 복식부기는 병행된다.

회계방정식은 자산asset, 부채liability, 자본owners' equity의 세 항목으로 구성된다. 즉 자산=부채+자본, 또는 자산-부채=자본이라는 등식에서 출발한다. 여기서 자산이란 과거 사건(거래)의 결과에 따라 회계 실체의 통제를 받고, 또한 그로부터 미래의 경제적 효익이나 서비스의 잠재력이 회계 실체로 유입될 것이 기대되는 자원을 말한다. 일반적인 자산 계정으로는 현금과 예금, 물품, 채권, 유가증권, 건물, 토지 등이 있다. 부채는 과거 사건(거래)으로부터 일어나는 회계 실체의 현재의 의무로서, 이를 상환하기 위해서는 경제적 효익이나 용역 잠재력을 가진 자원의 유출을 가져와야 한다. 부채 계정의 예로는 미지급금, 차입금, 퇴직충당금 등이 있다. 기업회계에서 자본은 부채와 함께 자금 조달의 재원이 된다. 기업

소유주나 주주가 자기 자금을 자본 형태로 사업에 투자하는 것이다. 이에 비해 정부회계에서는 자산과 부채의 차액을 순자산으로 표현한다. 정부의 순자산은 조달 재원과는 무관한 개념으로 계산의 편의를 위해 설정된 과목이다. 민간기업의 경우 자본은 자본금과 잉여금 계정으로 나누어 설정하며, 정부회계의 경우에는 보고 목적에 따라 고정순자산, 특정순자산 및 일반순자산으로 구분하여 사용한다.

수익revenue 계정은 회계 실체의 순자산이 증가하는 것을 나타내는 계정으로 조세 수입이 중요한 수익 계정이다. 비용expense 계정은 회계 실체의 순자산이 감소하는 것을 나타내는 계정으로 인건비, 물품비 등 다양한 비용 계정을 설정할 수 있다. 따라서 기업회계에서는 대차대조표 등식(회계방정식)을 자산=부채+자본으로 표기하지만 정부회계에서는 자산-부채=순자산으로 보게 된다. 대자대조표balance sheet는 자산의 합계가 부채와 자본의 합계와 일치함을 나타낸다.

이제 회계의 기초개념을 살펴보자. 먼저 복식부기 시스템에서는 거래가 발생하면 이를 체계적으로 기록하기 위해 계정accounts을 이용한다. 예를 들어 현금의 입출금과 함께 잔액을 계산하기 위해 현금 계정을 설정하여 기록하고, 차입금의 증감과 잔액을 계산하기 위해 차입금 계정을 설정하여 기록한다. 계정은 회계 기록의 중심이 되며 자산, 부채, 순자산, 수익 및 비용의 각 계정을 집합해둔 장부를 원장ledger이라고 한다. 계정은 이름과 함께 계정의 번호가 있어 집계 및 정보화를 쉽게 하도록 되어 있으며, 그 계정의 증가와 감소를 별도의 칸에 차변과 대변으로 나누어 기록한 후 잔액을 표시하도록 되어 있다.

손익계산서는 회계 기간 동안의 순손익을 계산해 이익잉여금을 구하는, 첫 번째로 작성되는 재무제표라고 할 수 있다. 현금흐름계산서는 현금 잔고의 중요성을 알려주며, 계정은 경제적인 거래 내역을 자산 계정, 부채 계정, 자본 계정의 증감으로 기록하게 된다. 자산 계정은 현금, 토지, 소모품, 미수금, 선급금 등으로 구성되고, 부채 계정은 미지급금, 단기 부채, 장기 부채 등으로, 그리고 자본 계정은 납입 자본, 매출 수익, 비용 등으로 구성된다.

각 계정의 증감을 기록하기 위해 구분한 칸인 차변과 대변은, 각각 어느 경우에 차변에 기록하고 어느 경우에 대변에 기록하는가가 회계 기록의 첫걸음으로서 매우 중요하다. 회계방정식대로 특정 거래가 발생하면 그 거래의 성격을 파악하여 자산의 증가는 차변에 기록하고 부채와 순자산의 증가는 대변에 기록한다. 회계에서는 이처럼 거래가 발생한 경우 어떤 계정의 어느 쪽에 기록할 것인지를 명령하는 기록을 하는데, 이를 분개journalizing라고 한다. 분개는 복식부기double entry accounting 원리에 따라 하나의 경제적 거래 내역을 차변과 대변에 함께 기록하여 잔고를 일치시킴으로써 자기점검할 수 있게 하는 기능을 지닌다. 계정을 이루는 요소들은 각각 차변과 대변에 따라 다른 특성을 지닌다. 임시계정인 매출 수익은 자본을 증가시키고, 비용은 자본을 감소시킨다. 따라서 각각의 경우 <표 3-2>와 같은 원리로 기록하게 된다(정상적 잔고normal balances의 경우 나타나는 양상도 표를 참조할 것).

시산표trial balance란 원장의 각 계정에 기록된 차변 합계 금액과 대변 합계 금액 그리고 잔액을 하나의 표로 모은 것을 말한다. 시산표는 재무제표가 아니며 단지 원장에 기록된 전체 계정의 차변 금액과 대변 금액이 일치하는가를 확인하기 위해 작성한다. 일반적으로 결산을 위해서는

<표 3-2> 분개의 법칙

구분 \ 항목	증가	감소	정상 잔고
자산	차변	대변	차변
부채	대변	차변	대변
자본	대변	차변	대변
수익	대변	차변	대변
비용	차변	대변	차변

결산수정분개를 하기 전에 각 계정의 잔액을 확인하고, 결산수정분개를 한 후에는 그것이 어떻게 변동되는지를 살펴보기 위해 시산표를 작성한다. 시산표의 차변 잔액에는 자산 및 비용이, 그리고 대변 잔액에는 부채, 순자산 및 수익이 표시된다. 수익과 비용, 손익계정을 나타내는 것을 임시계정, 그리고 자산, 부채, 자본 등을 대차대조표 계정, 이익잉여금으로 전환되어 회계연도를 초월해 보존되는 것을 영구 계정이라고 한다. 회계연도 말에는 결산분개closing와 재무제표financial statements를 작성하게 된다.

회계는 회계 실체의 재무 상태에 변동이 생기면 이를 분석하여 기록하는 것으로부터 시작해 재무제표를 작성하고 장부를 마감하는 일련의 과정을 거치는데, 이를 회계의 순환 과정이라고 한다. 회계의 순환 과정은 거래의 발생 순서별로 분개하고 이를 원장의 각 계정에 전기한 후 재무제표를 작성하는 것으로 이루어진다. 회계 기록에 대해 분개가 이루어지면 이에 의해서 각각의 계정에 변동 내용을 기록하는데, 이를 원장에 전기posting한다고 한다. 원장은 총계정원장과 보조원장으로 구성된다. 총계정원장은 계정과목표chart of accounts에 있는 모든 계정을 포함한 원장을 말하고, 보조원장은 총계정원장의 특정 계정의 세부 내역을 정리하기 위한 원장이다.

회계 순환의 마지막 과정은 결산 및 재무제표를 작성하는 것이다. 결산이란 회계 기말에 발생주의에 의한 수정분개를 하고, 1년의 장부를 마감하며, 재무제표를 작성하는 것을 말한다. 수정분개는 크게 이연 항목과 발생 항목으로 구분한다. 이연 항목은 가령 임차료를 미리 지급한 경우 이를 비용이 아니라 선급 비용이라는 자산으로 기록하는 수정분개 유형이다. 또 발생 항목은 차입금에 대한 이자 발생액을 미지급 비용이라는 부채로 기록하는 수정분개 유형이다. 수정분개가 끝나면 수정후시산표를 작성하고 재무제표의 작성과 함께 장부를 마감하는 것으로 결산 작업과 회계 순환 과정이 마무리된다.

정부의 재정 상태와 재정 운용에 대한 총체적인 보고서를 재무보고서라고 한다. 재무보고의 중심은 재무제표이지만, 이외에도 결산 총평, 필수 보충 정보 및 부속명세서가 포함된다. 재무제표는 정부의 재정 상태와 재정 운영 현황을 표시하는 중요 보고서로, 국가회계는 재무제표로 재정상태표, 재정운영표 및 순자산변동표를 규정하고 있다. 재정운영표의 재정 운영 결과는 순자산변동표의 재정 운영 결과로 표시되며, 순자산변동표의 기말순자산은 재정상태표의 순자산으로 나타난다. 재정운영표는 기업회계의 손익계산서에 해당하며 회계가 이루어지는 동안의 재정 운영 결과를 나타내므로 기간을 표시하지만, 재정상태표는 기업회계의 대차대조표에 해당하며 일정 시점에 있어서의 재무 상태를 나타내므로 시점을 명시하게 된다. 순자산변동표는 회계 기간 동안의 순자산 변동 내역을 나타내므로 기간을 표시한다.

2) 재무제표 체계

전술했듯 재무제표란 기업의 거래를 기록·분류·요약해 작성되는 회계보고서를 말한다. 기업의 재무제표에는 대차대조표, 손익계산서, 이익잉여금처분계산서, 현금흐름표가 포함된다. 정부회계의 재무제표는 기업의 재무제표와 크게 다르지 않으나 정부와 기업의 특성에서 비롯된 차이점이 있다. 특히 영리를 목적으로 하지 않는 정부회계의 경우 기업의 손익계산서를 그대로 사용할 수는 없다. 외국 정부의 경우 재무제표의 명칭을 기업과 다르게 칭하는 것을 볼 수 있는데, 특히 손익계산서의 명칭은 전혀 다르게 표기한다(<표 3-3> 참조). 그리고 재무제표에 현금주의에서 산출된 예산집행결과표를 포함하는 경우가 많다. 정부회계의 기본 재무제표에 공통적으로 포함되는 것은 대차대조표, 활동(운영)보고서, 현금흐름표다.

<표 3-4>에 나타난 한국 정부의 재무제표를 보면, 우리나라 중앙정

<표 3-3> 외국 정부의 재무제표

구분	재무제표
미국 연방정부	대차대조표, 순비용보고서, 순자산변동보고서, 재원조달보고서, 예산자원보고서
미국 지방정부	정부형 펀드: 대차대조표, 활동보고서, 현금흐름표 사업형 펀드: 순자산보고서, 수익, 비용, 펀드순자산변동보고서, 현금흐름표
영국 중앙정부	자원집행요약표(Schedule 1), 운영비용보고서(Schedule 2), 대차대조표(Schedule 3), 현금흐름표(Schedule 4), 부처 전략목표별 자원명세표(Schedule 5)
호주 중앙정부	대차대조표, 운영보고서, 현금흐름표
뉴질랜드 중앙정부	재정성과보고서, 재정상태표, 지분변동표, 현금흐름표, 채무상황표, 계약상황명세서, 우발채무보고서, 비승인 지출, 비용, 채무보고서, 비상지출보고서, 신탁재산보고서, 회계정책보고서

<표 3-4> 한국 중앙정부와 지방정부의 재무제표

구분	재무제표
중앙정부	재정상태표, 재정운영표, 순자산변동표
지방정부	재정상태표, 재정운영표, 현금흐름표, 순자산변동표

부의 재무제표는 재정상태표, 재정운영표, 순자산변동표로 구성되며(국가회계법 제14조 제3호) 지방정부의 재무제표는 재정상태표, 재정운영표, 현금흐름표, 순자산변동표로 구성된다(지방자치단체 회계기준 제8조).

정부회계기준이 확정되어 시행되고 있는 중앙정부와 지방정부를 중심으로 재무제표의 작성 원칙을 짚어보면, 첫째, 재무제표는 통합재무제표로 작성해야 한다. 정부 전체의 재정을 파악하기 위해 개별 회계 단위의 재무제표를 연결한 통합재무제표를 작성해야 한다. 통합은 일반회계, 기타특별회계, 기금회계 및 기업특별회계의 회계 실체 전체를 대상으로 한다. 지방자치단체 회계기준 제9조에는 "보고 실체의 재무제표는 일반회계, 기타특별회계, 기금회계 및 지방공기업특별회계의 유형별 재무제표를 통합하여 작성한다"고 규정하고 있다. 그리고 통합재무제표에는 회계 실체별 재무제표를 첨부한다.

재무제표의 통합 방식은 연결, 합산, 병기의 세 가지가 있는데, 먼저 연결이란 서로 다른 회계 실체 간의 내부거래를 상계·제거해 통합하는 방법이다. 합산은 서로 다른 회계 실체 간의 내부거래를 상계하지 아니하고 동일 또는 유사한 과목의 금액을 단순히 합계해 표시하는 방법이며, 병기는 서로 다른 회계 실체 간의 내부거래를 상계하지 아니하고 각 실체의 재무제표를 나란히 표기하는 방법을 말한다.

현재 정부회계의 경우 개별 회계 단위 간의 내부거래를 상계·제거하는 연결의 방식에 의해 통합재무제표를 작성한다. 지방자치단체 회계기준 제9조에는 "기타특별회계, 기금회계 및 지방공기업특별회계의 유형별 재무제표는 해당 유형에 속한 개별 회계 실체의 재무제표를 합산하되 내부거래를 제거하여 작성한다"고 규정하고 있다. 그런데 지방자치단체 전체의 통합재무제표 작성 시 동일한 유형의 회계 실체 간에는 연결의 방식에 의하지만 성격이 상이한 회계 실체 간에는 합산 또는 병기하는 방식에 의할 수 있다. 이 경우 통합재무제표는 여러 열multi-column의 형식으로 표시한다. 둘째, 재무제표는 당해 회계연도분과 직전 회계연도분을 비교하는 형식으로 작성되어야 한다. 비교식으로 작성되는 양 회계연도의 재무제표는 계속성의 원칙에 의해 작성되어야 하며, 회계정책상의 변화 등 회계 변경이 발생한 경우에는 그 내용을 주석으로 충분히 공시해야 한다.

재정상태표

재정상태표statement of financial position는 기업의 대차대조표에 해당한다. 대차대조표란 일정 시점(t)에서의 기업의 재무 상태를 나타내는 표로, 이때 재무 상태란 기업의 재산 상태, 즉 자산·부채·자본의 상태를 말한다. 그리고 재무 상태는 '일정 시점'이라는 특정 시점에서 측정되므로 저

<표 3-5> 재정상태표의 구조

차변	대변
자산	부채
	순자산

량 개념에 의해 측정된다. 대차대조표의 구조는 '자산 = 부채 + 자본'의 회계 등식으로 구성된다. 따라서 대차대조표는 기업의 경제적 자원(자산), 경제적 의무(부채), 잔여 지분(자본)을 표시하는 회계보고서라 할 수 있다.

정부회계에서 역시 대차대조표를 재정상태표라고 부른다. 재정상태표는 특정 시점의 정부 재정 상태를 나타내는 재무제표로서 자산, 부채, 순자산으로 구성된다(<표 3-5> 참조). 재정상태표는 자산 총계에서 부채 총계를 차감한 잔액을 순자산으로 표시해 기업의 자본과는 다른 특성을 보여준다. 정부의 자산과 부채의 내역 및 상호 관계를 체계적으로 나타냄으로써 실질적인 공공 서비스의 공급 능력을 보여주는 데 목적이 있다. 재정상태표를 표시하는 서식은 계정식과 보고식이 있다. 계정식account form은 차변에 자산, 대변에 부채와 자본을 배열하는 계정 형식이며, 보고식report form은 자산, 부채, 순자산의 순서로 연속 표시하는 방식이다. 정부회계는 보고식의 형식을 택하고 있다.

재정상태표의 배열은 유동성 배열법을 채택하고 있다. 유동성 배열법은 현금으로의 전환 가능성을 기준으로 유동 항목부터 고정 항목의 순으로 배열하는 방식이다. 정부의 자산 유동성 정도에 대한 정보를 제공하려는 목적을 가지고 있다. 또한 자산 및 부채는 총액에 의해 기재함을 원칙으로 하고, 자산의 항목과 부채 또는 순자산의 항목을 상계함으로써 그 전부 또는 일부를 재정상태표에서 제외해서는 안 된다.

재정운영표

재정운영표는 기업의 손익계산서income statement·profit and loss statement에 해당한다. 손익계산서는 일정 기간(t_1~t_2)의 기업의 경영 성과를 나타내는 표로, 수익과 비용이라는 경영 활동의 흐름을 일정 기간 집계해 나타낸 유량流量·flow 개념의 계산서다. 손익계산서의 구조는 수익, 비용, 순이익의 세 기본 요소로 구성되며, '수익−비용=순이익'의 등식이 성립한다. 재정운영보고서에서는 '수익−비용=운영 차액'의 등식이 적용된다(<표 3-6> 참조).

정부회계의 경우 이윤 극대화를 목표로 하는 기업회계의 손익계산서와는 성격이 다른 방식으로 구성된다. 정부회계에서는 명칭을 재정운영표statement of financial operations라고 부른다. 재정운영표는 회계연도 기간(1월 1일 ~ 12월 31일) 동안 정부 운영에 대한 이익과 손실의 산정이 아닌 수익과 비용의 내역을 일정 기준에 따라 체계적으로 보여주는 데 목적이 있다. 따라서 재정운영표에 나타난 수익과 비용의 차액(운영 차액)을 정부의 운영 성과로 판단하는 것은 문제가 있다. 정부회계는 특성상 민간기업과 달리 수입 및 지출이 개별적인 연계성을 가진다고 보기 어렵기 때문에 수익과 비용의 대응 원칙matching principle이 적용되지 않는다.

재정운영표의 작성 기준을 보면 다음과 같다(국가회계기준 제24~31조). 첫째, 모든 수익과 비용은 발생주의 원칙에 따라 거래나 사건이 발생한 기간에 보고한다. 또 수익과 비용은 총액에 의해 기재함을 원칙으로 하고, 수익 항목과 비용 항목을 직접 상계해서는 안 된다. 둘째, 수익과 비

<표 3-6> 재정운영표의 구조

차변	대변
비용	수익
운영 차액	

용은 그 발생 원천에 따라 명확하게 분류해야 하며, 해당 항목의 중요성에 따라 별도의 과목으로 표시하거나 다른 과목과 통합해 표시할 수 있다. 해당 항목의 중요성은 금액 및 질적 요소를 고려해 판단해야 한다. 셋째, 행정 활동과 관련된 비용 산출을 위한 계산 및 배부 기준 등에 관한 사항은 기획재정부 장관이 정하는 원가 계산 준칙에 따른다.

현금흐름표

현금흐름표statement of cash flows란 정부의 현금 흐름을 나타내는 표로서 일정 기간의 현금 원천(유입)과 사용(유출)을 표시해준다. 즉 현금자원의 변동에 관한 정보를 보여주는 것이다. 현금흐름표는 발생주의로 작성되는 재정상태표(대차대조표)와 재정운영표(손익계산서)에 대해, 이들을 현금주의로 작성하여 현금 흐름의 정보를 보고한다. 현금흐름표는 경상 활동, 투자 활동 및 재무 활동으로 구성된다. 경상 활동은 보고 실체의 행정 서비스와 관련된 활동을 말하며 투자 활동과 재무 활동에 속하지 아니하는 거래를 모두 포함한다. 투자 활동은 자금의 융자와 회수, 출자금, 일반유형자산, 주민편의시설, 사회기반시설 및 무형자산의 취득과 처분 활동 등을 말한다. 재무 활동은 자금의 차입 및 상환 활동, 채권의 발행 및 상환 활동 등을 말한다.

현금흐름표의 작성 기준은 다음과 같다(지방자치단체 회계기준 제37조). 첫째, 현금흐름표는 회계연도 중의 순현금 흐름에 회계연도 초의 현금을 더해 회계연도 말 현재의 현금을 산출하는 형식으로 표시한다. 둘째, 현금의 유입과 유출은 회계연도 중의 증가 또는 감소를 상계하지 아니하고 각각 총액으로 기재한다. 다만 거래가 빈번해 총금액이 크고 단기간에 만기가 도래하는 경우에는 순증감액으로 기재할 수 있다. 셋째, 현물출자로 인한 유형자산 등의 취득, 유형자산의 교환 등 현금의 유입과 유출이 없는 거래 중 중요한 거래에 대해서는 주석으로 공시한다. 그리고 경상 활동으로 인한 현금 흐름은 직접법에 의해 작성함을 원칙으로 한다. 직접법이라 함은 현금 유입액은 원천별로, 현금 유출액은 용도별로 분류해 직접 표시하는 방법을 말한다.[1] 현금흐름표의 수입액 합계와 지출액 합계는 세입세출결산서의 수입 총계 및 지출 총계와 일치한다. 국가회계기준에서는 현금흐름표의 경우 재무제표의 구성요소에 포함하지 않고 있음에 유의할 필요가 있다.

순자산변동표

순자산변동표statement of changes in net asset는 회계연도 기간(1월 1일 ~ 12월 31일) 동안 순자산의 증감 내역을 보여주는 재무제표로 재정 운영에 따른 운영 차액 및 기타 순자산의 변동을 포함한다. 정부회계의 경우 기업과 같은 자본금 또는 지분 개념이 존재하지 않으므로 자산에서 부채를 차감한 잔여액을 순자산 개념으로 사용한다. '순자산=자산-부채'의 형태로 표시한다.

순자산변동표는 기초순자산, 운영보고서의 수익과 비용 간 차이인 운영 차액, 순자산의 증가, 순자산의 감소 및 기말순자산으로 구성된다. 기초순자산은 전기 순자산변동보고서의 기말순자산이며 전년도까지 순자산의 누계치를 표시한다. 순자산의 증가와 감소는 경상거래를 제외한 자본거래로 인한 순자산의 증감 내역을 의미한다. 순자산의 증가 사항은 전기오류 수정 이익, 관리 전환에 의한 자산 증가, 기부채납에 의한 자산 증가, 기타 순자산의 증가 등을 포함한다. 순자산의 감소 사항은 전기오류 수정 손실, 관리 전환에 의한 자산 감소, 기타 순자산의 감소 등을 포함한다. 그리고 기말 순자산은 기초순자산에 당기의 운영 차액과 순자산

---

1 간접법은 재정운영보고서의 운영 차액을 기초로 해서 현금 유출입을 초래하지 않은 항목을 조정해 계산하는 방식이다. 직접법이 간접법보다 현금 흐름 정보를 충실히 제공하는 장점이 있다. 그러나 직접법은 자료를 구하기가 어려워 기업들은 채택하지 않는 경향이 있으며, 정부회계의 경우 현재 개발된 회계시스템이 계산을 용이하게 해주어 채택하고 있다.

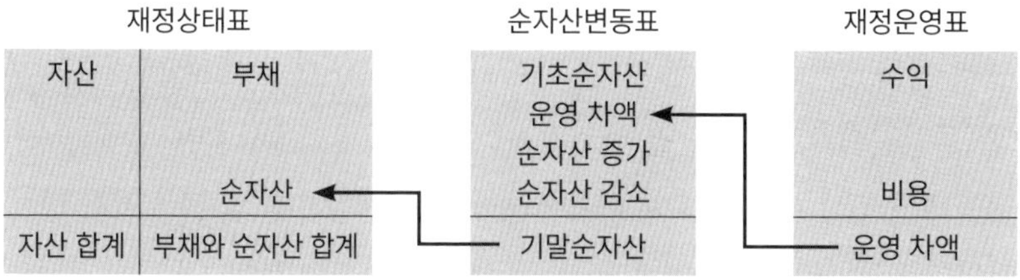

<그림 3-1> 재무제표 상호 간의 관계

의 증감을 가감해 산정한 것으로, 재정상태표의 기말 현재 순자산과 일치한다. 재무제표 상호 간의 관계를 도식으로 표현하면 <그림 3-1>과 같다.

3) 통합재무보고서

통합재무보고서government-wide financial statements란 중앙관서 혹은 국가, 지방자치단체의 재정 상태 및 정책이나 사업 활동의 원가 등에 대한 전체 윤곽을 알기 위해 각종 특별회계 및 기금 등 회계 실체를 통합entity-wide하여 작성한 재무제표를 말한다. 통합재무제표는 각 기금이나 회계 간, 회계 실체 간 자산 또는 부채의 과대 표시grossing-up 및 수익 또는 비용의 중복 표시doubling-up를 방지할 수 있다는 점에서 유용하다. 이를 위해서는 통합되는 각 회계단위 및 회계 실체 간 거래를 제거하고 회계 과목도 공통 항목으로 재분류해야 한다. 정부회계의 통합재무제표는 기업회계의 연결재무제표consolidated financial statement와 기본 원리나 회계 기법상으로는 동일하다.

기업회계에서 연결재무제표는 특정 회사가 다른 회사를 지배할 때와 같이 비록 상호 독립적인 법인격을 가졌다 하더라도 경제적으로 하나의 기업과 같은 종합적·유기적 관계, 즉 연결 관계에 있을 때 이러한 회사들을 일괄하여 단일 기업으로 보고 작성한 재무제표로, 연결대차대조표와 연결손익계산서가 있다. 연결대차대조표는 모·자회사의 ① 자본의 상계 제거, ② 대차의 제거, ③ 이익의 제거, ④ 모·자회사의 자산·부채·자본금의 합병 정리 절차로 작성하고, 연결손익계산서는 지배회사의 손익계산서를 기초로 하여 여기에 지배·종속회사 간 및 종속회사 상호 간의 거래액 및 미실현 손익을 상계·제거하여 작성한다. 즉 내부거래의 상계를 제거하고 내부거래에서 발생한 미실현 손익을 제거한다.

정부회계에는 또한 통합재무제표와 유사한 결합재무제표combined financial statements가 있는데, 같은 종류의 기금을 그대로 단순 합산하거나 예산회계와 재무회계의 재무제표를 계정 과목의 성질별로 분류하여 집계한 재무제표를 말한다. 우리나라의 경우 예산회계하에서 자산과 부채 및 자본을 단순 집계하여 총괄적인 현황을 설명하는 것을 가리킨다.

정부회계에는 성질이 다른 다수의 기금이 존재하기 때문에 다수의 회계 실체를 하나의 회계 실체로 보아 모두 통합하는 데 있어 그 범위가 문제가 된다. 지방자치단체의 경우에는 비교적 간단하나 중앙정부의 경우 통합 범위가 명백하지 않고 아직은 각 나라마다 다른 기준을 사용하고 있다(정부 재정의 범위에 대한 2장의 논의를 참조할 것).

우리나라의 경우 각 중앙관서의 장은 그 소관에 속하는 일반회계 및 특별회계와 기금을 대상으로 국가통합재무보고서를 작성하도록 하고 있다. 이때의 기금은 공공기금은 물론 민간기금을 포함하여 소관에 속한 기금을 통합하여 작성하여야 한다. 또한 정부 전체의 통합재무제표에서는 각 중앙관서의 장이 작성한 통합재무제표를 작성 대상으로 한다(국가회계법 제18조 및 제19조.). 즉 일반회계와 특별회계 및 기금 등을 모두 대상으로 한다. 국가통합재무보고서에는 지방자치단체의 회계가 포함되지 않고 있다. 또한 특수법인에 해당하는 한국은행과 통화 안정 목적으로 설정된 통화안정기금은 통합 범위에서 제외되고 있으며, 정부투자기관은 물론 기타 공적단체도 포함되지 않는다.

4. 국가회계의 실제

2009회계연도부터 재정 전 부문에 발생주의·복식부기 회계 제도를 전면 도입하면서 국가 재정활동의 모든 거래를 발생 사실에 따라 복식부기 방식으로 회계 처리하도록 국가회계기준(기획재정부령)을 마련하여 시행하고 있다. 이에 따라 모든 중앙관서(국가재정법상 독립기관 및 중앙관서인 18개 부, 4개 처, 18개 청 등)와 기금(68개)은 지금까지의 현금주의·단식부기 회계 처리 방식에 추가하여 재정 부문의 모든 거래를 발생주의·복식부기 방식으로 회계 처리하고 재무제표를 작성한다.

국가회계기준은 일반원칙, 재무제표 및 자산·부채 평가 방법 등을 규정한다. 기금별·중앙관서별로 국가 전체의 재정에 관한 유용한 정보가 산출될 수 있도록 신뢰성, 간단명료성, 비교가능성 등 회계 처리의 일반원칙을 규정하며, 재정 상태 및 재정 운영 결과를 종합적·체계적으로 파악하기 위해 재무제표를 작성한다. 재정상태표는 기업회계의 대차대조표와 같은 개념으로 종합적인 재정 상태를 자산, 부채, 순자산으로 표시한다. 재정운영표는 기업회계의 손익계산서와 같은 개념으로 기금별, 중앙관서별로 국가 전체의 정책·사업 원가 등 전반적인 재정 운영 결과를 산출한다. 순자산변동표는 기업회계의 자본변동표와 같은 개념으로 국가의 재정건전성을 분석하고 현황을 파악하기 위해 순자산의 크기와 변동 내역을 표시한다.

국가회계기준은 또한 국가가 소유 또는 부담하는 자산과 부채를 실질적 가치로 평가하기 위한 객관적 평가 기준을 마련하고 있다. 국가가 소유한 채권, 장·단기대여금 등에 대해서는 회수 가능성을 고려하여 대손충당금을 설정하고, 건물, 기계장치 등은 경제적 효익 또는 공공서비스 제공 기간에 걸쳐 정액법 등을 적용하여 감가상각을 실시한다. 복식부기 회계 제도를 통한 검증은 재정정보의 신뢰성을 제고하고 내부통제 기능을 강화하며 재무제표 작성을 통해 국가 자산이 지속적·체계적 관리를 위한 기반을 마련하는 기능을 할 것으로 기대된다.

1) 발생주의·복식부기 개요

앞에서 살펴본 바와 같이 국가회계는 현금주의 방식이 아니라 발생주의 원칙에 따라 회계를 기록한다. 즉 회계 처리에 있어서 경제적·재무적 거래나 사건을 인식하게 되는 시점에 따라 회계 처리 시점이 구분된다. 발생주의 회계에서는 경제적·재무적 자원의 변동이 발생하는 시점에 거래로 인식하고 회계 처리(기업회계 방식)하는 반면, 현금주의 회계에서는 현금의 수입·지출이 일어날 때 거래로 인식하여 회계 처리(현행 세입세출 결산 방식)를 한다. 각 회계 방식의 특징은 <표 3-7>에 잘 정리되어 있다.

국가회계는 단식부기 회계가 아니라 복식부기 회계 방식에 따라 기록한다. 이는 거래를 장부에 기록하는 방식에 따른 구분으로, 복식부기는 경제적 거래나 사건이 발생할 때 자산·부채, 수익·비용의 변동을 서로

<표 3-7> 단식부기-복식부기와 현금주의-발생주의 비교

단식부기	복식부기
수입·지출 사실만을 기록 - 자산·부채는 별도로 비망 기록 - 산출 정보가 부정확하며 누락될 가능성 존재 (수입·지출 내역이 자산·부채 증감과 미연계)	수입·지출을 자산·부채와 연계 기록 - 자산·부채 변동을 동시에 기록 - 대차평균의 원리에 따라 거래 누락 시 자동 파악 (수입·지출 내역이 자산·부채 증감과 연계)

현금주의	발생주의
현금출납 시점에 기록 - 현금출납이 있어야 기록 - 취득 당시 가치로 기록 후 금액 불변 (예: 투자 목적의 유가증권 가격 하락 시 하락분을 반영하지 않아 실제 가치 왜곡)	거래발생 시점에 기록 - 현금출납이 없어도 거래 발생 시 기록 - 실제 가치로 자산·부채 표시 (예: 투자 목적의 유가증권 가격하락 시 하락분을 순자산 변동으로 처리해 반영)

사례 1: 비용 발생 ⇔ 자산 감소

공무원 급여를 현금으로 3억 원 지급 시

현금주의·단식부기		발생주의·복식부기	
지출(세출)	⇔	**비용(발생)**	**자산(감소)**
인건비 3억 원		공무원급여 3억 원	현금 3억 원

사례 2: 자산 증가 ⇔ 자산 감소, 수익 발생

장부가액 100억 원의 토지를 120억 원에 매각(매각이익 20억)

현금주의·단식부기		발생주의·복식부기	
수입(세입)	⇔	**수입(세입)**	**자산(감소) / 수익(발생)**
매각대금 120억 원		현금 120억 원	토지 100억 원 / 처분이익 20억 원

사례 3: 자산 증가 ⇔ 자산 감소

건물신축: 금년투자 150억 원(기투자 100억 원, 총투자 250억 원)

현금주의·단식부기		발생주의·복식부기	
지출(세출)	⇔	**자산(증가)**	**자산(감소)**
현금 150억 원		건물 150억 원	현금 150억 원
		↓	↓
기투자 100억 원 자동 파악 불가		건물 250억 원	현금 250억 원
(연도 간 독립회계)			(연도 간 누적 처리)

<그림 3-2> 현금주의·단식부기와 발생주의·복식부기 사례 비교

연계시켜 동시에 기록·관리하는 반면, 단식부기는 수입·지출의 결과만을 기록(금전출납부식)한다. <그림 3-2>에 나타난 사례 1의 경우, 지출은 현금(자산) 감소와 비용(인건비) 발생으로 구분하여 회계 처리하며, 자산 감소는 재정상태표에 반영하고 비용 발생은 재정운영표에 반영하게 된다. 사례 2의 경우에는 현금 수입을 원인별로 매각대금과 수익으로 구분하여 회계 처리하며, 자산 변동과 수익 발생 내역을 동시에 재무제표에 반영한다. 사례 3은 장기계속사업의 연도 간 소요 재원을 명확히 파악할

수 있다는 장점이 있다.

2) 발생주의·복식부기 회계 제도 도입의 효과

발생주의 복식부기 회계 제도를 도입했을 때 얻을 수 있는 효과는 다음과 같다. 첫째, 국가 재정 전반에 대한 종합적인 파악 및 관리가 가능해진다. 국가 전체의 재정 현황을 종합적 · 체계적으로 파악하여 재정에 관한 유용한 정보를 생산 · 제공할 수 있다. 둘째, 성과 중심의 재정 운용 체계 구축이 가능하다. 사업별 투입 원가 정보를 산출하여 성과 중심의 재정 운영 체계를 구축할 기반을 마련할 수 있다. 셋째, 투명한 양질의 국가 재정정보 제공이 가능해진다. 국민과 정책당국 그리고 국제기구 등 국가 재정정보 이용자에게 투명한 양질의 재정정보라는 가장 중요한 서비스를 제공할 수 있는 장점이 있다. 발생주의 · 복식부기 회계 제도를 도

<표 3-8> 발생주의 · 복식부기 회계 제도 도입의 효과

종전	발생주의 복식부기 회계 도입
- 세입·세출, 기금, 채권·채무가 개별적으로 결산되어 국가 자산·부채의 일괄적 파악이 곤란 - 순자산에 대한 정보가 제공되지 않아 재정건전성에 대한 현황 파악이 어려움	- 국가 자산 및 부채를 재무제표에 나타내어 재정 현황을 종합적으로 파악 - 순자산 규모가 산출되어 재정건전성 관련 각종 지표 산출 및 분석이 가능해짐
- 예산 집행의 적법성 등 투입 통제 중심으로 재정을 운용 - 정책 사업별 지출 내역만 제공되고 사업 성과는 파악하기 어려움 - 회계·기금별로 결산되며, 부처별 통합결산은 작성되지 아니함	- 예산 집행의 효율성 등 성과 중심으로 재정을 운용 - 정책 사업별 투입 원가 정보가 산출되어 사업별 성과 파악이 가능 - 중앙관서 단위로 재무제표가 작성되어 중앙관서의 책임성 강화
- 예산 대비 결산의 통제가 주된 목적으로 결산자료를 통한 체계적인 재무분석이 어려움 - 단식부기의 한계로 인하여 회계기록의 정확성 검증이 어려움	- 체계적이고 표준적인 재무제표를 통해 정보 이용자의 국가 재정정보에 대한 접근이 쉬워짐 - 복식부기 회계의 도입에 따른 회계기록의 자동검증 기능 강화

입했을 때의 효과에 대해서는 <표 3-8>에 잘 나타나 있다.

3) 결산보고서 구성 및 체계의 변경

2009회계연도 이후 변경된 결산보고서의 구성과 체계는 다음과 같이 이루어진다(<그림 3-3> 참조). 국가재정법과 국가회계법 간 결산 관련 규정에 따라 국가재정법은 결산보고서의 작성, 제출 절차, 일정을 규정하고, 국가회계법은 결산보고서의 구성, 내용, 작성 절차, 방법을 규정한다. 세입세출 결산과 수입지출 결산은 현금주의에 의한 예산회계 내용을, 그리고 재무제표는 발생주의에 의한 재무회계 내용을 반영한다.

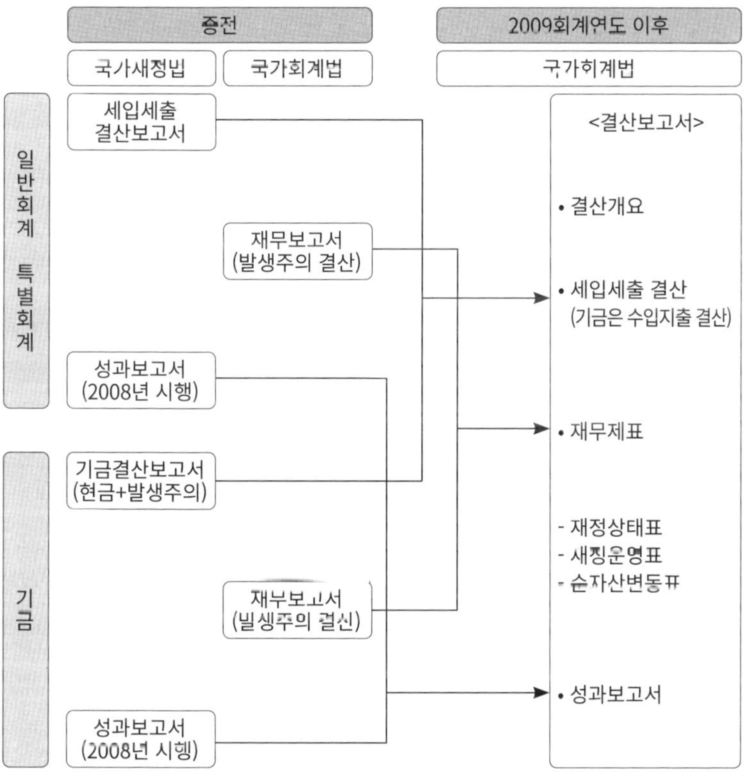

<그림 3-3> 결산보고서 구성 및 체계의 변경

5. 재정정보시스템

1) 재정정보체계의 문제점

앞 장에서 살펴본 바와 같이 최근의 재정통계 개편에서 가장 중요한 변화는 통계기준을 IMF의 'GFS 1986'에서 'GFS 2001'로 전환한 것이다(<표 3-9> 참조). 통계기준의 전환에 따라 회계기준과 정부 포괄 범위도 수정되었다. 회계기준을 현금주의에서 발생주의로 전환하여 미지급금, 선수금, 예수금 등 현금 기준에서 제외되었던 부채 항목이 새로운 부채 항목으로 나타나게 되었다. 또한 정부 포괄 범위를 일반정부로 설정하고 공공기관에 대한 시장성 기준을 적용하여 일반정부로의 포함 여부를 결정했다. 시장성은 원가보상률(판매액/생산원가)을 의미하며, 50%가 넘지 않을 경우 일반정부, 50% 초과 시 공기업으로 분류된다. 또한 구조조정기구(한국자산관리공사 등), 사회보장기구(국민건강보험공단 등), 정부가 유일한 고객인 기관(근로복지공단 등)도 일반정부로 분류했다. 그동안 논쟁이 되었던 국민연금의 충당부채는 'GFS 2001' 기준에 따라 사회보장기금에 해당되므로 국가부채에는 포함하지 않고 직역연금 또한 국가부채에 포함하지 않았다. 지방정부 재정통계도 원칙적으로 중앙정부와 동일한 기준을 마련하여 개편했다.

정부는 'GFS 2001'에서 조금 더 기준을 구체화하고 개량한 'GFS 2014' 기준도 활용하고 있지만, 재무제표의 정보를 활용하기 위해서는 정부의 다양한 구조화 노력이 필요하다고 본다. 재무제표에서 유용한 정보를 담아낸다고 해도 프로그램 예산 제도가 고도화·구조화되지 않는 한 그 정보를 활용하는 데 문제가 발생할 수 있으며, 적절한 재무분석을 통한 지표가 개발되지 않는 한 방대한 분량의 재무 정보가 활용되기 어렵다. 프로그램 단위인 원가 정보가 단위사업 또는 세부 단위사업으로 세분되어야 활용 가능성이 높아질 것으로 보인다.

<표 3-9> 재정통계 개편에 의한 변화

<table>
<tr><th>구분
항목</th><th>1986년 재정통계편람(1986 GFS)</th><th>2001년 재정통계편람(2001 GFS)</th></tr>
<tr><td>주요 변화</td><td colspan="2">▪ 분석 단위(회계 단위 → 제도 단위), 경제적 사건의 포괄 범위, 기록 시점, 정의와 분류 및 수지 항목 등에서 변화
▪ 통계기록 방식 변경(현금주의→발생주의)</td></tr>
<tr><td>포괄 범위</td><td>▪ 기능적 기초functional basis 위에서 정의
* 정부 기능을 수행하는 모든 단위의 재정 관련 거래를 포함하되, 재정 정책과 무관한 거래는 제외(즉 금융활동 제외)</td><td>▪ 제도 단위institutional units를 기초로 정의(SNA와 동일)
* 다른 단위의 준재정활동은 제외, 일반정부부문 단위가 수행하는 모든 활동을 포함(금융활동도 포함)</td></tr>
<tr><td>경제 사건의 기록 기준</td><td>▪ 현금주의
(현금이 수취 또는 지급될 때에 기록)</td><td>▪ 발생주의
(경제적 가치가 창출·변형·교환·이전 또는 소멸되는 시점에 유량이 기록)</td></tr>
<tr><td rowspan="2">사건의 포괄 범위</td><td>▪ 현금의 흐름만 기록
* 중요한 현물거래는 부기사항으로 기록</td><td>▪ 자산·부채·수입·비용에 영향을 주는 모든 경제적 사건이 기록
* 가격 변화, 자산의 손상 등이 반영</td></tr>
<tr><td>▪ 저량의 기초·기말 간 차이 규명을 위해서는 추가적인 자료 필요</td><td>▪ 거래와 기타 경제적 흐름을 포괄 기록하므로 저량과 유량의 완전한 통합 가능 + 대차대조표의 기초·기말 간 차이의 원인 규명 가능</td></tr>
<tr><td>시장 기관</td><td>▪ 매출액에서 생산원가를 공제한 순가치가 양이면 수입, 음이면 지출로 기록</td><td>▪ 시장 기관의 매출액과 생산원가가 각각 총액으로 수입·비용에 계상</td></tr>
<tr><td rowspan="2">분석틀의 변화</td><td>▪ 정책 목적의 순금융자산 취득은 순융자(융자 – 회수)로서 지출을 구성하여 총수지에 영향</td><td>▪ 정책 목적의 순금융자산 취득은 여타 금융자산 거래와 마찬가지로 취급, 별도의 수지 항목으로 구성</td></tr>
<tr><td>▪ 단일의 수지 항목
• 총수지(통합재정수지)
= (수입+무상원조) - (지출+순융자)
* 비금융자산의 거래는 자본수입·자본지출로 계산 → 총수지에 영향</td><td>▪ 수지 항목이 다양
① 순운영수지net operating balance
= 수입 – 비용
– 거래에 기인한 순자산가치 변화
* 비금융자산의 거래는 수입·비용으로 처리되지 않아 수지에 영향 없음
② 총운영수지
= 수입 - (비용 – 고정자본소비)
③ 순융자/순차입net lending/borrowing
= 금융자산 순취득 – 부채 순부담
= 순운영수지 – 비금융자산 순취득</td></tr>
</table>

* 자료: 기획재정부(2019).

아울러 독립성이 제한되고 이해관계자가 경제적 영향을 직접적으로 주지 않는 국가회계의 특수성을 고려한 개선안이 필요하다. 국가결산보고서의 경영진단의견서 작성 시 MD&Amanagement's discussion and analysis와 Citizen's guide 간 관계를 참고하여 전문가용과 국민용으로 구분해 공표하는 것이 보다 효율적일 것이며, 국가결산검사보고서에서는 결산보고서에 중복되어 공표되는 내용을 삭제하는 등 획기적인 변화가 필요하다. 이와 더불어 국가회계는 ① 기준 제정 주체와 정보 제공 주체가 기획재정부로 동일하여 재량적 판단 가능성이 있고, ② 국회, 시민단체 등 정보 이용자의 영향력이 제한적이고 경제적 이익의 보호 필요성이 약하여 정보 활용도 제고에 한계가 존재한다는 특징이 있다. 따라서 정보 요구가 없더라도 적극적으로 정보를 제공하려는 제공 주체(정부)의 의지가 중요하며, 이를 유도하기 위한 국회, 감사원, 학회 등의 회계 투명성 관련 연구가 필요하다. 또한 국가비전과 전략에 따른 중장기 추정 재무제표, 정책 사업 제안 시 미래 재정 상태와 재정 운영에 미치는 정보 제공의 의무화 등도 검토되어야 한다.

따라서 이러한 기준에 의한 재정통계는 IMF 등에 제출하여 국제 비교용으로만 활용하고 국가재정운용계획, 국가채무 관리계획 등에 활용되는 재정 관리용 통계는 현행과 같이 현금주의로 별도 관리·운영하고 있다.

이와 같은 재정통계 개편은 이전보다 국제기준에 조금 더 부합한다는 점에서 환영할 만한 변화이지만 여전히 미흡한 개편이라는 비판이 많다. 첫째, 이러한 재정통계 개편은 IMF 등 국제기구에 정기적으로 제출하기 위한 것이며 국내 재정 정책을 위한 것이 아니다. 재정 운용에 대한 국민적 신뢰를 얻기 위해서는 정확한 재정정보의 생산·축적·공개가 필요하다. 따라서 이번 개편은 미래에 국민이 부담해야 하는 국가채무 규모에 대한 불안감을 해소하기에는 미흡하다. 둘째, 국가채무의 실질적인 규모에 대해 제기되어온 정부보증 채무와 4대 공적연금의 책임준비금 부족분, 준정부기관 및 공기업부채에 대한 명확한 처리 기준과 국민에 대한 공개 방식 등을 제시하지 못한다. 셋째, 예산과 결산상 통합재정통계의 일관성을 확보하는 문제를 해결하지 못한다. 재정 규모를 표현하는 총계, 순계, 총수입, 총지출, 통합재정 수입, 통합재정 지출 등 다양한 기준의 통계가 사용되고는 있으나 이에 대한 일관성 있는 기준을 제시하지 못하고 있다(권오성, 2013).

우리나라 재정통계는 기획재정부, 행정안전부, 통계청, 국회, 한국은행 등 여러 기관에서 발간하고 있다. 중앙정부, 지방정부, 공공기관 등 그 대상에 따라 주무부처가 통계를 수집 · 생산 · 발표하고 있는 분산된 관리 형태를 취하고 있으며, 대부분의 통계자료는 연 단위로 발간되고 있다. 그러나 발행하는 기관에 따라, 또 발행된 시기에 따라 통계 수치에 차이가 있다는 문제가 있다. <표 3-10>은 2019년도 중앙정부의 재정 규모를 각 자료 원천별로 제시한 것이다.

총수입, 총지출, 통합재정수지, 관리재정수지 등 모든 항목이 발표되는 자료에 따라 그 값에 차이가 있다. 특히 기획재정부 발표 자료와 국회 예산정책처 발표 자료가 상이하다. 더군다나 동일한 기관에서 발표한 자료에서도 차이가 발견된다. 통계자료의 부족한 일관성은 지방재정과 관련된 통계의 경우 더욱 심각한 상황이다. 2019~2020년도 국고보조금,

<표 3-10> 자료 원천별 2019년도 중앙정부 재정통계

(단위: 조 원)

구분 \ 항목	총수입	총지출	통합재정수지	관리재정수지
KOSIS	443.0	436.7	Δ12.0	-
열린재정 재정정보공개시스템	476.1	469.6	Δ12.0	Δ54.4
e-나라지표	476.1	469.6	Δ12.0	Δ54.4
주요 재정통계	476.1	469.6	6.5	Δ37.6
월간재정동향	473.1	485.1	Δ12.0	Δ54.4

지방교부세, 지방교육재정교부금 등의 이전재원 규모를 나타낸 <표 3-11>을 살펴보면, 각 항목에 대한 자료별 이전재원의 규모는 2020년도 지방교부세의 경우를 제외한다면 모두 다른 수치를 제시한다는 것을 확인할 수 있다.

이와 같이 일관성이 결여된 재정통계가 발표되는 이유는 재정통계를 수집·생산하는 데 있어서 각 지표에 대한 명확한 기준을 공동으로 사용하지 않기 때문이다. 또한 대부분의 지출 및 채무 통계자료가 연중 1회 발행되고 세부 항목에 대해서는 공개하고 있지 않아서 공개되는 재정정보의 양과 질의 수준이 미흡하다. 재정정보는 재정활동의 전 과정에서 발생하는 각종 자료를 체계적으로 분류하여 의미 있는 수준으로 구현하는 것을 의미한다. 그러므로 이러한 재정정보는 국가의 주요 정책 결정 및 국민들의 알권리를 위하여 투명하게 공개되어야 한다. OECD 재정투명성기구와 같은 국제기구에서는 선거 전 재정보고서 발간을 통해 정치권이나 국민들에게 재정 상황을 정확히 알려 무분별한 선거공약 남발을 사전에 경고하도록 권고하고 있다. 따라서 재정정보는 형식적으로 공개할 것이 아니라 의미 있는 수준에서 상시적으로 투명하게 공개해야 한다.

<표 3-11> 자료별 이전재원 규모

(단위: 조 원)

구분 / 항목	2019			2020		
	국고 보조금	지방 교부세	지방교육 재정 교부금	국고 보조금	지방 교부세	지방교육 재정 교부금
e-나라지표	58.8	57.7	111.6	65.6	52.2	111.6
주요 재정통계	-	52.5	59.1	-	52.2	60.1
국고보조금 통합관리 시스템	77.9	-	-	86.7	-	-

2) 예산, 회계, 정보시스템의 연계

자료data는 적절한 체계를 갖춰 정보information 수준으로 활용되어야 그 의미가 있다. 예산, 조세, 정부회계 제도는 재정정보시스템을 통해 이해관계자들에게 의사결정 지원의 역할을 제대로 수행할 때 그 존재의 이유가 있다 하겠다. 이제 중앙정부의 '차세대 D-Brain'과 지방정부의 'e-호조'가 제대로 그 역할을 수행할 수 있는 전제를 생각해보자.

재정 관리는 정부가 고유의 역할을 수행하기 위해 필요한 재원을 조달하고 지출하는 활동이고, 재정활동을 통해 자원 배분의 조정, 소득 재분배, 경제 안정화를 실현한다. 국가의 재정 정책을 통해 행정서비스나 사회간접자본시설 등 공공재를 공급하고 외부효과가 있는 재화의 공급을 조정할 수 있다. 또한 모든 국민이 인간적인 삶을 누릴 수 있도록 소득을 재분배하며 소득세, 상속세 등에 누진세율을 적용하는 등의 정책 수단을 활용할 수 있다. 거시경제 운용에 있어서도 재정 정책을 통해 총수요를 조절하여 안정화를 도모할 수 있고, 재정의 자동 안정화 장치를 활용할 수 있다.

국가의 재정 정책을 효과적으로 실현하기 위해서는 경제자원의 적절한 운용이 필요하다. 이는 재정 관리가 계획-조직-통제의 순환 활동을 함으로써 수행될 수 있다. 재정활동에 대한 계획으로는 국가재정운용계획과 같은 중기계획, 그리고 예산 및 국유재산, 물품관리 계획 등 단년도 계획이 있다. 계획을 실행하고 정책 목적을 달성하기 위해 수입 관리, 지출 관리, 국유재산 관리, 물품 관리, 국가채권 관리, 국가채무 관리와 같은 활동들이 운영되며, 계획 대비 실적이 차이를 보이는 원인을 규명하고 차기 계획에 반영하기 위해 세입세출 결산, 국유재산 물품 결산, 국가채권 및 채무 결산, 기금 결산, 재무 결산이 수행된다.

재정 관리 활동 중 계획 단계에서의 활동은 국가재정 운용 계획 수립, 단년도 예산 수립, 국유재산 관리 계획 수립 등이 있다. 이 중 단년도 예산 수립의 중요성이 매우 큰데, 이를 위해 정부 재정혁신의 일환으로 프로그램 예산 제도가 도입되었다. 동일한 정책 목표를 달성하기 위한 사업 묶음인 프로그램은 독립적으로 수행되는 최소단위의 세부 활동 또는 이를 그룹화한 사업그룹으로 구성된다. 프로그램 예산 체계는 분야 – 부문 – 정책 사업(프로그램) – 단위사업activity – 성질별 품목으로 구성된다.

예산회계와 재무회계는 산출대상보고서에 차이가 존재한다. 재정 관리 활동 중 주로 조직 단계와 통제 단계에서 적용되며, 그 영역의 차이는 통제 단계 중 예산 결정 과정과 재무 결산 과정에서 발생한다. 결국 예산의 수립·집행·결산 등 모든 재정 과정의 정보를 산출하고 보고하는 절차가 예산회계를 기준으로 하며, 내외부 정보 이용자를 위해 거래를 인식·측정·기록하여 재무제표를 작성하는 것을 목적으로 하는 재무정보를 산출·보고하는 절차가 재무회계인 것이다.

정부회계는 설치 목적에 따라 일반회계, 특별회계, 기금으로 구분된다. 각 회계별로 관리 주체 및 내용이 상이하며, 산출대상예산결산서 또한 차이가 존재한다. 정부의 결산은 각 부처 회계별로 수행되어 금액이 산출되고, 각 회계별 통합 결산은 내부거래가 제거되지 않은 회계별 금액의 단순 합산으로 산출되고 있다.

국가의 자산 및 부채 항목은 개별 법령에서 각각 정의되고, 문화재, 전비품, SOC 재산 등이 국가자산으로 인식되는 등 민간과 차이가 존재한다. 국가 소관부처의 특성에 따라 자산 및 부채 항목의 구성은 달라지며, 국가 전체 부처 중 교육부, 국방부, 기획재정부, 국토교통부 등 소수의 특정 부처에 자산이 집중되어 있다. 국제기준('GFS 2001' 기준)에 따라 재정통계를 산출하도록 규정한 국가회계기준이 제정되면서 금융성기금과 공공기관의 상당 부분이 국가 재정에 포함되었으며, 기업회계기준 등에 따라 회계처리가 수행되는 문제점이 해결되었고 통일성 있는 재정통계 산출이 가능해졌다.

국가재정법과 국가회계법의 병존으로 산출되는 보고서 종류가 크게 증가했고, 보고 대상의 중복과 산출 정보의 유용성 측면에서 보고서의 체계를 정립하고 산출 정보를 보다 명확하게 정의하는 것이 필요해졌다. 국가채무에 관한 계산서 등은 재무제표에 대한 주석 및 부속명세서의 내용과 중복되며, 기금결산보고서 및 기업회계결산서는 대부분 재무결산서에서 정보를 산출할 수 있는 등 보고서 간 중복 문제가 발생하고 있다. 따라서 현행 기금결산보고서 등은 산출 정보가 유용하게 활용되는 데 한계가 존재한다. 또한 국가회계법에 따라 작성되는 재무결산서의 세부 보고서 내용과 관련해서도 보다 명확한 정의가 요구된다. 산출 정보를 명확하게 정의함으로써 의미 있는 정보가 포함된 보고서를 마련하고 보고서 간 중복 문제를 해결해, 보고서를 체계화함으로써 유용성을 제고할 수 있다. 국가 재정 프로세스의 진행 과정에 활용 가능한 정보를 포함하고, 그 정보를 통해 다시 나음 해의 예산 정보로 환류할 수 있어야 유용한 보고서라 할 수 있다.

국가 재정의 운용은 총량적 재정규율의 확립, 예산 배분의 효율성, 예산 운용의 기술적 효율성이라는 3대 기조를 고려하여 정책을 수행함으로써 자원의 효율적 분배, 거시경제의 안정화, 소득과 부의 재분배라는 재정의 3대 목표를 달성할 수 있다. 재정 지표는 국가의 정책적 의사결정에 대해 계량적 정보로 그 역할을 수행해야 한다. 예를 들어 재정건전성 지표로서 통합재정수지, 국가부채 규모, 지속가능성 지표를 통해 향후 국가부채의 전망 등을 제시할 수 있다. 현행 재정 지표는 정보의 유용성 측면에서 한계가 있다. 그러므로 산출 정보의 다양화·상세화를 통해 기존 재정 지표를 보완해야 하며, 정책 의사결정에 유용한 재정 지표가 개발되어야 한다.

유용한 재정 지표는 재정건전성, 효율성, 재정활동으로 달성된 서비스의 성과를 나타낼 수 있어야 한다. 이때 참고할 수 있는 선진국의 사례로, 영국, 뉴질랜드, 미국 등 앵글로색슨계의 재정 관리지표가 우리에게 시사점을 줄 수 있을 것으로 보인다. 미국의 프로그램 예산 체계 및 평가 제도Program Assessment Rating Tool: PART, 영국의 자원예산 제도resource budgeting, 뉴질랜드의 발생주의 예산 및 성과 측정 등에서 재정 분석과 관리에 필요한 개념과 시스템을 확인할 수 있다. 결국 프로그램 원가 및 성과 관리 정보를 통해 책임성을 강화해야 한다는 점, 회계 제도 자체에 초점을 맞추는 것이 아니라 자원의 효율적 배분에 초점을 두어야 한다는 점, 각 정부부처와 지방자치단체 및 공공기관 등에 일관성 있게 적용할 수 있는 회계기준을 정비해야 한다는 점이 중요한 정책 과제로 도출된다. 각 선진국 정부의 재정 관리 정보시스템을 살펴보면, 정부기관별로 새로운 재정 관리 시스템을 도입함에 따라 통합에 긴 시간이 소요되고 비효율의 문제를 보인 미국의 사례, 이에 반해 자국에 적합한 발생주의 회계 제도 및 수정현금주의 예산 제도를 채택해 중앙정부 중심의 단일 재정 관리 시스템을 구축한 프랑스의 사례에서 좋은 시사점을 얻을 수 있다. 활용성에 초점을 맞출 때 디지털 전환 시대에 적합한 재정정보 관리가 가능해진다.

* * *

지금까지 살펴본 바와 같이 정부회계는 나라살림을 국민들에게 책임 있게 설명하는 보고 체계다. 현금 흐름만으로 세입과 세출에 대해 계획을 세우고 실제 운영 내역을 결산보고하던 기존의 체계로는 더는 국가가 내 돈을 어떻게 썼는지 알기 어렵다. 따라서 기업재무회계의 원리를 차용해 권리와 의무가 발생하는 그대로 원가에 기초한 성과를 투명하게 보고할 수 있도록 예산회계와 함께 재무회계에 의한 재무제표를 작성하게 된 것이다. 매년 살림살이 운영의 결과가 중장기적으로 축적되어 재정 상태를 나타낼 수 있게 됨에 따라 단년도만이 아니라 중장기적, 심지어 세대 간 지속가능성까지도 가늠할 수 있게 되었다. 예산과 기금, 나아가 준정부기관을 포함하는 일반정부 기준의 국제 비교 원가 기반 성과 관리가 가능해졌다는 점도 정부회계의 성과라고 할 수 있다.

우리는 예산은 현금주의로 보고하고, 결산은 현금주의(세입세출결산보고서)와 발생주의(재무제표)를 각각 따로 적용해 국가결산서로 함께 보고한다. 공급자 중심이 아니라 국가에 돈을 내는 국민의 입장에서, 재무회계에 기반해 생성해내는 소중한 나라살림의 정보가 담긴(실제 재정 운용과 상태가 반영된) 재무제표를 보다 적극적으로 환류함으로써 예산 결정에 반영하기 위해 노력하는 것이 중요하다. 재정정보시스템상의 의사결정 지원을 위한 EISexecutive information system가 '차세대 D-Brain'에서 보강된 것도 이와 같은 맥락으로 이해할 수 있다. 예산에는 정부 당국의 의지가 담긴 홍보성 계획이 담겨 있다고 하면, 정부회계에 기반한 결산 정보는 이러한 정부의 선한 의도가 실제 현실로 어떻게 반영되어 (국민의 대응이 포함된) 국민 생활 변화에 영향을 미쳤는지를 평가할 수 있게 하기 때문이다.

정부회계를 학습하는 이유는 재정 운용과 재정 상태에 대한 정확한 정보를 제공해 예산 및 세금과 관련한 의사결정에 활용하기 위함이다. 실제 상황을 정확하게 반영하기 위해서 현금주의가 아니라 발생주의 원리에 기반해 계리를 한다. 형식적 부채뿐 아니라 납세자인 국민이 궁극적으로 부담해야 하는 실질적 부채까지 보고해야 한다는 당위성은 아무리 강조해도 지나치지 않다. 다만 이러한 당위성은 회계 실체와 보고 실체라는 정부회계의 중요한 원칙 내에서 실현되어야 한다.

통계수치는 국민의 요구에 따라 얼마든지 추가하고 범위를 확장할 수 있지만, 회계 정보는 국민의 요구가 있다 하더라도 일관성 있고 타당한 정부회계기준에 근거하여 추가되고 범위가 확장되어야 한다. 정부가 작성하고 있는 GFS 통계는 현재 이상적인 재정자료로서 일종의 벤치마크 역할을 하고 있지만, 회계자료가 아니고 통계자료이며, 연금부채, 우발채무로서의 보증부채를 부채에 포함하지 않는 한계가 있다. 모든 연금부채와 우발채무로서의 보증 채무를 보고하려면 정부회계기준의 보고 실체 규정을 수정해야 한다. 따라서 부채뿐 아니라 재정 전반에 걸친 통합 정보에 관심을 가져야 한다.

우리나라에서도 가계부채와 정부부채에 대한 끊임없는 경고가 나오고 있으며, 이에 대한 논란도 지속되고 있지만, 부채 액수에 대한 합의조차 실종되어 있는 것이 현실이다. 부채가 일정 수준을 넘어서면 성장을 저해한다. 게다가 부채는 장기적으로 국민의 삶에 대한 만족도를 저하하게 만든다. 정부부채가 과연 얼마인가를 파악하는 문제는 단순히 정부회계의 학문적 관심에 그치는 것이 아니라 대한민국 경제의 핵심 쟁점이다. 과거에는 정부부채가 미래세대에 부담이 되지 않는다는 주장이 제기되기도 했지만 오늘날 이런 주장을 믿는 사람은 거의 없다. 공공부채의 문제는 세상의 모든 영역을 엄습하는 질병의 차원으로 인식되고 있다.

부채를 측정하는 가정과 기준에 따라 엄청난 액수 차이가 나타난다는 사실은 전문가가 아니면 이해하기 어려운 내용이며, 우리의 상식에도 부합하지 않는다. 수치로 표현된 정보는 모두 객관적이라고 간주되기 쉽지만, 실제 부채의 측정은 매우 주관적인 행위다. 우리가 세상을 어떻게 보고 문제를 어떻게 인식하는가에 따라 부채의 액수는 현저하게 차이가 난다. 측정 방법 또한 부채를 어떻게 인식하는가의 관점에 따라 제각각일 수 있다. 한국의 정부부채만 봐도 그 수치는 측정 방법에 따라 3~4배의 차이를 보인다.

지난 수십 년간 선진국의 재정개혁에서 가장 두드러지게 나타난 변화는 국가 전체의 관점에서 작성되는 재무보고다. 국가가 부담하는 부채의 액수는 납세자인 국민의 입장에서는 가장 중요한 정보이지만, 정부가 항상 국민이 요구하는 정보를 제공하는 것은 아니다. 정부는 부채를 과소 측정하려는 유혹에 빠지며, 그 결과 여러 방법에 의한 부채 측정치가 보고되고, 이로 인해 국민은 혼란에 빠진다. 한국은 현재 심각한 부채의 위험에 빠져들고 있다. 우리가 재정건전성을 회복하는, 다시 말해 리바이어던에 족쇄를 채우는 과제는 매우 험난하고 힘든 길임에 틀림이 없다.

Chapter 4

공공선택론과 정부 실패

개인은 자기 자신의 선호와 가치체계에 따라 의사결정, 즉 선택private choice을 한다. 그리고 당연히 그에 따른 책임은 오롯이 그 개인의 몫이다. 이러한 명제에 있어 과연 개인의 의사결정, 즉 대안의 선택이 합리적인지 여부에 대해서는 심리학, 뇌인지과학 등 다양한 학문 분야에서 많은 연구가 이루어지고 있으며, 저자도 스스로의 선택이 최적인지에 대한 확신이 없을 때가 대부분이다.[1] 이제 개인의 범위를 넘어 집단적인 의사결정을 생각해보자. 민간기업의 경우 이사회 등 기업 지배 구조 차원에서 최고 의사결정 기구를 제도적으로 설치해놓고 조직의 이익을 극대화할 수 있는 의사결정 시스템을 어떻게 구조화할 것인지에 대해 조직이론 등을 통한 연구가 역시 상당히 많이 진행되고 있다.

1 우리는 합리모형보다는 점증모형에 입각해 의사결정을 한다. 허버트 사이먼Herbert A. Simon이 갈파하듯이 우리는 최적의 해를 찾기보다는 만족할 수 있는 대안을 찾는 데 그치는 제한적 합리성 내지는 진화적 합리성을 추구한다고 볼 수 있다. 특히 재정 정책과 관련해서는 시장가격을 찾기가 매우 어렵다는 점에서 더욱 점증모형에 의해 설명하는 것이 타당하다.

그러면 공유재원(세금 등)에 기반한 정부의 의사결정은 어떻게 이루어질까? 예를 들어 보자. 우리나라를 비롯한 대부분의 선진국은 2020~2022년 코로나19 팬데믹 위기를 극복하기 위해 대량의 긴급재난지원금을 국민들에게 나누어주었다. 물론 추가경정예산을 편성해서 지원한 부분도 있고 금융 관련 긴급지원의 규모도 상당한 수준에 달했다.[2] 이러한 공공재 공급과 같이 국민경제에 영향을 주는 결정을 내리게 될 때 정부가 실제 어떻게 행동하는가 하는 것이 바로 공공선택론public choice의 영역이다. 재정학의 네 번째 질문은 이처럼 정부가 특정한 개입 방식을 선택하는 이유가 무엇인가에 대한 것이다.[3]

정부는 국민 개개인이 원하는 것(편익과 비용부담의 양 차원)을 적절하게 측정하고 이것을 집계하여 합리적으로 의사결정에 반영하는가? 실제 인구가 5,000만 명이 넘는 우리나라의 경우 직접민주주의와 간접민주주의(대의제)라는 시스템하에서 투표라는 정치적 선택을 통해 거버넌스가 만들어지고, 이에 따라 공공선택이 이루어진다. 선거가 어떻게 투표권자의 선호를 반영하는 방향으로 영향을 미치는지, 대의민주주의가 어떠한 경우 직접민주주의와 비슷한 결과를 가져올 수 있는지 등을 연구의 대상으로 한다. 실제 민주주의 체제 아래서 정부가 내리는 집단적 의사결정이 개인의 그것과 유사하게 되는 방법은 없는지에 대해 많은 연구가 있었다.[4] 정부의 의사결정이 왜 합리적으로 이루어지지 않는지, 즉 정부 실패government failure에 대한 연구는 시장 실패market failure의 대척점에서 정부의 무능력, 부패 또는 복지부동을 예측하곤 하며 상당히 자주 이러

---

2 우리나라는 2020년, 59년 만에 네 차례에 걸쳐 추가경정예산을 편성 운영했고, 2021년과 2022년에도 각각 두 번씩의 추경을 편성해 집행했다. 이외에도 소상공인지원 등을 위한 대규모 금융지원 정책이 운용되었고, 이에 힘입어 예상을 넘어서는 GDP 경제 성장률 반등이 이루어졌다.

3 첫 번째 질문은 정부가 언제 개입해야 하는지, 두 번째 질문은 어떻게 개입하는지, 세 번째 질문은 그래서 어떠한 결과가 나왔는지에 대한 것이다.

4 우리나라도 공공선택학회를 비롯해 많은 학술단체가 이 주제에 대해 고민하고 있다.

한 설명이 현실을 잘 반영하곤 한다.

1. 공공선택론의 의의

정부가 어떠한 재화나 서비스를 어떠한 규모로, 그리고 어떠한 재원 조달 방법을 통해 공급할 것인가에 대한 의사결정은 궁극적으로 정치 과정에 대한 이해에 달려 있으며, 정치가 및 관료들의 집단적 의사결정의 영역이다. 여기서 윌다브스키가 예산 과정은 정치 과정이라고 갈파한 점을 상기할 필요가 있다. 공공선택론은 각 구성원의 의사가 집단의 의사로 통합되는 과정이 경제적 측면에서 갖는 의미를 분석한다. 주요 과제는 집합적 의사결정 과정의 성격을 분석하고, 집합적 의사결정 과정에서 파생되는 자원 배분이 갖는 함의를 효율성과 공평성의 관점에서 평가하며, 현실에서의 정부의 행태를 예측·설명함으로써 보다 나은 의사결정 시스템을 고안해 처방하려는 것이다. 이를 설명하기 위해서는 스웨덴 경제학자 에리크 린달Erik Lindahl의 모형이 대표적으로 활용된다.

2. 린달 모형

집단적 의사결정의 경우에도 시민의 만장일치 동의를 통해 공공재의 공급 수준을 최적으로 결정될 수 있다. 개개인이 공공재의 다음 한 단위 공급에 대해 그것이 얼마나 필요한지를 기꺼이 표현하고, 정부는 이러한 자발적 선호를 취합하여 공공재의 다음 한 단위 공급이 지닌 사회적 편익을 측정할 수 있다. 그리고 그렇게 측정된 편익은 공공재의 다음 단위 공급의 사회적 한계비용과 비교한다. 재화의 경우 기꺼이 그 비용을 지불할 의사가 있는 개인에게 그것을 내도록 한다면 공급이 가능해진다.

이때 파악된 균형가격 수준이 린달 가격으로, 정부는 개개 투표권자의 효용함수를 알 필요까지는 없다. 공공재 공급의 다른 수준 각각에 대해 투표권자가 기꺼이 지불하고자 하는 용의를 시현함으로써 자신의 선호를 보여주게 하는 것만으로도 결과는 같게 된다. 구체적으로 린달 가격이 작동하는 과정을 살펴보자.

① 공공재에 대해 국민 한 사람이 감당해야 하는 비용의 몫을 공공재의 가격으로 해서 정부가 공급해야 하는 공공재 조세 가격이 얼마인지를 알린다.
② 각 개인은 그 조세 가격에 대해 어느 만큼의 공공재를 원하는지를 밝힌다.
③ 정부는 개인마다 기꺼이 지불하고자 하는 지불 용의willingness to pay와 공급량 사이의 관계를 알아내기 위해 앞의 과정을 반복한다.
④ 정부는 공공재의 수요곡선($D_{갑+을}$)을 구한다는 가정하에 공공재 각각의 양에 대한 개개인의 자발적 지불 용의를 취합한다.[5]
⑤ 정부는 최적 공공재 공급량(균형)을 알아내기 위해 공공재에 대한 한계비용과 이 전체 수요곡선을 연결한다.
⑥ 정부는 공공재의 양에 대해 개개인이 지불하고자 하는 가격만큼 지불하게 함으로써 공공재 공급에 필요한 수입을 마련한다.

다음 <그림 4-1>의 (C)는 두 가지 경우에 균형이 된다. 하나는 갑과 을 두 사람 다 행복할 때다. 둘 다 불꽃놀이 75회에 해당하는 조세를 부담하는 것에 대해 만족해하는 경우를 말한다. 다른 하나는 정부가 불꽃놀이에 소요되는 경비를 갑과 을 두 사람에게 각각 지불하고 싶은 만큼

5 이때 중요한 점은 수요곡선을 횡(수평)으로 더하는 것이 아니라 종(수직)으로 더한다는 점이다. 공공재의 비배제성과 비경합성을 상기하자.

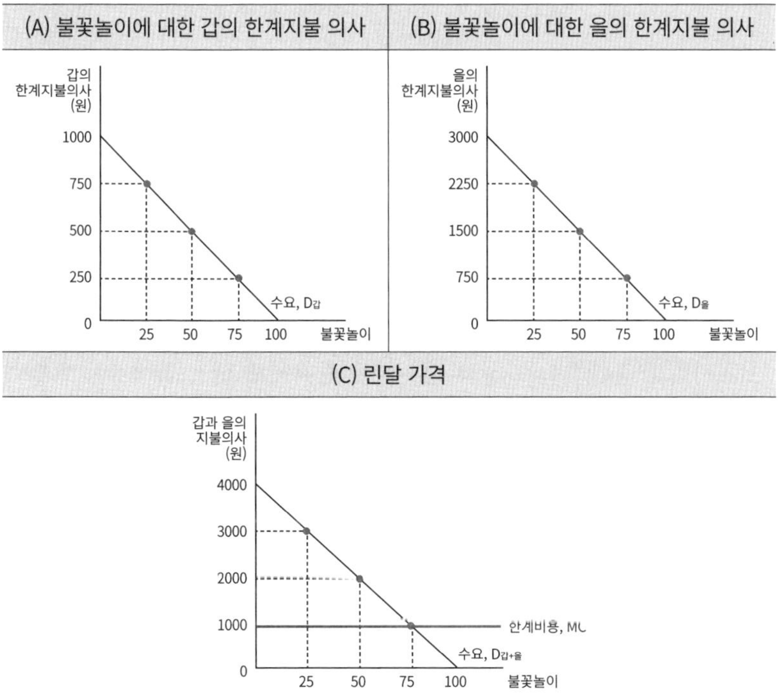

<그림 4-1> 린달 가격의 작동 과정

지불하도록 함으로써 수입을 거두고, 이를 불꽃놀이의 비용으로 충당할 때다. 즉 응익조세의 개념으로, 이처럼 린달 가격은 개인이 그 재화로부터 얻는 편익에 대해 자신이 가치 있다고 생각하는 만큼을 가격으로 매겨서 세금을 내도록 하는 개념이다. 중요한 것은 이 균형이, 공공재의 사회적 한계편익의 합이 사회적 한계비용과 같은 지점으로서 이는 공공재의 효율적인 공급 수준과도 같다.

이러한 설명은 균형점을 이룸에도 불구하고 다음과 같은 한계가 있다. 첫째, 선호 표현의 문제다. 개인들이 각자 기꺼이 지불하고자 하는 부담을 말할 때, 그것이 실제 자신이 지불해야 하는 부담과 연관이 있다고 하면 그 가치를 거짓으로 알려줄 동기가 생긴다. 둘째, 선호 지식의 문제다. 개인이 공공재에 대한 자신의 가치에 대해 정직하다고 할지라도 실제 그 가치가 어느 정도인지 모를 수도 있다. 실제 정기적으로 구매하지 않는 재화에 대해 개인이 적절하게 가치를 부여하는 것은 매우 어려운 일인바, 하물며 대표적인 공공재인 국방서비스라도 되면 짐작조차 어렵다. 가령 장거리 미사일의 가치에 대해 생각해보면 자명할 것이다. 셋째, 선호 합산의 문제다. 비록 개인이 정직하고 공공재의 가치에 대해서 정확하게 알고 있다고 할지라도 정부가 어떻게 개인의 가치를 국민 전체의 사회적 가치로 합산해내는가를 알기란 불가능에 가까운 일일 것이다.

두 사람이 존재하는 가상의 경우에는 각자에게 직접 물어보아 그들의 지불용의곡선을 찾아낸 후 공공재의 효율적인 공급 수준을 찾아내는 것이 간단하다. 하지만 이 메커니즘을 현실 세계로 확산하는 과정은 그리 쉽지 않다. 5,000만 국민에게 그들을 보호하고 있는 미사일, 탱크, 군인 등에 대하여 각자가 얼마의 가치를 부여하고 있는지 묻는다는 것이 현실적일까? 사드 배치 문제나 이스라엘의 아이언돔 도입 문제를 상정해보면 가늠이 될 것이다. 그렇다면 공공재의 최적 공급에 대한 실제적 해법이라는 것이 과연 가능하긴 할까? 사회는 개인의 선호를 효과적으로 취합하는 투표제도를 사용할 수 있는가? 선출된 대표들이 어떻게 개인 투표권자의 기호를 대변해줄 것인가? 이와 같이 린달 가격의 해법은 이론적으로는 매우 매력적인 반면, 실제로 적용되기는 어렵다. 그러면 차선책으로 집단적 의사결정 방식인 투표제도를 살펴보자.

3. 전원 합의 또는 다수결 제도

개인선호 집계의 기제가 린달 가격 체계인 경우에는 만장일치의 동의로 공공재 수준을 결정한다고 했지만, 불가능에 가까운 현실성을 감안해 실질적으로는 다수결 제도가 일반적으로 사용된다. 개인의 표 하나하나를 모아 사회적 의사결정으로 이어지도록 하는 데 사용되는 체계는 다수의 득표로 정책을 결정하는 투표 시스템이다. 이 취합 체계의 성공적 조건은 일관성 있는 취합으로, 다음의 세 조건이 만족되어야 한다.

① 우월성dominance 기준을 충족해야 한다. 우월성은 하나의 대안이 다른 대안보다 월등하게 선호된다는 특징이다.
② 이전성transitivity 기준을 충족해야 한다. 이전성은 세 대안이 있는 경우 A대안이 B대안보다 선호되고, B대안이 제3의 C대안보다 낫다고 할 때 A대안이 C대안보다 선호된다는 특징이다.
③ 무관한 대안으로부터의 독립성independence of irrelevant alternatives 기준을 충족해야 한다. 이는 대안의 선택에 있어 제3의 요소가 의사결정에 영향을 미치지 않아야 한다는 특징이다.

1) 전원합의제

전원합의제unanimity는 파레토 최적이다. 스웨덴 경제학자 크누트 빅셀Knut Wicksell은 전원합의제의 방식이 최선이라고 했지만, 우리나라 국회법은 이 부분이 얼마나 어려운 과제인지를 잘 보여준다. 더불어민주당이 21대 국회 당론黨論 1호 법안으로 추진, 2020년 말 국회를 통과한 '일하는국회법'(국회법 개정안)이 2021년 3월 23일부터 시행됐다. 핵심은 각 상임위원회의 법안심사소小위원회를 매달 3회 이상 열도록 의무화한 것이다. 보통 여야가 상임위 법안심사소위에서 '만장일치'로 합의한 법안은 본회의까지 일사천리로 처리된다. 그런데 잦은 국회 파행 등으로 소위가 제때 열리지 않으면서 법안 처리가 지연된다는 비판이 많았다. 실제 20대 국회 당시 소위원회당 연간 회의 일수는 6.8일에 불과했다. 이는 21대 국회에서도 마찬가지로, 소위를 상시화해 국회를 진짜 '일하는' 곳으로 만들겠다는 개정안 취지가 무색해졌다. 여야의 약속은 법 시행 첫 달부터 '공수표'가 됐다. 2021년 4월 열린 임시국회에서 '매달 3회 이상 법안심사소위 개최' 조항을 준수한 상임위는 단 두 곳에 불과한 것으로 집계됐다.

개정 국회법은 또한 신속하고 심도 있는 법안 심사를 명분으로 '다수결 원칙'을 부각했다. 현행 국회법 제54조는 "위원회는 재적위원 과반수의 출석과 출석위원 과반수의 찬성으로 의결한다"라고 명시하고 있지만, 이는 본회의에서 표결이 있을 때만 적용되고 상임위에선 표결 대신 만장일치제가 관행화되어 있다. 특히 상임위 법안소위에선 만장일치제가 불문율처럼 굳어져 있기 때문에 소위원회 위원 한 명이라도 반대하면 법안의 소위 통과는 힘들어지고 장기간 계류하는 사례가 다반사다. 이에 '재적위원 과반수 이상의 찬성'으로 안건을 표결에 부치도록 국회법을 개정했다. 한편 과반수 이상의 찬성으로 표결에 부치도록 국회법이 개정되면 상임위에서 과반 의석을 차지하는 당이 유리해진다. 그리고 과반 의석을 차지한 당이 작심만 하면 법안을 표결에 부쳐 무사통과시킬 수 있으므로, 다수결 원칙은 소수당의 반대를 무력화할 수 있는 조항이라고 할 수 있다(박준석, 2021. 5. 6.).

반면에 만장일치 전원합의제는 다음과 같은 문제점을 지닌다. 첫째, 모든 사람을 만족시키는 의안을 찾아내는 데 많은 시간과 비용이 소요된다. 둘째, 더 큰 몫을 차지하기 위해 전략적으로 반대함으로써 시간을 지연시키고 의사진행을 비효율적인 방향으로 이끌고 갈 수 있다. 셋째, 현재 상태status quo가 다른 대안에 비해 월등한 우위를 점한다. 따라서 만장일치 전원합의제는 아주 중요한 사안과 관련해서, 그리고 논의에 참여하는 사람이 매우 적을 때 적합한 제도라 할 수 있다.

2) 과반수제

단순과반수제simple majority rule는 찬성하는 사람이 반대하는 사람보다 많을 경우 다수의 의견을 따라 전체가 찬성한 것으로 간주하는 방식이다.

우리나라도 숙의민주주의를 강조하면서 과반수제에 의거해 신고리원전 5, 6호기 건설을 중단하기로 한 바 있다. 하지만 이러한 방식은 과반수의 독재tyranny of the majority'가 나타나게 할 수 있다. 과반수제만이 가장 적은 비용으로 집단적인 의사를 결정하는 방식은 아닐 수 있으며, 과반수제가 갖는 더 심각한 문제점을 생각해봐야 한다.

뷰캐넌과 털럭(1962)은 어떤 표결 방식이라 할지라도 기본적으로 다음의 두 가지 비용을 수반한다고 지적한다. 첫째, 의사결정 비용decision making costs으로, 이것은 특정 의안의 통과에 필요한 찬성표의 비율이 높을수록 커지며 전원합의제에서 가장 커진다. 둘째, 특정 의안이 통과되었을 때 이로 인해 자신이 손해를 본다고 느끼는 사람에게 발생하는 외부비용external costs으로, 의안의 통과에 요구되는 찬성표의 비율이 낮을수록 더 커지며 전원합의제에서는 거의 0에 가깝게 나타난다. 두 가지 유형의 비용을 합한 총비용이 최저가 되는 수준의 찬성 비율을 요구하는 방식이 최적다수결제optimal majority다. 다음 <그림 4-2>에서 선분 OK를 선분 ON으로 나눈 비율이 최적다수결의 기준으로, OK÷ON=1/2이므로 (단순)과반수제가 최적다수결제와 일치할 가능성은 희박하다. 현실에서 이 비용곡선들의 모양을 알아낸다는 것은 무척 어려운 일이며, 고려의 대상이 되는 의안의 성격에 따라 곡선의 모양은 달라질 수 있다.

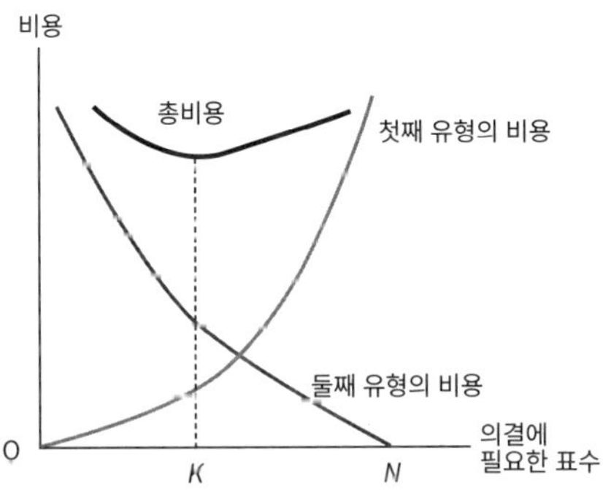

<그림 4-2> 최적다수결제

3) 점수투표제

과반수제로는 선호의 강도를 반영할 수 없다는 점에 착안해 나온 점수투표제point voting는, 각자에게 미리 정해진 점수를 부여하고 투표자로 하여금 선호 강도에 따라 이를 적절히 배분하여 투표하게 하는 방식이다. 하지만 이 역시 투표자의 전략적 행위voting strategy에 취약하다는 문제가 있다. 즉 다른 투표자의 투표 성향을 미리 예측하고 자신의 행동을 이에 맞춰 변화시킴으로써 원하는 결과를 얻으려 할 수 있다는 것이다. 가령 <표 4-1>에서 투표자 5는 B 후보를 지지하지만 B가 당선되지 않을 것을 알고 C에게 표를 몰아줌으로써 집합적으로는 가장 좋지 않은 결과를 만들어내는 것이 가능하다.

<표 4-1> 점수투표제의 문제점을 보여주는 예시

투표자 / 후보자	투표자 1	투표자 2	투표자 3	투표자 4	투표자 5	투표자 6	합계
후보자 A	6	4	5	7	0	1	23
후보자 B	3	3	3	2	7	1	19
후보자 C	1	3	2	1	3	8	18

4) 투표의 역설

지금부터는 투표의 역설(콩도르세의 역설condorcet paradox)에 대해 알아보자. 세 그룹(학부모 집단, 노인 집단, 아이가 없는 부부 집단)의 투표권자가 동수로 있다고 가정하고, 다수결 투표를 통해 개인 선호 집계가 가능한 경우와 그렇지 않은 경우를 나누어 살펴보자. <표 4-2>의 사례는 미국 학교구school district에서 학교 재원을 조달하기 위해 두 개의 대안(높은 수준의 공교육 투자와 낮은 수준의 투자)을 놓고 세 투표권자 집단(학부모 집단, 노인 집단, 아이가 없는 부부 집단)을 대상으로 다수결 투표제를 실시하는

<표 4-2> 다수결 투표를 통해 일관적인 결과가 도출되는 경우

구분 선호 순위	학부모 집단 (33.3%)	노인 집단 (33.3%)	아이가 없는 부부 집단 (33.3%)
1위	높은 수준	낮은 수준	중간 수준
2위	중간 수준	중간 수준	낮은 수준
3위	낮은 수준	높은 수준	높은 수준

경우에 해당한다. 먼저 높은 수준의 투자와 낮은 수준의 투자를 투표에 부치면 낮은 수준이 선호된다. 하지만 중간 수준과 낮은 수준, 그리고 중간 수준과 높은 수준의 교육 투자 대안을 놓고 투표에 부치는 경우 모두 중간 수준이 더 나은 대안으로 선택된다. 결국 두 개의 대안을 놓고 하는 투표에서는 어떠한 순서로 투표를 하든 간에 중간 수준이 다른 선택에 비해 더 선호된다. 이는 다수결 투표 제도를 통하는 경우 개인의 기호와 무관하게 사회 전체는 중간 수준의 교육 투자와 세금 부과를 선호하는 결과를 나타낸다는 의미다.

하지만 이 사례에서 노인 집단을 사립학교에 자녀를 보내는 부모 집단으로 바꾸어놓고 보면 전혀 다른 이야기가 된다(<표 4-3> 참조). 자녀를 사립학교에 보내는 그룹의 부모는 낮은 공교육 지출과 가능한 한 적은 세금(재산세) 부과를 선호하며, 이들의 주요 관심사는 높은 교육의 질이다. 이러한 새로운 가정의 관점에서 보면 가장 최악의 결과는 중간 수

<표 4-3> 다수결 투표를 통해 일관적인 결과가 도출되지 않는 경우

구분 선호 순위	공립학교 학부모 집단 (33.3%)	사립학교 학부모 집단 (33.3%)	아이가 없는 부부 집단 (33.3%)
1위	높은 수준	낮은 수준	중간 수준
2위	중간 수준	높은 수준	낮은 수준
3위	낮은 수준	중간 수준	높은 수준

준의 교육 투자가 된다. 이들은 재산세는 상당한 수준으로 부담하면서도 공립학교가 최고 수준의 교육을 담보하지 못해 자신의 자녀를 사립학교에 보내기 때문이다.

예견 가능한 대로 이 경우 두 대안을 비교하기 위해 다수결 투표제를 실시하면 분명한 승자그룹이 나타나지 않는다. 높은 수준과 낮은 수준을 투표에 부치는 경우 낮은 수준이, 높은 수준과 중간 수준의 경우 높은 수준이, 그리고 낮은 수준과 중간 수준의 경우 중간 수준이 각각 이기는 것으로 나온다. 결국 이전성의 원칙을 위배하고 결과가 순환하는 모습을 보여 일관성 있는 선호 결과 취합에 실패하게 된다. 그러므로 일관성 있는 사회적 결과로 취합하기 위해서는 다수결 투표제의 사용이 불가능하게 되고, 의제 설정에 따라 어떠한 결과든 가능하게 된다.

여기서 케네스 애로우Kenneth J. Arrow의 불가능성 정리theory of impossibility가 등장한다. 1951년 노벨경제학상을 수상한 애로우의 불가능성 정리는 정치경제학 이론에서 가장 중요한 통찰로 꼽힌다. 그에 따르면 투표자에 대한 기호의 형태를 제한하지 않고 독재를 강요하지 않으면서 개인의 기호를 일관성 있는 집합의 선택으로 바꾸는 사회적 선택기제(투표 방식)는 존재하지 않는다. 그러면 어떻게 해야 하나? 투표자의 기호에 일반적인 기호 구조에 대한 추가적인 가정(단일 정점 선호)을 설정하거나, 독재를 가정하는 방법이 있다.

<그림 4-3>에서 왼쪽 그림(A)의 경우 단일 정점인 데 비해 오른쪽 그림(B)은 두 개의 정점이 나타난다. 불가능성 문제를 푸는 가장 흔한 방법은 단일 정점single peaked 선호 체계를 설계하는 것이다. 단일 정점은 국지적 최대치라고도 하며, 주변의 모든 대안에 비해 더 나은 수준을 의미한다. 국방서비스와 같이 민간의 대체재가 존재하지 않는 경우 단일 정점 가정은 합리적일 수 있다. 반면 공공재에 대해 민간의 대체재가 존재하는 교육이나 공원 등은 단일 정점 가정에 문제가 있다. 예산의 규모를 선택하는 일차원상의 선택 문제가 아니고 빈 건물을 도서관으로 사용할지, 여

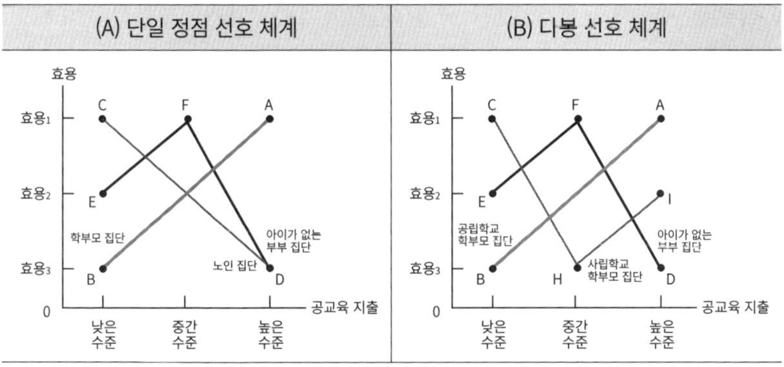

<그림 4-3> 애로우의 불가능성 정리

성회관이나 청소년회관으로 사용할지, 임대수익을 위해 임대를 놓을지 등을 결정하는 문제인 경우 다봉 선호 체계가 나타날 가능성이 높다.

이 그림과 같이, 비교 순서에 따라 결과가 달라져 물고 물리는 순환이 끝없이 반복됨에 따라 일관성을 결여하는 표결 방식을 투표의 역설이라고 한다. 투표의 역설이 발생할 때는 의사진행 조작agenda manipulation을 통해 결과에 영향을 미칠 수 있다.

5) 중위투표자 정리

중위투표자 정리란 단일 정점 선호 체계에서 다수결 투표의 결과는 중위투표자median voter가 선호하는 결과로 도출된다는 정리다. 선호 체계가 하나의 정점을 가지는 경우 중위투표자가 선호하는 수준으로 결정되는 사례는 앞서 자녀가 없는 부부 집단의 중간 수준 교육 투자 사례에서도 볼 수 있었다. 문제는 중위투표자 정리에 따라 다수결 제도에서 정부가 할 일이 중위투표자를 찾아내는 것이라고 할 때, 이 수준이 항상 사회적으로도 효율적인가 하는 점이다. 가령 공원에 기념물을 설치하는 프로그램에 대해 1,001명의 투표권자가 투표를 하며, 4,040만 원의 비용이 드는 경우를 가정해보자. 1인당 4만 원씩 세금을 부담하면 비용 충당이 가능하며, 이 경우 단일 정점 선호 체계를 가지고 있어 중위투표자가 결과를 결정하게 된다. 그런데 이 중 500명은 10만 원씩 부담할 용의가 있으나 501명은 부담 의사가 전혀 없다면 사회적 편익이 비용을 초과하기에 효율적인 사업임에도 부결되고 말 것이다. 중위투표자의 선호가 반드시 최적을 의미하는 것은 아니라는 점을 알 수 있다.

6) 대의민주주의

투표의 효과를 극대화하고자 하는 정치가는 중위투표자를 포섭하기 위해 노력한다. 현실에서 대부분의 국가는 공공재에 대해 직접 투표하기보다는 공공의 선호를 취합하는 역할을 하는 대표를 뽑아, 이 대표자들이 공공재의 적합한 지출 수준을 결정하도록 한다. 따라서 정치가들이 어떻게 행동하는지를 이해하는 이론이 필요하게 된다. 대의민주주의 상황에서 중위투표자 정리는 모든 정치가가 그들이 얻을 수 있는 투표수를 극대화하는 데만 관심이 있다고 가정하고, 직접민주주의가 대의민주주의에도 마찬가지로 적용될 수 있음을 설명하기 위해 사용된다.

중위투표자 모형이 대의민주주의의 역할을 설명하는 편리한 방법이기는 하나, 몇 가지 가정을 전제한다. 첫째, 일차원적 투표 설계다. 투표권자들은 한 가지 사안에 근거해 투표한다고 가정하지만, 실제로 대표자는 한 가지 문제가 아니라 대안들의 패키지에 근거해 선출된다. 둘째, 오직 두 명의 출마자만 있다고 보는 것이다. 투표권자들은 한 자리에 오직 두 명의 출마자만 있다고 가정하지만, 실제로는 후보가 여러 명일 수도 있다. 셋째, 이념 등의 영향은 없다고 보는 것이다. 투표권자들은 정치가들이 투표수를 극대화하는 데만 관심이 있다고 가정하지만, 실제로 이념적인 확신을 가진 정치가들은 투표권자들의 견해에 영향을 미쳐 자신이 선호하는 방향으로 옮기고 싶어 한다.[6] 넷째, 모든 사람은 공공재의 영향을 받는다고 보는 것이다. 투표권자들은 모든 사람이 공공재의 영향을 받는다고 가정하지만, 실제로는 편향성이 있는 사람이 투표에 더 적극적으로 나서게 마련이다.

로비를 통해 정치가들에게 영향을 미치려는 특정 개인이나 집단(이익집단)에 의한 의사결정의 왜곡도 가능하다. 정치가들이 로비에 흔들리는 이유는 두 가지가 있는바, 첫째, 이들 집단은 정보가 없는 정치가에게 그 주장과 관련된 정보를 제공해 구체적인 이해를 돕기 때문이다. 둘째, 정치가의 캠페인에 공헌하고 집단의 일원들에게 그 정치가를 뽑도록 함으로써 정치가가 전반적인 투표수를 극대화할 수 있게 돕기 때문이다. 이러한 사례를 민주노총이나 전교조 등의 사례에서 쉽게 찾아볼 수 있다. 대통령 선거에 있어 후보자들의 캠프에 참여하는 그룹도 마찬가지다. 이처럼 로비의 유용성은 정보 제공과 선호 강도 표시의 두 가지로 정리해 볼 수 있다.

흔히 일반 납세자들에게 작은 비용을 나누어 부담하게 함으로써 소수의 이익집단이 큰 이득을 보게 되는, 사회적으로 비효율적인 프로그램이 쉽게 통과되는 경우를 자주 본다. 가령 5,000만 명의 사람이 각자 10만 원씩 부담한 비용으로 100명의 사람이 10억 원씩의 편익을 받게 되는 구조의 사업이 상정된다면, 명백히 전체 사회적 비용-편익이 부정적인 사업이지만 대의민주주의에서는 로비의 효과로 이러한 법안이 쉽게 통과될 수 있다.

대의민주제에서 정부는 주로 정치가(우리나라의 경우 대통령과 국회의원, 단체장과 지방의회의원 등)나 관료에 의해 움직이게 되므로 분석 대상인 정치가와 관료가 추구하는 바가 무엇인지, 그리고 어떤 제약 아래에서 움직이는지를 알아볼 필요가 있다. 정치가나 관료들도 자신의 이득을 추구하는 경제 주체라는 점에서 이들의 행태를 자세히 관찰하고 분석해

---

6 우리나라의 교육감 선거를 생각해보자. 시·도지사 선거와 별도로 교육 자치를 시행하는 이유는 교육의 정치적 중립성을 위함인데, 실제 우리의 현실은 결국 진보와 보수에 따른 이념 투표로 나타나고 있다.

야 한다. 기본적으로 효용 극대화를 추구하는 소비자나 이윤 극대화를 추구하는 기업가와 동일한 바, 이들이 자신에게 돌아오는 이득을 극대화하려 할 것이라는 기본가정으로부터 논의를 시작해야 한다.[7]

대의민주주의에서의 공공선택의 기본가정은, 첫째, 자신의 이득을 추구하는 행위가 반드시 비효율적인 결과를 유발하는 것은 아니라는 것, 둘째, 시장에 의한 자원 배분의 경우 특정한 조건이 만족된다면 각자의 이익을 추구하는 행위가 결국 공익과 부합하게 되는 결과가 생길 수 있다는 것, 셋째, 자신의 이익을 극대화하려 한다는 가정이 반드시 현실과 부합하는 것은 아닐 수도 있다는 것, 넷째, 공인으로서의 직분에 충실하기 위하여 특정한 행동이 자신에게는 손해가 되더라도 공익에 도움이 된다고 판단하면 흔쾌히 그 행동을 취하는 경우도 있다는 것Public Service Motivation: PSM이다.

국민을 대신해 의사결정을 하는 정치가와 관료의 행태에 대해 보다 자세히 알아보자. 먼저 정치가다. 투표자들이 직접적으로 연합해서 표를 주고받는다면 정치적 결탁log-rolling에 의해 표가 교환되었다고 말할 수 있다. 일반적으로 정치가가 여러 이슈에 대해 정강政綱·Platforms이라는 하나의 종합적인 태도를 취하는 경우, 득표를 극대화하려는 관점에서 선거구민들의 선호를 최대한 반영하도록 배려한다는 점에서 정강도 이 정치적 결탁에 의한 표의 교환vote trading이라는 의미를 내포한다. 그럼 표를 교환하는 행위를 어떻게 평가해야 할까? 긍정적으로 보는 견해는 상품의 자유로운 교환이 효율적인 배분을 가져온다는 점에 비유한다. 반면 부정적으로 보는 견해는 일반 대중의 희생 아래 특정 그룹의 사람들에게만 이익이 돌아가는 결과가 초래되기도 한다고 본다. 긍정적인 의미에서의 타협과 협조를 부정적인 의미에서의 야합으로부터 구분해내기가 매

---

7 공공선택론은 이러한 의미에서 정치경제학이라고도 한다. 투표와 같은 정치적 현상을 경제학적 가정, 즉 합리적 개인을 전제로 하여 분석하기 때문이다.

우 어려운 것은 사실이다.

다음은 관료로, 현대 정부에서는 국회의원이나 대통령 등 선거에 의해 선출되는 정치가에 못지않게 관료 조직이 중요한 역할을 수행하고 있으며, 그 규모도 점차 비대해지고 있다. 민간기업에는 성과를 평가하기 위한 기준으로서 이윤이 존재하지만, 관료에 대해서는 뚜렷한 평가 기준을 찾는 것이 어렵다. 정부의 정책은 여러 가지 다양한 목표를 추구하고 있다는 사실이 관료들의 성과 평가를 더욱 힘들게 만드는 요소이며, 또한 관료가 기울인 노력과 특정 정책의 성과가 반드시 비례하지도 않는다. 관료들이 공복public servant으로서의 임무보다 자신의 이익을 더 앞세울 가능성이 있고, 비효율적이고 경직적이며 국민들의 바람을 무시하는 경향이 있다는 비판을 받기도 한다. 형식주의(번문욕례繁文縟禮=레드테이프Red Tape)와 같은 관료들의 행태를 체계적으로 이해하고자 개발된 것이 바로 관료제 모형이다.

대표적인 관료제 모형으로 니스카넨Niskanen 모형을 꼽을 수 있다(<그림 4-4> 참조). 이 모형은 기본가정으로, 관료들은 자신이 속한 부서의 예산 규모를 극대화하려 한다는 점을 분명히 한다. 직책상의 특권, 사회적인 명성, 권한, 영향력 등이 예산 규모와 관련되기 때문이다. 관료들의 과

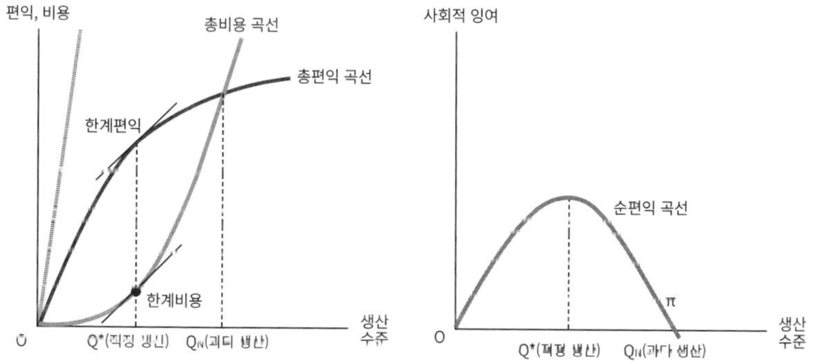

<그림 4-4> 니스카넨 모형

* π 값은 순편익인 사회적 잉여.

다 생산 경향에 대처하기 위한 조처로는, 첫째, 관리자 수준 관료의 봉급을 예산 절감 노력에 상응하게 조정하는 방법, 둘째, 생산과 공급 활동은 민간기업에 맡기고 정부는 경비만 대는 방법 등을 생각해볼 수 있다. 하지만 두 가지 의문이 남는다. 현실에서 예산을 심의·의결하는 의회가 과연 모형에서 상정하는 것처럼 순진하고 수동적인 존재인가? 그리고 예산 혹은 생산 수준의 크고 작음이 관료의 효용함수에 들어가는 유일한 변수인가? 하는 것이다.

니스카넨 모형을 발전시킨 것이 미그-빌레인저Migue-Belange 모형이다(<그림 4-5> 참조). 관료들은 효용 극대화를 추구하는데, 이때의 효용은 예산의 크기뿐만 아니라 직책과 관련해 누릴 수 있는 여러 특권에 따라 영향을 받는다고 가정한다. 관료들의 효용함수 U=U(Q, R)로, 여기서 Q는 관료적 생산 수준, R은 직책상의 특권을 나타낸다. 관료들이 예산상의 잉여를 가지고 있어야만 직책상의 특권들을 취득할 수 있다는 점에 착안해, 관료들이 과잉생산의 경향을 보이지만 그 정도가 니스카넨 모형에 비해서는 작다. 국민과 관료들 사이에 주인-대리인 관계principal-agent relationship가 성립하고, 관료들의 도덕적 해이moral hazard가 논의의 핵심이 된다.

관료제 모형의 기본 골격은 관료들이 추구하는 목표objectives가 과연

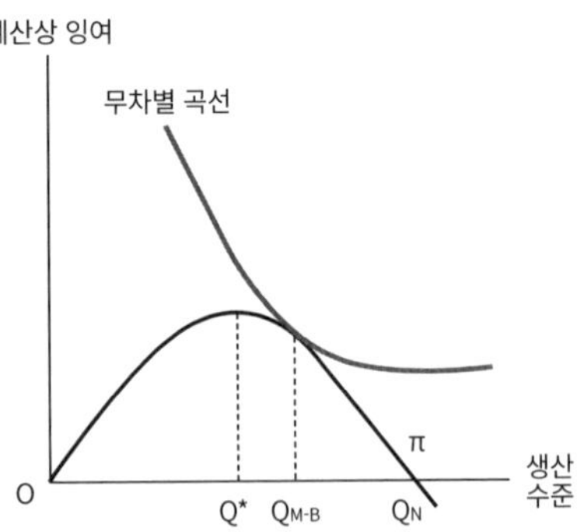

<그림 4-5> 미그-빌레인저 모형

무엇인가, 그리고 그들이 직면한 제약constraints의 성격은 무엇인가에 대한 내용이다. 즉 관료들의 행동actions으로 어떤 현상이 나타나는가에 초점을 맞춘다. 관료제 모형은 대부분의 실증연구에서 입증된 바와 같이 관료들이 가능한 한 최소의 비용으로는 생산하지 않는 경향이 있다는 점에 주목한다. 이 현상은 관료제 자체의 비능률성 때문에 나타나는 것이 아니라, 그것이 곧 관료들의 이익과 결부되는 측면이 있기 때문에 나타나는 것이라고 보며, 바로 이 점에 관해 설명하고자 하는 것이 관료제 모형이다.

국민-정치가-관료 사이에는 중층적 주인-대리인 구조가 존재한다. 때로는 정치가와 관료가 결탁하여 국민의 이익에 반하면서 자신들의 공동이익을 추구하는 경우도 발생하며, 따라서 견제와 균형을 중심축으로 하는 민주적인 정치제도는 대리인의 행동을 바람직한 방향으로 인도하고자 하는 노력의 소산이다. 관료제가 갖는 심각한 문제점은 '레드테이프Red Tape'(로버트 머튼Robert K. Merton)로 대표되는 관료들의 비능률성으로, 이것은 국민들에게 불필요한 부담으로 작용한다. 비능률성의 원인은 복잡한 행정 절차에서 나타나는 관료들의 지대추구행위rent seeking activities와 관료들의 위험기피적인 성향으로, 이러한 비능률성을 제거하기 위해 급여 구조와 승진 제도의 개선을 통한 관료제의 개혁 추진이 필요하지만 이 또한 매우 어려운 과제다.[8]

대의민주제가 시행되고 있는 사회에서 정치가와 관료에 이어 중요한 역할을 하는 또 다른 집단은 이익집단이다. 이들은 집단적인 힘을 통해 개인적인 영향력의 합을 훨씬 초과하는 큰 영향력을 발휘한다. 구성원들이 공유하는 명백한 목적의식과 이에 따른 조직력, 높은 투표율, 자금력

8 정부는 끊임없이 성과급을 도입하고 확대하려 하나, 노조를 비롯한 대부분의 공무원과 공공기관은 근무연수와 연계한 연공급을 선호한다. 교원성과급, 공공기관 연봉제, 직무급 혁신 사례 등 다수의 실증 사례를 통해 니스카넨 모형의 현실 설명력을 실감할 수 있다.

등의 강점을 보유한다. 로비 그룹의 형성 근거는 소득의 원천, 소득의 크기, 소속되어 있는 산업, 지역 등으로 다양하다. 특수이익집단은 직접적인 이익을 앞세우고 있어 사회 전체의 입장에서 보면 비효율적이거나 불합리한 결과가 유발되지만, 철의 삼각형iron triangle 또는 안락한 삼각형cozy triangle 측면에서 정치가, 관료, 특수이익집단의 삼각 연합 관계는 자주 목격되곤 한다.

4. 정부 실패

정부는 시장의 실패를 보완하거나 교정하고, 불완전한 시장이 제대로 작동하도록 하는 역할을 수행해야 한다. 이를 위해서는 우선순위를 설정하고 필요한 수입을 조달하는 과정에 대해 살펴봐야 하는데, 이러한 정부라 해도 여러 가지 이유로 효율성과 효과성을 담보하지는 못한다. 그 이유를 살펴보자. 뷰캐넌과 털럭은 공공선택이론을 통해 정부가 자주 이상적으로 행동하지 않는다는 데 주목하여, 전통적인 이타적 사회후생 극대화 가정이 적절하지 않을 수도 있다고 주장한 바 있다. 정부의 무능력과 비자발성이 중요한 정부 실패의 원천이라는 것이다.

정부의 서비스를 실행하는 공무원, 즉 시민의 고용인 조직이 주어진 사명을 효율적으로 수행하는 것보다 자신의 지위 보전이나 성장에 더 관심을 갖는 경우를 종종 본다. 민간부문은 효율적인 생산을 위해 고용인에게 급여를 주는(성과급 중심) 반면, 관료의 봉급은 효율과는 일반적으로 관련이 없는 경우(근무연수가 늘수록 보수가 느는 연공급 중심)가 대부분이다. 관료의 목표는 자신이 통제하는 주체들의 크기를 극대화하여 예산을 극대화(보조금의 확대 경향)하는 것일 수 있는바, 1971년 윌리엄 니스카넨William A. Niskanen은 예산 극대화 관료 모형을 통해 이에 대해 설명했다.[9]

같은 서비스여도 민간이 제공하는 서비스와 정부가 제공하는 서비스를 효율성의 측면에서 비교해볼 수 있다. 순수한 민간재 생산은 시장이 담당하게 되지만, 실제 순수하게 완전 경쟁재인 경우는 찾아보기 힘들다. 에너지, 통신, 은행 업무 등 대규모 투자가 필요해 규모의 경제가 작동하는 경우, 혹은 네트워크 산업 등에 대해 뮬러(Muller, 2003)는 정부 소유 회사(공기업)의 실적과 민간회사의 실적을 비교한 71개의 연구를 메타분석했다. 그 결과 오직 5개 연구만이 공기업의 실적이 더 효율적인 것으로 나타났고, 56개의 연구는 민간회사가, 10개의 연구는 차이가 미미한 것으로 보고되었다. 마줌다(Majumdar, 1998)는 인도 기업의 효율성을 연구해 순위를 매겼는데, 기준 1을 완벽한 효율성이라고 할 때 정부 소유 회사는 0.65, 혼합 소유 회사는 0.91, 민간 소유 회사는 0.98로 나타났다. 민영화로 인한 효율성 향상이 보고되고 있는바, 이러한 효율성 개선의 원천은 수익 지향적 관리자로, 이들을 관료 자리에 배치해 생산성을 제고할 수 있다고 강조한다.

하나의 회사가 독점적으로 재화를 생산해 시장에서 소비자에게 제공하는 것이 비용효율적일 수도 있다. 단 자연독점 재화를 공급하려면 생산자의 규모와 범위가 충분히 크고 넓어야 한다. 켐퍼와 퀴글리(Kemper & Quigley, 1976)는 미국 코네티컷주의 지방자치단체 자료를 사용하여 공공과 민간의 쓰레기 수거 효율성을 비교했는데, 분석 결과 민간이 더 많은 비용을 들인다는 점을 발견했다. 이에 대한 해결책은 재화를 공급하고 서비스를 제공하는 권리를 경쟁 입찰하는 것이다. 현실 세계는 외주가 비용효율적이라기보다는 오히려 관료적인 힘(혹은 리베이트나 뇌물, 개인의 부 등)을 극대화한다. 하트와 쉴라이퍼, 비쉬니(Hart, Shleifer, & Vishny, 1997)는 공공 교도소를 민간 교도소와 비교했는데, 민간이 10% 더 저렴

9 우리나라를 비롯한 대부분의 국가에서 공무원 조직인 관료 이외에도 정부의 업무를 위탁받아 수행하는 공공조직(공공기관)을 구성한다. 우리나라의 경우 공기업과 준정부기관 등이 공공기관 종사자들은 44만 2,649명, 지방공공기관 종사자들은 6만 4,110명으로, 이들을 포함할 경우 관료의 수는 50만 명이 넘는 것으로 집계된다.

하지만 품질 면에서 더 문제가 있다고 분석했다. 전기, 가스, 상수도 사업들이 공기업의 대표적 영역으로 남는 이유를 여기서 찾을 수 있다.

부패는 개인적인 부 혹은 동료들의 부를 극대화하려는 정부 관리의 권력 남용으로 정의할 수 있다. 존 달버그-액턴John Dalberg-Acton경의 다음과 같은 유명한 관찰, 즉 "권력은 부패하며 절대적인 권력은 절대적으로 부패한다"는 언급은 매우 적절하다. 부패를 견제하는 유일한 방법은 투표에 대한 책임성을 확보하는 것이다. 투표자가 부패한 정권에 대처하는 능력으로 비례투표제와 지역투표제 등이 거론되지만, 관료적 장벽을 보이는 정치제도에서 부패는 더 만연할 수밖에 없는 것이 현실이다.

브레넌과 뷰캐넌(Brennan & Buchanan, 1980)은 관료를 투표권자의 무지를 이용해 공공부문의 크기를 극대화하려는 괴물(리바이어던)로 간주한다. 투표권자는 세금을 효율적으로 쓰는 정부를 전제하기보다 탐욕적인 정부를 전제할 필요가 있다는 것이다. 해결책 중 하나는 정치가가 공공서비스를 효율적으로 제공하도록 하는 책임성의 압력을 받도록 분권화하는 것이다. 베슬리와 퍼슨, 스텀(Besley, Persson, & Sturm, 2005)의 연구는 더 많은 정치적 경쟁이 낮은 세금과 양질의 서비스로 더 높은 경제 성장(장기적으로는 25%나 더 높은 성장)을 시현함을 보였다.

얀코프 등(Djankov, la Porta, Molina, & Shleifer, 2002)은 국민들이 창업을 하기 위해 관공서에서 거쳐야 하는 절차에 대한 85개 국가의 자료를 조사했다. 조사 결과 캐나다와 호주의 경우 이틀 정도면 절차가 해결되는 반면에 마다가스카르는 152일이나 걸렸으며, 관료적 절차의 비용은 미국이 1인당 GDP의 0.5%에 불과했지만 도미니카공화국은 무려 460%에 달했다. 창업을 위해 길고 번잡한 관공서 절차를 거쳐야 하는 국가들은 부패 수준이 높은 경향이 있는 것으로 나타났다. 부패를 결정하는 또 다른 주요 요인은 정부 관료와 정치권의 부패로, 관료에게 높은 임금을 지불하는 국가는 낮은 부패율을 보이지만 관료와 정치가의 임금이 낮은 국가는 부패율이 높다. 고엘과 넬슨(Goel & Nelson, 1998)은 미국에서 직위 남용으로 기소된 주정부 관료의 부패 수준을 측정하여 분석한 결과, 높은 임금이 정부의 낮은 부패 수준과 연관됨(예를 들어 싱가포르 등)을 밝혔다.

국제투명성기구Transparency International: TI에서 1995년부터 발표하기 시작한 부패지수가 주목을 끈다. 지난 1993년 설립된 국제투명성기구는 국제사회에서의 부패 추방을 목표로 국제기구와 각국 정부에 대해 국제부패방지법 제정을 촉구했으며, 독일 베를린에 연구 및 정보 수집 등의 활동을 위한 비정부기구Non-Governmental Organization: NGO 본부를 두고 있다. 국가별 부패인식지수Corruption Perceptions Index: CPI 보고서는 공무원 및 정치인들 사이에 부패가 존재하고 있다고 인식되는 정도에 기초하여 각국의 부패 정도를 수치화해서 국가별 순위를 매긴 것인데, 1995년 처음 발표되었을 때부터 국제사회에 엄청난 반향을 불러일으켰다.

부패란 뇌물 수수, 정부 조달에서의 유용, 공금 횡령 등 개인적 이익을 위한 공무원의 공권력 남용인 바, 부패지수는 부패가 전혀 없으면 10점, 부패가 만연한 상태는 0점으로 측정하며 만점(10점)에 가까울수록, 또 순위가 높을수록 부패 정도가 낮은 것을 의미한다. 부패지수는 평가 대상국의 수와 평가 방법 및 자료가 매년 바뀌기 때문에 특정국의 순위나 지수 변동을 살피는 것은 큰 의미가 없지만, 각국의 부패 정도에 대한 상대적인 비교자료로 유용하게 사용된다. 우리나라는 첫해인 1995년 조사대상 41개국 중 27위를 차지한 것을 시작으로 1996년 54개국 중 27위, 1997년 52개국 중 34위, 1998년 85개국 중 43위에 이어 1999년 99개국 중 50위를 차지했다. 이후 2000년엔 48위(4.0점), 2001년엔 42위(4.2점), 2002년엔 40위(4.5점)로 조금씩 나아졌으나 2015년에는 전 세계 175개국 중 37위(5.6점)를 기록했고 2016년에는 176개국 중 52위(5.3점)로 추락했다가 2021년에는 180개국 중 32위(6.2점), 2022년에는 180개국 중 31위(6.3점)로 점차 개선되었다.

정부의 실패가 경제 성장에 장기적으로 부정적 영향을 미친다는 연구는 다수 보고된 바 있다. 모로(Mauro, 1995)는 민간기업에서 추출한 자료를 사용해 관공서의 절차와 부패의 양 등 다양한 차원의 정부 품질을 등급화했다. 그 결과 높은 부패 수준을 가진 나라는 부정적 효과가 커서 낮은 성장 수준을 보이는 것으로 나타났다. 그러면서 만약 콩고민주공화국이 스위스, 뉴질랜드, 싱가포르와 같은 수준으로 투명성을 향상시킨다면 콩고민주공화국의 경제 성장률은 매년 4.9%p 더 높아질 것으로 예측했다.

* * *

지금까지 살펴본 바와 같이 공공선택의 대상인 재정은 시장이 실패하는 영역에서, 세금이라는 강제징수 재원을 기초로, 국민적 합의에 따른 의사결정 과정을 통해 운영된다. 현대 민주주의 체제에서는 대부분의 경우 의사결정이 간접적으로 의회와 대통령(의원내각제의 경우에는 총리)을 수반으로 하는 행정부에 위임되어 이루어지는바, 이러한 집합적 의사결정에 대한 이해가 중요하다. 어떤 나라의 살림은 건전하고 충실한 데 비해 다른 나라의 경우는 그렇지 않은 것은 정부 실패로 설명할 수 있다. 정부에 대한 신뢰, 그리고 부패의 반대 개념인 무결성integrity 수준이 높은 나라일수록 책임 있는 재정 운영이 이루어지고 지속적인 성장과 국민의 행복이 담보될 수 있다. 우리나라 재정의 성과와 그 한계 역시 이러한 공공선택론적인 이해에 기반해 설명할 수 있다. 문제는 이들 정치가와 관료에 대한 국민의 신뢰로, 많은 재정개혁 이슈가 형식화되고 마는 현상도 공공선택론으로 설명할 수 있다.

어떤 나라는 잘 살고 또 어떤 나라는 가난한 이유는 기본적으로 제도 때문이다. 정치제도와 경제제도가 착취적인 경우 발전이 지체되고, 이들이 포용적인 경우 발전이 순조롭게 이루어진다. 우리나라를 비롯한 많은 선진국은 개발도상국에 원조를 제공하는데, 이때 자금을 지원하는 것에서 나아가 발전의 지식을 공유knowledge sharing하는 프로그램을 활발하게 운용하고 있다. 이 경우도 개인의 자유와 사회 및 국가의 균형이 잘 갖춰진 나라는 그렇지 못한 나라와 성과 면에서 크게 달라지게 마련이다. 민주주의를 표방하는 것은 기본이며, 이에 더해 실제 투표 행위가 이루어지는 데 있어 충분히 선택의 의미를 알 수 있도록 계몽하고, 자유롭게 개인들이 선택할 수 있도록 투표 제도를 투명하게 운영하는 것이 중요하다. 재정은 시장의 영역이 아니라 정치의 영역이기 때문에 집단 선택 기제를 이해하는 것이 필요하다.

나라살림의 정치경제학에 대한 이해가 필요하다. '도대체 정부는 무엇인가?'라는 질문의 답은 정부를 바라보는 이들의 시각과 신념이 담긴 철학 또는 입장에 따라 달라진다. 정부를 독자적인 목표를 갖는 하나의 유기체로 보는 시각, 그리고 민주적 과정으로서의 정치 과정에 참여하는 모든 구성원의 집합체로 보는 시각으로 구분해볼 수 있다. 정부를 유기체로 보는 시각은 예산과 세금을 결정하는 정부가 하나의 인격체로서 독자적인 목표를 가지고 독자적 행동을 할 수 있는 주체라고 간주한다. 이때 정부의 목표는 사회구성원들의 목표와 직결되지 않을 수 있다. 그렇다면 인격체로서 정부의 효용은 무엇이고, 그것을 어떻게 측정할 수 있을까? 정부가 자애롭고 자비심 가득한 군주와 같다면 정부의 효용은 곧 사회 전체의 편익 혹은 공익과 직결된다. 하지만 만일 정부가 독재 군주라면 정부의 효용은 독재 군주 개인의 편익일 뿐이다.

우리는 개인들의 사적 선택을 합리적인 것으로 오해하는 편향성을 지닌다. 그러나 실제 우리의 의사결정 과정을 자세하게 들여다보면 결코 모두 대안을 고민하지도 않고, 일관적이지도 않으며, 허점투성이라는 점을 발견하게 된다. 모든 의사결정의 비용과 결과에 대한 책임이 오롯이 개인에게 부과되는데도 이럴진대, 쉽게 남에게 비용을 전가할 수도 있고 무임승차가 가능한 예산 및 세금에 대한 의사결정 과정이 합리적으로 이루어질 것이라 기대하는 것은 지나친 낙관주의다. 다니엘 카네만Daniel

Kahneman이 명쾌하게 설명한 바 있듯, 우리의 판단, 경험, 기억은 매우 제한적이고, 이러한 우리 개개인이 집단을 이루어 수행하는 예산 및 세금에 대한 의사결정과 집행의 과정을 설명하려면 겸손한 마음가짐이 필수적이다.

이제 이어지는 2부에서는 예산에 대한 의사결정에 대해, 그리고 3부에서는 세금에 대한 의사결정에 대해 살펴보도록 하자.

Part 2

예산 배분과 전략적 지출

PUBLIC
FINANCE
AS
LEVIATHAN

Chapter 5

예산 과정과 재정 관리

1970년대 이후 많은 OECD 국가가 지속적인 국가부채의 증가로 인해 어려움을 겪어왔다. 이러한 국가부채의 증가 원인으로 지목된 것들 중 하나가 예산 과정budget process을 둘러싼 정치 환경이다. 예산 과정이란 행정부의 예산 편성, 입법부의 예산 심의 및 의결, 그리고 예산 집행으로 이어지는 일련의 흐름에 적용되는 각종 규칙과 절차를 말한다. 유럽 국가들의 예산 과정에 대한 비교연구 결과를 바탕으로 폰 하겐과 하덴(von Hagen & Harden, 2019)은 재정건전화 정책의 성공 가능성은 예산 과정의 집권화와 효율화centralization에 달려 있다고 결론짓고 있다.

정부개혁에 관한 논의가 실질적으로 이루어지기 위해서는 관리 시스템이 혁신되어야 하며, 이러한 관리 시스템의 혁신에는 전자정부 등을 실현할 수 있는 정보통신기술ICT의 뒷받침이 매우 중요하다. OECD 및 세계은행World Bank, UN 등의 국제기구에서도 말뿐인 정부개혁이 아닌 실제로 그것을 이루기 위해서는 관리 과정이 바뀌어야 하고, 이러한 관리 과정은 예산의 편성 및 집행 등과 불가분의 관계를 맺는다고 보았다(OECD, 2000).

1. 예산과 관리

미국의 중앙예산기관이 관리예산처Office of Management and Budget라는 점에 주목할 필요가 있다. 원래 미국의 예산 담당 기관은 재무부 산하의 예산실Bureau of the Budget이었는데, 이후 대통령 직속인 백악관Executive Office of the President: EOP 소속으로 이동했고 나중에는 관리 기능이 추가되면서 관리예산처로 명칭이 변경되었다. 관리예산처는 이름 그대로 관리와 예산이 결합하여 정부 운영 개혁을 총괄하는 하나의 기관을 형성하고 있다.

관리는 목표, 나아가 기관의 임무mission 또는 존재 근거를 가장 효과적이고 효율적으로 달성하려는 체계적 · 합리적 노력을 말하며, 계획과 통제가 가장 중요한 기능이다. 계획과 통제는 또한 예산의 가장 중요한 기능 중 하나이며, 회계연도와 회계단위로 이루어진다는 점에서 예산과 사업 관리 과정이 불가분의 관계에 있을 수밖에 없음을 <그림 5-1>을 통해 알 수 있다.

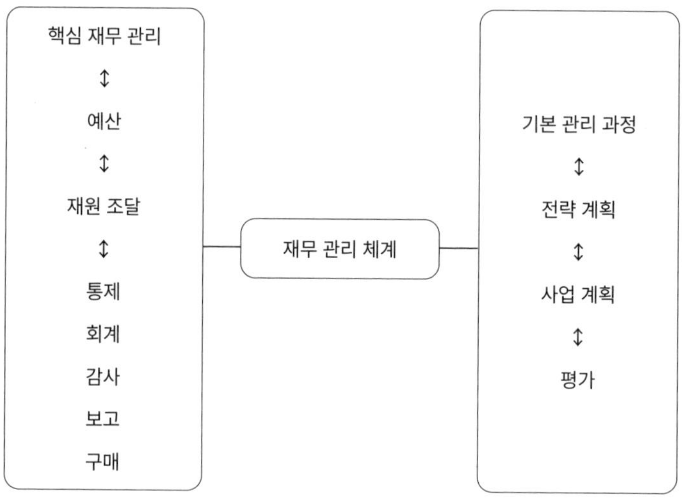

<그림 5-1> 예산 과정과 사업 관리

예산개혁을 이야기하면서 예산과 사업 관리를 분리해 생각하며 예산 집행을 자금 운용에 관한 기법 정도로 좁게 생각하는 경우가 많다. 그러나 실상은 예산을 사업 관리와 연결 짓지 않으면 재무관리를 올바로 이해하지 못한 것이며 예산에 대한 이해도 부족한 것이라고 볼 수 있다. 바람직한 재정 관리 시스템은 사업 관리를 강조하고 예산 집행은 사업 관리를 위한 중요한 수단으로 보며, 따라서 성과 관리 및 사업 결과의 달성에 대한 책임성의 확보를 강조한다. <그림 5-1>에 나타난 예산 과정 및 사업 관리와 관련한 주요 개념들은 다음과 같다.

① 전략 계획: 추구하고자 하는 목적 및 목표, 우선순위를 부여하는 것이다.
② 사업 계획: 정해진 기간에 선택된 목적과 우선순위를 달성하기 위해 가장 적절한 사업을 선택하는 것이다.
③ 예산: 정해진 기간 내에 선택된 목적과 우선순위를 달성하기 위해 구체적이고 자세한 금전적 실행 계획을 세우고(편성) 이를 실행하는 것(집행)이다.
④ 재원 조달: 사업 계획을 수행하기 위한 수입을 조달하는 것이다.
⑤ 통제: 실행 계획에 따라 계획한 대로 사업들이 추진되고 있는가를 점검하는 것이다.
⑥ 평가: 정해진 목적 및 목표와 실제 산출 결과를 비교해 적합성 및 효용성을 측정하는 것이다.

예산 집행은 사업 성과를 개선하거나 강화할 때 매우 중요한 역할을 할 수 있다. 관리 개혁management reform은 크게는 대통령, 작게는 단위 부서장의 적극적인 주도하에 추진 가능한 개념으로, 예산 담당 부서는 조직의 장으로 하여금 이러한 임무를 수행하도록 자극하고 감독하며 보조하는 역할을 수행한다. 하지만 관리 개혁은 달성하기 어려운 목표이며,

일정 시점에 완성되기보다는 계속되는 과정이고, 조직이 존속하는 한 영원히 추구되어야 하는 과정이라 할 수 있다. 한편 관리 개혁을 수행할 때 예산을 수단으로 사용하지 않는다는 것은 현실과 괴리된 도상연습에 불과하며, 예산은 관리 개혁과 반드시 함께하는 개념이라고 봐야 한다.

2. 예산 과정의 단계

대부분의 나라에서 예산 과정은 크게 네 단계로 나뉜다(<표 5-1> 참조). 첫 번째 단계인 행정부의 예산 편성 단계(행정부 단계)는 국회에 예산안이 제출됨으로써 마감되고, 두 번째 단계인 국회의 예산 심의 및 의결 단계(입법부 단계)는 예산의 확정과 동시에 마감된다. 또, 세 번째 단계는 예산이 집행되고 필요시 추가경정예산이 마련되기도 하는 예산 집행 및

<표 5-1> 예산 과정의 단계별 주요 활동

단계	활동
	행정부 단계
1	예산 목표와 지침의 설정
2	예산요구서 작성
3	예산요구서 취합
4	예산 요구 검토 및 조정
5	최종 예산안 작성
	입법부 단계
1	예산 심의, 수정, 결의
2	상원과 하원 사이의 의견 절충
3	행정부의 동의
	예산 집행 및 수정 단계
1	예산 집행
2	추가경정예산을 통한 예산 수정
	사후적 통제와 책임성 확보

*자료: von Hagen & Harden (1995).

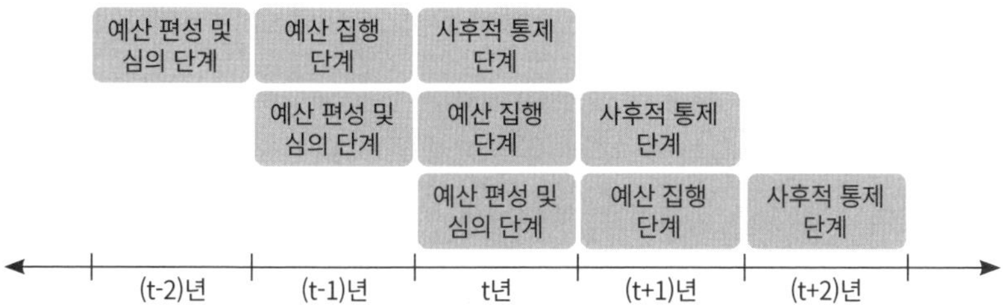

<그림 5-2> 예산 과정 단계의 중첩

* 자료: von Hagen & Harden (1995).

수정 단계이며, 네 번째 단계는 감사원의 감사 등이 이루어지는 사후적 통제 단계다. 특정 시점에서 보면 이 중 여러 단계가 한꺼번에 진행되기도 한다(<그림 5-2> 참조).

예산 과정에는 각 단계에 여러 주체가 참여한다. 우선 행정부 단계는 통상적으로 행정부 내부에서만 이루어지는데, 수부부처가 예산을 담당하는 부서(우리나라의 경우 기획재정부)에 예산 요구액을 제시하고, 예산부서는 이를 취합 · 검토 · 정리하여 예산안을 편성한다. 행정부 단계가 마무리될 즈음에는 총예산 규모, 관서별 예산, 총세입 규모, 그리고 세율과 과세 대상 등에 대한 행정부 내부의 의견이 확정된다. 이 과정에서 예산 담당 장관(우리나라의 경우 기획재정부 장관)이 거의 모든 업무를 주관한다. 그러나 예산 담당 장관의 위상이나 영향력은 나라마다 차이가 있다. 다음으로 입법부 단계에서는 행정부와 입법부 사이에 예산에 관한 협의가 이루어진다. 대부분의 나라에서 입법부는 예산안 전체를 거부하거나 일부를 개정할 수 있는 권한을 가진다. 마지막 예산 집행 및 수정 단계에서 예산 집행은 일차적으로 일선 행정 부서가 담당하나, 예산 부서가 부분적으로 개입하기도 한다. 한편 추가경정예산도 입법부의 승인을 받아야 집행이 가능하다.

대부분의 정부 활동은 특정 집단을 대상으로 이루어지는 반면, 그에 필요한 자금은 일반 국민에게 부과되는 세금으로 조달된다. 이러한 정부

활동의 수혜자와 비용 부담자 사이의 불일치로 인해 정책 결정자들은 재정 지출의 증가에 따른 순한계편익net marginal benefit을 실제보다 크게 추정하는 경향이 있다. 이에 따라 정부 지출은 사회적 한계비용과 한계편익이 일치하는 수준 이상으로 확대된다. 이는 일종의 '공유지의 비극'에 해당한다. 이 문제는 예산 과정의 각 단계에서 발생하며, 과도한 지출과 재정 적자를 초래하게 된다.

공유지의 비극을 발생시키는 정책 결정자들이란 입법부의 의원들과 일선 부처의 장관들을 말한다. 이들은 각자 봉사해야 할 대상 또는 지지기반constituency을 가지고 있다. 의원들의 경우 지역구민이, 장관들의 경우 담당부처가 지지기반에 해당한다. 또 의원들이나 장관들이 이해집단으로부터 영향을 받을 때에는 이들 이해집단도 지지기반에 포함된다. 정책 결정자들은 자신의 지지기반을 위해 더 많은 예산을 확보하려고 노력하게 된다. 또 많은 예산을 자신의 영향력 아래 두고 있다는 사실 자체로부터 개인적 효용을 얻기도 한다.[1]

폰 하겐과 하덴(von Hagen & Harden, 1995)에 따르면, 공유지의 비극을 치유하기 위해서는 예산 과정을 집권화(효율화)해야 한다. 효율화는 행정부 예산 편성 단계에서부터 예산 집행 단계에 이르기까지 예산 과정의 각 단계에서 추진될 수 있다. 지금부터는 각 단계별 효율화 방안을 살펴보기로 한다.

1) 예산 편성

예산 편성 단계를 효율화하기 위해서는 목표 관리 방식target-based approach 또는 전략적 우위 방식strategy dominance-based approach을 택할

1 이에 대해서는 앞 장에서 니스카넨(Niskanen, 1971)이 공공선택이론의 관점에서 이미 논의한 바 있다.

수 있다. 목표 관리 방식은 행정부가 내부 협의를 거쳐 수치화된 예산 목표를 설정하고 이를 준수하는 방식이다. 모든 부처가 참여하는 협의 과정을 통해 각 부처의 예산 상한선에 대한 합의가 이루어지면 이 상한선은 행정부 단계가 끝날 때까지 제약 조건으로 부과된다.[2]

전략적 우위 방식에서는 예산장관에게 특별한 권한이 부여된다. 종종 예산장관은 개별 부처의 장관과 일대일로 협의하고 예산 요구를 조정하여 예산안을 확정할 수 있는 권한을 가진다. 그렇지 않은 경우, 즉 여러 부처가 함께 모여 협의하는 경우에는 예산장관이 강력한 조정자로서 의제를 설정하고 회의를 주재하는 역할을 담당하게 되며, 전체 합의 사항에 대해 거부권을 행사할 권한을 갖기도 한다.

효율화를 위해 목표 관리 방식과 전략적 우위 방식 가운데 하나를 선택할 때 둘 중 어느 것을 선택하는가는 정부의 형태에 따라 결정되는 경향이 있다. 단일정부(원내 다수당으로만 구성된 정부)에서는 모두 같은 당의 의원들로 내각이 구성되므로 장관들 사이에 이념이나 정책노선의 차이가 크지 않으며, 따라서 예산 편성 권한을 예산장관에게 위임하는 것이 효율적이다.[3] 이에 따라 단일정부는 전략적 우위 방식을 택하는 경우가 많다. 반면 연립정부에서는 정책 노선이나 예산 배분에 대해 서로 다른 의견을 가진 장관들로 내각이 구성되므로 특정 정당 출신의 예산장관에게 예산 편성 권한을 위임하는 일이 쉽지 않다. 이에 따라 연립정부는 목표 관리 방식을 택하는 경우가 많다.[4]

<표 5-2>에 따르면, 예산 편성 단계의 효율화는 세 가지 유형으로 분

---

2 목표 관리 방식은 쉽게 거시예산, 즉 성장률, 물가, 환율, 실업률 등 거시경제변수에 기초하여 전체 예산 규모를 결정하고 프로그램별로 규모를 할당하는 전형적인 총액배분 방식top-down budgeting으로 설명할 수 있다.

3 물론 이러한 설명은 웨스트민스터 형태, 즉 영국 등 의원내각제에 보다 적합한 논의다. 그러나 우리나라와 같은 대통령중심제 형태에서도 전략적 우위 및 목표 중심 관리의 차별화는 의미가 있다.

4 할러버그와 폰 하겐(Hallerberg & von Hagen, 1999)은 선거제도(소선거구제 또는 비례대표제)에 따라 정부의 형태와 예산 과정 집권화의 방법이 결정된다고 주장한다.

<표 5-2> 예산 편성 단계의 효율화

항목 \ 구분	전략적 집권화	제한된 분권화	분권화
예산 목표 및 편성 지침	참여자		
	A 유형: 예산장관이 예산목표를 설정 B 유형: 집단적 협의를 통해 예산목표를 설정	예산장관의 제안 또는 예산장관이 제공한 정보를 바탕으로 강하지만 변경 가능한 지침을 내각이 설정	내각이 어떠한 목표도 설정하지 않음
예산 요구 취합	일선부처		
	예산장관이 1대1로 개별 주무장관들로부터 취합	예산장관은 일선부처 장관과 내각 사이의 중재자로서 예산 요구를 취합	예산장관은 단순히 예산 요구를 취합
예산 요구 검토 및 조정	고위 내각 소위원회	고위 내각 소위원회 또는 내각	내각
예산안 확정	내각		

* 자료: von Hagen & Harden (1995).

류될 수 있다. 첫 번째는 전략적으로 집권화된 과정strategically centralized procedure이다. 여기에서는 강력하고 집권화된 힘이 예산 과정의 전반을 이끌게 된다. 두 번째는 제한적으로 분권화된 과정guided decentralized procedure이다. 여기에서는 전략적 집권화 과정에서보다는 약하나 여전히 강한 집권화된 힘이 예산 과정 참여자들을 이끈다. 세 번째는 분권화된 과정decentralized procedure으로 집권화를 유도하는 중요한 장치가 마련되어 있지 않은 과정이다. 우리나라의 총액배분 자율편성 방식의 예산 편성 유형은 전략적 집권화 유형에서 제한된 분권화 유형으로 변화하는 중간적 단계라고 볼 수 있다.

2) 예산 집행

예산 집행 단계에서 효율화는 일선부처의 지출에 예산이 실제로 얼마

<표 5-3> 예산 집행 단계의 효율화

항목 \ 구분	전략적 집권화	제한된 분권화	분권화
지출 관리	- 승인을 받은 후에야 예산 집행 가능 - 현금 기준 집행 한도가 일선부처에 부과됨 - 예산장관은 지출을 금지할 수 있음	승인을 받은 후에야 예산 집행이 가능하거나 현금 기준 집행 한도가 일선부처에 부과됨	승인을 받은 후에야 예산 집행이 가능하거나 일선부처가 전적인 자율권을 가짐
예산 이용과 전용	부문 내에서만 가능	- 부문 내에서는 무한정 가능 - 부문 간에는 예산장관의 승인이 필요	무제한 가능
추가경정 예산	새로운 입법부 승인이 필요하며 거의 추경이 이루어지지 않음	새로운 입법부 승인이 필요하나 자주 추경이 이루어짐	예산장관의 승인만으로 가능

* 자료: von Hagen & Harden (1995).

나 많은 제약을 가하는가, 그리고 예산장관이 이러한 제약을 얼마나 강제할 수 있는가에 따라 달라진다. 아무리 행정부 단계와 입법부 단계에서 집권화가 이루어졌다 하더라도 예산 집행 단계에서 일선부처가 마음대로 자금을 쓸 수 있다면 과도한 재정 지출과 재정 적자가 나타날 수 있다.

예산의 구속력이 얼마나 강한가를 판단하려면 세 가지 사항을 살펴볼 필요가 있다(<표 5-3> 참조). 첫째, 일선부처가 예산을 초과하여 지출할 수 있는 가능성이다. 만일 큰 폭의 초과지출이 허용된다면, 이는 예산의 구속력이 약하다는 것을 의미한다. 여기에서는 예산장관의 역할이 매우 중요하다. 예산장관이 연도 중의 세출을 면밀히 감시하고 통제할 수 있는 권한을 갖는다면 예산의 구속력은 커지게 된다. 둘째, 일선부처가 예산 항목 간에 자금을 얼마나 쉽게 이용 또는 전용[5]할 수 있는가다. 이용

5 이용은 입법과목(장·관·항) 사이에, 전용은 행정과목(세항, 목 등) 사이에 예산을 융통하여 사용하는 것을 말한다.

또는 전용이 매우 쉽다는 것은 예산 집행 단계에서 일선부처가 당초 예산과는 다른 목적을 위해 다른 우선순위에 따라 자금을 사용할 수 있다는 것을 의미한다. 유사한 문제는 예산의 이월과 관련해서도 발생한다. 즉 일선부처가 특정 연도에 배정된 예산을 다른 연도에 사용할 수 있다면 집권화는 약화된다. 셋째, 회계연도 중에 얼마나 자주 추가경정예산이 편성되는가다. 추경예산의 편성이 관례적으로 이루어진다면 정부는 당초 예산이 아무리 긴축적인 것이었더라도 추경예산을 통해 예산을 쉽게 증액할 수 있다. 그리고 이에 따라 과도한 재정 지출과 재정 적자가 초래될 수 있다.

3) 예산 집행과 성과 관리

예산 집행은 예산 배정과 자금 공급이라는 선행조건이 충족되어야 소기의 사업 성과를 달성할 수 있다. 예산 배정은 예산을 계획대로 집행할 수 있도록 허용하는 일종의 승인이며, 일반적으로 회계연도를 일정 단위로 구분하여 매 단위마다 적정한 액수를 할당하는데, 할당 속도의 완급에 따라 거시경제에 미치는 효과가 다르게 발생하기 때문에 경기부양을 위해 조기에 배정하는 경우가 많다. 구체적으로 예산을 배정할 때 증액 또는 삭감하거나, 예비비로서의 예산을 배정하거나, 사전 통제 역할을 통해 선행조건이 충족된 후에 배정하기도 한다. 회계연도가 경과하면서 수입이 발생하기 때문에 정부는 지출 총액을 한꺼번에 할당할 수는 없다. 중앙예산기구는 예산 배정과 자금 공급을 통해 예산 집행의 완급을 조절함으로써 예산을 거시경제 정책의 도구로 사용하지만 글로벌화된 경제체제에서의 재정 정책은 과거와 달리 한계가 많다.

정보통신기술의 발달로 사업집행기관의 예산 집행 내역에 대한 정보를 실시간 획득할 수 있게 됨에 따라 중앙예산기관은 자금을 직접적으로 통제하지 않더라도 원하는 성과를 내기 위한 통제를 할 수 있게 되었다.

따라서 예산 배정과 자금 공급에 관하여 과거의 통제지향적 제도에서 벗어나, 의회가 승인한 예산 총액의 범위 내에서 자금이 확보되는 대로 자금을 공급하고 정보시스템에 의해 예산 집행을 감시함으로써 분권화된 예산 집행이 이루어진다.

예산 집행의 감시를 위해서는 집행 내용의 상세한 추적이 필요한데, 이를 위해 신경망 같이 정교한 정보시스템이 요구되며 현재의 추세는 세입 추계, 세출 전망, 회계, 감사, 성과 평가가 망라된 통합재정 관리 시스템Integrated Financial Management System을 활용하는 방향이다. 이러한 정보시스템이 이루어지면 예산 기구는 사업부서의 협조가 없이도 단독으로 예산 집행 과정에 대한 정보를 수시로 획득할 수 있게 된다.[6] 예산 집행에서는 주기적으로 집행 내역에 대한 중간 보고를 하는 것이 중요하다. 이때 기계적인 수치 보고에 치우친 보고서가 아니라 관리의 문제 또는 사업 성과를 달성하는 데 걸림돌이 되는 문제를 적시에 치유하는 성책 보고서를 작성하는 것이 바람직하다.

최근 재정민주주의와 관련하여 예산법률주의에 대한 관심이 높다. 재정민주주의는 재정 통제의 권한이 국민에게 있다고 보고, 재정에 대한 헌법적 통제를 통해 행정부의 자의적인 재정 운용(예산 편성 및 집행)을 방지하며, 나라살림에 대한 의사결정에 있어서의 주민 참여와 국회 권한을 보장하려는 형태로 나타난다. 물론 이를 지나치게 강조하는 경우 예산 집행의 경직성이 높아져 환경 변화에 적응하기가 어려워지고, 오히려 비효율과 국민 부담으로 작용할 수도 있기에 균형을 유지하는 것이 중요하다. 그 일환으로 주장되는 것이 예산을 법률로 제정하여 예산에 법률적 효력을 부여하고 법률의 형태로 편성하는 예산법률주의다. 예산을 법률의 형태로 제정하면 무엇이 달라질까? 예산의 형식을 법률로 정할 경

6 우리나라 재정당국이 활용하고 있는 '차세대 D-Brain' 역시 이러한 통합재정 관리 시스템의 첨단 버전이라 할 수 있다.

우 '법의 발의와 제정에 관한 사항은 모두 입법부 소관이기에 예산법률주의의 도입은 국회의 예산 편성으로 연결된다'는 논리에 기초해 국회의 예산 통제권 강화로 이어질 수 있다.

그럼 실질적인 의미에서 예산을 법률로 간주하게 되는 경우 무엇이 달라지는지에 초점을 맞춰 살펴보자. 예산 편성권이 국회로 가야 한다는 주장이 나올 수 있다는 것이 첫 번째로 생각해볼 수 있는 차이점이다. 미국과 일본을 예외로 하면 OECD 대부분의 나라(의원내각제)가 예산법률주의를 택하고 있음에도 불구하고 예산 편성은 집행을 담당하는 행정부에서 하는 것이 일반적이다. 집행을 담당하므로 실무적 세부 사항과 소요 비용을 제일 잘 아는 행정부에서 국정계획을 수립하고, 이를 수행하는 데 들어가는 비용(예산안)을 산출해 재정에 대한 권한power of the purse을 가진 국민의 대표인 국회에 이를 승인해달라고 요청하는 것이 삼권분립의 취지에서 당연한 것으로 인식된다.

실제 헌법개정자문위원회는 지출승인법 제정 또는 세출위원회 설치 등 부대적인 제도적 장치를 마련하면서 예산법률주의를 채택하자고 제안한 바 있다. 그러나 주요국의 예산 제도를 살펴보면 예산법률주의는 예산을 법으로 간주하는 것일 뿐, 그 이상의 의미를 부여하기는 어렵다. 예산법률주의를 채택하고 있는 국가들에서도 실제 예산 제도가 시현되는 모습은 국가별로 큰 차이를 보인다. 미국식 예산 제도로의 변화가 예산법률주의의 도입에 종속되거나 연계된 사안은 아닌 것이다.

<표 5-4>는 예산 과정 집권화를 위한 두 가지 전략, 즉 목표 관리 방식과 전략적 우위 방식을 비교하여 보여준다. 이러한 집권화의 개념적 정리를 바탕으로 폰 하겐과 하덴(von Hagen & Harden, 1995)은 유럽 국가들의 집권화 정도를 측정할 수 있는 지표를 개발했다. 이들의 분석에 따르면, 집권화의 정도와 재정건전성 사이에는 매우 유의한 관계가 존재한다. 유럽 국가들 가운데 영국, 프랑스, 독일은 전략적 우위 방식을 택하는 대표적인 나라들이다. 그리고 덴마크는 목표 관리 방식을 택하는 대

<표 5-4> 목표 관리 방식과 전략적 우위 방식

목표 관리 방식	전략적 우위 방식
행정부의 예산안 편성 단계	
총지출 규모 및 적자 규모에 대한 목표를 설정. 부처 간 의견 충돌 시 총지출 규모는 변함이 없이 부처 간 예산을 재배분	대통령과 예산장관이 총지출 규모를 정하고 예산장관은 대통령의 대리인으로서 이를 강제하는 역할을 수행. 예산장관은 개별 부처와 의견 조율을 하며 부처 간에는 의견 조율이 없음. 고위 각료회담 또는 내각이 부처 간 예산 배분을 최종 결정
국회의 예산 심의 및 확정 단계	
지출을 증대시킬 경우 그에 상응하여 세입을 증대시키거나 장별로 투표	국회는 정부 예산안의 지출 총액을 증대시킬 수 없음. 어느 분야의 지출을 증대시킬 경우 다른 분야의 지출을 감축시켜야 함. 장별로 투표. 정부는 의회 해산 등의 수단으로 의회의 투표 과정에 영향력을 행사
예산 집행 단계	
예산장관은 현금 기준의 지출 상한을 부과하며 예산 배정 및 집행 허가권을 보유. 예산 전용은 예산장관의 허가를 받아야 함. 긴급상황을 제외하고는 추경 편성이 불가	

* 자료: von Hagen & Harden (1995).

표적인 나라다. 어떠한 방식을 택하든 예산 과정의 집권화 정도가 높은 이들 나라에서는 부채 비율(국가부채/GDP)이 낮고 재정 적자도 작은 편이다. 반면 매우 분권적인 예산 과정을 가지고 있는 이탈리아, 벨기에, 그리스, 아일랜드, 포르투갈, 스페인은 부채 비율이 높고 재정 적자 역시 매우 크다는 점을 알 수 있다.[7]

7 실제로 이들 나라는 PIIGS(포르투갈, 아일랜드, 이탈리아, 그리스, 스페인)로 대표되는 재정위기를 겪었다. 재정 및 국가채무 문제가 이들 국가에서 유독 크게 부각되고 있는 것은, 무엇보다 앞을 내다봐도 호전될 가능성이 낮기 때문이다. 결국 재정위기를 감당하지 못하는 경우 유럽안정화기금 및 IMF의 구제금융을 받아 급한 불을 끄고 있다. 그러나 재정 및 국가채무가 지속가능한 수준으로 정상화되려면 중장기적으로 재정 및 국가채무 건전화 계획을 세우고 허리띠를 졸라매야 할 것으로 보인다.

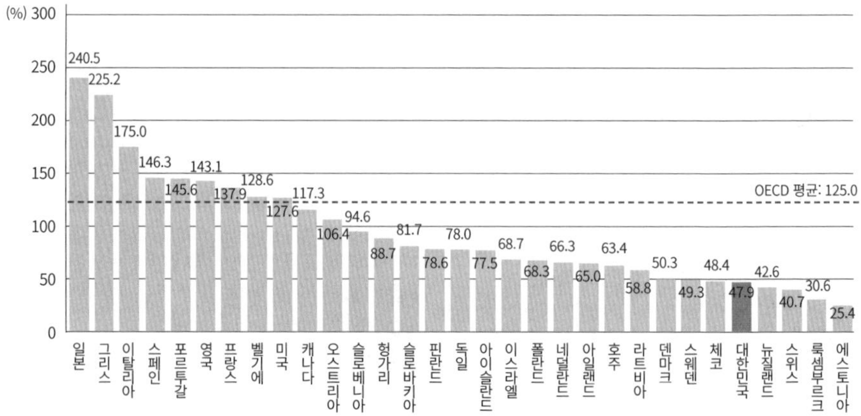

<그림 5-3> 2021년 OECD 국가들의 GDP 대비 부채 비중

* 주: 한국은 정부 작성 일반정부부채(D2) 기준.

* 자료: OECD Statistics. "Economic Outlook No.111(Edition 2022/1)."

3. 예산보고와 투명성

1) 예산보고

국제예산에 관한 NGO인 국제예산협의체International Budget Partnership: IBP는 2년을 주기로 '열린예산조사Open Budget Survey: OBS'를 실시하여 정부예산 편성의 적절성과 예산 통제 시스템 구축 여부를 평가해 예산투명성지수open budget index를 발표한다. 이에 따르면 우리나라의 예산투명성은 2022년 기준 120개국 중 11위(100점 만점에 74점)를 기록했다. 눈에 띄는 부족한 부분은 예산 집행에 대한 중간평가mid year review의 부재다. 박정수(2018)는 우리나라 재정정보는 공개 범위가 좁고 지출 정보 공개가 제한적이라고 비판한다. 시스템 간의 유기적인 재정정보 통합이 부족하다는 것이다.

지난 2019년 재정개혁특별위원회는 활동을 마무리하면서 정부에 다음과 같은 두 가지 과제를 권고했다. 첫째, 국민이 생각하는 나라살림 범위를 기준으로 재정정보를 통합적으로 제공하여 예산 편성 및 재정 정책 수립에 활용해야 한다는 것이다. 이를 위해 포괄적인 관점에서 재정을 파악할 수 있도록 중앙과 지방, 그리고 교육 각 별도의 플랫폼에서 제공 중인 정보를 연계 통합하라고 주문했다. 국가 재정 외로 운영되고 있는 건강보험의 총지출, 복지 지출 규모 등을 재정에 포함하여 국가 재정을 통합적으로 파악해 관리하라는 요구도 했다. 공급자의 입장이 아니라 세금을 내는 국민의 입장에서 보면 국세와 지방세가 따로 보고되고, 재정과 건강보험이 별도로 정보를 제공하는 것은 그리 유의미하지 않기 때문이다. 둘째, 정부의 재정 지출은 조세 등 국민 부담을 재원으로 하는 만큼, 정부는 재원 배분 및 지출 현황 등의 재정정보를 국민에게 알기 쉽고 투명하게 공개해야 한다는 것이다. 국민 개개인이 지원받을 수 있는 재정 사업 정보를 수요자 맞춤형으로, 그리고 선제적으로 제공하라는 주문이다.

특히 국민건강보험과 노인장기요양보험이 재정 외로 운영되어서 국가 재정 및 복지 지출 규모를 과소하게 인식하게 만드는 점은 심각한 왜곡을 초래할 수 있다. 건강보험 등의 재원은 국민이 의무적으로 납부하는 보험료로 조성됨에도 불구하고 기금이 아니라 건강보험공단의 기관회계라는 이유로 국회 심의·의결 대상에서 제외되는 문제는 중대한 결함이다. 이에 재정개혁특별위원회에서는 1단계로 통합적 국가 재정 규모를 파악하기 위해 건강보험 등을 포함한 총지출 규모에 대한 정보를 공개하고, 2단계로 건강보험 보장성 강화 대책을 마련하는 것과 함께 2022년까지 건강보험 재정건전화 방안을 마련하고 기금화를 추진하도록 했다. 2022년 기준 국가 재정 규모는 607.7조 원으로 알려져 있으나, 실제는 건강보험 80.5조 원과 장기요양보험 11.8조 원을 더해야 하고, 이 중 국고지원이 이루어지는 10.5조 원과 1.8조 원을 상계하면 687.7조 원이 전체 나라살림의 정확한 규모다.

고령화, 보장성 확대, 과도한 서비스 이용에 따른 수지 악화로 2070년이 되면 건강보험 누적 적자는 7,000조 원이 넘을 것이라는 전망도 있다. 장기요양보험 역시 고령화로 인한 돌봄서비스 이용의 증가, 시설 이용에 유리한 비용 구조 등으로 지속가능성이 위협받고 있다. 효율화와 재정위험 선제 대응을 위해 투명하고 효과적인 국회의 통제가 필수적이다. 실제 정부가 국제기구에 재정을 보고할 때 활용하는 재정통계인 GFS는 당연히 일반정부 중심으로, 그리고 건강보험과 장기요양보험을 포함하여 재정 규모를 보고하고 있다. 따라서 우리 국민들에게 알리는 총지출에서만 빠져 있는 건강보험 등을 기금화함으로써 투명성을 제고해야 한다.

정부의 금융자산 및 부채, 비금융자산, 공무원연금충당금과 상황부채contingent liabilities에 대한 종합적 내역을 포함해야 하는 예산은 정부의 가장 중요한 정책문서다. 따라서 예산은 종합적이어야 하고 모든 정부의 수입과 지출을 포괄하여 정부 사업 간 비교 및 상충 관계의 측정이 가능해야 한다. 정부의 예산안은 충분한 시간을 두고 국회에 제출되어야 하고, 또 충분한 심의가 이루어져야 한다. 따라서 최소한 예산회계연도 시작 3개월 전에는 제출되어야 하고 회계연도 시작 전에 통과되어야 한다. 예산과 부속서류는 각각의 수입과 지출 프로그램에 대한 자세한 내용을 포함해야 한다. 성과 목표를 포함한 성과 자료가 지출 프로그램에 실질적으로 나타나야 하고, 다음 회계연도 이후 최소한 2년간의 수입과 지출이 나타나는 중기적 시각이 포함되어야 하며, 마찬가지로 현 예산안은 모든 의미 있는 차이에 대한 설명을 포함해야 한다.

실제 과거연도 수입과 지출의 비교 정보, 그리고 현재연도의 예측 수정이 각 사업별로 이루어져야 한다. 또한 유사한 비교 정보가 성과 자료에 있어서도 나타나야 한다. 영구 법률authorizing legislation에 의해 수입과 지출이 수권된 경우에는 그 금액이 다른 수입·지출과 함께 정보 목적으로 예산에 표시되어야 한다. 세출은 총계로 표시되어야 하며, 징수기관에 의해 특정 목적이나 통제 시스템을 통해서 충당되는 목적세나 사용자 부담금이라 하더라도 각각 분리하여 명시적으로 계상되어야 한다. 세출은 소관 행정기관에 따라 구분되며 경제적 · 기능적 분류를 통해 보완되기도 한다. 예산에 대한 보고는 크게 예산안 제출 전 보고, 월간보고, 반기보고, 연차보고, 장기보고로 나누어 살펴볼 수 있다.

첫째, 예산안 제출 전 보고pre-budget report는 예산과 국민경제 간 상호 관계를 설명함으로써 적정한 예산 추정을 가능케 하는 보고로, 예산 총액에 대한 논의를 활성화시키는 역할을 한다. 이를 통해 적정한 예산 추정이 가능해진다. 동 보고는 예산안 제출 한 달 전에는 보고서가 공개되어야 하며, 향후 예산, 그리고 적어도 다가오는 2년간에 대한 정부의 장기 경제 · 재정 정책 목표와 방향이 명시적으로 서술되어야 한다. 또 총수입 규모, 총지출 규모, 적자 · 흑자 및 부채 규모를 나타내야 한다. 그리고 이때 사용한 경제적 가정은 반드시 명시되어야 한다.

둘째, 월간보고는 예산 집행의 진도를 나타내는 보고로, 각 월 종료 후 4주 이내에 공개되어야 하고, 각 월의 수입과 지출 규모 및 현재 잔액을 포함해야 한다. 예측치와 실적치의 비교가 이루어져야 하며 당초 예측과 수정 예측은 분리하여 명기해야 한다. 또, 실적과 함께 논의가 이루어져야 하고 예측과 실적에 상당한 차이가 있는 경우 이에 대한 설명이 수반되어야 한다. 세출은 소관별로 구분하고 보완적인 정보로 경제적 · 기능적 구분이 이루어져야 한다. 정부부채에 관한 정보 역시 포함되어야 한다. 우리나라도 월간 재정 동향 및 이슈를 기획재정부에서 발간하고 있다.

셋째, 반기보고는 적어도 향후 2년간과 금년의 예산 성과에 대한 예측까지 예산 집행의 종합적인 최근화update를 포함해야 하며, 반기가 지난 후 6주 이내에 보고가 공개되어야 한다. 이때 예산이 기초한 거시경제적 가정을 재검토하고 예산상의 변화가 기져올 영향을 공개한다. 반기보고는 정부의 금융자산과 부채, 비금융자산, 공무원연금충당금, 상황부채 등에 대한 종합적인 논의를 포함해야 한다. 예산에 영향을 미치는 상황의 변화나 정부의 의사결정에 따른 영향은 모두 공개되어야 하는데, 이 부분이 열린예산조사에서 우리나라에 부족하다고 지적한 부분이다.

넷째, 연차보고는 정부의 책임성을 나타내는 핵심적인 자료로, 감사원에 의해 감사되어야 하고 회계연도 종료 후 6개월 이내에 공개되어야 한다. 연차보고는 의회에 의해 수권된 수입과 지출의 규모를 준수했음을 보이고, 기간 내의 결산 내역은 별도로 보고하며, 보고 형식은 예산 형식과 동일해야 한다. 연차보고 및 부속서류는 성과 타깃과 실제 결과를 비교하는 비금융 성과 정보를 포함해야 한다. 과거의 수입과 지출 규모에 대한 비교 정보, 그리고 비금융 성과의 비교 정보도 역시 제공되어야 한다. 세출은 소관별로 구분하고 보완적인 정보로 경제적 · 기능적 구분이 이루어져야 하며, 총계로 표시하되 목적세와 사용자 부담금은 분명하게 분리 계상해야 한다. 또한 연차보고에는 정부의 금융자산, 금융부채, 비금융자산, 연금부채, 상황부채에 관한 정보 역시 포함되어야 한다.

다섯째, 장기보고는 현 정부 정책의 장기간의 지속가능성을 평가한다. 5년을 주기로 공개되거나, 수입 · 지출의 실질적인 주요 변동이 있는 경우에 이루어진다. 인구학적 변화, 즉 고령 인구의 증가 혹은 기타 장기간에 걸쳐 이루어진 잠재적인 개발 등이 예산에 미치는 영향을 평가한다. 장기보고에 포함되는 가정들은 명시적으로, 그리고 상식적인 시나리오의 범위 내에서 작성되어야 한다. 우리나라에서는 국회예산정책처의 장기 재정 전망 보고서(2022~2070)나 정부의 '재정비전 2050'과 연계한 2070년 장기 재정 전망 등을 통해 살펴볼 수 있다.

2) 구체적 내용

예산보고에 포함되어야 하는 구체적인 내용에는 크게 거시경제적 가정, 조세 지출, 금융부채 및 금융자산, 비금융자산, 연금부채, 우발부채 등이 있다. 먼저 거시경제적 가정부터 살펴보자. 예산에 내포된 핵심 경제 가정의 전망이 실제와 차이를 보인다는 것은 중요한 정부 재정의 위험 요소가 된다. 따라서 모든 핵심 경제 가정은 명백하게 공개되어야 하며, 여기에는 GDP 성장률, GDP 성장의 구성, 고용과 실업률, 경상수지, 물가상승률 및 이자율 등에 대한 전망이 포함된다. 그리고 이러한 핵심 경제 가정의 변화가 예산에 미치는 영향에 대한 민감도 분석이 이루어져야 한다. 실제 우리나라 예산에 있어서 장밋빛 경제 전망에 기초해 경제성장률을 잘못 설정하고, 이에 따라 들어올 것으로 예상하는 세금 수입이 잘못 추계되는 바람에 추가경정예산을 편성하거나 재정 운용이 계획과 달라지는 경우를 자주 보곤 한다. 독립된 재정위원회의 역할을 강조하는 이유가 바로 여기에 있다.

조세 지출은 특정 활동에 대한 조세 측면에서의 우대, 즉 감면에 따른 조세 수입 손실 추정 비용을 말한다. 핵심적인 조세 감면의 추정 비용은 예산에 보완 정보로 공개되어야 한다. 실질적으로 예산상의 의사결정을 나타내기 위해, 일반지출 내역에 더하여 특정 기능 분야에 대한 조세 지출 내역이 포함되어야 한다.[8]

모든 금융부채와 금융자산은 예산, 반기보고, 연차보고에 공개되어야 한다. 월간 부채 내역 역시 월간 보고에 공개되어야 한다. 부채는 기간에 따라, 통화에 따라, 그리고 고정 또는 변동이자율의 적용 여부 및 조기상환 가능 여부에 따라 구분되어야 한다. 금융자산은 현금, 상장주식, 회사채권 등의 유형별로 구분하여 기록되어야 하며 시장가치로 평가되어

8 조세 지출은 정부가 개인이나 기업에 재정 지원을 하는 방법인 비과세·감면·공제 등과 같이, 원칙적으로 내야 하지만 정책적 감면 조치에 따라 내지 않는 세금을 말한다. 사실상 직접적인 예산 지출과 같은 효과를 거둔다는 점에서 조세 지출 예산이라고도 한다. 이는 조세 감면에 따른 조세 형평성을 제고하기 위하여 정부가 국회에 다음 연도 예산안을 제출할 때 조세 감면 대상 명세서를 함께 제출함으로써 보다 명확한 감시와 감독이 가능하게 하는 제도다. 우리나라도 2011년도 예산부터 조세 지출 예산 제도를 도입해 운영하고 있다.

야 한다. 부채 관리 수단, 예컨대 선물 혹은 스왑 등도 공개되어야 하며, 예산에 있어서 이자율과 환율의 변동으로 인한 금융 비용의 영향에 대한 민감도 분석이 수반되어야 한다.

비금융자산은 부동산과 장비를 포함하여 모두 완전 공개되어야 한다. 비금융자산은 발생주의 회계 및 예산 기준으로 인식되며, 이를 통해 자산의 평가 및 적절한 감가상각의 선택이 이루어진다. 완전발생주의 기준이 적용되지 않는 부분에 대해서는 자산의 목록이 관리되어야 하고, 요약 정보가 예산, 반기보고, 연차보고에 포함되어야 한다.

연금부채employee pension obligations는 과거 서비스로부터 발생한 편익과, 이러한 편익에 대해 정부가 부담한 부분 간의 차이를 말한다. 공무원 및 군인 연금부채 역시 예산, 반기보고, 연차보고에 공개되어야 하는데, 이때 연금부채를 산정하는 핵심 할인율 등에 대한 가정도 공개되어야 한다. 공무원 및 군인 연금부채와 관련된 모든 자산의 평가 역시 시장가격으로 이루어져야 한다.

우발부채contingent liabilities는 예산상의 영향이 발생할 수도 있고 그렇지 않을 수도 있는 미래 사태에 의존하는 경우의 부채를 말한다. 일상적인 예를 들면 정부의 보증 채무, 보험사업, 정부에 대한 법적 소송 등이다. 모든 유의미한 우발부채는 예산, 반기보고, 연차보고, 재무제표에 공개되어야 한다. 가능한 부분에 대해서는 우발부채의 총규모가 공개되어야 하며, 특성에 기초한 주요 항목별로 구분하여 항목별 상황 실현의 과정이 담긴 정보를 공개해야 한다. 우발부채의 규모를 산정하기 곤란한 경우에는 주석에 항목을 열거하고 설명해야 한다.

4. 재정 관리 정보시스템

'차세대 D-Brain'을 중심으로 재정과 관련된 모든 정보시스템에 대하여 예산 편성 및 자금 집행 등 재정 운영 관리를 실시간 연계 처리하는 것은 예산 관리 시스템의 혁신에 매우 중요한 과제가 된다. 예산을 편성하고 심의하여 확정된 예산 정보를 국가 재정 관리 정보시스템과 연계하고, 예산 배정 자료를 결산 시스템과 실시간으로 연동해 자금 계획에 반영할 수 있도록 기획재정부의 재정 관리 정보시스템과도 연계해야 한다. 현행 재정정보시스템과 연계해 운영되고 있는 한국은행 국고금 관리 시스템 역시 국가 재정 관리 정보시스템과 실시간으로 연동하는 것이 매우 중요하다.

우리나라의 경우 재정의 경기 대응 기능 및 자금 수지 계획과 연계하여 운용 가능한 국고 여유자금을 분석·운용하기 위한 계획을 수립하고, 금융기관과 연계하여 운용 실적(금융기관별, 운용 형태별)을 실시간으로 파악할 수 있도록 국고 여유자금 관리 시스템을 개발해 재정 관리 정보시스템으로 활용하고 있다. 자금의 확보·공급 및 국채의 발행·상환 등의 공공자금 관리 기금 업무와 국채 발행 대행기관의 국채 발행·상환 자료를 통합적으로 관리하는 정보시스템을 보완·구축한 것이다.

우리나라에서 운영되고 있는 재정정보시스템의 주요 기능으로는, 첫째, 거시경제 예측macro economic forecasting 및 거시경제 운용 프레임워크를 들 수 있다. GDP, 통화 증가율, 중앙정부 적자 등 외부의 경제 관련 기본자료를 수집하여 세출 및 자원 계획의 수립을 지원한다. 둘째, 예산 수립budget preparation과 관련한 예산 지침, 예산 편성, 예산 관리 기능을 들 수 있다. 각 부처로부터 예산 요구 자료를 수집·통합하여 부처 간 조정을 위한 기초문서 작성에 활용하고, 각 부처가 요구한 예산과 추정 수입을 기록·유지하며, 예산 과정(예산 수립, 승인, 변경 등)의 변화를 기록한다. 또, 예산 요구의 평가를 위한 기초자료(인력 요소, 유지·운영 비용 등)를 검색하고 생성하며, 자본 지출의 평가를 위한 사업 현황 자료를 관리한다. 총수입, 총투자, 총지출 및 총수입 간 재정수지 등의 예측 또한 담당한다. 셋째, 예산 집행budget execution, 회계accounting 및 결산보고fiscal reporting 기능이다. 진행 중인 사업의 실제 지출 상황을 파악하기 위한 예산 집행, 모니터링 및 조정 프로세스를 수행한다. 전반적인 예산 구현 프로세스를 모니터 · 평가하고 결산보고서를 생성하며, 적절한 수행 사업을 관리하기 위해 각 부처에 재무 정보를 제공한다. 넷째, 부채 관리debt management 기능이다. 차관 및 공채를 발행하는 등 국가채무의 재원과 종류별 정보 등을 지속적으로 제공한다. 다섯째, 회계감사auditing 기능이다. 재정상의 처리 과정에 대한 분석과 정밀 조사를 담당하는 기능으로, 이를 통해 총괄적인 정부의 우선순위에 따른 공공자금의 효율적 집행 여부 및 정부 정책 · 절차의 준수 여부를 확인한다. 여섯째, 현금 관리cash management 및 자금 관리 기능이다. 통화량 예측, 통화량 감시, 통화 요구량 예측 등의 기능을 수행하며, 정부의 유동자산과 현금 요구량 등의 현황 정보를 제공한다.

5. 재정 관리 시스템의 개혁 과제

1) 기본 전제

미국(대통령제)과 영국(의원내각제)은 대표적인 영미법 계통의 시스템을 갖춘 국가들로, 의회와 사법부의 역할이 우리와는 비교도 되지 않을 정도로 중요하다. 이 두 국가의 재정 관리 시스템은 많은 시사점을 줄 수 있으나, 재정 집행 제도는 기본 방향에서 우리나라와 다소 차이를 보인다. 첫째, 이들의 역사성path dependency이 다르다. 미국과 영국은 그동안 방만하게 유지되어온 재정 관리에 대하여 두 국가 공히 성과 측면에 초점을 두고 다년도 예산관리 체제를 유지해오고 있다. 따라서 단년도 예산 제도이면서 성과 개념보다는 투입 위주의 예산 제도를 가지고 있는 우리나라에는 단기적으로 적용하기에 어려운 점이 없지 않다. 그러나 우리나라도 장기적으로는 성과 위주의 예산 제도를 견지해야 한다는 명제를 놓고 보면 이 두 나라의 사례가 시사하는 바가 크다. 둘째, 두 국가 공히 사회간접자본 투자가 예산에서 차지하는 비중이 크지 않다. 그간의 산업화 과정에서 사회간접자본 투자는 거의 이루어져 있기 때문에 우리나라와 같은 비중을 차지하지 않고, 사회복지비 지출이 대부분을 차지하고 있다. 그 결과 재정 정책을 통해서 경기에 대응할 수 있는 범위는 우리나라보다 훨씬 적다고 할 수 있다. 셋째, 미국의 경우 13개 세출법안 이외에 복지 관련 법률 등으로 인한 경직성 경비가 70~80%에 달한다는 점도 주의해야 할 차이점이다. 경기 조절을 위한 진도 관리의 개념이 적용되기 어려운 시스템이라는 이야기다. 정보화 투자 등 SOC 투자에 있어서 정부 예산이 점하는 비중 가운데 민간 비중이 우리와 비교가 되지 않을 정도로 큰 것도 이러한 차이를 낳는 중요한 요소가 될 것이다.

우리나라와 같이 경제개발 관련 예산 비중이 큰 나라와 미국 및 영국과 같이 복지 예산의 비중이 큰 나라를 단순 비교하는 것은 문제가 있을 수 있다. 미국이나 영국에서는 오히려 재정 적자의 관리가 더 중요해서 추가경정예산을 편성할 것인가에 관심을 모으고 있고, 거시진도 관리보다는 성과 관리에 정책의 핵심 역량을 집중하고 있기 때문이다. 주요 사업의 경우에도 미국은 20% 정도의 사업을 모니터링하고 있지만, 이 역시 질 관리나 성과 관리 위주로 이루어진다. 모니터링의 주요 과제도 규제 완화나 제도 개선을 통해 계획한 성과를 달성하는 데 있어 걸림돌이 발생할 경우 이를 제거하는 데 주안점을 둔다.

2) 재정 관리의 기본 목표 및 방향 재검토: 성과중심적 재정 집행의 장기적 검토

지금처럼 예산현액 중 일정 비율을 따로 떼어 상반기에 집중해서 조기 집행하도록 하는 재정 집행 제도는 재고가 필요하다. 조기 집행을 통해 얻고자 하는 목표가 무엇인지 검토하고, 이러한 조기 재정 집행 제도가 실제 성과를 거두고 있는지 검토해야 한다. 인위적인 경기부양이 목표라면 실제로 그러한 목표가 달성되고 있는지 실증적으로 분석해볼 필요가 있다. 농림축산식품부의 대표적인 사업인 농민후계자 육성 사업과 국토교통부의 도로건설사업 조기 집행의 경우를 볼 때 당초 의도한 만큼의 성과가 나타났는지는 의문스럽다.

오히려 재정 투입액의 일정 비율을 일정 기간 내에 집행해야 한다는 목표에 집착해서 성과는 전혀 고려되지 않고 있으며, 시장질서의 왜곡과 부작용, 편법만 늘고 있는 실정이다. 계수상으로는 집행 성과가 있다고 하겠지만 일선 현장을 들여다보면 전혀 의도하지 않았던 부작용들이 많이 나타난다. 단순히 얼마나 많은 예산이 일정 기간 내에 집행되었고 이것이 예산현액에서 얼마만큼의 비중을 차지하는가가 중요한 것이 아니라 사업을 통해 어떤 결과를 의도하고 있으며, 어느 정도의 성과를 거두고 있는지를 살펴보는 제도로 바뀌어야 한다.

이러한 취지의 예산 제도를 택하고 있는 나라는 영국 등 주요 OECD 국가들로, 3년간 각 부처의 사업 목표 및 타깃이 정해지고, 매년 이 타깃을 기준으로 성과가 측정되고, 이를 기준으로 집행 성과가 모니터링되는 제도를 운영하고 있다. "인위적인 경기부양 효과는 신뢰하지 않으며, 오히려 다년도 예산을 통해서 거시경제적인 목표를 달성해나갈 것"이라는 영국 재무성 담당자의 말처럼, 재정 집행의 기본 방향은 예산 제도의 개혁과 관련지어 검토하는 것이 필요하다. 이를 위해서는 예산 제도의 근본을 재정립할 필요가 있으며(다년도 예산 제도, 성과 중심 예산 제도 등), 예산 항목을 통폐합하고 전용 및 이월의 폭을 확대하는 등 부처 예산 운영의 자율성을 크게 강화하는 방향으로 나아가야 할 것이다. 예산 항목 자체는 산출물 중심으로 재편성하고 지출 성과를 쉽게 측정할 수 있도록 하며(가령 영국처럼 '75세 이상의 암 사망률을 3년 후 10% 이상 감소시키겠다' 등), 동시에 사업의 집행 과정도 성과 중심 보고 체계를 확립하는 방향으로 나아가야 한다.

3) 장기적 발전 방향

재정 관리의 장기적 발전을 위해서는 크게 네 가지 방향을 설정해야 한다. 첫째, 사업 관리와 연계한 예산개혁이다. 예산제도개혁은 관리 개혁management reform과 분리되어서는 안 된다. 미국 정부의 관리예산처 Office of Management and Budget: OMB 사례와 영국 재무성 사례에서도 볼 수 있듯이 예산은 관리의 수단이라는 점에서 서로 유기적으로 연계되어 있기 때문에 개혁도 총체적인 틀 속에서 이루어져야 한다. 신공공관리적 관점에서 기업의 전사적 자원 관리Enterprise Resource Planning: ERP 차원의 예산제도개혁이 이루어져야 한다.[9] 예를 들어 현재와 같은 순환 보직이 보편화된 관료제하에서는 예산개혁도 한계를 가질 수밖에 없다. 예산 편성을 담당한 관리자가 예산 집행 시 바뀌어버리는 경우 예산 평가의 가장 중요한 책임성이 확보되기 어렵기 때문이다.

둘째, 새로운 프로그램 예산 구조의 설계다. 과거 품목별 예산 구조에서는 사업의 평가와 체계적인 책임의 실현이 어렵다는 문제점이 있었다. 이에 따라 '기관-장-관-항-세항-세세항-목'에 기초하여 편성되던 예산 구조를 전면적으로 수정해, 개별 예산이 궁극적으로 추구하는 목표에 대한 달성을 평가할 수 있는, '책임 추궁이 가능한 산출'에 초점을 맞춘 프로그램 예산 제도를 도입했다. 그러나 실제 성과 평가의 수준과 프로

---

9 ERP는 기업 전체를 경영자원의 효과적 이용이라는 관점에서 통합적으로 관리하고 경영의 효율화를 기하려는 수단이다. 쉽게 말해 정보의 통합을 통해 기업의 모든 자원을 최적으로 관리하자는 개념으로, 기업 자원 관리 혹은 업무 통합 관리라고 볼 수 있다. 좁은 의미에서는 통합적인 데이터베이스를 구축해 회사의 자금, 회계, 구매, 생산, 판매 등 모든 업무 흐름을 효율적으로 자동 조절해주는 정보시스템을 뜻하기도 한다. 기업 전반의 업무 프로세스를 통합적으로 관리하고 경영 상태를 실시간으로 파악해 정보를 공유하게 함으로써 빠르고 투명한 업무 처리를 실현하는 것을 목적으로 하는바, 우리나라에서는 이를 정부에도 적용하는 추세에 있다.

그램 수준의 불일치로 인해 예산과 관리의 연계가 어려운 실정이다. 실제 운영에 있어서도 '장-관-항-세항-세세항'이 '분야-부문-프로그램-단위사업-세부사업'으로 전환되는 데 그치는 한계를 보인다. 예산 코드를 보다 체계화하고 사업 계획과 연계해 더 많은 정보를 제공함으로써 예산의 효율적 집행이 가능하도록 전면적으로 재설계할 필요가 있다. 이를 위해서는 각 사업 부서에서 예산 편성과 심의 절차에 참고할 수 있는 보다 구체적이고 체계적인 정보들을 제공해야 할 것이다.

셋째, 성과주의 예산의 정착이다. 성과주의 예산은 예산의 우선순위를 결정할 때, 도식적이고 과거 반복적인 관행적 편성에서 벗어나 체계적이고 합리적인 분석에 의한 편성이 되도록 하는 장점이 있다. 보다 적극적으로 비용-편익 분석을 의사결정의 보조 수단으로 사용하는 것도 고려해야 한다. 미래의 예산 편성에는 반드시 과거의 예산 집행에 대한 평가를 반영한다. 예산의 사후평가는 효과성과 효율성을 평가하되, 편성 과정에서 적절한 관련 정보를 빠짐없이 반영하고 필요한 절차를 모두 거쳤는지 조사하는 것도 필요하다. 또한 사후평가는 책임을 추궁함으로써 책임관료제 구현을 지향해야 한다. 나아가 예산 편성 과정과 평가 단계만이 아니라 예산 집행 과정도 면밀하게 추적해 의도한 성과를 거둘 수 있도록 해야 한다. 성과주의 예산이 적용되는 단위로는 사업, 산출, 조직이 있는데, 다른 부문의 개혁과 연계하여 추진하되 가장 우리의 상황에 적합한 단위를 선택해야 한다. 책임단위의 성과는 계량적 지표에 의해 평가할 수 있는 분야에만 해당 성과 평가를 적용하고, 이외의 분야에 대해서는 성과 평가 결과를 유인의 수단으로 사용해야 한다. 계량지표만으로는 성과 평가가 불가능한 분야라면 비계량지표와 정성적인 정보도 허용해서 계량지표의 한계를 극복해야 한다. 다만 이런 경우에는 비계량지표의 주관성으로 인하여 성과 평가 정보를 예산 편성에 반영하거나 책임을 추궁하는 데 한계가 있으므로, 비계량지표는 유인의 수단으로만 사용해야 한다.

넷째, 사업 집행 관리를 전담하는 독립기관의 설치다. 영국의 경우 조달청Office of Government Commerce: OGC을 두고 주요 사업의 위험을 관리하도록 하여 연 10억 파운드(약 2조 원)의 예산 절감 효과를 보고 있다. 주요 사업의 지연을 막고 사업 집행 과정에서 생길 수 있는 위험부담을 사전에 예측해 조치를 취함으로써 많은 예산을 절감할 수 있는 것이다. 재정 집행 대상 사업을 선정하는 데 있어서도 우리나라의 경우에는 단지 사업비 규모를 기준으로 선정하나, 영국에서는 해당 사업의 사업비 규모, 사업의 복잡성, 정치적 민감성, 이해관계자의 수 및 성격 등 여러 가지 기준을 이용하여 위험도를 측정한 후 각 사업의 위험도 수준risk level을 정한다. 그리고 이를 기초로 대상 사업을 선정하며, 위험도 수준에 따라 검토 팀의 수 및 선정 과정을 상이하게 둔다. 이런 식으로 계속해서 선정 사업의 범위를 넓혀가고 있는 점은 이 제도에 장점이 많다는 것을 보여준다. 우리나라의 경우도 영국의 조달청 사례를 벤치마킹할 필요가 있으며, 독립 부서를 신설하는 방안, 또는 공무원 및 전문가들로 구성된 조직을 설치하는 방안도 검토해볼 가치가 있다.

검토 대상이 되는 사업에 대해서 사업의 생애주기lifecycle를 설정하고, 주요 결정 단계마다 집중적인 사업 집행 검토를 받게 하는 게이트웨이 리뷰 프로세스Gateway Review Process는 주요 사업의 성공적인 집행 관리를 가능케 하는 의미 있는 지원 체계의 사례로 평가된다. 여기서는 각 집행 단계별로 검토 결과 시정 조치를 취하게 하고, 그렇지 아니한 경우 다음 단계로 넘어가지 못하게 함으로써 실적 가치에 의한 관리 시스템 구축의 필요성을 강조한다. 예산은 편성 단계만이 아니라 집행을 포함한 전 과정을 통해 관리되어야 성과가 담보될 수 있다.

* * *

지금까지 살펴본 바와 같이, 예산은 정부의 정책 가계부라 할 수 있다.

미사여구와 홍보성 화장을 지우고 보면 그 뼈대가 되는 정책과 그 이행을 위한 사업들이 화폐 단위로 표현되어 있는데, 그것이 바로 예산이다. 예산은 계획 단계, 집행 단계, 그리고 성과 평가를 하는 결산 단계를 거치며 집행되고, 전체로는 3년을 주기로 돌아간다. 우리나라에서는 대통령을 수반으로 하는 행정부가 예산을 편성하고, 국회가 심의·의결하며, 행정부가 집행하고, 마지막으로 감사원의 도움을 받아 행정부가 결산을 마련하며 이를 국회가 다시 심의한다. 이러한 역할 분담은 헌법에도 자세히 규정되어 있는바, 특히 우리나라 헌법에는 예산 과정이 구체적으로 명시되어 있어 헌법경제학의 영역이 가장 두드러지게 잘 나타난 사례를 보여준다.

정부 수립 이후 지난 70여 년간 우리나라 재정은 필요한 혁신을 통해 적절한 역할을 수행해왔다는 평가를 받는다. 특히 2004년부터 중점적으로 이루어진 4대 재정개혁은, 예산 운영이 중장기적 시계로 확장되고, 총액배분 자율편성에 따른 정보 비대칭을 감안한 분권화가 이루어졌으며, 성과 관리와 디지털 예산회계로 이어지는 혁신적 노력을 이루어냈다는 점에서 IMF 등의 국제기구로부터 후한 점수를 받았다. 그럼에도 불구하고 우리는 형식적인 운영의 문제점을 직시하고 지출 점검, 결과 중심 성과 관리, 그리고 이를 구속력 있는 중장기 재정계획으로 연계하는 개혁과제를 준비하고 있다. 각 부문별 한도를 정하고 그 한도 내에서 우선순위에 따라 성과 중심 지출이 이루어질 때 지속가능한 살림이 가능하기 때문이다. 앞서 1장에서는 시장이 지속적으로 진화하고 있어 정부가 개입해야 하는 사안이 제한적일 수 있음을 강조한 바 있다. 같은 논리로 정부의 예산에 관한 의사결정과 집행, 그리고 성과 관리도 형식적이라는 비판에 자주 직면하곤 하지만, 이 역시 지속적으로 진화하고 있음을 인정해야 한다.

우리는 집권화된 예산 과정에 따른 양적·질적 구조조정을 통해 지출의 구조를 혁신하고 안정적인 재원을 마련하는 등 재정건전성을 갖추기 위한 관리 방안을 모색하고 있다. 그럼에도 불구하고 지적해야 하는 문제는, 재정 준칙을 이야기하면서도 몇 개월 앞조차 내다보지 못하고 고쳐대는 중기 재정계획 제도의 가벼움이다. 이에 대한 대안으로서의 국가재정운용계획은 지난 노무현 정부 때 재정개혁의 일환으로 도입되었고, 대부분의 선진국에서도 채택하고 있는 중기 살림 계획이다. 나라살림을 한 해 앞만 보지 말고 최소한 3~4년 앞을 내다보고 하자는 취지다. 정부가 재량적으로 취사선택할 수 있는 사업이 점차 줄어들고 의무적 지출entitlement이 지속적으로 늘어나는 환경에서 재정 성과를 도출할 수 있는 매우 필요한 시스템이라는 평가를 받고 있다. 정부와 국회에 대한 신뢰, 예산 결정의 모든 과정에 있어서의 투명성 확보, 그리고 최소한 다음 해의 살림에 대해서만큼은 구속력을 지니는 중기 재정계획의 준수는 글로벌 표준이 되는 개혁 의제라고 본다. 우리의 행복한 봄날을 앗아가 버리는 미세먼지와 황사에 대한 효과적 대안 마련 및 기후 변화 대응, 초고령화·초저출산에 대한 대책 마련, 그리고 취약계층에 대한 촘촘한 사회 안전망 구축에 보다 집중적인 정부의 역할이 필요하다. 이를 위해서는 최소한 한 세대 앞을 내다보는 큰 그림 아래 재정이 운용되는 금도가 지켜져야 한다.

Chapter 6

예산 심사와 국회의 재정 권한

예산을 편성하는 일을 행정부가 한다면 그것의 심의·의결은 국회가 담당한다. 그렇다면 우리 국민들은 국회가 역할을 제대로 수행하고 있다고 믿을까? 우리나라 국회에 대한 낮은 신뢰 또는 불신의 비용은 과연 얼마나 될까? 세계은행의 분석에 따르면 사회적 신뢰도가 10% 상승할 때 경제 성장률이 0.8% 상승한다고 하니, 신뢰 수준의 저하만큼이 고스란히 불신 비용이 되는 셈이다. 사회적 갈등으로 인해 연간 최소 82조 원에서 최대 246조 원의 비용이 발생한다는 삼성경제연구소(2017)의 분석 결과도 있다. 최근 들어 조금씩 개선되고 있지만 일반 국민들의 눈과 귀에 비치는 국회의 가치는 나라살림의 지킴이로 자리매김하지 못하고 있다. 2019년 세계경제포럼World Economic Forum: WEF 국가경쟁력평가 결과를 보면 우리의 국가경쟁력 순위는 13위이지만, 이 중 제도적 요인의 점수는 전체 141개 국가 중 26위, 특히 사회자본은 72위로 매우 취약한 수준이다. 중앙정부를 견제하는 국회도 그렇지만 지방정부를 견제하는 지방의회로 가면 불신의 수준은 더욱 심각하다. 한 고위 공무원은, 지방의회는 가치를 창출하기보다는 오히려 비용을 일으키는 주범이라고까지 이야기하기도 했다. 국회는 과연 얼마나 다를까? 물론 우리의 일천한 국회사를 이야기할 수도 있겠다. 그러나 1948년 5월 31일 활동을 시작한 제헌국회부터 따지면 75년간의 학습이 이루어졌다고 할 때, 현재처럼 수준이 낮은 부분에 대해 지금까지와 다른 접근(제도 개선)이 필요함은 명백하다.

행정부의 경우 예산개혁과 재정개혁이 단행된 이후 국가재정운용계획에 의한 중기 재정계획이나 총액배분 자율편성 제도에 따른 예산 요구 정도가 제도 도입 이전보다 대폭 감소했으며, 세출 구조조정 등으로 예산 요구 증가율이 점차 둔화되는 경향을 보이고 있다. 하지만 국회는 아직도 예산을 심의하고 결정하는 과정에서 미시예산micro-budgeting에 의한 과거의 상향식bottom-up 제도와 절차를 답습하고 있고, 예산을 정쟁의 대상으로 이용하는 등 새로운 예산 제도에 대한 진정한 국회의 역할을 보여주지 못하고 있다. 뿐만 아니라 예산 심의의 전문성을 제고하기 위해 예산결산특별위원회를 상설화하는 것에서 나아가 상임위화해야 한다는 논의가 지난 10여 년간 지속적으로 이루어져왔는데, 과연 무엇이 달라졌는가.

왜 진전이 없을까? 이 장에서는 예산과 재정개혁이 실시된 2004년 이후, 행정부의 독주를 견제하고 국가의 재원을 효율적으로 배분하며 목표를 달성하기 위한 국회의 전문적 역할이 처한 현주소를 진단하는 동시에, 제도 개선의 방안을 고찰하고자 한다. 예산 심의 과정에서 국회가 거시예산과 재정개혁에 대하여 올바르게 이해하고 전문성을 통한 심사와 적절한 견제의 역할을 수행하고 있는지 살펴본 후, 거시총량 심사 및 전략 재원 배분을 일상적인 예산 심사와 구분하는 방안, 그리고 예산 심사를 충실화할 수 있는 제도적 장치를 마련하기 위한 대안을 모색하기로 한다.

이 장은 다음과 같이 구성되어 있다. 먼저 예산 심사 관련 제도와 관행에 대해 국회 거버넌스의 관점에서 문제의 핵심을 도출한다. 그리고 이에 기초해 예산 심사의 현황을 진단하고, 거시예산의 전문성 부족 및 환경 변화에 발맞추지 못하는 제도의 부조화에 대해 논의한다. 마지막으로 예산 심사 제도의 문제점들을 타개할 수 있는 제도적 보완 장치에 대해 살펴보기로 한다.

1. 예산 심사 제도와 관행

1) 예산 심사 제도와 국회 거버넌스

예산 심사 제도는 의원내각제와 대통령중심제를 골간으로 크게 다르게 나타난다. 강력한 의원내각제에서는 행정부와 국회 간의 권력분립이 엄격하지 않고 내각과 의회는 서로 협력하는 형태를 띠는 반면, 순수 대통령중심제에서는 반대로 행정부와 국회의 권력분립이 매우 엄격하다. 따라서 대통령중심제에서 국회의 행정부에 대한 예산 심의 과정 통제 수준은 높은 편이며, 국회도 재정 관련 정보를 수집·분석하는 인적·물적 자원을 확보하고 있고, 예산 심의 과정에 영향력을 미치는 19개의 소관 상임위원회를 둔다.

국회의 재정 권한은 행정부와의 권력분립 정도와 상당 부분 정적(+)인 선형 관계를 보이지만, 이 관계는 결코 완전하고 안정적이지 않으며 국가별로도 차이를 나타낸다. 그리고 예산 과정에 대해 국회와 행정부가 영향력을 어느 정도로 행사하는지는 특정 정부 형태와 연관 짓기보다도 개별 국가가 지닌 특수한 요인들의 영향력을 감안하여 판단하는 것이 중요하다. 우리나라도 마찬가지로, 대통령중심제 정치체제를 감안한다면 예산 심의에 있어서 중기 재정계획, 총액배분 자율편성, 성과 관리 등의 이행에 많은 어려움이 뒤따를 것이라 짐작되며, 실제로도 제대로 운영이 되고 있는가에 대해서는 합격점을 받기 어렵다는 평가를 받는다(서갑수, 2013).

국회는 헌법이 부여한 예산 편성 및 심사 권한을 가지고 또 행사한다. 이 과정에서 국회의 역할은 재정 권한에 당파적 이해나 우선순위가 아닌 국가와 시민사회의 이해를 반영하도록 하는 데, 그리고 재정규율이 유지되도록 하는 데 있다. 실제로 국회는 나라살림 지킴이gate keeper로서의 역할에서 나아가 재정규율을 강조하고 재정 배분을 개선하며 공공부문 재정 운용이 보다 효율적으로 관리되도록 유도하는 데 초점을 맞춰야 하고, 이를 위해서는 새로운 협력 거버넌스 모형(행정부-국회 간 관계 모형)이 모색되어야 한다. 이러한 모형이 성공하려면 다른 무엇보다도 국회의 예산 심의 등 재정 이슈를 다루는 능력, 즉 전문성이 제고되어야 한다. 국회의 역량 제고competence empowerment는 예산결산특별위원회를 강화하고 전문적인 연구 인력을 확보하는 데서 출발한다. 또한 감사원의 능력을 향상시키고 국회로의 이관을 실현하며 충실한 예산 주기와 과정에 대한 공개를 통해 일반 대중의 관심을 고양하는 등, 투입을 권장하는 것을 통해서도 달성될 수 있다. 이를 위한 많은 노력이 있어왔지만 아직 성과는 미흡한 것이 사실이다.

우리나라의 경우 경제위기에 대응하는 과정에서 사회 안전망을 확충하려는 노력을 기울여왔고, 이에 따라 복지 분야에 대한 재정 지출이 빠르게 증가하고 있다. 한편 잠재성장률이 낮아지는 추세에서 저출산·고령화가 빠르게 진행되고 있어 재정의 지속가능성을 확보하는 데 어려움을 겪을 것으로 전망된다. 최근 '엄격한 재정규율의 준수'에서 '중기에 걸친 탄력적인 재정 균형'으로 행정부의 재정 운용 방식이 바뀌어가고 있고, 이러한 내용이 재정개혁으로 나타나고 있다. 따라서 국회가 수행하는 재정 통제의 중요성은 더욱 커지고 있다.

지난 2004년 이후 행정부를 중심으로 국가재정운용계획 수립, 일정 규모 이상 사업의 예비타당성 조사 제도 도입, 총액배분 자율편성 제도 실시, 디지털 예산회계시스템 구축, 기금에 대한 국회의 통제 강화, 주기

결산 제도를 통한 결산 결과의 예산 환류 체계 확보, 재정 사업 자율평가 제도 시행 등의 개혁이 이루어져왔다. 이러한 제도들이 취지대로 운영되기 위해서는 국회의 역할이 매우 중요하다. 단순한 재정 통제의 기능에서 나아가 건전한 협력자이자 조정자로서의 역할이 기대되고 있는 것이다. 재정건전성의 확보와 재정규율의 준수는 결국 국민 부담의 경감으로 귀착된다는 점에서 국회의 예산 심의 관련 전문성을 제고하고 정치경제적 행태를 통제할 수 있는 제도적 기반을 마련하는 것은 더욱 시급한 과제라 하겠다.

국회예산정책처나 입법조사처와 같은 국회전문기관들이 제공하는 중립적인 분석 정보가 국회에서의 충실한 예산 심의를 지원하리라는 추론은 선진국의 경험을 통해서도 알 수 있듯 상당한 설득력이 있다. 이들 기관들의 지속적이고 심층적인 연구에 기초한 분석은 겉돌기 쉬운 국회에서의 예산 심의를 기술적인 지식과 증거에 기초하게 한다는 점에서 기여한다.

이러한 맥락에서 재정거버넌스의 새로운 모색은 예산 심의 과정의 효율성을 제고하고 재정의 지속가능성을 강화하는 방법이 될 수 있다. 재정거버넌스는 예산 지출의 정당성을 확보하기 위한 출발점이 되기 때문이다. 예산 과정에 있어서 국회의 역할은 시대의 변화에 따라 달라지게 마련이다. 미래의 행정부와 국회의 관계는 전통적인 의미의 통제와 간섭이라기보다는 발전적 거버넌스를 위한 협력과 견제의 균형을 유지하는 관계가 될 것을 요구받고 있다. 미래의 메가트랜드는 기존 시공간의 틀을 깨는 글로벌 시장의 출현, 정치 이데올로기의 극한 대립 약화 및 다양화 등으로 특징지어지는 정치 분야의 급격한 변화를 내포할 것으로 보인다. 유비쿼터스 시대에 펼쳐질 메가트랜드가 근본적 환경 변화 속에서 진행된다는 점에서 이에 부응하는 재정거버넌스의 예산 심의 관련 역할의 전환이 기대된다.

새로운 재정거버넌스를 모색할 때는 정치 수단과 목표, 정치 활동의

장에 찾아온 변화, 그리고 정치 행위자들이 벌이는 게임과 그 결과의 변화, 정치 행위자의 성격과 형태의 변화를 모두 감안해야 한다. 이를 통해 지배구조governance의 근본적 변화가 발생할 수 있기 때문이다. 앞으로는 정책 수요의 불확실성과 복잡성이 증가하고, 나아가 공공부문과 민간부문의 경계가 흐려질 가능성이 크다. 정치와 행정의 연계가 가속화되고 시민사회는 정치 · 행정의 영역에 침투하게 될 전망이다. 따라서 국회도 사안에 따라 공동 발걸음을 요구받게 될 것이다. 중요한 것은 대통령제, 의원내각제 등 정치체제의 차이에도 불구하고 이러한 역할을 잘 수행하기 위해서는 국회의 인적 · 물적 · 제도적 자원의 충실화가 필요조건이라는 것이다.

2) 예산 심사 관행

예산은 정부 정책을 효율적으로 달성하기 위한 정책 결정 과정(정병욱, 2011)으로, 한 회계연도에 있어서의 국가 세입 · 세출에 대한 예정계획이다. 이러한 예산 결정 과정은 예산의 편성 · 심의 · 집행 · 결산 · 회계검사가 일정한 주기를 가지고 반복되는데, 여기에 다양한 행위자가 참여하여 영향력을 행사한다. 그중에서도 서로 가장 밀접한 관련을 갖는 행위자는 예산을 편성하고 집행하는 행정부, 그리고 예산을 심의해서 확정하는 국회다. 예산 결정 과정에서의 행정부와 국회 간 관계는 정부 형태에 따라 다양하게 나타난다.

대통령제의 경우 삼권분립에 기초하여 행정부와 국회가 예산 결정 과정에서 대등한 영향력을 지니기에 예산 심의 과정상 국회의 영향력이 강력하다. 하지만 의원내각제의 경우 행정부와 국회의 영향력을 구분하기가 애매하고, 예산 편성과 관련한 법 제도의 정비 및 예산 통제의 권한이 행정부에 있기에 국회의 예산 심의 권한은 약하다는 특징을 가진다. 이렇게 정치체제의 성격이 대통령중심제인지 의원내각제인지에 따라 예산 심의 과정에서의 엄격성이 구분될 수도 있지만, 최근 국회의 예산 심의 과정은 예산 규모가 크고 전문기술성이 강하기 때문에 정치제체에 따른 변화가 그리 크게 나타나지 않는다(이종수 · 윤영진 외, 2008).

우리나라 예산 과정의 경우 재정민주주의[1]를 실현하기 위한 헌법상 권력분립의 원칙에 기반하여 운영된다. 헌법 제54조[2]에 의하면 정부는 회계연도마다 예산안을 편성하고, 국회는 국가의 예산안을 심의 · 확정하는 고유 권한을 갖는다. 즉 행정부는 헌법, 국회법, 국가재정법에 따라 일정한 형식을 갖추어 예산안을 편성하고, 입법부인 국회는 헌법, 국회법, 기타 법률에 의거하여 예산안을 심의 · 확정하며, 이를 행정부가 집행하도록 헌법에 명시하고 있다. 이는 국가 재정에 있어 권력분립의 원칙이 구현되고 있음을 보여준다. 특히 이 중 예산 심의 과정은 행정부에 대한 입법부의 견제라는, 삼권분립에 기초한 대표적인 과정의 하나로서, 국민들의 대리인인 국회가 국민들이 제공한 한정된 재원(주로 세금)을 가지고 자원의 효율성을 극대화하는 방향으로 대안을 모색하여 예산안을 편성 · 배분해 지출하고 있는지를 조사 · 검토 · 분석함으로써 행정부를 견제 · 감시하는 과정이다. 따라서 예산 심의 과정은 재정민주주의의 중요한 제도적 장치라고 할 수 있다.

전술했듯 재정 운용의 효율성과 투명성을 마련하기 위한 제도적 정책은 마련되어 있지만, 현대 정부에서 정책이 전문화될수록 국회의 독립적

---

1 헌법에 규정된 재정민주주의 차원에 따른 국회의 재정에 관한 권한은 다음과 같다. 즉 예산심의권, 재정입법권, 국회의 정부 재정 행위에 대한 동의권과 승인권, 결산심사권이다.

2 헌법 제54조 ① 국회는 국가의 예산안을 심의 · 확정한다. ② 정부는 회계연도마다 예산안을 편성하여 회계연도 개시 90일 전까지 국회에 제출하고, 국회는 회계연도 개시 30일 전까지 이를 의결하여야 한다. ③ 새로운 회계연도가 개시될 때까지 예산안이 의결되지 못한 때에는 정부는 국회에서 예산안이 의결될 때까지 다음의 목적을 위한 경비는 전년도 예산에 준하여 집행할 수 있다.

1. 헌법이나 법률에 의하여 설치된 기관 또는 시설의 유지 · 운영
2. 법률상 지출의무의 이행
3. 이미 예산으로 승인된 사업의 계속

통제는 어렵게 되는 것이 OECD를 비롯한 전 세계적인 추세다(Schick, 2002). 특히 지금까지 우리나라의 예산 과정에서 예산 및 재정 운용을 주도해온 것은 행정부이고, 국회는 미세한 조정자로서의 소극적 역할만을 담당해왔기 때문에 행정부에 대한 적절한 견제와 통제자로서의 위상은 확립되지 못했다. 따라서 향후 재정건전성을 확보하고 재정 운용의 효율성을 구축하기 위해서는 재정민주주의가 확립되어야 하는데, 그 중심에 있는 것이 바로 예산 심의 과정에서의 국회의 역할이다.

박정수(2007)는 대통령중심제나 연방제 국가 및 분권화된 단방제 국가에서 이루어지는 재정개혁이 의원내각제나 집권화된 단방제 국가에서 이루어지는 것에 비해 다양하고 점진적이며, 범위가 제한되어 있다고 본다. 따라서 우리나라의 정치체제를 감안할 때 재정개혁의 이행에는 많은 어려움이 있을 것으로 예상된다. 국회는 재정의 지킴이로서의 역할에서 더 나아가 재정규율을 지키고 재정 배분을 개선하며 재정 운용의 효율성을 유도하는 데 초점을 맞춰 새로운 역할을 모색해야 하며, 이를 위해서는 국회의 전문성이 제고되어야 한다.

그렇다면 국회의 예산과 재정의 개혁을 위해 전문성과 효율성을 달성하려면 어떻게 해야 하는가? 쉬크(Schick, 1973)는 입법부가 새로운 방법보다는 관습적 방식에 익숙하고 개혁에 큰 관심이 없어 이전의 예산제도 개혁이 실패했다며, 예산과 재정의 개혁을 유지하고 그것이 성공하기 위해서는 입법부와 대통령의 끊임없는 관심과 지지가 필요하다고 주장했다. 즉 국회의 예산·재정개혁에 대한 정확한 이해와 합리적 의사결정이 선행되어야 예산 과정에서 행정부를 향한 적절한 견제와 통제 기제가 작동될 수 있다는 것이다. 국회 스스로가 재정건전성과 자원 배분, 경제 성장에 대한 정확성과 전문성을 확보하고 무절제한 예산 증가에 대한 제도적 장치를 마련하여 예산 심사에 참여해야만 예산개혁을 성공적으로 구축하고 효율성을 확보하여 국민이 정부를 신뢰하도록 만들 수 있다는 것이다.

하지만 현실적으로 예산 심의의 참여자인 국회는 예산개혁에 대한 정확한 이해를 보이지 못하고 있는 것으로 평가된다. 지역구나 이익단체의 표심을 의식한 선심성 예산 관행이 여전하고, 부실한 예산 심의로 인한 수박 겉핥기식 예산 심의가 되풀이되고 있다. OECD를 비롯한 선진국들은 재정의 건전성, 투명성, 효율성을 확보하기 위해 예산·재정개혁[3]을 추진하는 과정에서 입법부의 새로운 역할과 노력을 모색하고 있다. 따라서 우리나라 국회는 예산 심의 과정에서 입법부의 역할을 확립하고, 재정민주주의를 공고히 하며, 신뢰성을 제고하기 위한 노력을 기울여나가야 할 것이다.

2. 예산 심사 현황에 대한 진단

그간 예산 심의와 관련해 생각보다 많은 연구가 진행되어왔다. 예산 과정과 제도 개선, 특히 예결위 및 전문보좌기구의 확충 등과 관련한 연구가 이루어졌다. 선행 연구들은 예산 심의의 문제점과 영향 요인으로 정치환경적 요인, 예산 심의의 제도적 요인, 시간적 제약, 전문보좌기구의 미흡 등을 지적하는바, 특히 제도적 요인과 시간적 제약이 가장 많이 나타나는 것으로 분석된다.

1) 예결특위 예산 심사의 거시전문성 부족

국회의 거시예산 심의 현황을 파악하기 위해 국회 예산결산특별위원

3 OECD는 "효율적 예산 과정을 위한 제도적 장치"로서 ① 중기 재정계획, ② 신중하고 보수적인 경제 전망, ③ 하향식top-down 예산 편성 제도, ④ 예산당국의 투입 규제input control 완화, ⑤ 성과 또는 결과 중심 재정 운용, ⑥ 예산의 투명성, ⑦ 재정위험 관리를 위한 현대적 재무관리 기법의 일곱 가지 방안을 제시했다(OECD, 2007).

회 회의록에 나타난 예산 심의 내역에 대한 자료를 수집하여 워드 클라우드Word Cloud 기법을 활용하는 '내용분석 방법content analysis'을 통해 분석한 연구가 있다(박정수 · 신혜리, 2013). 거시예산과 재정개혁이 정부 예산에 반영되어 국회의 예산 심의를 받기 시작한 것이 2004년도 예산 심의부터이기 때문에 2004년부터 2011년까지 8년간 국회가 얼마나 거시예산과 재정개혁에 관심과 전문성을 가지고 예산 심의에 참여해왔는지를 분석한 연구다. 거시예산에 대한 의원들의 이해와 전문성을 분석하고 평가하기 위해 국회의 예산 심의 과정 가운데서도 예산결산특별위원회의 종합 심사에 초점을 맞췄다. 특히 개별 예산 사업에 대한 질의가 아닌 국가 재정 전반의 관점에서 거시적이고 총괄적인 예산안에 대한 내용을 다루는 '종합 정책 질의'의 내용을 분석의 대상으로 삼았다.[4]

분석 결과에 따르면 거시예산과 관련하여 의원들의 질의가 가장 많이 이루어진 부분은 재정건전성 및 국가채무에 관한 부분이었으며, 경제 성장률에 대한 질의가 그다음으로 많이 이루어진 것으로 나타났다. 반면 의원들은 상대적으로 경제 정책이나 세입 · 세출 분야에 대한 관심은 적은 것으로 나타났다. 또한 질의 자체에 있어서도 거시예산에 대한 질의는 형식적으로 이루어지는 측면이 강했다. 총액배분 자율편성 제도의 경우 제도 도입 초기에는 많은 의원이 관심을 가졌으나 이후 관심이 줄어든 것으로 나타났는데, 이는 우리나라 국회가 여전히 과거의 상향식 예산 관행에 의한 예산 심의를 선호하는 것으로 해석할 수 있다.

대부분의 질의 내용이 상임위원회에서 이루어져야 할 개별 사업, 미시예산에 대한 질의나 지역사업 유치를 위한 지역 예산에 대한 것이었으며, 예산결산특별위원회 예산 심의의 본 취지를 잘 살리지는 못한 것으로 드러났다. 이는 예산에 대한 의원들의 이해와 전문성이 부족하기 때

4 예산결산특별위원회의 예산 심사 과정 중 '종합 정책 질의'는 예산의 총체적이고 거시적인 부분, 재정에 대한 전망이나 정책에 대해 질의하는 부분에 해당한다(강장석, 2010).

문으로, 그 이유는 크게 세 가지로 분석되었다. 첫째, 예산 심의 과정에서 상임위원회의 예비 심사가 먼저 이루어진 이후에 예결위 심사가 이루어지다 보니 의원들이 예결위 예산 심사를 상임위원회 예산 심사와 같은 과정으로 인식하는 것으로 추측된다. 미시예산에 대한 심사 행태가 예산결산특별위원회에서도 이어지는 것이다. 둘째, 예산 심사가 다른 의정 활동과는 달리 전문성을 필요로 하는 분야이다 보니 거시적 측면의 복잡하고 어려운 분야보다는 가시적이고 이해하기 쉬운 미시예산에 더 관심을 보이는 것으로 추측된다. 셋째, 예산결산특별위원회의 임기가 단년도로 일정 기간에만 이루어지다 보니 예산에 대해 이해하기 위한 시간이 부족하고 연속성이 없어 의원들 스스로도 이를 위한 노력이 부족한 것으로 판단된다. 이러한 예산 심의 과정에서의 거시예산 및 재정개혁에 대한 의원들의 이해 및 전문성 부족은 예산을 편성하여 집행하는 행정부에 대한 견제와 감시의 기능을 약화시키며, 이는 제도 개선의 필요성을 시사한다. 앞의 연구는 2013년에 수행된 것이지만, 2020년대에 수행된 최근의 연구(신혜리 · 박정수, 2021)에서도 유사한 문제점은 여전히 지적되고 있다.

2) 환경 변화와 괴리된 제도의 부조화

총수입 · 총지출은 국민경제에 미치는 정부의 실질적인 재정 활동을 파악하기 위하여 2005년(2006년도 예산안)부터 도입되었고, 재정 운용 계획 수립 등에 있어 중앙정부의 재정 규모를 파악하기 위한 지표로서 활용되고 있다. 총수입은 일반회계, 특별회계, 기금(8개 금융성기금[5]과 계정성기금 중 외국환평형기금 제외[6])의 총계기준 수입을 모두 더한 뒤 내부 거래

5 금융성기금(8개): 기술보증기금, 신용보증기금, 산업기반신용보증기금, 주택금융신용보증기금, 농림수산업자신용보증기금, 무역보험기금, 예금보험기금채권상환기금, 농어가목돈마련저축장려기금.

수입 및 보전 수입을 차감하여 산출한다. 2021년 본예산 기준 중앙정부 총수입은 482.6조 원이고 총지출은 558.0조 원 규모다. 총지출은 총수입에 대응하는 개념으로서 일반회계, 특별회계, 기금(8개 금융성기금과 계정성기금 중 외국환평형기금 제외)의 총계기준 지출을 모두 더한 뒤 내부거래 지출 및 보전 지출을 차감하여 산출한다.

2021년의 재정 규모는 본예산 기준 558.0조 원으로 1970년 대비 1,073배나 증가했다. 통합재정의 규모로 보면 1970년 5,200억 원에서 1980년 8.46조 원, 1990년 34.04조 원, 2000년 129.28조 원, 2010년 254.23조 원, 2021년 558.0조 원으로 크게 늘어나고 있다. 이처럼 재정 규모가 큰 폭으로 확대되면 국회의 예산 심사권에도 한계가 드러난다. 대표적으로 국회 예산 심사가 형식적으로 흘러가는 경향을 띠게 되는데, 그 이유로는 크게 다음의 세 가지를 살펴볼 수 있다.

첫째, 국회와 행정부 간 정보가 비대칭하고 예결위원의 전문성이 부족하기 때문이다. 예결위원의 임기를 보면 80%가량이 불과 1년 정도인 것으로 나타난다. 겸임 형식의 현행 예결위원 선임 방식에다 80%가 넘는 교체 관행으로는 전문성의 축적을 기대하기 어렵다. 이러한 예결위원 50명이 2022년 2차 추경 기준 679.5조 원의 총지출을 짧은 기간 안에 심사하는 작업은 가히 신의 경지라고 할 수 있다.

둘째, 충분한 심사 기간을 확보하지 못하기 때문이다. 헌법에 규정되어 있는 짧은 법정 심사 기간, 즉 60일은 미국(8개월), 영국(4개월), 일본(70일)에 비해 짧으며, 심지어 국정감사가 함께 이루어짐에 따라 실질적인 예결위 심사 기간은 20일 내외인 것으로 나타난다. 상임위 예비 심사, 국정감사 및 법률안 심사 등에 따른 예결위 활동 제약도 문제로 지적된다. 예결위 회의 일수는 소위를 포함해서 2010년 17일이던 것이, 2022

6 총수입·총지출은 국민경제에 영향을 미치는 정부의 실질적인 재정 활동을 파악하기 위한 개념이므로, 정부의 금융성 활동을 수행하는 금융성기금 및 외국환평형기금은 여기에 포함되지 않는다.

<표 6-1> 예산 일정의 변경 추이

<table>
<tr><th>구분
항목</th><th>예산안 편성 지침</th><th>부처의 예산 요구</th><th>예산안 국회 제출</th><th>예산안 국회 의결</th></tr>
<tr><td>1957*~1962</td><td>-</td><td rowspan="3">5월 말</td><td>정기회 개최 초
(9월 1일)</td><td>회계연도
개시 전</td></tr>
<tr><td>1963~1972
(예산회계법
제정, 5차 개헌)</td><td rowspan="2">3월 말</td><td>회계연도
개시 120일 전</td><td rowspan="4">회계연도
개시 30일 전</td></tr>
<tr><td>1972~2006
(7차 개헌)</td><td rowspan="2">회계연도
개시 90일 전</td></tr>
<tr><td>2007~2012
(국가재정법
제정)</td><td>4월 말</td><td>6월 말</td></tr>
<tr><td>2013~
(국가재정법
개정)</td><td>3월 말</td><td>5월 말</td><td>회계연도
개시 120일 전</td></tr>
</table>

* 주: 1957년 이전에는 회계연도가 1월 1일부터 12월 31일까지가 아니었음.

년 공청회 포함 24일에 그쳤다.[7] 국회의 예산안 심의·확정 기간은 당초 4개월에서 5차 개헌으로 3개월, 7차 개헌으로 2개월로 단축되었다가 2013년 국가재정법의 개정으로 다시 3개월로 늘어나 오늘에 이른다(<표 6-1> 참조).

상임위 예비 심사와 예결위 심사에 전체 시일 중 85%가량을 소요하고 있는데, 많은 전문가가 이에 대해 2단계 심사의 중복 등 비효율성을 지적한다. 더군다나 2023년 기준 국회는 심의 업무 과다가 아닌 다양한 정치적 이유 등으로 헌법상의 최종 의결 시한을 준수하지 못하고 있다. 국회의 의결 시한을 앞당겼던 5차 개헌(1962년 12월 26일) 이후인 1966~1971년의 6년 중 5개년이나 법정 기한을 넘겨 예산안이 의결되었다. 이

7 2022년 9월 1일 예결위 전체회의를 시작으로 총 11차례의 전체회의, 5차례의 결산심사소위원회, 8차례의 예산안등조정소위원회를 개최했다.

후 20년 가까이 예산안 의결 시한이 준수되었으나, 1990년 이후 2023년까지 33년 중 6개년을 제외한 27개년이나 다시 법정 기한을 넘겨 예산안이 의결되었다. 급기야 2023년의 예산은 2022년 12월 24일이 되어서야 통과되었다. 이마저도 진지한 예산 심의로 법정 기한을 넘긴 것이라기보다는 정쟁으로 시간을 보낸 것이다. 이처럼 실제 예산 심의에 있어 가장 큰 문제는 바로 예산 심의 기간의 부족으로 지적된다(조택 · 이근주, 2013). 1973년 이후 2013년까지 국회의 예산 심의 기간에 대한 시계열 분석 결과를 보면 40년간 예산 심의에 소요된 평균 기간은 63.3일이었으며, 이는 법정 기한을 7.3일 초과한 수준인 것으로 나타난다. 1990년 이후, 즉 민주화 이후 국회의 입김이 강해지기 시작하면서 소요 기간은 총 68.8일로 늘었고, 법정 기한 초과 일수도 14.3일로 늘어 개선이 필요함을 알 수 있다. 또한 예산 심의에 실질적 영향력을 행사하는 11인의 계수조정소위원회를 구성하는 데 걸리는 기간이 정부 제출 이후 거의 두 달 가까이 소요되는 것도 개선이 필요한 또 하나의 중요한 문제로 지적될 수 있다.

셋째, 국회 예산 심사권의 투명성 · 책임성 결여도 문제다. 증액 예산의 밀실 심사(소위 쪽지 예산)에 대한 비판적인 여론이 확산하면서 국회의 예산 심사권에 대한 불신이 팽배하다. 이는 예산 심사권의 투명성과 책임성에 대한 문제로 직결된다. 이에 따라 김태일(2013)의 연구에서도 볼 수 있듯이 좋은예산센터와 같은 시민단체의 활동을 통해 계수조정소위의 역할이 공개적으로 논의되고 있다.

넷째, 과거의 제도를 개선하고자 한 시도가 효과면에서 미흡한 결과를 보이고 있기 때문이다. 2000년 국회법 개정을 통해 예산에 대한 국회의 연중 통제를 목적으로 예산결산특별위원회를 상설화했으나, 실제 예산의 심사 구조에 있어 이전과 큰 차이는 나타나지 않았다. 2012년 동법을 개정해(일명 '국회선진화법') 예산안의 법정 기한 내 처리 가능성이 제고된 바 있으나, 상기 제시된 문제점의 본질적 해결 방안은 되지 못했다. 국회

선진화법은 "예산안 본회의 자동부의"(12월 1일 자동부의)를 신설하되, 예산안 조기 제출을 위한 국가재정법 개정을 선행조건으로 하고 있다. 이 부분 역시 2013년 4월 개정이 이루어져 예산 및 국가재정운용계획 등 재정 관련 자료의 국회 제출 시기가 회계연도 개시 90일 전에서 120일 전으로 앞당겨졌다. 그럼에도 불구하고 예산은 합의의 산물이라는 점에서 해당 개정안을 점진적인 선진화를 위한 충분조건으로 보기는 어렵다.

3) 그간의 예산 운용에 대한 반성

개발연대의 독재정권을 거쳐 민주화가 이루어지면서 적대적인 여야 관계가 형성되었고, 국회의 재정 제도개혁도 실효성 측면에서 낮은 평가를 받고 있다. 국회는 삼권분립의 헌법정신에 따라 행정부가 제출한 예산안을 심의·의결하며, 국정조사 등을 통해 성과를 모니터링하는 매우 중요한 역할을 부여받고 있다. 한국행정연구원이 2022년 1월 발표한 사회통합실태조사를 보면 국민들이 가장 신뢰하는 기관으로는 의료 기관을 꼽았고, 교육기관, 금융기관, 지방정부, 군대가 뒤를 이었다(한국행정연구원, 2022). 신뢰도가 가장 낮은 기관으로 콕 찍어 지적된 곳은 국회다. 통계청이 2023년 2월 조사·발표한 자료에서도 국민 신뢰도가 가장 낮은 정부기관으로 국회가 꼽혔다. 이어 검찰과 경찰 순으로 저조한 신뢰도를 보였다(통계청, 2023). 국회가 맡은 역할을 제대로 수행한다고 답한 비중은 19.7%(중복응답)에 그쳤는데, 이는 조사 대상 기관 7곳 가운데 유일하게 10%대를 기록한 수치였다. 가장 높은 신뢰를 받는 기관은 군대(48.0%)가 차지했다. 이어 지방자치단체(44.9%), 중앙정부(38.4%), 법원(36.8%), 경찰(36.5%), 검찰(32.2%) 순이었다.

이렇게 낮은 신뢰도는 적대적 여야관계로 인한, 대화와 심도 있는 논의보다는 무한 대결로 치닫는 모습이 국민들에게 그대로 투영된 결과라 할 수 있다. 전진영(2015)에 의하면 국회선진화법으로 불리는 개정국회법은 다수제 강화와 합의제 강화라는 상반되는 목적을 가진 일련의 의사절차 패키지로 구성되기 때문에, 그 영향력 역시 구체적인 절차와 제도의 수준에서 논의되어야 한다. 국회의장 직권 상정 요건을 엄격화하고 질서 유지 제도를 강화한 절차가 시행됨으로써 국회 폭력 사태는 발생하지 않게 되었고, 의안자동상정제의 시행에 따라 법안의 위원회 상정 기간은 단축된 것으로 나타났다. 또한 국회선진화법 때문에 쟁점 법안의 입법이 지연되고 입법 교착이 발생했다는 경험적인 근거 역시 찾을 수 없었다. 그러므로 입법 지연과 입법 교착이 여전히 발생하는 것은 국회선진화법 때문이라기보다는 원내 교섭단체 간 협의 또는 합의에 기반하는 원내 의사결정 관행 때문이라고 봐야 하나, 여대야소의 경우 이러한 관행이 무시되는 문제가 있다. 입법 지연을 방지하기 위해 설계된 일련의 절차들(안건신속처리제나 법사위 체계·사구심사 지연 법안의 본회의 자동부의제도, 예산안 및 부수법률안의 본회의 자동부의제도)의 경우 국회의 법안 심의권이나 재정 통제권을 약화시키는 결과를 초래할 위험이 있다.

현행 국회 예산 제도의 문제점으로 거시적 관점에서의 예산 심사 부재, 예결위원의 전문성 부족, 쪽지 예산 등을 지적하는 목소리가 높다. 우선 예결위에서 거시적 관점에서의 예산 심사가 이루어지지 못하고 있어 국가 재정 운영이 중장기적으로 타깃을 정해 운영하는 방식으로 이루어지는 데에는 어려움이 있다. 무엇보다 예결위원의 임기가 짧아 전문성을 확보하기에 미흡한 환경이며, 지역구 예산 우선 확보를 위한 쪽지 예산 문제를 예방하기도 어려운 구조를 보인다. 국민들이 원하는 방향으로 예산이 편성되도록 국회가 예산 편성권을 가진 행정부를 통제할 수 있어야 하나, 현재 크게 세 가지 측면에서 문제점이 있다. 첫째, 행정부, 즉 기획재정부가 예산안을 준비하는 기간은 상대적으로 길지만 국회가 이를 심사하는 기간은 두 날 정도로 너무 짧아서 심도 있는 심사가 어렵다. 둘째, 예산안의 내용이 비전문가도 이해할 수 있도록 잘 요약되어서 공개되지 않기 때문에 국회 외부의 국민들이나 시민단체들은 예산안의 구체적인 내용에 대한 의견을 형성하기 어렵다. 셋째, 예결특위 위원들이 자주 교체되어 전문성을 가진 의원들의 심도 있는 예산안 심의를 기대하기 어렵다.

2023년 기준 우리나라 국회에는 19개의 상임위가 구성되어 있고 그중 운영위원회와 정보위원회, 여성가족위원회는 겸임위원회로 운영되고 있다. 그밖에 법제사법위원회, 정무위원회, 기획재정위원회, 교육위원회, 과학기술정보통신위원회, 외교통일위원회, 국방위원회, 행정안전위원회, 문화체육관광위원회, 농림축산식품해양수산위원회, 산업통상자원중소벤처기업위원회, 보건복지위원회, 환경노동위원회, 국토교통위원회가 기능별로 구성되어 있다. 부처소관 상임위와 예결위의 합리적 역할 조정이 관건이다. 특히 기획재정위원회와의 역할 조정도 집중적으로 논의되어야 한다. 현행 제도의 문제점으로는, 예산안 심사가 소관 상임위의 예비 심사 및 예결위의 종합 심사로 구분되는바, 두 심사 모두 미시적 심사에 그치고 있어 중복에 따른 예산안 심사의 비효율성이 발생한다는 것이다. 또한 상임위 감액 사항은 예결위에서 대부분 수용되고 있으나, 상임위의 과다한 증액 요구에 대해 예결위에서 특별한 원칙 없이 심사를 하는 추세 역시 개선되어야 한다.

국경복(2015)은 국회의 예산 심사권이 지닌 한계로 거시예산에 대한 전문성 부족과 형식적 심사를 지적한다. 국회와 행정부 간 정보의 비대칭성, 그리고 예결위의 겸임에 따른 전문성 부족이 가장 중요한 이유라고 본다. 상임위와 예결위의 이중 심의가 이루어지고, 국회의 예산안 수정 비율이 낮으며, 겸임 형식의 예결위원 선임 방식과 예결위원의 단년도 교체 관행으로 매년 위원 교체율이 80% 수준에 이르러 전문성의 축적이 어렵다는 점 등으로 인해 국회 예산 심의가 형식적으로 이루어지고 있다는 비판이다.

<표 6-2>와 <표 6-3>에 나타난 바와 같이 상임위의 예비 심사는 삭감보다는 증액 위주로 이루어지고 있으며, 상임위에서 삭감된 부분은 예

<표 6-2> 상임위원회의 세출 예산안 예비 심사 결과(2003년~2021년)

(단위: 억 원, %)

구분 연도	정부 예산안	삭감	증액	증감	증감률
2003	1,116,580	△790	27,485	26,695	2.4
2004	1,175,429	△3,793	82,140	78,348	6.7
2005	1,315,110	△18,363	78,259	59,896	4.6
2006	1,765,256	△937	24,129	23,192	1.3
2007	1,781,116	△1,134	37,962	36,828	2.1
2008	1,962,484	△7,112	35,719	28,607	1.5
2009	2,176,111	△12,658	126,803	114,146	5.2
2010	2,533,545	△6,566	82,230	75,665	3.0
2011	2,644,629	△31,329	19,603	11,726	0.9
2012	2,832,152	△19,762	108,460	88,698	3.1
2013	2,975,135	△15,916	122,581	106,665	3.6
2014	3,110,702	△7,755	102,042	94,287	3.0
2015	3,215,208	△11,889	147,579	135,690	4.2
2016	3,299,092	△10,861	79,620	68,759	2.1
2017	3,347,890	△19,344	108,976	89,632	2.7
2018	3,679,491	△2,979	77,674	75,193	2.0
2019	3,272,966	△4,381	138,009	133,628	4.1
2020	3,524,136	△29,403	93,508	64,101	1.8
2021	3,708,954	△8,160	95,794	87,634	2.4

* 주: 기금을 제외한 세출 예산안 순계기준이지만, 회계·기금 간 내부거래는 포함되어 있으며 단수 차이로 합계에 차이가 발생할 수 있음.

결위의 계수조정위원회에서 대부분 그대로 반영되고 증액에 대해서는 전면적인 재심사를 통해 부분적으로 반영되고 있다. 2011년 이전에는 반영 비율이 연도별로 상이하고 매우 부분적이었던 반면, 2012년 이후에는 단 2개년을 제외하고는 상임위 증액 금액의 30~40% 수준을 반영

<표 6-3> 상임위원회에서 증액된 예산의 예산결산특별위원회 조정소위원회 반영 현황

(단위: 억 원, %)

연도 \ 구분	상임위 증액 금액	조정소위 반영 증액 금액	반영 비율
2000	25,276	731	2.89
2001	41,166	3,982	9.67
2002	30,106	8,560	28.43
2003	27,485	1,550	5.64
2004	82,141	6,633	8.07
2005	78,259	5,154	6.59
2006	24,129	10,894	45.15
2007	37,962	35,242	92.83
2008	35,719	537	1.50
2009	126,803	16,327	12.88
2010	82,230	40,492	49.24
2011	19,603	19,603	100
2012	108,460	33,062	30.48
2013	122,581	41,858	34.15
2014	102,042	26,849	26.31
2015	147,579	39,537	26.79
2016	79,620	27,069	34.00
2017	108,976	51,424	47.19
2018	77,674	36,773	47.34
2019	138,009	39,984	28.97
2020	93,508	74,752	79.94
2021	95,794	73,739	76.98

* 주: 기금을 제외한 세출 예산안 순계를 기준으로 함.

하는 데 그쳤다.

<표 6-4>에서 볼 수 있듯 정부가 회계연도 120일 전에 예산안을 제출해도 국정감사와 함께 이루어짐에 따라 실질적 예산 심의 기간은 여전

<표 6-4> 2022년 예결위 회의 내역

본회의	소위원회
제1차: 9.1	예산안등조정소위 제1차: 11.17
제4차: 11.4 결산 및 예산관련 공청회 시작	예산안등조정소위 제8차: 11.29
제11차: 11.16 예산안등조정소위 구성	결산심사소위 제1~5차: 9.15~11.4

히 20일 내외에 불과한 것으로 나타난다. 상임위 예비 심사, 국정감사 및 법률안 심사 등에 따른 예결위 활동 제약도 문제다. 코로나19 여파로 예외적이었던 21대 국회인 2020년 예결위를 제외하면 대개가 비슷한 경향을 보인다. 구체적으로 20대 국회인 2019년 예결위 예산 관련 회의 일수도 소위(11차)를 포함해서 20일에 그쳤다.

한편 1990년 이후 예산안 본회의 자동부의 제도가 신설되기 전까지 대부분 법정 기한을 넘겨 예산안이 의결되었다. 2012년 5월 국회법 개정으로 인해 여야의 갈등이 극에 달할 때마다 일어났던 국회에서의 몸싸움과 폭력을 추방하고 예산안을 헌법이 정한 기간 안에 통과시키는 것이 가능해졌지만, 문제는 심의의 질이다. 예산 심의에 실질적 영향력을 행사하는 11인의 계수조정소위를 구성하는 데 걸리는 기간이 <표 6-4>에서 보듯이 정부안 제출 이후 70일이나 소요되고 있어, 심의의 질을 제고하기에는 여전히 시간이 부족한 것으로 보인다.[8]

예산 심의를 지원하는 전문기관인 국회예산정책처의 한계도 지적된다. 이겨레와 함성득(2008)은 조직의 자율성, 적응성, 복잡성, 통합성의 네 가지 기준으로 2003년 설립된 국회예산정책처의 제도적 발전 과정을 분석했다. 국회예산정책처는 미국의 의회예산처Congressional Budget Office: CBO를 벤치마킹했으나 제도적 환경이 전혀 다르다는 점에서 실효성 문제가 제기된다. 설립 취지는 정치적 중립성을 유지하면서 행정부의 재정

8 국회선진화법은 2010년 12월 '2011년 예산안'을 날치기 처리한 직후부터 논의되기 시작됐다.

전문성에 대응해, 국회의 제도적 재정 전문 기관으로 정착하는 것이었다. 하지만 그 수요자인 국회의원의 지원 유용성 평가가 소속 당파에 좌우되고 국회사무처의 간여가 상당한 수준으로 나타나 인사권, 조직권, 예산권의 한계를 보인다. 조직과 예산의 규모는 상당한 수준인 데 반해 처장의 인사 자율권은 제약을 받으며, 조직의 설립과 함께 사무처 인력의 파견 및 전출입 등이 수반되면서 기존 업무의 지속성과 보편성 측면에서는 장점을 살리고 있으나 전문성 축적에서는 한계가 나타나며, 분석관들의 잦은 이직 등 역시 문제점으로 지적된다.

3. 예산 심사 개선 방안

1) 거시총량 심사의 전문성 제고를 위한 제도 개선

정부의 예산 편성권에 대한 국회의 민주적·효율적 견제는 매우 중요한 과제다. 헌법상 보장된 국회의 입법권은 강화된 반면, 예산 심의 확정권은 상대적으로 형식화된 측면이 있다. 16대 국회(1996년) 이후로는 의원 입법 통과 건수(대안 반영 포함)가 정부 제출 법안 통과 건수보다 많아졌으며, 의원 발의는 지난 20대 국회에서 15대의 1,144건 대비 2만 3,047건으로 12배나 늘었다.[9] 문제는 입법의 질이다. 방대한 정부의 재정 권한을 대의 기관인 국회가 효율적으로 견제함으로써 재정민주주의를 구현할 필요가 있다. 특히 복지 수요 증가 등에 따른 재정 조달의 부담에다 기초노령연금, 4대 중증질환, 보육비 및 양육비의 정부 부담 증가로 국회 차원의 합리적·효율적 예산 배분에 대한 역할의 강화가 더욱 강조된다.

---

9 21대 국회 전반기에는 의원 한 명당 평균 47건의 입법 발의 실적으로 의원입법 '홍수' 시대를 맞았다(임기창, 2022. 6. 1.).

합리적 국가채무 관리도 강조된다. 우리나라는 2008년 309조 원이던 국가채무가 2022년 1,100조 원으로 늘어났다. 유럽의 재정위기 등에 따라 재정건전성의 중요성은 더욱 부각되고 있다. 국회가 거시적 안목으로 재정건전성의 제도화를 논의할 수 있는데, 그 한 대안으로 재정 총량(거시예산)에 대한 심의를 위해 별도의 전문성을 확보한 상임위원회를 신설하는 방안을 생각해볼 수 있다(<그림 6-1>, <표 6-5> 참조). 스웨덴 등 많

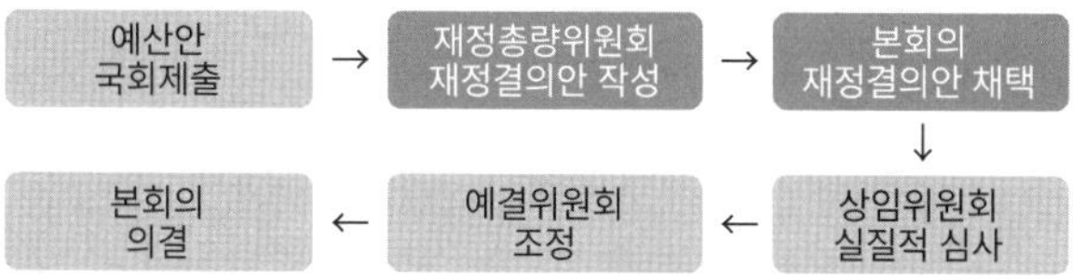

<그림 6-1> 예산 심사의 새로운 절차

<표 6-5> 국회의 예산 심사 절차 개선안

본회의			소위원회		
단계	심사 내용	기간	단계	심사 내용	기간
예산안 제출 전	국가재정운용계획 수립 방향 국회 보고	9월 초	예산안 제출 전	국가재정운용계획 수립 방향 국회 보고	6월 30일
예산안 제출	-	회계연도 90일 전	예산안 제출	-	회계연도 120일 전
<신 설>			재정총량 위원회	재정결의안 작성	회계연도 90일 전
<신 설>			본회의	재정결의안 채택	
상임 위원회	소관 예산안 예비심사	60일간	상임 위원회	할당된 재원 배분 한도 내 소관 예산안 실질적 심사	회계연도 60일 전
예결 위원회	상임위 예비심사를 바탕으로 종합심사		예결 위원회	상임위 심사결과의 재정결의안 준수여부 점검	11월 30일 까지
본회의	예산안 최종 의결	회계연도 30일 전	본회의	예산안 최종 의결	회계연도 30일 전

* 자료: 국경복 외(2012)에서 재인용.

은 나라의 사전예산 제도와 같은 형식으로 재정총량위원회(가칭)에서 거시 재정 결의안macro budget resolution을 작성하고, 이를 본회의에서 채택해 상임위별 한도 설정 제도를 도입하는 방안이다. 재정총량위원회는 예산결산위원회를 상임위화해서 거시총량 심사의 역할을 부여함으로써 결성하며, 각 교섭단체 대표의원, 정책위 의장단, 세입 법률을 담당하는 기획재정위원회 위원 등으로 구성하는 방안을 고려할 수 있다.

2) 예결위의 상임위 전환

10여 년간 논의가 진행되어온 예결위원회의 상임위원회화를 위해서는 소관 상임위와 예결위의 합리적 역할 조정이 관건이다. 현행 제도에서 예산안 심사는 소관 상임위 예비 심사와 예결위 종합 심사로 구분되는바, 상임위의 예비 심사뿐만 아니라 예결위의 종합 심사 또한 미시적 심사에 그치고 있어 중복에 따른 예산안 심사의 비효율성이 발생하고 있다. 또한 상임위 감액 사항은 예결위에서 대부분 수용되고 있으나, 상임위의 증액 요구에 대해서는 예결위에서 특별한 원칙 없이 전면 재심사를 하는 경향이 있는데 이러한 추세는 개선되어야 한다. 미국과 같이 지출을 성격에 따라 구분하여 의무지출(2023년 예산 기준 53.5%)은 상임위, 재량 지출은 예결위에서 심사하는 방안도 검토할 수 있다.[10] 이를 위해서는 국회 예산 심사에 총액배분 제도를 도입함으로써 분권화된 의사결정 체계를 구축하는 방안이 실효성을 갖게 해야 한다.

국회법 57조 2항에 따라 상임위원회는 상설소위원회를 둘 수 있으며, 동조 8항에 따라 예결위는 분과위원회를 구성할 수 있다. 예산 심사의

---

10 예산위원회(양당대표, 세입위원회, 세출위원회, 상임위원회의 대표로 구성)에서 예산의 총량과 분야별 한도를 정하는 예산결의안을 작성하고, 각 상임위는 입법을 통하여 의무지출을 결정하며, 세출위원회는 12개 소위원회에서 각 분야의 재량 지출을 심사(12개의 세출법안 작성)한다.

전문성을 확보하기 위해 5~6개의 상설소위 또는 분과위원회 체제로 운영하는 방안을 검토할 필요가 있다. 현재 국가 예산은 복지, SOC, 교육, 국방 등 12개 분야로 구분되므로, 이를 5~6개의 소위 체제로 운영하여 심도 있는 예산 심사가 필요하다. 재정 관련 법률안 심사권의 예결위 부여 여부도 검토가 필요하다. 예결산 심사와 재정 관련 법률안의 심의 연계를 통해 재정 제도의 체계적 개선이 가능하다는 장점이 있다. 하지만 예결위 비대화, 2개 상임위(예결위, 기재위)의 1개 부처(기획재정부) 소관에 따른 상임위 간 일정 충돌 및 정책 결정의 최종성 등에서 문제가 발생할 우려도 존재한다. 구체적 방안으로는 다음의 세 가지 대안을 검토할 수 있다. 첫째, 현행처럼 재정 관련 법률 및 세입 법안 등을 기재위 소관으로 하는 방안, 둘째, 세입 법안은 기재위 소관으로 하되 국가재정법, 보조금법, 국가회계법 등 재정 관련 법률만 예결위 소관으로 하는 방안, 셋째, 세입 관련 법안을 포함한 모든 재정 관련 법률을 예결위 소관으로 하는 방안이다. 이 중에서는 두 번째 대안이 가장 현실적인 것으로 판단된다.

예결위원회의 상임위원회화를 위해 예결위원의 정수를 증대하고 겸임을 금지하는 것도 고려해볼 수 있다. 예결위의 업무 영역 및 역할 등을 고려하여 적정 수의 위원(30인 내외, 2023년 기준 최대 상임위인 문화체육관광방송통신위원회 수준) 배정이 필요하다. 단 분야별 소위를 5~6개 이상 구성한다면 정수 증대가 필요하며, 겸임을 제한하는 경우에는 다른 상임위원회 위원의 정수 변동이 수반되므로 전반적인 정수 조정이 필요하다.[11] 아울러 국회운영위, 여성위, 정보위를 제외한 기타 상임위 겸임은 금지하는 것이 필요하다. 겸임 제한을 통해 연중 상시 예결위 활동의 보장, 전문성 확보 및 예산안 심사 기간의 실질적 확대가 가능하도록 해야

11 타 위원회 겸임을 허용하지 않는 미국(세출위원회), 프랑스(재정위원회), 독일(예산위원회)의 위원 수는 각각 50인, 83인, 41인이며, 이들의 전체 의원 수 대비 비중은 각각 10.4%, 14.4%, 6.6%이다.

<표 6-6> 예산결산특별위원회의 상임위원회화에 대한 찬성 이유

(단위: %)

항목 \ 구분	여당의원	야당의원
예산의 생애주기 관리 용이	13.9	21.1
정부예산 편성에 적합	8.3	2.6
예산 및 결산 심사의 전문성 및 독립성 제고	72.2	76.3
법안심사권 확보 용이	0.0	0.0
기타	5.6	0.0
전체	100	100

* 자료: 조택·이근주(2013)에서 재인용.

한다. 예결위를 상임위로 전환할 때 제기될 수 있는 문제로는 예결위의 권한 비대화에 따른 타 상임위와의 불균형, 즉 예결위가 상원上院이 될 것이라는 우려가 있다. 국회 심의 방식에 총량 배분 제도를 도입할 경우 상임위 예비 심사의 권한이 오히려 강화되는 긍정적인 측면이 있다는 점을 부각시킬 필요가 있다.

행정부의 업무 부담이 과중되는 문제를 해결하는 것 역시 중요하다. 예결위가 연중 상시 활동하게 되면 업무 보고 등 행정부의 업무 부담이 증가할 것이다. 특히 정부부처의 세종시 이전 및 공공기관의 지방 이전으로 대국회 업무량이 대폭 증가하는 것도 우려되는 부분이다. 행정부 내부에서는 부처 이기주의로 인해 업무 조정이 어려울 수 있지만, 국회 차원에서 거시적으로 심도 있는 논의를 통해 합리적 조정이 가능한 긍정적 측면이 더 크다는 것을 강조할 필요가 있다. <표 6-6>은 조택과 이근주(2013)가 의원들의 인식을 조사한 연구 결과로, 여야를 막론하고 예결위의 상임위화에는 다수가 찬성하고 있으며 주된 이유는 예산의 전문성과 생애주기 관리의 용이함을 들고 있음을 볼 수 있다.

3) 심의 공개의 확대

예산 심사를 개선하기 위한 방안으로, 예결위 회의를 공개하고 증액 심사를 제도화하는 것도 고려해볼 수 있다. 국회법 및 국가재정법 등의 개정을 통해 예결위의 심사 방법, 감액 및 증액 범위 등에 대한 명확한 규정을 마련하고, 예결위 회의의 공개 범위를 확대하는 것이다. 국회법 57조 5항(소위원회 회의 공개 원칙) 및 69조 4항(소위원회 속기록 작성 의무화)에 따라 회의 공개 원칙의 준수가 필요하며, 첨예한 이해관계 대립 등에 따라 회의 공개가 어려운 경우에는 국회법 57조 5항 단서에 따라 소위원회 의결로 비공개가 가능하다. 소위원회에서 증액 심사도 제도화함으로써 밀실 심사라는 오명을 해소할 수 있다.

4) 독립적 재정 책임 기관의 설립 운영

지속가능한 거시재정을 운용하려면 객관적이고 중립적인 시각에서 신뢰를 획득하기 위해 책임기관을 설립 · 운영하는 것도 방법이 될 수 있다.[12] 우리나라의 재정통계와 재정정보는 이미 회계단위에서 제도 단위로, 또 현금주의에서 발생주의로 전환되었다. 그런데도 우리나라의 모든 재정 운용은 여전히 일반회계/특별회계 중심의 회계단위와 현금주의 단계에 머무르고 있고, 재정통계시스템은 국내용과 국제보고용 간 차이가 난다. 중앙정부의 회계단위를 일반정부부문 전체의 제도 단위로 전환하고 또 현금주의 재정정보를 발생주의로 전환할 때 다양한 재정위험에 대

12 우리나라의 세입 전망은 보수적으로 이루어지는 경향이 있어, 국회에서 세입 추계 기관인 조세재정연구원의 전망치에 대한 신뢰성 문제가 제기된 바 있다. 이에 따라 조세재정연구원장의 성과지표에 '세입 전망의 정확성'이 포함되기도 했다. 장기 추계에 있어서는 각종 변숫값의 가정이 낙관적으로 설정되어 실제 추세와 거리가 있는 전망치가 발표되기도 한다.

한 체계적인 분석이 가능해지고 글로벌 표준화도 이룰 수 있다.

우리나라의 행정부 중심 장기 재정 전망은 지나치게 제한적인 재정 지표에 대해 편향적인 해석을 함으로써 미래의 재정에 대한 총체적 모습을 보여주지 못한다. 기껏해야 총수입과 총지출, 그리고 이를 기초로 한 재정수지와 국가채무를 보여주는 정도에 불과하다. 따라서 재정 책임기관에서 글로벌 표준의 엄정한 장기 재정 전망을 통해 일반정부 지출의 기능별 분류, 일반정부부채, 공공부문부채, 다양한 재정위험 요소가 갖는 경제적 의미 등을 해석함으로써 국회 예산 심의 과정에서 재정의 지속가능성에 대한 국민들의 경각심을 일깨워야 한다.

영국과 스웨덴의 사례를 살펴보자. 먼저 영국의 재정책임처Office of Budget Responsibility는 2010년에 설립되어 독립적이고 권위 있는 재정 추계 및 분석 업무를 하며, 다섯 가지 기능을 담당한다. 경제 및 재정 전망economic and fiscal forecasting, 한도에 기반한 성과 평가evaluating performance against targets, 지속가능성과 재무제표 분석Sustainability and balance sheet analysis, 재정위험 평가evaluation of fiscal risks, 조세 및 복지 정책 원가 분석scrutinizing tax and welfare policy costing이 주 업무다. 재정책임처는 양해 각서Memorandum of Understanding: MOU를 통해 국세청 및 관세청, 노동부, 연금부, 재무부와의 합의된 업무 관계를 규정한다.

다음으로 스웨덴의 재정정책위원회Fiscal Policy Council는 재무부 산하에 조직된 정부기관이지만 정부의 재정 정책에 대한 독립적인 평가를 담당한다. 의회가 결정한 재정 및 경제 정책 목표가 어느 정도 충족되고 있는지 검토하고 평가하기 위해 2007년에 설립되었다. 목표로는 재정 및 경제 성장의 장기적인 지속가능성, 목표 흑자 유지, 의회에서 정한 지출 한도 미만 유지, 일관된 재정 정책이 포함된다. 위원회는 또한 경제 정책에 대한 공개 토론을 바탕으로 정부의 경제 평가를 기반으로 한 경제 전망을 발표한다.

스웨덴이 글로벌 금융위기를 겪으면서도 다른 EU 국가들과는 달리

건실한 재정을 유지할 수 있었던 데는 중기 재정 계획이 중요한 역할을 했다(Boije & Kainelainen, 2012). 우리의 국가재정운용계획이 취지대로 운영되려면 스웨덴만큼 강하게 하기는 어렵더라도, 국가재정운용계획에서 설정한 지출목표에 의해 매년 작성하는 내년도 예산 규모가 어느 정도 제한을 받도록 하는 장치가 필요하다. 5년마다 대통령이 바뀌는 우리의 정치체계에서 현 정권 때 세운 국가재정운용계획으로 다음 정권의 재정 지출을 구속할 수는 없다. 즉 국가재정운용계획에 의한 내년도 예산 규모 제한은 정권 임기 내에서만 가능하다. 따라서 예산안 편성 시 예산 규모가 집권 첫해에 설정한 국가재정운용계획의 '지출 계획+마진(지출 한도)'을 초과하게 설정하려면 국회 경유 절차를 거치도록 하는 것이 필요하다(김태일, 2021).

대통령중심제의 정치 특성상 선거 주기에 맞춰 포퓰리즘으로 흐르기 쉽고 장밋빛 전망에 기초하는 예산 편성의 경향성을 감안하여 정치주기 political cycle로부터 독립된 재정책임기관을 국회에 설립함으로써 연금과 사회보험을 포함한 중립적이고 전문적인 장기 재정 전망과 부문별 한도 설정을 하도록 해야 한다. 2018년에 구성된 대통령 직속 정책기획위원회 재정개혁특별위원회의 보고서에서도 국가재정운용계획의 실효성 확보를 위한 효율적인 재원 배분의 수단으로 중기 총지출 규모가 예산 편성 과정에서 변동되는 경우 그 사유를 상세하게 설명하고, 전년도 국가재정운용계획 대비 변동 사항을 평가분석 보고서에 구체적으로 기술하도록 권고했다. 또한 재정 전망의 정확성과 객관성을 제고하기 위해 민간전문가 등이 참여하는 재정전망위원회의 설립 및 운영 방안을 검토할 것을 권고한 바 있다(재정개혁특별위원회, 2019).

재정 준칙의 목표지표가 성과화되고 준칙의 설정이 복잡하게 설계되는 등 재정 준칙 이행에 대한 조성·감독 기능이 중요하게 부각됨에 따라 독립적 재정기관의 필요성이 강조되고 있다. 선진국을 중심으로 재정성, 평가의 독립성, 책임성을 강화하고 예산 전망의 신뢰성을 높이기 위해 독립적 재정기관을 도입하는 사례가 점차 증가하고 있다. EU의 경우 재정 상황 감독과 재정건전성 제고를 위한 다양한 역할을 할 수 있는 독립적 재정기관의 설치를 회원국들에게 요구하고 있다. 독립적이고 중립적인 재정책임기관의 형태는 행정부형과 입법부형으로 구분할 수 있다. 우리나라와 같이 예산의 편성과 재정의 집행이 주로 행정부에서 이루어지는 경우 의회는 정부 권한을 감독하기 위하여 재정책임기관을 의회 소속으로 둔다. 특히 우리나라는 국회 예산결산위원회 소속으로 위원회 조직을 신설함으로써 국회예산정책처가 사무국 역할을 수행할 수 있도록 하고 있다.[13]

향후 급격한 인구 구조 변화로 인해 재정건전성 악화가 예상되므로 장기 재정 전망은 미래에 어떤 준비가 필요한지에 대한 해결 방안을 포함해야 한다. 장기 재정 전망의 초기 연도에 국가재정운용계획에 일치시키는 문제를 검토하여 추후 임의적으로 연결하거나 조정하지 말아야 하며, 재정수지와 국가채무에 포함되는 항목 간 범위의 차이 문제도 해결해야 한다. 그리고 공적연금(국민연금 등) 적립기금이 고갈된 이후의 연금 재정 적자를 재정에 반영할 것인지 여부도 함께 논의되어야 한다(이강구·최종하, 2019).

5) 재정 준칙의 법제화

정부는 여러 차례에 걸쳐 재정 준칙을 마련하려는 노력을 기울여온 바, 2022년에는 국가재정법의 개정을 통해 관리재정수지 3% 적자, 국가채무 비율 60%를 한계로 하는 재정 준칙을 법제화하는 방안이 정부 발

---

13 옥동석(2021)은 재정 준칙의 준수 여부를 감시하는 정치중립적 기구로서 국회예산정책처가 대안이라고 보지만, 정치적 중립성과 전문성을 획기적으로 강화해야 하기에 국회예산정책처를 금융통화위원회와 같은 위원회 제도로 바꿔 운영하고 위원의 임기는 4~6년 또는 그 이상으로 할 것을 제안한다.

의로 국회에 계류 중이다. 재정 준칙은 국가채무 등 재정 지표가 일정 수준을 넘지 않도록 정한 규범이다. 즉 미래세대의 부담을 줄이고 국가 신용을 유지하기 위한 재정의 마지노선이다. 전 세계적으로는 105개국이, OECD 회원국 중에서는 우리나라와 터키를 제외한 모든 나라가 도입했다(기획재정부, 2022a). 이처럼 많은 국가가 재정 준칙을 도입한 것은 경제위기를 극복하는 과정에서 발생한 재정 악화를 완화하고, 거시경제의 불안정성을 제어하며, 인구 고령화로 인한 미래의 재정 부담을 감소시키기 위함이다.

백웅기(2016)는 1970년대 초 브레튼우즈 체제가 붕괴되고 오일쇼크가 발생했을 당시 급증한 국가채무를 재정규율 도입으로 안정시킨 재정 준칙 법제화 효과를 강조한다. 외환위기와 글로벌 금융위기를 겪은 국가들은 위기 극복 과정에서 급증한 국가채무를 감축하기 위해 균형재정이나 지출 삭감 등을 목표로 재정 준칙을 도입했다. 전 세계적으로 가속화되고 있는 인구 고령화는 복지 지출 증가 등의 이유로 재정의 지속가능성을 위협하고 있으며, 이에 대한 예방적 차원에서 재정 준칙을 도입하려는 움직임이 나타나고 있다. 우리나라는 2016년 정부가 재정건전화법을 제정하며 재정 준칙 도입을 추진했지만 국회 문턱을 넘지 못한 바 있다. 그러나 2020년 코로나19로 네 차례 추가경정예산을 편성하는 등 정부 지출이 급증하자 재정 준칙 도입에 대한 목소리가 다시 커지기 시작했다. 2020년 10월 7일 한국경제학회에서 실시한 '국가부채에 대한 설문조사' 결과에 따르면 경제학자들의 93%는 재정 준칙 도입이 필요하다고 응답했다(한국경제학회, 2020). 감사원도 '중장기 국가 재정 운용 및 관리 실태' 감사보고서를 통해 재정 준칙 도입을 검토할 것을 행정부에 권고한 바 있다(감사원, 2020).

기획재정부는 법이 통과되는 즉시 GDP 대비 국가채무 비율은 60%, 관리재정수지는 -3%를 기준으로 하되, 채무 60% 초과 시 수지한도를 -2%로 축소해 채무 비율을 일정 범위 내로 안정화시키겠다는 방안을 단은 재정 준칙을 마련했다. 또 전쟁이나 대규모 재해, 글로벌 경제위기 등이 발생하면 준칙 적용을 면제한다는 조항도 추경 편성 요건과 동일하게 담았다. 재정 준칙의 기본 틀을 국가재정법에 담고 조기에 시행하고자 하는 행정부의 선한 의지를 강제하기 위해서는 큰 골격을 법에 규정하는 국회의 역할이 주목된다.

6) 국회예산정책처의 기능 강화

국회의 기능은 크게 입법 기능과 예산 기능으로 대별할 수 있다. 우리나라의 국회 지원 전문기관은 입법에 대해서는 입법조사처, 예산과 관련해서는 예산정책처가 설치·운영되고 있다. 다른 모든 제도의 운영이 그런 측면이 있듯이 국회예산정책처의 경우도 여야 간 적대적 대결 구도 아래 독립적이고 중립적인 거시재정 운용의 나라살림 지킴이 역할을 수행하기에는 많은 어려움이 있다. 특히 강한 대통령제 헌법 구조에서는 감사원이 대통령 소속으로 운영되고 있어 사업평가의 역할도 병행하며, 처장의 임기는 정해지지 않은 채 예산과 결산의 전 과정을 미시적으로 지원하고 있는 것이 국회예산정책처의 현실이다.

예산분석관과 사업평가관의 전문성 확보를 위해 직위의 독립성과 경력의 유지를 제도적으로 보장해야 한다. 예산결산위원회가 거시총량 재정 및 한도 설정에 전문화되는 경우 국회예산정책처의 기능도 상응하게 바뀌어야 한다. 지출 분석 중심의 상임위에 대해 미시적 예산 심사 지원과 사무처 전문위원들의 지원이 중복되는 기존의 운영 시스템을 차별화한다면 거시재정 전망과 한도 모니터링, 법안 비용 추계 등에 집중할 수 있을 것으로 보인다.

* * *

지금까지 살펴본 바와 같이, 예산 심사는 정치경제적 접근이 필요한 부분이다. 선진국을 중심으로 진행된 예산·재정 개혁이 우리나라에서도 시작되어 2004년 예산안 심사부터 거시예산에 의한 재정 편성 및 5년 단위 국가재정운용계획, 총액배분 자율편성 제도, 성과 관리 제도, 디지털 예산회계시스템을 도입·추진하게 되었다. 이에 따라 이 제도에 대한 예산 관련 담당기관의 전반적인 이해와 관심이 요구되고 있다. 특히 국가의 재정에 대한 통제권을 부여받은 국회는 재정민주주의의 실현과 국민 신뢰를 구축하기 위하여 거시예산 및 재정개혁 제도에 대한 높은 이해 및 전문성을 갖춰야 한다.

예산결산특별위원회의 예산 심의에 참여하는 의원들은 거시예산이나 재정개혁보다 미시예산이나 지역 예산에 더 치중하는 경향이 있다. 이는 우리나라 예산결산특별위원회의 예산 심의가 정쟁으로부터 자유롭지 못하며, 상임위원회의 미시예산 심사 행태를 반복하고, 국회가 아직까지도 과거의 예산 관행을 지속하고 있음을 나타낸다. 예산 심의에서 상임위는 물론 예결위 위원들의 행정부에 대한 재정 통제 역할이 미흡한 것으로 분석됐다. 이러한 분석 결과를 보면 국회의 거시예산과 재정개혁에 대한 이해 및 전문성은 여전히 부족한 실정이며, 과거의 관행적 예산 심사와 지역 예산 같은 선심성 예산 심의 활동으로 많은 문제점을 드러내고 있다고 평가할 수 있다.

재정 총량 및 선택적 재원 배분 심사와 사업별·미시적 심사가 조화를 이루는 심사 체계를 구축할 필요가 있다. 중기적 시각에서 재정의 총량을 결정하고 분야별 한도액을 배분하기 위해 재정총량위원회의 설치가 필요하다. 각 상임위원회는 재정 결의안에서 부여받은 한도액과 조정 지침을 준수하며 책임성에 기반을 둔 실질적인 예산 심사권을 부여받는다. 국회가 예산안 심사를 총액배분 자율심사로 전환하기 위해서는 현재 형식적으로 운용되고 있는 국가재정운용계획의 국회 통제 및 구속력의 강화가 필요하다. 국회의 신뢰를 회복하기 위해서는 투명성 수준의 제고가 급선무다. 따라 예결위 계수조정소위원회의 비공개 관행은 서둘러 개선되어야 한다.

예산법률주의 도입 등 개헌안 논의를 통해 예산 결정 과정에서의 국회와 행정부 간 관계를 새롭게 정립하려는 방향이 제시되고 있다. 예산을 법률화하자는 주장은 예산의 편성과 집행에 관한 투명성·책임성을 강화하고, 행정부와 국회가 균등한 권한을 통해 상호 견제하는 것을 목표로 한다. 국회가 정부 예산안을 예산법률로 확정하도록 하고, 심의를 위한 충분한 시간을 확보하자는 주장이다. 그러나 이러한 개선안도 부실심의 행태의 문제를 해결하기에 충분할 것 같지는 않다. 여전히 국회를 예산 편성 과정에서 소외시키고 있을 뿐 아니라 국회와 행정부 간 비대칭적 정보의 문제 역시 개선되지 않고 있다. 또한 정부 예산안을 심의하는 기간이 늘어났어도 국회가 적극적으로 심의 과정에 나서기보다는 예결위나 계수조정소위에 들어가 지역구 사업을 반영하려 하는 행태에는 변함이 없다. 오히려 보다 효과적인 예산 심의와 전문적 심사를 위해서는 정부와 국회의 권한 조정 등 예산 제도의 변경을 통한 다양한 대안을 고려할 필요가 있다.

가장 근본적으로는 미래 한국사회에서도 여전히 행정부의 전문성에 기대어 국민의 세금을 지출하기 위한 계획을 마련할 것인지, 아니면 국민의 세금을 지출하는 과정에 국민의 의견을 더욱 광범위하게 수렴하기 위해 국회의 역할을 강화할 것인지에 대한 의견 수렴이 필요하다. 그리고 최소한 예산의 수립·심의·집행과 관련된 구체적인 정보를 투명하게 공개함으로써 정부와 국회의 책임과 권한에 대한 국민의 알 권리를 보장하는 조치가 우선적으로 고려되어야 할 것이다. 시민사회의 참여를 통해서 예산 편성 과정을 보다 민주화하려는 시도 역시 넓은 의미에서 국회의 재정 권한을 강화하는 대안으로 수렴되지 않을까?

국회는 헌법이 부여한 예산의 심의 및 의결, 그리고 예산 집행 과정에 대한 감독 권한을 가지고 있는바, 이 과정에서 국회는 재정 권한을 당파적 이해나 정치적 목적의 달성이 아닌 국가와 사회의 우선순위에 기반하여 반영해야 한다. 재정의 지속가능성 확보를 위해 재정규율이 지켜지도록 하는 것도 국회의 역할이다. 문제는 국회의 행태에서 국민 지갑 지킴이로서의 역할도, 나아가 재정규율을 강조하고 지속가능성을 도모하는 주체로서의 역할도 찾아보기 어렵다는 점이다. 거시적인 재정규율을 확보하고 미시적인 재정 배분을 개선하며 재정 운용 전달 체계가 효과적으로 관리되도록 하는 데에 초점이 맞춰져야 한다. 이를 위해서는 국회의 새로운 역할이 모색되어야 하는바, 예산의 제도적 측면을 개선하고 인적 구성의 전문성을 확충하는 것이 관건이다. 이러한 국회의 역량 제고를 위해서는 예산결산위원회를 거시총량 중심으로 강화하고 전문적인 위원회 인력을 확보해야 한다. 아울러 감사원의 위상과 역량을 향상시키고 전 예산 주기에 있어서 국민의 관심과 참여를 권장해야 한다. 이렇게 할 때 비로소 국회에 대한 국민의 신뢰가 회복될 수 있을 것이다.

Chapter 7

비용-편익 분석과 전략적 지출 검토

1. 비용-편익 분석의 개념

비용-편익 분석은 정해진 목표를 달성하기 위해 예상되는 여러 대안에 대해 각각의 비용과 편익을 측정하고 비교·평가하여 최선의 대안을 도출하는 기술적 방법이라고 할 수 있다(김동건, 2012). 그 특징으로는, 첫째, 개별 투자 사업을 평가하는 경제적 분석 기법이다. 둘째, 기업 차원의 재무분석과는 달리 사회적 관점 또는 국민경제적 관점에서 비용과 편익을 파악한다. 국민경제적 관점에서의 분석이란 편익을 특정 사업이 가져다주는 국민생산에 대한 공헌으로 보고, 비용은 재무적 경비의 개념이 아닌 국가자원의 낭비, 즉 기회비용opportunity cost으로 보는 관점을 말한다. 셋째, 공공사업에서 추진·운영하는 과정 중 발생할 것으로 기대되는 모든 비용과 편익을 장기적 시각에서 종합적으로 평가한다. 넷째, 현실적인 측면을 고려하는 실무적인 분석 방법이다. 대안 선택에 있어 정치적·사회적·문화적 제약 등 현실적인 요인에 대한 고려가 중요시된다. 다섯째, 객관적인 분석 방법이다. 올바른 의사결정 수단으로 인정받기 위해서는 여기서 제공되는 모든 정보가 객관적인 가치를 지녀야 한다. 여섯째, 효율성 중심의 경제적 합리성에 근거한 분석 방법이다. 다만 최종 판단은 정책 결정자에게 달려 있는 만큼, 분석은 객관적으로 하되 의사결정은 사회적·정치적 합리성을 조화시키는 문제가 중요하다.

비용-편익 분석은 프로젝트를 결정하거나 정부 정책 사업(이하 '사업')을 수행할 때 편익과 비용을 계산하고 비교하는 체계적인 과정으로서, 매몰 대안과 현재 대안의 비교를 통한 편익-비용 간 균형을 기대한다. 종종 특정 정책이 바람직한가의 여부를 평가하며 정부 및 공공기관에 의해 사용된다. 여기에는 두 가지 목적이 있다. 첫째, 확실한 투자와 관련된 의사결정의 타당성을 분석하는 것이고, 둘째, 사업의 가치를 비교하기 위한 기초를 제공하는 것이다. 비용-편익 분석은 또한 사업 수행에 필요한 비용과 그 편익의 시간에 따른 흐름을 화폐가치로 표현하고, 화폐의 시간 가치에 대한 조정이라는 관점에서 일반적인 기준, 즉 순현재가치Net Present Value: NPV를 강조한다. 한편 비용-편익 분석과 관련되어 있지만 약간 다른 기법으로는 비용-효과 분석, 비용-효용 분석, 경제적 영향 분석, 회계 영향 분석 및 사회적 투자 수익Social Return on Investment: SROI 분석 등이 있다.

비용-편익 분석의 장점은 비용과 편익의 흐름을 보다 정확하게 예측하는 데 도움을 준다는 것, 총 예상 편익에 대한 각 대안의 총 예상 비용을 비교하여 얼마나 많은 순편익을 제공하는지 알 수 있게 해준다는 것, 그리고 이를 통해 선택된 대안이 다른 대안들(비용-편익 비율의 관점에서 다른 정책 및 우선순위)과 비교했을 때 얼마나 더 나은 대안인지 알 수 있게 해준다는 것이다. 일반적으로 정확한 비용-편익 분석은 공리주의적인 관점에서 후생을 증가시키는 대안을 선택하게 만든다. 정확한 비용-편익 분석을 가정한 상태에서 프로젝트를 집행하여 현재 상태를 변화시킬 경우 파레토 효율성을 증대시킬 수 있다.

비용-편익 분석은 모든 현재와 미래의 비용 및 편익이 지니는 완벽한 가치를 인식해야 하지만, 실제의 분석에서 이를 추구하는 것은 어렵기 때문에 상대적으로, 그리고 가용한 좋은 대안의 추정치를 제공한다고 봐야 하며, 이론과 같이 경제적 효율성이나 사회후생의 측면에서 완벽성을 보장하지는 않는다. 표준적인 비용-편익 분석의 일반 과정은 다음과 같다.

① 프로젝트 대안을 열거한다.
② 이해관계자를 열거한다.
③ 측정치를 선택하고 모든 비용과 편익 요소를 측정한다.
④ 비용-편익의 시간 흐름에 따른 효과를 추정한다.
⑤ 모든 비용과 편익을 화폐 단위로 전환한다.
⑥ 할인율을 적용한다.
⑦ 프로젝트 대안의 순현재가치를 계산한다.
⑧ 민감도를 분석한다.
⑨ 추천 대안을 채택한다.

2. 비용-편익 분석의 기법[1]

1) 의의

비용-편익 분석은 의사결정을 하는 것이 아니라 의사결정자에게 정책과 관련한 객관적 정보를 제공하는 것이다. 이를 통해 의사결정자들이 경제적인 효율성을 기반으로 그들에게 바람직한 정책 대안을 선택할 수 있게 하는 증거 기반을 제공한다. 비용-편익 분석은 미국의 카터(재임

1 Zerbe & Bellas (2006) 참조.

1977~1981), 레이건(재임 1981~1989), H. W. 부시(재임 1989~1993) 행정부에서 보편적으로 보급되었고, 클린턴(재임 1993~2001) 대통령도 비용-편익 분석위원회를 운영했다. 미국의 사례는 주로 이해관계가 얽힌 규제의 영향과 관련 입법의 영향에 대한 평가를 중심으로 논의가 진행되고 있어 한국 SOC 사업 등의 경제성 분석과는 거리가 있다.

우리나라에서는 국가재정법이 제정됨에 따라 대규모 신규 사업 예산을 편성하려면 독립된 전문기관을 통해 미리 예비타당성 조사를 실시해야 하며, 이들 사업에는 건설공사, 지능정보화사업, 국가연구개발사업, 그밖에 사회복지, 보건, 교육, 노동, 문화 및 관광, 환경보호, 농림해양수산, 산업·중소기업 분야가 망라되어 있다. 이러한 예비타당성 조사를 위해서는 경제성 분석이나 정책성 분석 등을 주로 실시하는데, 이때 비용-편익 분석을 경제성 분석의 기본적인 방법론으로 채택하여 분석하도록 운용 지침에 명시되어 있다. 또, 비용-편익 분석을 위해서 사업 시행에 따른 수요를 추정하여 편익을 산정하고, 총사업비와 해당 사업의 운영에 필요한 모든 경비를 합하여 비용을 산정하도록 규정하고 있다.

2) 평가 기준

비용-편익 분석에서의 의사결정을 위한 기본원칙은, 어떠한 상황에서도 가장 큰 순편익을 제공해주는 대안을 선택하는 것이다. 경제적 타당성 분석은 비용과 편익을 화폐가치로 환산하여 비교·분석함으로써 경제적인 타당성을 추정하는 것인데, 분석 과정에 평가자의 주관이 개입될 여지가 적고 균일한 척도로 비교할 수 있는 비용-편익 분석이 사용된다. 경제적 타당성 분석의 평가 지표는 편익/비용 비율B/C Ratio과 순현재가치 등이 보편적으로 이용되며, 먼저 편익/비용 비율부터 구해야 한다. 편익/비용 비율이란 총편익과 총비용의 할인된 금액의 비율, 즉 장래에 발생될 비용과 편익을 현재가치로 환산한 후 편익의 현재가치를 비용의 현재가치로 나눈 것이다. 일반적으로 '편익/비용 비율≥1'이면 경제성이 있다고 판단한다.

물론 편익/비용 비율이 1.0을 상회한다고 해서 공공투자의 경제적 타당성이 있다고 단순 판단하는 데는 무리가 있을 수 있다. 예컨대 미국의 경우 편익/비용 비율이 단순히 1.0을 상회한다고 해서 해당 투자가 경제적 타당성이 있다고 판단하지는 않는다. 미국 정부의 관리예산처가 제시하는 공공투자 분석에 대한 특수기준에 따르면, 조세 왜곡에 따른 초과부담 등을 감안하여 최소 편익/비용 비율이 1.25 이상이라야 경제적 타당성을 인정받을 수 있다.[2] 우리나라의 경우도 어려운 재정 상황 및 조세 왜곡에 의한 공적 자본의 한계비용 등을 추가적으로 고려해보면 이론적으로 최소 편익/비용 비율이 1.10~1.15 정도는 되어야 경제적 타당성을 인정할 수 있을 것이다. 그럼에도 불구하고 아직까지 우리나라는 사회간접자본시설이 충분하지 않다는 점을 종합적으로 감안해 재정당국이 당분간 이론적으로 추정된 최소 편익/비용 비율 대신 1.0의 수치를 최소 편익/비용 비율로 활용하고 있다.

비용-편익 분석 기법의 주요 평가 기준으로는 비용 변제 기간과 순평균 수익률, 순현재가치 기준을 볼 수 있다. 하나씩 살펴보면, 첫째, 비용 변제 기간payback period은 원금 회수 기간이라고도 하며, 간단하게 최초 투자 비용을 회복하는 데 필요한 시간이다. 원금 회수 기간은 B/C로 나타나며, 여기서 B는 원금 회수 기간에 발생한 총편익의 한 해 평균값을 의미한다. 원금 회수 기간이 지정된 기간보다 짧을 때 프로젝트를 받아들이는 의사결정에 이르며, 사업의 총비용을 가장 짧은 기간에 변제할 수 있는 사업이 가장 우선적으로 선정된다. 비용 변제 기간 기준은 사업을 선정하는 데 있어 할인율을 적용할 필요가 없는 상황에서 주로 활용

2 미국 정부의 관리예산처에서 발표한 "Circular No. A-94 Revised" 문건의 11절, 공공투자 분석에 대한 특수기준에 따르면 조세의 초과부담을 감안했을 때 B/C 비율이 최소 1.25 이상인 공공투자가 경제적 타당성을 인정받을 수 있다고 한다(OMB, 1992. 10. 29.).

되고, 민간기업에서 단기사업을 할 때 주로 고려하는 기준이다.

둘째, 순평균 수익률은 사업의 전 기간에 걸쳐 발생하는 순편익의 합계를 편익이 발생하는 사업 기간의 전체 연수로 나눈 것이다. 순평균 수익률 기준은 사업의 총 연한을 중요하게 고려하는데, 단기에 마무리되는 사업과 장기에 걸친 사업을 동일하게 비교하기 때문에 사업 편익이 장기에 걸쳐 발생하는 SOC 사업과 같은 공공사업에 이 기준을 적용하는 것은 적절하지 않다.

셋째, 순현재가치 기준은 투자 사업의 전 기간에 걸쳐 발생하는 순편익의 합계를 현재가치로 환산한 값을 의미하며, 이 순현재가치의 값이 클수록 경제적 타당성이 높은 것으로 평가한다. 경제적으로 정확한 답을 제시할지라도 투자의 가치를 평가하기 위한 또 다른 기준이 종종 이용되는데, 대표적인 것이 순현재가치Net Present Value: NPV법과 비용-편익 비율법B/C ratio 그리고 내부수익률Internal Rate of Return: IRR법이다.

먼저 순현재가치법을 보면, 프로젝트의 순현재가치를 결정하기 위한 식에서 B는 t 시점에서의 편익을 의미하며, C는 t 시점에서의 비용을, r은 할인율을, n은 프로젝트 수명의 끝인 시점을 의미한다. 이 식의 산술에 따라 순현재가치가 정positive(+)이면 프로젝트를 받아들이는 것으로 결정한다. 순현재가치의 계산 공식은 다음과 같으며, 여기서 r은 사회적 할인율, n은 사업의 기간(연수)을 의미한다.

$$NPV = \frac{B_0 - C_0}{(1+r)^0} + \frac{B_1 - C_1}{(1+r)^1} + \cdots + \frac{B_n - C_n}{(1+r)^n}$$
$$= \sum_{t=0}^{n} \left(\frac{B_t - C_t}{(1+r)^t} \right), \quad t = 0,\ 1,\ \cdots,\ n$$

비용-편익 비율법을 보면, 비용-편익 비율Benefit Cost Ratio: BCR은 간단히 말해서 비용 흐름의 현재가치에 의해 나눠진 편익 흐름의 현재가치다. 이 산식으로 도출된 결과가 1보다 크면 프로젝트를 받아들인다. 또 다른 비율이 사용되기도 하는바, 순비용-편익 비율Net Benefit Cost Ratio: NBCR이며 이는 비용-편익 비율에서 1을 뺀 값이다. 순비용-편익 비율에 의하면 0보다 큰 경우에 그 프로젝트가 받아들여진다.

$$\frac{B}{C} = \sum_{t=0}^{n} \frac{B_t}{(1+r)^t} / \sum_{t=0}^{n} \frac{C_t}{(1+r)^t}, \quad t = 0, \ 1, \ \cdots, \ n$$

내부수익률법을 보면, 내부수익률(이하 'IRR')은 기대현금 유입액을 현재가치로 할인한 비용금액과 같아지도록 하는 이자율을 말한다. 투자 사업이 원만히 진행된다는 가정하에 기대되는 예상수익률로서 초기 연도의 투자 비용과 그다음 해부터의 할인된 순편익의 합계가 일치되도록 하는 할인율을 의미한다. 이 IRR이 통상적으로 사용되는 사회적 할인율보다 크면 그 투자 사업의 타당성이 있는 것으로 판단한다. 다음 계산 공식에서 R은 IRR을 의미한다.

$$C_0 = \frac{B_1 - C_1}{(1+R)^1} + \cdots + \frac{B_t - C_t}{(1+R)^t} + \cdots + \frac{B_n - C_n}{(1+R)^n}$$

IRR의 장점은 민간부문에서 광범위하게 이용되고 있고 순현재가치 기준보다 더 직관적이라는 것이다. 그러나 단점도 있다. IRR은 투자자가 투자 의사결정을 위해 기대할 수 있는 수익률을 그들 내부적으로 가정하기 때문에 오답이 발생하기도 한다. 또한 IRR은 컴퓨터가 가장 간단한 계산을 하도록 요구하며, 현금 흐름의 변화로 인해 복수의 IRR이 존재하게 될 수도 있다.

앞서 살펴본 순현재가치법과 비용-편익 비율법, 내부수익률법의 특징을 정리하면 다음과 같다.

① 단일 분석에 사용할 때 최선의 기준은 순현재가치법이다.

② 다중 프로젝트를 분석할 때 최장수 프로젝트를 위한 시간 프레임

과 가장 규모가 큰 프로젝트의 예산 및 시간의 크기가 조정되어야 한다.

③ 내부수익률과 원금 회수 기준은 경제적인 효율을 극대화하긴 하지만 지속적인 결과를 나타내는 것은 아니다.

④ 단일 프로젝트를 위해서는 편익/비용 비율 또는 순현재가치를 이용하고, 여러 대안적 프로젝트를 비교할 때는 순현재가치법의 이용을 권장한다.

비용-편익 분석에서 할인율은 자본의 사회적 기회비용social opportunity cost of capital을 반영한다. 자본비용을 할인율로 사용하려면 자본의 시간 선호가 고려된 사회적 기회비용(자본의 잠재 가격이라고도 불린다)을 기반으로 한 정상 비율correct rate을 알아야 한다. 공적지금 투자에 대한 평가에 적절한 할인율이란 투자에서 민간자본을, 혹은 민간자본에서 회수한 편익을 제외한 것을 의미한다. 정부 투자가 민간부문의 생산성 또는 이익을 향상시키면 그 편익을 민간 자본으로 되돌릴 수 있다. 이 모델의 공통적인 결과로서 자본의 공급이 완전히 탄력적이라면, 이때 정확한 할인율은 미래 소비를 위해 현재 소비의 변화를 꾀하는 데 있어 사회의 집합적 의향을 반영한 시간 선호의 사회적 비율이 된다. 완전히 탄력적인 자본의 공급은 어떠한 영향도 받지 않은 할인율을 가진 자금 수요의 증가로 간주된다. 이와 유사하게 자본이 탄력적으로 공급된다는 것은 곧 모든 좋은 프로젝트가 착수될 수 있음을 뜻한다. 그러나 완전탄력성의 가정은 사실상 비현실적이다.

적정할인율의 크기는 어떻게 결정되어야 할까? 만약 할인율이 너무 높으면 순현재가치가 작아지므로 사회적으로 필요한 사업이 타당하지 않은 것으로 결정될 수 있고, 반대로 너무 낮으면 불필요한 사업이 타당한 사업으로 평가될 수 있으므로 적정할인율의 선택은 중요하다. 우선 생각할 수 있는 것은 시장이자율, 정부국공채이자율 등이다. 이들은 주로 정부 및 공공기관이 수행하는 재정 사업의 사회적 할인율에 있어 대리변수로서 활용된다. 특정 사업별로 할인율을 조금씩 바꿔서 적용해보는 민감도 분석sensitivity test을 통해 어느 정도 수준의 할인율에서 순현재가치가 0이 되는가를 파악하고 이 수준보다 조금 낮은 것을 채택하는 방법이 권장되기도 한다. 결국 사회적 할인율의 결정은 공공사업의 가치를 민간사업과 어느 정도나 차별화시킬 것인가에 대한 선택의 문제인 것이다.

3. 비용-편익 분석 사례 1: 사회간접자본시설 건설[3]

1) 사업 개요

먼저 사례 사업의 배경 및 목적을 살펴보자. 육지와 울릉도 간 접근성 향상 및 관광 활성화를 위해 시행된 울릉항 2단계 공사 사례다. 소득이 증가함에 따라 여가선용 욕구가 증가하고, 관광 패턴이 다양화됨에 따라 해양관광에 대한 수요가 크게 증가할 것으로 예상되면서 울릉(사동)항 개발에 대한 타당성 분석이 시작되었다. 사업의 내용 및 범위는 다음과 같다. 당초 총사업비 2,140억 원에 대한 사업 계획이 2,763억 원으로 변경되었다(<표 7-1> 참조). 사업 기간은 2010년부터 2015년까지 총 6년이었으며, 사업 주무부처는 국토해양부였고, 국가가 직접 수행하고 국고 100%로 시행한 사업이다.

한국해양수산개발원Korea Maritime Institute: KMI에서는 2008년 2월 1일부터 2009년 1월 31일까지의 기간에 '울릉도 관광거점항 개발사업'이라는 주제로 사전타당성 용역을 실시, 사회적 할인율 5.5%를 적용하여 총

3 이 사례는 2009년에 한국개발연구원 공공투자관리센터가 시행한 울릉항 2단계 개발사업에 대한 사례다.

<표 7-1> 울릉(사동항) 2단계 개발사업 시설 계획

(단위: 100만 원)

항목	구분	당초		변경		비고(증감)	
		사업량	사업비	사업량	사업비	사업량	사업비
직접 공사비 (A)	① 방파제공	775m	135,070	900m	178.423	125m	43.353
	② 방파호안공 (B~D구간)	235m	12,170	150m	12,668	15m	498
	③ 여객선부두	150m	6,839	150m	9,791	-	2,952
	④ 보안부두	300m	14,080	300m	14,378	-	298
	⑤ 해경부두	155m	4,091	180m	6,872	25m	2,781
	⑥ 기타 구역(장래)	120m	3,382	155m	5,918	35m	2,536
	⑦ 부지 조성(장래)	44,400m^2	5,938	55,400m^2	7,404	11,000m^2	1,466
	소계(①~⑦)	-	181,570	-	235,454	-	53,884
	⑧ 부가가치세	-	18,157	-	23,545	-	5,388
	직접공사비 계(①~⑧)	-	199,727	-	258,999	-	59,272
조사 설계비(B)		-	9,300	-	10,348	-	1,048
부대비(C)		-	9,560	-	8,903	-	-657
합계(A+B+C)		-	218,587	-	278,250	-	59663
예비비(D= 'A+B+C'의 10%)		-	21,861	-	27,825	-	5,964
총사업비(A+B+C+D)		-	240,448	-	306,075	-	65,627
해군부두 제외 시 총사업비		-	214,198	-	276,324	-	62,126

* 주: 예비타당성 조사는 보안부두 및 방파호안을 제외한 사업비에 대해 시행함.

36년(조사 · 설계 기간 1년, 공사 기간 5년 등 총 6년 포함)을 분석한 결과 B/C는 0.57, NPV는 -900억 원으로 산정한 바 있다. 울릉(사동)항 2단계 개발사업은 지역 주민들의 오랜 숙원사업이었으며, 항만 개발에 미치는 효과는 정량적으로만 산정하는 편익보다는 정성적으로 체감하는 개발 효과, 즉 지역 개발 효과 등 간접편익이 크게 발생한다는 점이 강조되었다.

2) 기초자료 분석 및 조사의 쟁점

먼저 기초자료 분석을 통해 인구 및 경제활동 인구, 산업구조와 지역 내 총생산, 관광 동향 등을 파악했다. 주요 쟁점으로는 분석 범위가 우선 설정되어야 한다. 즉 해군부두와 해군부두 방파제 비용에 대한 비용-편익의 반영 여부가 정해져야 한다. 수요 및 편익 추정에 있어서의 쟁점으로는 5,000톤급 여객선의 취항 여부, 울릉(사동)항 1단계 사업과의 기능 및 편익 발생의 중복 가능성 제거, 관광객 수요 변화를 반영한 편익 추정, 5,000톤급 여객선에 대한 수요 예측 대안의 구성 등을 고민해야 한다. 기술적 부분 및 총사업비 차원에서는 2단계 항만시설 규모의 적정성 여부, 공사비 중 공사용 재료원(석재)의 수급 계획 변경이 감안되어야 한다.

3) 비용 추정

사업비 추정에 있어서 국토해양부의 사업 계획 변경 요청에 따라 총사업비는 3,061억 원(해군부두 제외 시 2,763억 원)으로 결정되었다. ‘대안 1’은 강원도 동해시의 석산을 활용하는 것이고, ‘대안 2’는 울릉도 내 석산을 활용하는 것이다. 예비타당성 조사에서 해군부두는 제외대상이므로 해군부두를 제외한 조사 · 설계비를 총사업비 산정에 반영하도록 했다(‘대안 1’: 163억 원, ‘대안 2’: 123억 원). 건설공사비는 ‘대안 1’은 3,525억 원, ‘대안 2’는 2,626억 원으로 정했고, 부대비용은 정확한 산정이 어려워 계획안과 동일하게 산정했다. 따라서 총사업비는 강원도 동해시의 석산을 적용한 ‘대안 1’의 경우 4,183억 원, 울릉도 내 석산 이용 시 3,122억 원 규모다. 유지 · 보수비는 일률적으로 사업 연차별 투자 누계액의 2%를 적용했으며, 적용 시기는 연차별 공사가 완료된 후 운영 개시일로부터 발생하는 것으로 했다. 총 유지 · 보수비는 계획안(변경) 48억 원, ‘대안 1’ 73억 원, ‘대안 2’ 54억 원으로 추정되었다(<표 7-2> 참조).

<표 7-2> 연간 유지·보수비의 추정

(단위: 100만 원)

구분 / 항목	직접공사비	부대비	시설투자비	유지·보수비 비율	연간 유지·보수비
계획안(변경)	229,248	8,903	238,151	2%	4,763
대 안 1	352,457	11,446	363,903	2%	7,278
대 안 2	262,599	9,000	271,599	2%	5,432
증감(대안 1)	(증)123,209	(증)2,543	(증)125,752	-	(증)2,515
증감(대안 2)	(증)33,351	(증)97	(증)33,448	-	(증)669

4) 수요 예측

기존 여객 수요 예측자료를 검토하는 것을 기본으로 했다. 제2차 전국 항만기본계획 수정계획(해양수산부, 2007)에서는 울릉(사동)항의 2단계 개발을 전제하지 않고 장래 여객 수를 예측했다. 울릉(사동)항 2단계 타당성 조사연구(대구경북연구원, 2008)는 해양수산부(2007)의 예측값을 준용하되 향후 울릉군 관광자원의 특화개발, 관광기반시설 확충 등으로 관광객이 증가할 것을 예상하여 예측값을 증가시킨 바 있다(<표 7-3> 참조). 울릉도 관광거점항 개발사업검토(KMI, 2009)는 국토해양부의 의뢰를 받아 수행된 연구로 여객 수요를 해양수산부(2007)와 동일하게 예측한 바 있다.

<표 7-3> 기존 자료의 울릉(사동)항 장래 여객수요 예측 결과 비교

구분 / 항목	여객 수요(명)				연평균 증가율(%)			
	2006년	2011년	2015년	2020년	'06-'11	'11-'15	'15-'20	'06-'20
대구경북연구원 (2008), (A)	676,512	745,287	788,529	831,323	2.45	1.42	1.33	1.75
해양수산부 (2007), (B)	559,203	631,232	667,739	713,373				
차이(A-B)	117,309	114,055	120,790	117,950	-	-	-	-

이 조사에서는 해양수산부(2007)의 예측자료를 활용하되('시나리오 1'), 이와 별도로 본 사업에서 추가 수요를 예측하는 과정을 거쳐 장래 포항-울릉 항로의 여객 수요를 예측하는('시나리오 2') 두 가지 방안을 강구했다. 해양수산부(2007) 자료는 장래 예측 범위가 2020년까지로 되어 있어 본 사업에서 경제성을 분석하는 데 필요한 2045년까지의 자료가 없는 한계가 있다. 여객 수요를 항로별로 분리하는 데 어려움이 있는바, 현재 5,000톤급 여객선 투입이 거론되는 항로는 포항-울릉 항로이므로 포항-울릉 항로에 대한 여객 수요를 별도로 추정해야 한다. 5,000톤급 여객선의 여객 수요 예측, 화물 수요 예측도 시나리오에 따라 진행했다.

5) 편익 산정

편익을 설정하는 것은 선박 재항 비용의 절감과 여객 및 화물 지체시간의 절감이 주요 항목으로 들어간다(<표 7-4> 참조). 절감의 편익을 살펴보면 본선 지체 비용이 연간 7,390만 원, 500톤급 셔틀 선박의 지체 비용이 1,000만 원, 두 선박의 지체 비용 절감에 따른 편익을 합하면 연간 8,390만 원 수준이다. '시나리오 1'과 '시나리오 2' 간의 여객 수에 차이가 적어 선박 대기시간이 같게 돼 '시나리오 1'과 '시나리오 2'의 편익

<표 7-4> 울릉(사동)항 2단계 사업에 따른 편익 항목

구분 항목	편익 항목	편익 산정 방법
선사/화주 측면	선박재항비용 절감	용선료 절감분 산정
승객/화물 측면	여객의 지체시간 절감	여객통행시간가치 절감분 산정
	화물의 지체시간 절감	화물운송시간가치 절감분 산정
기타	항만배후부지 조성	신규 조성토지의 가치 산정
	해경 경비함 피항비용 절감	피항비용의 절감분 산정

<표 7-5> 선박 재항 비용 절감 편익

구분 / 연도	본선 여객 수 (명)	본선 회당 여객 수 (명)	본선 회당 탑승율 (%)	셔틀선박 왕복회수 (회)	본선 지체시간 (일)	본선 지체비용 (천 원)	셔틀선박 지체비용 (천 원)	편익 합계 (천 원)
2016	379,188	513	48.87	1.28	30.79	73,900	10,007	83,907
2020	399,767	541	51.52	1.35	30.79	73,900	10,007	83,907
2025	427,068	578	55.04	1.44	30.79	73,900	10,007	83,907
2030	456,234	617	58.80	1.54	30.79	73,900	10,007	83,907
2035	487,391	660	62.81	1.65	30.79	73,900	10,007	83,907
2040	520,676	705	67.10	1.76	30.79	73,900	10,007	83,907
2045	556,235	753	71.68	1.88	30.79	73,900	10,007	83,907

도 같게 된다(<표 7-5> 참조). '시나리오 1'과 '시나리오 2'의 지체시간 절감 편익은 각각 <표 7-6>, <표 7-7>과 같으며, 항만 배후 부지 조성 편익과 해경 경비함 피항 비용 절감 편익을 더한 총편익은 <표 7-8>과 같다. '시나리오 1'과 '시나리오 2'가 서로 다른 부분은 여객과 화물의 지체시간 절감 편익의 차이에서 발생한다.

<표 7-6> 여객과 화물의 지체시간 절감 편익: '시나리오 1'

구분 / 연도	여객 수송		화물 수송		합 계 (천 원)
	본선왕복 여객 수(명)	여객의 지체시작 절감편익(천 원)	본선왕복 화물수요(톤)	화물의 지체시간 절감편익(천 원)	
2016	326,639	2,125,499	5,977	1,766	2,127,265
2020	353,256	2,441,849	6,465	1,862	2,443,711
2025	386,528	2,837,286	7,073	1,720	2,839,006
2030	419,800	3,232,723	7,682	2,030	3,234,753
2035	453,072	3,628,161	8,291	2,339	3,630,500
2040	486,344	4,023,598	8,900	2,649	4,026,247
2045	519,616	4,419,035	9,509	2,959	4,421,995

<표 7-7> 여객과 화물의 지체시간 절감 편익: '시나리오 2'

구분 연도	여객 수송		화물 수송		합 계 (천 원)
	본선왕복 여객 수(명)	여객의 지체시간 절감편익(천 원)	본선왕복 화물수요(톤)	화물의 지체시간 절감편익(천 원)	
2016	379,188	2,750,049	6,939	1,766	2,751,815
2020	399,767	2,994,628	7,316	1,862	2,996,490
2025	427,068	3,319,102	7,815	2,097	3,321,199
2030	456,234	3,665,735	8,349	2,369	3,668,104
2035	487,391	4,036,041	8,919	2,659	4,038,700
2040	520,676	4,431,635	9,528	2,969	4,434,604
2045	556,235	4,854,246	10,179	3,300	4,857,546

<표 7-8> 편익의 합계(시나리오 1의 경우)

(단위: 100만 원)

구분 연도	선박 재항비용 절감편익	여객, 화물 지체 시간 절감편익	항만배후 부지 조성편익	해경 경비함 피항 비용 절감 편익	합계
2016	84	2,127	9,534	166	11,911
2020	84	2,444	-	166	2,694
2025	84	2,839	-	166	3,089
2030	84	3,235	-	166	3,485
2035	84	3,631	-	166	3,881
2040	84	4,026	-	166	4,276
2045	84	4,422	-	166	4,672

6) 경제성 분석

경제성 분석 결과를 살펴보자(<표 7-9> 참조). 분석 기간은 완공 후 30년이고, 편익 최초 발생 연도는 2016년, 최종 목표 연도는 2045년, 사회적 할인율은 5.5%다. '대안 1'의 경우 '시나리오 1'과 '시나리오 2' 모두

<표 7-9> 경제성 분석 결과

항목 \ 구분		할인된 비용 합계 (100만 원)	할인된 편익 합계 (100만 원)	경제성 평가		
				B/C	NPV (100만 원)	IRR(%)
대안 1	시나리오 1	363,170	43,318	0.12	-319,852	-
	시나리오 2	363,170	38,382	0.11	-324,788	-
대안 2	시나리오 1	271,512	43,318	0.16	-228,194	-
	시나리오 2	271,512	38,382	0.14	-233,130	-

B/C 비율이 1.0보다 낮게 나타났으며, NPV 또한 음(-)의 값으로 나타나 '대안 2'의 경우에도 경제적 타당성을 확보하지 못하는 것으로 조사되었다.

'대안 1', '대안 2'의 '시나리오 1'과 '시나리오 2'에 대한 민감도 분석 결과 총사업비와 총편익이 각각 20% 증가하거나 감소할 경우에도 여전히 경제적 타당성을 확보하지 못하는 것으로 조사되었다. 경제성 분석 결과, 최적 대안의 B/C가 0.9를 상회하는 사업에 대해서는 민자 연계 방안을 검토할 수 있다. 본 사업은 기본안과 규모 조정안 모두 B/C가 0.9 이하로 산정되었으므로 민간투자로 사업을 추진할 가능성이 낮은 것으로 나타났으며, 재무성 분석의 필요성이 낮다고 판단되어 민간투자 가능성에 대한 평가는 수행하지 않았다.

7) 정책적 분석

지역 낙후도 측면에서 본 사업의 해당 지역인 경상북도는 당시 16개 광역지자체 중 최하위권(13위)에 해당하며, 사업 지역인 울릉군 또한 전체 169개 시·군 중 136위를 차지하고 있어 경상북도 및 울릉군은 매우 낙후된 지역으로 조사되었다. 지역경제 파급효과 측면에서 '대안 1'의 경우 전국적으로도 투입비 대비 약 2.42배에 이르는 8,365억 원의 생산 유발

효과가, '대안 2'의 경우 6,245억 원의 생산 유발 효과가 있는 것으로 추정되었다. 본 사업의 시행 시 경제적 파급 효과가 가장 크게 나타난 경북 지역의 부가가치 유발액은 '대안 1'이 1,877억 원, '대안 2'는 지역 내 부가가치 유발액이 1,401억 원이다. 지역경제 활성화 효과지수는 각각 0.2985%와 0.2228%로서 여타 예비타당성 조사 평균치(2007년 40개 예비타당성 조사 사업의 지역경제 활성화 효과지수의 평균 0.11796%)보다 높다.

정책의 일관성 및 추진 의지도 감안되었다. 본 예비타당성 조사 사업과 관련된 국가계획으로는 제4차 국토종합개발 수정계획(2006~2020)이 존재하며, 기본적인 방향에서 상위계획과의 상충은 존재하지 않는다. 사업의 추진 의지 측면에서 사업 수행 주체인 국토해양부, 시설이 들어설 울릉군은 적극적 추진 의사를 표명하고 있다. 사업의 준비 정도 측면에서 '울릉도와 연계한 독도 관리체제 구축' 조사에는 사동항 2단계 개발에 대한 구체적인 계획이 담겨 있으며, 이를 위해 2010년까지 3,500억 원의 예산을 배정하고 있다. 사업 추진상의 위험요인 중 재원 조달 가능성 측면에서 보면 독도지속가능위원회가 '독도의 지속가능한 이용에 관한 법률'에 근거하여 국고지원을 통한 재원 조달의 위험은 크지 않을 것으로 보이나, 현 단계에서 총사업비 규모의 변동 가능성이 있어 충분한 검토가 필요하다고 보았다. 이에 더해 환경성 측면에서는 매립공사 시 토사 유출로 인한 해양생태계의 변화, 장비 가동으로 인한 대기오염물질 배출 등이 염려되며, 인근 지역 주민들의 생활환경 피해를 최소화하여야 할 것이다.

사업특수평가 차원에서는 국토수호 측면에서 독도를 경비해야 할 해경 함정이 동해안의 해경 기지를 지남에 따라 4시간 이상의 추가 운항 시간이 소요되므로 급박한 상황에 효율적으로 대처하지 못할 가능성이 감안되었다. 울릉항은 해경뿐 아니라 해군의 기본적인 경계 업무 수행에도 도움이 되므로 본 사업의 필요성은 높은 것으로 판단되었다.

8) 분석 결과 종합 및 정책 제언

다음은 계층화 분석Analytic Hierarchy Process: AHP(이하 AHP) 기법을 활용한 종합판단이다. AHP 기법은 의사결정 시 우선순위 결정에 도움을 주는 방법으로, 주로 전문가를 대상으로 한 설문조사를 통해 중요도 가중치를 설정하는 방식이다. 울릉군 내에서 석산을 개발하는 '대안 2', 그리고 해양수산부(2007)의 예측값과 증가율을 사용하는 '시나리오 1'을 사업의 최적 대안으로 선정하여 분석했다. 최적 대안에 대한 경제성 분석 결과, 사회적 할인율 5.5%를 적용하여 환산한 총비용의 현재가치는 2,715억 원이고 총편익의 현재가치는 433억 원이다. 이에 따라 B/C 비율은 0.16으로, NPV는 -2,281억 원으로 나타난다. 또한 각 평가자의 평가를 종합해볼 때 사업 시행 평점은 0.451로 사업 미시행 평점인 0.549보다 낮아 사업을 시행하지 않는 것이 적절하다고 평가하고 있다(<표 7-10> 참조).

예비타당성 조사 결과 울릉(사동)항 2단계 개발사업은 사업의 타당성이 없는 것으로 조사되었다. 경제성 분석과 정책적 분석 결과를 종합하는 AHP 기법에 따른 분석 시 사업 미시행이 더 높은 점수로 평가된 것이다. 그러나 정책적 측면에서 바라본 사업은 일정 부분 사업 시행에 적

<표 7-10> AHP 평가 결과

항목 \ 구분	사업 시행	사업 미시행
평가자 1	0.493	0.507
평가자 2	0.415	0.585
평가자 3	0.494	0.506
평가자 4	0.374	0.626
평가자 5	0.475	0.525
평균	0.450	0.549

합한 측면이 있어 보인다. 상위 계획과의 일치성, 주무부처 및 지자체의 사업 추진 의지, 사업 준비 측면에서 높은 추진 의지도 돋보인다. 관광인프라 확충의 측면보다도 독도 영토 관리 강화를 위한 독도의 모도母島 개발이라는 측면에서 울릉(사동)항 개발은 유의미할 것으로 보여, 지리적 특수 여건의 반영이 필요하다. 하지만 경제적 타당성이 미흡하므로 합리적인 건설 계획 및 사업비 규모의 재검토가 필요하다. 어쨌든 예비타당성 조사는 부결되었으나 우여곡절을 거쳐 정치적인 의사결정을 통해 울릉항 2단계 개발사업은 결국 추진 · 완공되었다.

2020년 10월 울릉항 2단계 개발사업의 결과로 국가어업지도선, 해경경비함, 군함과 함께 대형 화물선, 5,000톤급 여객선 두 척이 접안할 수 있는 여객선 부두가 함께 건설되었다. 이로써 대형 카페리 여객선의 울릉도 취항이 가능해졌으며, 이에 따라 2021년 9월 포항~울릉 항로에 4미터 높이의 파도도 거뜬히 헤쳐나갈 수 있는 2만 톤급 대형 카페리선 '뉴시다오펄호'가 취항했고, 본격적인 운항에 들어갔다. 대형 여객선이다 보니 여행의 편리성이 높아졌고, 무엇보다 여객선 결항률이 뚝 떨어져 지역 주민들의 일상생활 측면에서의 만족도 및 관광 수입 측면에서의 기대감도 크게 높아졌다.

4. 비용-편익 분석 사례 2: 환경복원사업[4]

청계로와 청계고가도로는 서울의 도심을 관통하며, 그 주변은 대표적인 전통시장이 위치하는 등 서울의 중심을 이루는 입지라고 해도 과언이 아니다. 청계천 복원사업이란, 개발시대를 상징했던 차량 중심의 도

4 이 사례는 2004년에 이영성과 황기연이 수행한 청계천 복원정책의 비용-편익 분석에 대한 연구 사례로, 서울시정개발연구원(2004)의 자료를 재인용한 것이다.

로 기능을 포기하고 하천의 복원을 추진한 사업인데, 이에 대한 경제적 타당성에 많은 논란이 있었다. 비용-편익 분석을 통해 이러한 공공사업의 경제성을 평가할 수 있으며, 그 항목을 설정할 때는 사회 전체적인 관점에서 비용과 편익이 증가했는지 혹은 감소했는지를 기준으로 하게 된다.

1) 분석의 전제

정확도 높은 분석을 위해서는 비용-편익 분석의 시행에 앞서 청계천 복원과 관련된 문제 소지가 있는 사안들에 대해 객관적인 분석의 기본 방향을 설정하는 것이 선행되어야 한다. 다음과 같은 사항들이 기본 방향 및 고려할 점으로 전제되었다.

① 공공투자 사업을 위해 공공기관이 지불하는 보상비는 '이전비용'이므로 비용으로 설정하지 않는다. 사회의 전체 부富는 변함이 없기 때문이다.

② 생산요소가 가장 효율적으로 배합되었을 때를 기준으로 해서 대안별 사업비를 추정한다.

③ 우리나라처럼 실업률이 낮은 국가에서는 승수효과에 의한 경제적 파급효과를 편익으로 상정하지 않는다.

④ 공공투자 사업에 따른 지가의 상승은 편익으로 계상하지 않는다.

⑤ 향후 새롭게 투자하는 사업에 의해 유발되는 비용과 편익만을 대상으로 한다.

⑥ 원칙적으로 공공투자 사업의 계획안이 실행될 때 그에 따른 비용과 편익을 분석한다.

⑦ 청계천 복원사업이 주변 상권에 미치는 영향은 다음의 근거 아래 비용/편익 항목에서 제외한다. 첫째, 공사 기간 중의 소음, 먼지, 접

근성 악화로 인한 주변 상권의 영업 손실은 사회적 순비용net costs 이라고 볼 수 없다. 둘째, 청계천 상권의 변화가 사회적 비용인지 편익인지를 명확하게 구분할 수 없다. 셋째, 청계천 상권의 활성화가 다른 상권의 침체를 몰고 온다면 사회 전체적인 영향은 "0"이 된다.

⑧ 청계천 주변의 일부 업종을 서울 시내의 다른 지역으로 이전한다면 영업 행위의 위치는 변하더라도 사회 전체적 매출액에는 큰 변화가 있다고 단정 짓기 어려우므로, 이를 사회적 비용 또는 편익으로 계상하지 않는다.

2) 비용-편익 항목 결정

청계천 복원사업에 따른 비용과 편익의 항목은 <표 7-11>에 나타난 바와 같다. 이때 청계천 복원사업이 주변 상권에 미치는 영향은 비용 또는 편익의 항목에서 제외해야 하고, 주변 상권에 가져올 수 있는 긍정적인 영향도 제외해야 한다.

<표 7-11> 청계천 복원사업에 따른 비용과 편익의 항목

사회적 비용	사회적 편익
1. 사업비 청계고가/복개도로의 철거 비용 상하수도/지하매설물 정비 비용 자연형 하천 조성 비용 교량건설비, 수표교/광교의 복원 비용 2. 교통혼잡(차량지체 시간) 비용 3. 복원 후 유지·관리 비용	1. 고가/복개도로 유지·보수 비용 절감 2. 환경 개선으로 인한 편익

3) 사회적 비용의 추정

추정 사업비는 3,754억 원(각종 철거 비용, 정비 비용, 조성 비용, 복원 비용 등)으로, 이 중 교통 혼잡에 의한 비용이 가장 큰 규모를 차지한다. 본 사업이 서울시의 차량 흐름에 미치는 영향은 SECOMM 모형Seoul Congestion Management Model을 이용하여 예측할 수 있다. 서울시 전체적으로 차량 운행 속도는 시간당 0.1킬로미터 감소하는 것으로 나타났고, 청계천 복원 후 일일 차량 통행 시간은 승용차와 지하철의 경우 늘어나는 데 비해 버스는 감소하며, 차량 지체에 따른 시간가치 손실 비용은 매년 1,524억 원, 차량 지체로 인한 차량 운행 비용 증가분은 매년 4억 원으로 추정되었다. 또, 본 사업 시행으로 인한 교통혼잡이 가져올 사회적 비용은 총 1,528억 원으로, 복원된 청계천의 유지·관리 비용은 할인율 7% 내에서 현재가치 환산 약 903억 원 정도로 추정되었다.

4) 사회적 편익의 추정

환경 개선으로 인한 편익과 관련해 두 가지 편익 추정 방법을 생각해 볼 수 있다. 첫째, 조건부 가치 추정법Contingent Valuation Methods: CVM이다. 가상시장을 만들어 소비자들에게 제시하고, 소비자들의 지불 용의액 willingness to pay amount을 설문을 통해 조사하여 통계적으로 추정한다. 단점은 생태계 복원처럼 환경 개선 편익이 다양할 경우 가상시장을 만드는 것이 까다롭고, 피설문자들의 이해가 제각각이어서 생태 복원의 가치를 추정하기 어렵다는 것이다. 둘째, 선택 모형법choice modelling이다. 환경 편익을 구성하는 개별 속성의 가치를 추정하여 생태 복원에 따른 총 편익을 추정할 수 있다. 실험적인 방법을 활용하여 환경 구성 속성들의 조합에 따라 소비자들의 선호가 어떻게 변화하는지를 파악할 수 있기에, 다양한 속성으로 이루어진 환경의 가치를 보다 정확하게 추정할 수 있다. 화률 효용 모형Random Utility Model: RUM을 사용하여 소비자의 효용이나 선택에 관한 간접적인 자료에 근거한 효용함수를 추정한다. 청계천 복원사업에 따른 환경 개선 편익은 다음과 같이 세 가지를 생각해볼 수 있다.

① 청계천이 자연형 하천으로 복원됨에 따라 나타나는 편익
② 청계천에 맑은 물이 흐르게 됨에 따라 나타나는 편익
③ 청계천변에 시민들을 위한 산책로와 휴게시설이 조성되고 역사문화가 복원됨에 따라 나타나는 편익

설문조사에서, 피설문자가 제시된 대안 중 가장 마음에 드는 것을 선택하면 이로부터 각 속성별 가치를 추정한다. 이때 비용 부담을 별도의 속성으로 포함해, 가구당 연간 1만 8,000원, 연간 3만 6,000원, 연간 5만 4,000원, 연간 7만 2,000원 등 네 가지 수준으로 나눈다. 그 결과 서울시민들은 청계천 복원사업에 따른 환경 편익을 향유하기 위해 가구당 매년 10만 3,309원을 지불할 용의가 있는 것으로 나타나, 지속가능성과 관련이 있는 고유가치 및 유산가치를 중시하는 경향이 있음을 짐작할 수 있었다. '가구당 지불 용의 가능액×전체 가구수=서울시 전체에서의 총 환경 편익'이며, 총 3조 2,162억 원으로 나타난다. 여기에 청계고가도로의 유지·보수 비용 절감분 1,000억 원을 합하면 총 3조 3,162억 원으로 추정된다.

5) 편익/비용 비율 산정 및 민감도 분석

2003년부터 2027년까지 총 25년을 분석 기간으로 잡고 기준을 7% 할인, 25년으로 했을 때 청계천 복원사업의 편익/비용 비율은 1.7965로 나타났다. 또, 분석 기간을 15년으로 줄이거나 30년으로 늘렸을 때의 편익/비용 비율은 다음과 같았다.

- 분석 기간을 15년으로 줄였을 때: 1.6833
- 분석 기간을 30년으로 늘렸을 때: 1.8210

한편 분석 기간을 25년으로 고정하고 할인율을 변화시켰을 때의 편익/비용 비율은 다음과 같이 나타났다.

- 할인율이 3%일 때: 1.9251
- 할인율이 20%일 때: 1.3257

결론적으로 청계천 복원사업의 편익/비용 비율은 분석 기간과 할인율에 따라 낮게는 1.3257, 높게는 1.9251까지 변화했다. 분석 기간이 길어질수록 총비용의 현재가치, 총편익의 현재가치, 편익/비용 비율은 늘어나며, 할인율이 커질수록 총비용의 현재가치, 총편익의 현재가치, 편익/비용 비율은 줄어드는 것을 알 수 있다.

5. 공공기관 예비타당성 조사

공공기관의 재무건전성 문제가 주요 사회문제로 대두되면서 국회는 물론 감사원, 국민권익위원회 등을 중심으로 공공기관이 추진하는 대규모 투자 사업에 대한, 제3의 기관이 실시하는 사전타당성 검증 제도 및 감독 체계의 강화 필요성이 제기되었다. 먼저 공공기관의 재무건전성 문제로부터 출발한 공공기관 예비타당성 조사는 신규 투자 사업의 타당성에 대한 객관적이고 중립적인 조사로, 이를 통해 신규 투자를 투명하고 공정하게 결정하도록 함으로써 공공기관의 사업 효율성과 기관의 재무건전성을 제고할 수 있다. 기존의 재정 사업 및 민간투자 사업의 평가 체계를 고려한 일관성 있는 평가 체계를 마련할 필요가 있다. 현행 '재정 사업' 예비타당성 조사 평가는 경제적 타당성 및 정책적 타당성 평가에 초점을 두며, '민간투자 사업' 평가는 경제성, 재무성 및 민자 적격성Value for Money: VFM을 평가한다.

공공기관 사업의 타당성 평가는 공공성 평가 중심의 재정 사업, 그리고 수익성을 중시하는 민간투자 사업의 평가 성격을 병행 검토하고자 '공공성'과 '수익성'을 중심으로 평가하도록 규정하고 있다(<그림 7-1> 참조). 먼저 '공공성' 평가에서는 비용-편익 분석을 통한 경제적 타당성(경제성)과 더불어 정책적 타당성(정책성)을 검토한다. 경제성 분석은 비용-편익 분석으로 장래에 발생될 비용과 편익을 현재가치로 환산하여 편익/비용이 1 이상이면 경제성이 있다고 판단한다. 이때의 관건은 비용

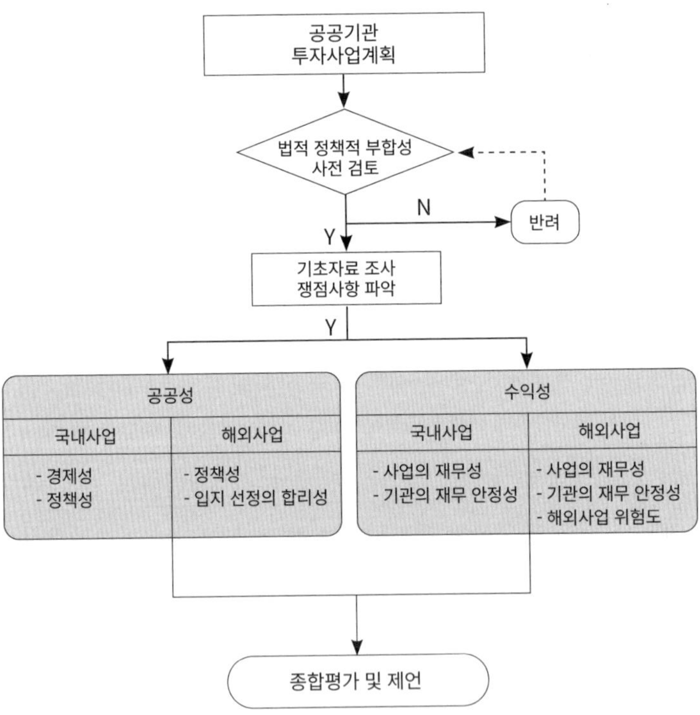

<그림 7-1> 공공기관 예비타당성 조사 평가 흐름도

* 자료: KDI공공투자관리센터(2021).

을 산업부문별로 타당하게 추정하는 것과 수요 및 편익을 적절히 추정하는 것이다. 정책적 타당성은 기관 설립 목적과의 합치성, 정책 일관성 및 추진 의지, 환경성, 지역 균형발전 효과, 일자리 창출 효과, 안전성, 사회적 기여도, 주민 생활 여건의 영향, 특수평가 등에 대해 평가할 수 있다.

수익성 평가에서는 개별 사업의 재무성과 재무안정성을 평가한다. 재무성은 대상 사업의 사업 계획에 대한 수익성을 판단하는 것으로, 투자비 대비 운영 수입의 현금 흐름을 수익성 지수법Profitability Index(PI) Method을 활용하여 분석한다. 재무안정성 평가는 공공기관의 재무 상태, 투자비 재원 조달 가능성, 운영 기간 중 추가 재원 조달 위험(재원 조달 가능성 및 사업 추진 시 사업 수행기관의 재무적 안정성에 미치는 영향 등)을 평가한다. 공공기관의 재무 상태는 영업 이익률, 이자 보상 배율, 부채 비율 등의 재무 비율을 통해 수익성, 차입금 상환 능력 및 재무 영향력을 종합적으로 평가한다. 투자비 재원 조달 가능성은 자기자본 및 타인자본의 조달 가능성을 평가한다. 운영 기간 중 추가 재원 조달 위험은 단순 부채상환계수의 적정 수준 달성 여부 및 추가 재원 조달 소요 금액의 정도를 토대로 추가 재원의 조달 가능성을 평가한다. 마지막으로 종합평가를 위하여 공공성 및 수익성 평가 항목의 가중치를 설정하고 AHP 기법을 수행한다. 종합평가는 다기준 분석의 일종인 계층화 분석법을 활용하는바, 원칙적으로 공공성 70%와 수익성 30%의 비중을 반영한다.

대안별 평가 방법론을 비교하면 공공성과 수익성을 혼합해서 평가하는 방법, 그리고 공공성을 먼저 평가하거나 수익성을 먼저 평가하는 단계별 평가 방법으로 나눠볼 수 있다(<표 7-12> 참조). 비용-편익 분석은 경제성 분석의 일환으로, 공공성에 대한 의사결정의 한 부분에 해당한다.

재정 사업 예비타당성 조사에서 종합분석 시 정량적 분석 결과와 정성적 분석 결과를 통합하는 어려움, 정량적 분석의 경우에도 상이한 척도를 갖는 평가 항목을 통합하는 어려움, 평가의 일관성과 사업의 특수성을 동시에 반영해야 하는 어려움, 종합평가에 참여하는 여러 평가자의

<표 7-12> 평가 방식의 대안별 비교

구분 항목	혼합 평가 방식	단계별 평가 방식
장점	• 사업특수평가항목 포함 가능 - 사업에 대한 비계량적 부분까지 고려 가능 • 사업에 대한 종합적 평가 가능	• 평가 목적에 대한 모호성 감소
단점	• 공공성 및 수익성 분석 결과가 기준에 부합하지 않음에도 불구하고 사업의 타당성이 있는 것으로 평가 가능 • 평가 결과에 대한 모호성 존재 - 공공성과 수익성 비중에 따라 평가 결과가 상이하게 도출될 가능성 존재	• 종합적 평가에 어려움이 있음 - 1단계 평가 결과에 따라 사업의 타당성 여부가 대부분 결정 • 사업특수평가항목 등 정성적 부분에 대한 평가 어려움 존재 • 공공기관의 사업 추진 가능 범위 축소 - 고유 업무라고 보기는 어려우나 이를 보완해주는 사업 특성을 갖는 동시에 수익성 확보 차원에서 추진되는 사업 추진의 어려움 존재

의견을 종합하여 최종적인 결론을 도출해야 하는 어려움 등이 발생한다. 따라서 이에 대한 대안으로 AHP 기법에 따른 평가 방법을 적용하고 있다. 사업의 타당성을 평가할 때는 재정 사업 예비타당성 조사와 유사한 어려움이 발생하는 공공기관 사업 예비타당성 조사에서 역시 정량적 분석 결과와 정성적 분석 결과의 통합, 상이한 척도를 갖는 평가 항목의 통합, 평가 일관성 및 사업 특수성의 동시 반영 등에 대한 대안으로 AHP 기법에 따른 평가 방법을 적용한다.

공공기관 사업 예비타당성 조사의 경우 공공기관의 설립 목적 및 예타 조사 수행 목적 등을 고려하여 공공성과 수익성을 종합적으로 평가할 필요가 있다. 따라서 <그림 7-2>와 같은 순차적·단계별 평가 방식보다는 AHP 기법에 따른 평가 방식을 적용하는 혼합 평가 방식이 더 합리적이다. 수익형 사업의 경우 수익성을 중심으로 평가하고, 비수익형 사업의 경우에는 공공성을 중심으로 평가할 필요가 있다.[5]

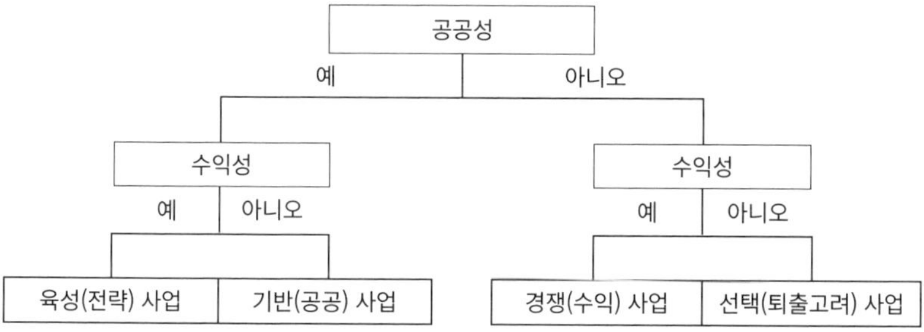

<그림 7-2> 공공성과 수익성의 순차적 평가 모형도

6. 전략적 지출 검토

새로운 국정과제도 수행해야 하고 재정건전화도 추구해야 하는 새 정부는 지출 구조조정에도 앞장서야 한다. 강력한 재정 지출 재구조화는 어떠한 방식으로 가능할까? 주요 OECD 국가들이 글로벌 금융위기 이후 적극적인 재정 지출 관리 제도로서 도입한, 이른바 '전략적 지출 검토strategic spending review'가 대안이 될 수 있다. 이는 범부처 단위로 재정 지출을 관리하는 것으로, 글로벌 금융위기가 발생한 2008년 이후 OECD 국가들이 재정건전성을 높이기 위해 대거 추진한 지출 구조조정 작업이다. 시행 방법은 국가별로 달라 명확히 정의할 순 없지만 예산의 편성과 관리가 부처별로 이루어지는 탓에 발생하는 비효율을 개선하기 위해 범부처 차원에서 지출을 점검한다는 공통점을 갖고 있다. 복지, 교육, 국방 등의 대분류에서부터 개별 부처 및 산하기관 등의 소분류에 이르기까지 재정 지출을 점검하는 과정이 통합적으로, 하지만 촘촘하게 진행되도록

5 기획재정부는 2022년 12월 13일 공공기관 혁신 가이드라인의 일환으로 공기업과 준정부기관이 공공기관 예타 조사 대상 기준을 기존 총사업비 1,000억 원 이상에서 2,000억 원으로 높였다. 이는 공공기관 예타 조사 대상 사업의 총사업비가 2021년 기준 12.3조 원으로 4년 새 두 배가량 늘면서 마련된 조치라고 할 수 있다.

함으로써 지출을 대폭 절감하는 방식이다. 이를 통해 여러 부처가 중복된 사업을 펼치거나, 한 부처에서 종료된 사업이 다른 부처에서 부활하는 등의 문제를 예방하고 그에 대응할 수 있다.

우리나라에서도 기획재정부가 전략적 지출 검토를 시범 시행한 바 있지만, 본격적인 도입은 계속 미뤄지고 있다. 전략적 지출 검토의 추진은 2019년 발표한 '지출혁신 2.0' 계획에 담기기도 했다. 정부는 기금·특별회계 재원의 효율적 활용, 규제·예산 패키지 검토 방식 등을 활용한다는 방침이다. 호주의 경우 2008년부터 2010년까지 전략적 지출 검토를 완료했으며, 2010년대 초에는 영국과 네덜란드, 캐나다, 덴마크 등 OECD 주요 선진국들이 전략적 지출 검토를 수행했다. 재정 사업 전반에 대한 실효적 지출 구조조정 수단으로 마련된 전략적 지출 검토는 기존 지출에 대한 체계적 검토를 통해 절감 방안 등을 개발·채택하는 과정으로 활용되고 있다. 검토 범위는 지출 절감 및 지출 구조 개편이 필요한 부문 또는 프로그램(예산 전 분야 대상)이며, 검토 내용은 지출 검토 대상의 선정 사유, 절감 및 재투자 방향, 재정 제도 개편 방안, 기대효과 등이다.

우리나라에서는 다양한 재정 사업 성과 평가 제도가 운영되고 있다(<표 7-13> 참조). 재정 성과 목표 관리 제도, 재정 사업 자율평가 제도, 핵심

<표 7-13> 재정 사업 성과 평가 제도

구분 / 항목	혼합 평가 방식	평가 주체	단계별 평가 방식
재정사업자율평가	일반재정 사업 전체 1,500여 개/3년 주기	기획재정부	자체평가+메타평가
기금사업평가	자율평가와 통합	기획재정부	자체평가+메타평가
보조금사업평가	1,000여 개	기획재정부	평가단 구성
복권기금사업평가	100여 개	기획재정부	평가단 구성
연구개발사업평가	425개/3년 주기	과학기술정보통신부	자체평가+메타평가
지역발전사업평가	지역사업 80여 개	국가균형발전위원회	자체평가+메타평가

사업평가 제도, 재정 사업 심층평가 제도로 구성된 포괄적이면서도 다층적인 재정 사업 성과 관리 제도가 그것이다. 재정 성과 목표 관리 제도는 각 중앙행정기관이 재정 지출로 수행하는 재정 사업의 위계 구조, 즉 '전략-성과목표-단위사업'에 대응하는 성과지표와 연간 목표치를 설정해 국회에 성과계획서 및 보고서를 제출하도록 하는 제도다. 재정 사업 자율평가 제도는 각 부처의 재정 사업을 해당 부처가 자체적으로 평가하여 사업의 등급을 정하고, 매년 평가 대상 사업의 1% 정도를 구조조정의 대상으로 선정해 차년도 예산 편성에 반영하는 제도다. 핵심 사업평가 제도는 기획재정부가 쟁점이 있는 부처의 사업을 분기별로 모니터링하며 3년간의 시계로 성과를 관리함으로써 부처와의 협업을 기반으로 문제를 해결하고자 하는 성과 개선에 초점을 둔 제도다. 재정 사업 심층평가 제도는 쟁점이 있는 사업군을 선정해 사업 개선 및 구조조정 방안을 도출하고자 매년 8~10개 정도의 사업군을 선정하고 사업의 적절성과 효과성, 효율성, 지속가능성 등을 기준으로 심층평가하는 제도다.

우리나라에서 영향력 있는 지출 효율화 방안을 도출하는 것이 어려운 이유는 범정부적인 거버넌스, 중기적 시계, 총량적 목표, 지출 구조조정안 마련을 위한 역량 미비 등 때문이다. 따라서 많은 제도가 기획재정부 내부 작업의 성격이 강하고, 본격적인 범정부적 제도화 수준에는 이르지 못한다는 평가를 받는다(박노욱, 2022).

국제 금융위기 이후로 기존 재정 사업에 대한 근본적 재검토를 통한 재정 절감 방안의 마련 및 그 과정의 제도화를 달성하려는 시도가 강화되고 있다. 2018년 OECD 조사에 따르면 OECD 국가의 대부분인 27개 국가가 전략적 지출 검토 제도를 운영하고 있다(OECD, 2021). 효율성 검토를 통한 재정 절감의 크기는 제한적일 수밖에 없으나(최대 정부 지출의 2% 수준), 2010년 영국에서 추진한 전략적 지출 검토의 경우 4년간 보건 및 해외원조 부문을 제외하고 평균 19%의 지출 삭감을 달성한 바 있다. 우선순위가 낮고 효과성이 떨어지는 사업을 판별해 지출 삭감을 추진했기에 가능한 성과였다. 일반적인 지출 검토 제도는 검토 범위의 설정, 선택적으로 접근할지 포괄적으로 접근할지에 대한 의사결정, 효율성 제고를 위한 절감인지 전략적 점검인지에 대한 의사결정, 검토 추진 과정에서의 주요 이해관계자의 역할 설정, 재정 절감을 위한 정량적 목표 설정 여부 등에 대한 의사결정을 틀로 하여 이루어진다.

지출 구조조정이 제대로 이루어지기 위해서는 사후적인 평가 체계와 지출 구조조정이 체계적이고 안정적인 상태로 연계되어야 한다. 다른 OECD 국가들의 경우 단발적인 과정이 아니라 3~4년에 한 번씩 규칙적이고 지속적으로 이루어지는 과정으로서 지출 검토를 하고 있으며, 예산 편성 과정의 일환으로 제도화하고 있기도 하다. 전략적 지출 검토 제도는 기존의 재정 성과 관리 제도와의 역할분담이 중요하다. 우리나라는 재정 사업 자율평가를 통해 성과 정보를 예산과 직접 연계시키려 하지만, 일반적으로는 성과 정보가 예산의 배분보다 관리 및 책무성 확보의 기제로 활용된다. 성과 평가 등 재정 관리의 일차적 책임은 주관부처에 있다. 이를 활용해 기획재정부가 지출 검토를 통하여 우선순위를 설정하고 재정건전성을 확보하기 위해 부문별 한도를 재설정하는 등 거시적 차원의 재원 배분 기능에 집중할 수 있게 된다.

전략적 지출 검토를 통한 지출 구조조정과 성과 관리가 효과적으로 이루어지기 위해서는 프로그램 위주의 재정 운용이 필요하다. 프로그램은 특정한 결과 또는 정책 목표를 달성하는 데 필요한 사업의 패키지로, 국민들이 궁극적으로 원하는 서비스가 전달되는 단위를 의미한다. 따라서 국민들이 자신이 낸 세금을 통해 국가가 무엇을 하는지 궁금해할 때 그에 대한 설명의 책임accountability을 지는 국가는 서비스 제공을 통해 답변해야 하므로, 프로그램 중심으로 성과 관리와 예산 운용이 이루어질 필요가 있다. 이러한 맥락에서 2022년 기획재정부가 재정 성과 관리의 기본단위를 프로그램으로 변경한 것은 바람직한 변화라고 평가된다. 우리나라 예산 과정의 가장 큰 문제점은 부처별 분절적인 예산 사업의 편성과 집행으로, 이를 통한 집단 챙기기 혹은 지역 챙기기 예산정치가 만연할 우려가 있다는 점에서 세부사업이나 내역사업 위주의 예산 운용이 아닌 프로그램 단위의 예산 운용이 이루어질 수 있게 제도를 개선해야 한다. 그렇게 되면 지출 구조조정 역시 실효적으로 이루어질 가능성이 높아진다.

과거 국제 금융위기 당시, 다른 여러 나라와 마찬가지로 네덜란드 역시 기존의 재정 흑자 상태가 GDP의 5.5% 수준인 재정 적자 상태로 선회하는 위기에 봉착한 바 있다. 이러한 상황 변화에 대응하기 위한 세출 구조조정의 필요성에 국민들이 공감하면서 내각은 예산 삭감의 다양한 방안과 그 영향에 대한 분석을 시행했다. 그 결과 2010년 4월에 20개의 재정검토보고서가 의회에 제출되었고, 전체 재정·조세 지출 중 30%의 지출을 삭감하는 목표가 설정되었으며, 추진 과정에서 정치적 금기사항은 없으며 거부권도 가지지 않는다는 원칙을 준수했다. 검토 과정에서는 선택 가능한 시나리오만 제시되었을 뿐 선택은 정부와 정치권이 전위했다. 이밖에도 독립적인 작업반 의장의 선정, 외부전문가의 참여, 20%라는 구체적인 목표 수립, 거부권 행사 금지 등을 조건으로 설정하면서 네덜란드는 위기 극복의 성공 사례를 남겼다.

* * *

지금까지 살펴본 바와 같이 비용-편익 분석이나 지출 검토 제도는 좋은 정책 혹은 프로그램을 구분하는 분석 기법이자 방법론, 정책 도구다. 정책과 사업을 계획하고 이를 예산에 반영할 때 우리가 고민해야 하는 내용의 핵심은 결국 '이 정책이 제값value for money을 하는가'라고 할 수 있다. 사업이나 정책의 기대편익과 소요 비용을 비교해서 그 사업의 우선순위를 정하고, 예산의 한도 내에서 이러한 사업이 우선순위대로 예산을 편성한다면 그 예산은 좋은 예산이라 할 수 있다. 물론 사업의 성격이나 이해관계자의 바람 등이 투영되어 수요가 과대 반영되는 경우, 정치적 압력 등으로 타당성 조사가 면제되는 경우 등 실제 운영상에서는 문제점이 많은 것도 사실이다. 그럼에도 불구하고 재정 사업은 물론 공공기관의 투자 사업에 이르기까지 객관적이고 중립적인 타당성 조사를 통해 재정의 값어치를 높이려는 노력은 그 의미가 매우 크다. SOC 사업, R&D 사업, 정보화 사업, 복지 사업에 이르기까지 모든 예산 사업에는 이해관계자가 있으며, 여기서 서로의 주장이 엇갈릴 때 의사결정의 주요 수단으로 비용-편익 분석 방법이 그 효력을 발휘하게 된다. 실제로 재정 사업의 경우 타당성 조사 통과 비율은 90%가 넘고, 심지어 면제되는 경우도 많다. 이러한 과학적인 경제성 분석 방법이 재정 과정에서 활용되고 있다는 것은 정치 과정이라고 할 수 있는 예산 과정의 합리화를 제고할 수 있는 증거 기반의 좋은 수단이 되고 있다.

성공적 지출 점검을 위해서는 정부의 분명한 정책 의지, 명확한 전략 목표와 여력 목표saving target의 설정, 성과지표, 추진 체계, 분석 역량, 중기적 시각, 예산 과정과의 연계, 실천력 등이 필수적이다. 우리나라의 경우 이미 지출 검토 제도가 도입되어 운영되는 것이 아닌가라는 의문이 들 수도 있다. 물론 다양한 재정 사업평가 및 보조금 평가 등을 실시하고 있고, 이를 예산에 반영하려는 노력을 기울이고 있다는 점에서 '그렇다'고 할 수도 있을 것이다. 하지만 우리는 재량 지출에 한해서, 그것도 형식적인 성과 평가지표에 기초해 한계적인 조정만이 이루어지고 있다는 점, 그리고 한도를 정하고 그것이 지켜지도록 강제할 수 있는 제도적 장치가 마련되어 있지 않아 중기예산이 매년 새로운 기준선으로 인해 구속력을 확보하지 못한다는 점 등을 감안하면 실효성 있는 지출 점검의 예산 연계는 아직 이루어지지 않은 것으로 판단된다. 물론 우리나라는 영국 등과 같은 의원내각제가 아니라는 점에서 지출 점검의 한계가 있을 수 있지만, 그럼에도 불구하고 부문별 한도가 지켜지도록 각 부처의 기획조정실, 기획재정부 내 재정혁신국, 재정관리국과 예산실이 하나의 예산 과정 속에서 적극적인 협력을 이루어 실효성을 제고하려는 노력을 기울여야 한다.

이 장에서는 정부가 예산 사업을 통해 달성하고자 하는 성과가 과연 경제적으로나(재무적이 아니라) 정책적으로 타당한지를 사전에 분석하고 평가하는 방법론으로서 비용-편익 분석에 대해 살펴보았다. 다른 한편으로는 거시적인 차원에서 정부가 재정의 지속가능성을 달성하기 위하여 전략적으로 예산 프로그램 우선순위의 적절성을 점검·검토하는 지출 점검 기법도 보았다. 정부가 정치적 의사결정 과정을 통해 예산과 세금에 대한 의사결정을 하지만, 그래도 우리는 가능한 한 합리적인 의사결정 방법론을 활용해 선택지를 마련할 수 있어야 한다. 예산의 지출에는 불확실성이 높고 인간적인 합리성의 제약이 분명하며 집단적 의사결정이 초래하는 모순들 또한 존재하지만, 그럼에도 더 나은 방향으로 나아가기 위하여 합리성을 제고하려는 노력은 꾸준히 이루어져야 할 것이다.

Part 3

세금 부담과 재분배

PUBLIC FINANCE AS LEVIATHAN

Chapter 8

적정 분배와 정부의 역할

1. 적정 분배란?

우리나라의 분배 상태를 놓고 객관적인 지수로 측정한 것과 피부로 체감하는 불평등 수준 사이에는 매우 큰 괴리가 있다. 이를 반영해 통계청에서는 기존 가계동향조사에 기반하여 발표해오던 불평등 수준을 2017년 국세청의 소득 자료가 반영된 가계금융복지조사에 기반한 발표로 개편함으로써 괴리를 줄여나가기 위해 노력하고 있다.[1] 그럼에도 우리나라의 복지 현실은 여전히 열악하며, 이러한 환경은 날이 갈수록 더욱 심각해지고 있다. 우리나라는 노인 빈곤율과 자살율이 세계 최고 수준에 달하고, 출산율은 세계 최저 수준이며, 고령화 사회에서 고령사회로 진입하는 기간은 세계에서 가장 빠른 국가가 됐다.[2] 3D 업종에 종사

1 정부는 통계청에서 가계동향조사를 통해 발표해오던 지니계수를, 2017년부터 행정 자료를 보완해 고소득층 자료가 포함된 가계금융복지조사로 바꾸어 발표하고 있다. 참고로 2016년 가계동향조사에 따르면 0.304이던 지니계수가 가계금융복지조사를 사용하면 0.355로 늘어난다. 2019년 기준 지니계수는 0.339로 OECD 평균인 0.316보다 높다

하는 외국인 근로자나 '수원 세 모녀'와 같이 벼랑 끝에 내몰린 우리 이웃들의 안타까운 뉴스도 끊이지 않고 들려온다.

우리나라의 사회복지 지출은 매년 급격하게 늘어나고 있음에도 불구하고 OECD 국가 중 복지비 비중은 아직도 낮은 수준이다. 하지만 개인의 자유와 효율성을 강조하는 시장주의자들과 정부의 큰 역할을 기대하는 국가주의자들의 적정 분배를 이해하는 수준에는 차이가 크다. 그렇다면 과연 적정한 수준의 분배란 무엇이고, 현실이 여러 가지 이유로 그렇지 못할 때 정부는 어떻게 개입해야 할까? 먼저 적정 분배의 기저에 자리하고 있는 철학적인 정의justice에 대한 논의에서부터 시작해보자. 철학자들은 바람직한 분배의 문제를 정의의 개념과 결부시켜 고민해왔다. 넓은 의미로는 사회적으로 가치 있는 모든 편익과 부담이 사회구성원들 사이에 분배된 상태와 관련해 분배의 정의를 논하기도 하지만, 좁은 의미로는 경제적인 것에 국한해 편익과 부담 분배의 정의를 고민하기도 한다. 기본적으로 정의로운 분배에 대한 여러 사조는 네 가지 요건으로 개념화가 가능하다. 평등성, 정당한 권리, 공정성, 그리고 받을 만한 자격에 대해 부여하는 상대적 중요성의 차이가 그것이다. 기본적으로 적정 분배란 공공재로서의 재분배, 즉 소득 재분배 정책의 여러 수단을 동원해 도달하고자 하는 수준을 의미한다.

우선 평등주의적 정의관egalitarian justice을 살펴보자. 이것은 모든 사람이 평등하게 태어났다는 명제에서 출발한다. 이를 인정하는 것과 분배의 정의에서 여기에 핵심적 중요성을 부여하는 것은 다른 문제다. 평등성을

---

2 2020년 기준 여성 한 명이 평생 낳을 것으로 예상되는 평균 출생아 수인 합계출산율은 전년의 0.92명에 비해 0.08명 줄어든 0.84명으로 조사되었다. 인구 1,000명당 출생아 수를 나타내는 조출생률은 5.3명으로 전년보다 0.6명이 줄었다. 한편 2020년 기준 65세 이상 고령 인구는 우리나라 인구의 15.7%로, 향후에도 계속 증가하여 2025년에는 20.3%에 이르러 초고령사회로 진입할 것으로 전망된다. UN 등 국제기구는 노인 비중이 7% 이상일 경우 '고령화 사회', 14% 이상이면 '고령 사회', 20% 이상이면 '초고령 사회'로 구분한다. 우리나라는 2000년 노인 비중이 7.3%에 이르며 고령화사회에 진입한 뒤 17년 만에 고령사회로 들어섰다.

지나치게 강조하는 경우 다른 정의의 구성요소들, 즉 개인의 정당한 권리인 자유와 상충되기도 하고 그것을 부차적인 위치로 밀어내기도 하는 등의 결과를 초래할 수 있다. 이는 자유라는 개념을 더 적극적으로 해석하는 견해로서, 자유는 남에 의해서 강제되어서는 안 된다는 것 이상의 적극적인 의미를 포함한다고 본다. 모든 사람이 최소한의 생활수준minimum standard of living에 대해 동등한 권리를 갖는 것, 즉 결과의 평등과는 차이가 있으며, 공동체주의에 기반해 동등한 기회를 가져야 한다는 의미에서 평등을 강조한다.

반면 자유주의적 정의관libertarian justice에 입각한 로버트 노직Robert Nozick과 밀턴 프리드먼Milton Friedman의 생각은 전혀 다르다. 개인의 천부적 권리가 가장 중요하며, 정의를 이유로 개인의 자유가 침해되어서는 안 된다는 입장이다. 사람이 수단이 되어서는 안 되고 목적 그 자체여야 한다는 칸트적 원칙에 입각해, '최소한의 정부'가 정당화될 수 있는 가장 광범한 정부라고 본다. 이들은 결과로서의 정의보다 절차상의 정의가 더 중요하다고 보며, 다음과 같은 정당한 권리의 원칙을 강조한다. 첫째, 취득과 관련된 정의의 원칙, 둘째, 이전transfer과 관련된 정의의 원칙, 셋째, 부정의의 시정에 관한 정의의 원칙으로, 이러한 원칙들을 통해 정당하게 가질 권리가 인정된다. 그렇다면 절차상의 형식적 정당성이 분배의 실질적인 결과보다도 중요할까? 정당한 방법이 과연 무엇을 뜻하는지는 분명치 않은 문제로, 정부의 간섭에 의하지 않고 자유로운 시장의 힘에 의해 결정된 몫이라고 해서 반드시 정당한 것은 아닐 수도 있다.

따라서 이와 같은 논란을 봉합한 사조가 바로 공리주의적 정의관utilitarian justice이다. 바람직한 분배는 그 사회의 총체적 후생을 극대화할 수 있는 분배라는 것, 즉 공리의 원칙principles of utility이 유일한 도덕적 기준이라는 주장이다. 프랜시스 에지워스Francis Y. Edgeworth는 최대다수의 최대행복을 가져오는 분배 상태를 지향해야 한다고 보며, 존 스튜어트 밀John Stuart Mill이 제시한 공평한 조세의 규칙으로서의 동등희생의 규칙을 '모든 사람이 한계에서 동일한 정도의 효용을 희생해야 하는 것'으로 해석한다. 가령 모든 사람의 효용함수가 동일하고 소득의 한계효용이 체감하는 경우라면 모든 조세 수입은 전적으로 부유층에 대한 과세로 충당해야 균등한 희생의 규칙을 충족할 수 있다. 이러한 공리주의적 분배론의 문제는 무척 불균등한 분배 상태를 정당화할 가능성이 있으며, 그것의 실천 과정에서 개인의 권리 침해가 일어날 수 있고, 현실적으로 불가능한 개인 간 효용 비교를 전제한다는 것이다.

공리주의에 입각한 최적 분배 이론에서 일정한 크기의 총소득이 주어진 경우, 이를 사회구성원들 사이에서 어떻게 배분하는 것이 가장 바람직할까? 에지워스는 <그림 8-1>에서 보듯이 사회후생은 개인들의 효용의 합이고, 모든 사람이 동일한 효용함수를 가지며, 효용은 오로지 소득 수준에만 의존하고, 소득 수준이 올라감에 따라 한계효용이 체감하는 가정 아래에서는 모든 사람에게 완전히 균등하게 소득을 나누어주는 것이 가장 바람직한 분배라는 결론을 도출한다. 이에 대해 아바 러너Abba P. Lerner는 모든 사람이 똑같은 효용함수를 가정할 필요는 없으며, 서로 다르다는 것을 인정하고, 누가 특정한 효용함수를 가졌는지 모른다고equal

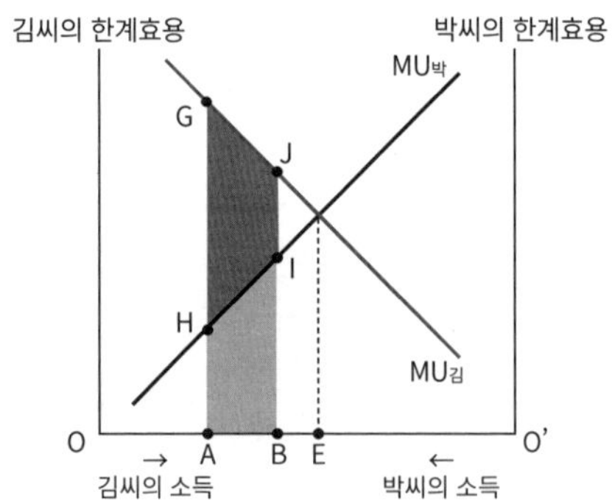

<그림 8-1> 소득의 최적분배

* AB: 소득이전 규모.
GABJ: 김씨의 효용 증가 규모.
HABI: 박씨의 효용 감소 규모.

ignorance 가정해도 앞의 결론은 여전히 타당하다는 점을 확인했다. 단지 모든 사람은 특정한 효용함수를 가질 똑같은 확률을 가진다는 가정만으로도 균등한 분배가 가장 바람직한 분배라는 결론에 도달한 것이다.

평등주의의 한 변형으로서 자유주의 요소를 포괄하는 존 롤스John Rawls의 최소 극대화 원칙maximin principle도 자주 인용된다. 그는 원초적 상황original position과 무지의 장막veil of ignorance을 전제하면 사회의 기본 질서와 방향에 대한 원칙적인 합의가 가능하다고 본다. 모든 사람이 다른 사람들의 자유와 양립할 수 있는 한에서의 가장 광범위한 자유에 대해 동등한 권리를 보유한다. 사회적 · 경제적 불평등의 정당성을 인정받는 조건은, 불평등성이 모든 사람에게 이득이 된다고 기대할 수 있으며, 모든 사람에게 그 기회가 개방된 직위 및 직책과 결부되어야만 한다는 것이다. 만약 사람들이 위험기피적이고, 사회 안전망 역할을 하는 최소 극대화 원칙을 지지한다면 복지 정책이 가미된 자본주의 체제 또는 민주적인 사회주의 체제가 선호된다.[3]

2. 불평등의 측정

이제 이러한 분배 상태를 어떻게 측정할 수 있는지 알아보자. 피터 드러커Peter F. Drucker도 "측정할 수 있어야 관리할 수 있고, 관리할 수 있어야 개선이 가능하다"고 했다. 그러나 다양한 정의관만큼이나 분배 문제의 속성상 완벽한 불평등 지수를 찾는다는 것은 본질적으로 불가능하다

3 민주사회주의는 중앙집중화된 마르크스-레닌주의, 그리고 개량적인 사회민주주의와 구별된다. 전자와의 구별은 20세기 소비에트사회주의공화국연방에서 시행한 중앙집중화된 경제 시스템에 대한 찬반 여부에 따라 이루어지고, 후자와의 구별은 사회주의 경제 체제의 도입에 대한 찬반 여부에 따라 이루어진다. 즉 사회민주주의자들은 국가 개입을 통해 자본주의를 인간화하여 사회주의를 달성하려 하지만 민주사회주의자들은 자본주의가 본질적으로 자유 · 평등 · 연대의 민주적 가치와 양립할 수 없다고 본다.

1) 로렌츠 곡선

통계학자 맥스 로렌츠Max O. Lorenz가 제안한 로렌츠 곡선은 하위 x%의 가구에게 y%의 소득이 분배될 때의 확률 분포를 누적 분포 함수 그래프로 나타낸 것이다. 소득의 분배 정도를 나타낼 때 주로 이용되는 로렌츠 곡선은, 가구의 누적 백분율은 x축에 표시하고 소득의 비율은 y축에 표시한다(<그림 8-2> 참조). 이 곡선은 기수基數가 아니라 서수序數적 성격을 지니며, 이 곡선의 상대적 위치를 보고 불평등의 정도를 평가하기 때문에 최소한의 가치판단만을 전제로 하고 있어 높은 객관성을 유지할 수 있다는 장점이 있다. 그러나 현실 상황에서는 로렌츠 곡선들이 서로 교차하여 명백한 서열(분배 상태가 더 낫거나 열악한 경우)을 평가할 수 없는 경우가 많아서 기수적 평가 방법을 함께 활용하게 된다.

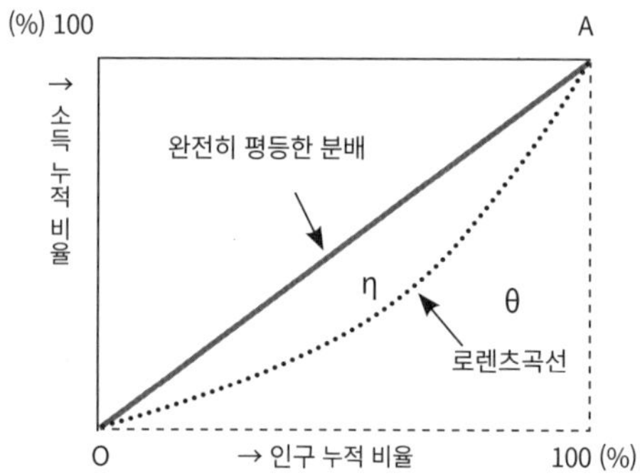

<그림 8-2> 로렌츠 곡선

2) 지니계수 등 기수적 측정

가장 보편적으로 활용되는 지니계수는 경제적 불평등(소득 불균형) 수준을 계수화한 것이다. 오늘날 가장 널리 사용되는, 불평등의 정도를 나타내는 통계학적 지수로서 이탈리아의 통계학자인 코라도 지니Corrado

Gini에 의해 처음 소개되었다. 서로 다른 로렌츠 곡선들이 교차하는 경우 비교하기가 곤란하다는, 로렌츠 곡선의 단점을 보완할 수 있다. 지니계수는 소득 분배의 불평등함 외에도 부의 편중이나 에너지 소비에 있어서의 불평등함에도 응용된다. 지니계수를 측정하는 방법은 로렌츠 곡선에 의해 구하는 방법과 전체 인구의 평균적인 소득 격차라는 개념을 활용한 산식을 통하는 방법이 있다.

$$\text{지니계수} = \frac{\eta}{\eta + \Theta}$$

$$\text{지니계수} = \frac{1}{2u} \times \frac{1}{n(n+1)} \times \Sigma\Sigma l \ yi - yj \ l$$

이 밖에도 십분위분배율, 오분위배율, 양극화지수 등이 활용되기도 한다. 십분위분배율이란 하위 40%에 속하는 사람들의 소득 점유율을 상위 20%에 속하는 사람들의 소득 점유율로 나눈 비율을 말한다. 또 오분위배율은 상위 20%의 점유율을 하위 20%의 점유율로 나눈 것인바, 십분위분배율은 높을수록 고른 분포를 나타내고 오분위배율은 낮을수록 균등한 분배에 가까운 것으로 해석된다. 한편 소득양극화를 나타내는 지표로는 중산층 비율과 양극화 지수도 있다. 중산층 비율은 중위 소득의 50% 이상~150% 미만 가구를 중산층 가구로 정의하고, 전체 가구 중 중산층 가구의 비율이 높을수록 양극화가 심하지 않은 것으로 본다. 그리고 양극화 지수는 이 값이 클수록 양극화가 더욱 심한 상태를 의미한다고 본다.

오늘날 소득 불평등에 대한 논의는 단순히 지니계수 등을 기준으로 한 소득 불평등의 추세 내지는 그 원인에 대한 분석을 넘어서 '분포의 변동'으로 그 초점을 다양화시키고 있다.[4] 이러한 논점이 추가 및 이동 이

4 이 부분에 대해서는 신동균(2006)의 연구를 참조할 것.

면에는 중산층의 몰락이라는 이슈가 자리 잡고 있다. 흔히 중산층의 쇠퇴 현상과 소득 불평등의 심화 현상을 동일시하지만, 양자는 개념상 상당한 차이를 내포한다. 또한 에스테반과 레이(Esteban & Ray, 1994) 등의 연구에서도 강조하고 있듯이 전통적인 지니계수 등 소득 불평등 지수는 분포의 변동을 반영하지 못하는 단점을 지닌다. 이러한 문제의식에서 나온 개념이 다극화polarization다. 우선 소득 불평등 지수는 근본적으로는 분배의 산포도dispersion를 나타낸다고 볼 수 있다. 이 소득 불평등 지수들의 기저에는, 다른 조건이 같을 경우에(여기에는 소득의 순위가 불변이라는 조건도 포함된다) 부자로부터 가난한 사람들에게 소득을 이전하는 행위가 소득 불평등도를 감소시킨다는 피구-달톤의 공리Pigou-Dalton axiom가 있다. 그러나 불평등 지수들은 전체 평균으로부터의 차이만을 강조하고 있는 반면, 분포의 변화는 반영하지 못하는 단점이 있다. 반면에 다극화지수(양극화지수는 이의 부분집합이다)는 분포의 집락성clustering에 보다 큰 비중을 두면서, 분포의 변동이 지숫값의 변동으로 치환될 수 있도록 설계되었다. 중산층의 몰락 같은 현상들이 바로 다극화와 관련된 개념이다. 특정 계층 내에서 구성원 간 동질성이 커지거나 서로 다른 계층에 속한 구성원 간의 소외감이 커질 경우 양극화가 심화된 것으로 나타난다.

또한 앤서니 앳킨슨Anthony B. Atkinson은 기존의 불평등 지수가 특정한 가치판단 혹은 사회후생 함수를 가정하고 있는데, 대개의 경우 그 배후에 있는 사회후생 함수를 정의하기 힘들거나 그 함수에 문제가 있다는 점을 비판한다. 그러면서 그는 배경으로 하고 있는 사회후생 함수가 명백하게 드러날 수 있도록 하는 불평등 지수를 고안했다. 앳킨슨지수는 평가자의 주관적 가치 판단을 고려하여 소득 분배의 불평등 정도를 나타내는 지수로, 사회구성원이 분배 상태에 얼마나 만족하는지, 불평등을 얼마나 심각하게 받아들이는지 등의 주관적 가치판단을 반영해 불평등도를 관측하는 지수다.

국민 1인당 평균 소득 수준이 $\bar{y}$로 주어진 사회에서 소득이 특정한 상태로 사람들 사이에 분배된 결과 $\overline{W}$의 사회후생 수준이 달성되었다고 하면, 모든 사람에게 Ye의 소득을 균등하게 분배했을 때 $\overline{W}$의 사회후생 수준이 달성되는 경우 Ye가 바로 균등분배 대등소득이 된다. 불균등한 분배 상태가 사회후생의 측면에서 볼 때 바람직하지 않은 것이라면 균등분배 대등소득은 1인당 소득 수준보다 분명히 작을 것이다. 주어진 분배 상태를 놓고서도 보는 사람에 따라 그 평가가 달라질 수 있고, 이에 따라 그가 인식하고 있는 균등분배 대등소득의 크기가 달라질 수 있다. 스웨덴이나 노르웨이 등 북구와 미국을 생각해보면 쉽게 비교가 될 것이다. 조합주의 내지 사회주의에 기반한 경제체제를 가진 나라들과 성취지향형 승자전취winner takes all 중심의 자본주의에 기반한 나라의 균등분배 대등소득은 크게 차이가 날 수밖에 없다. 다음은 한 온라인 매체에 게재된 앳킨슨지수 관련 기사의 일부다(조형국, 2016. 2. 12.).

> 한국이 OECD 국가 중 4번째로 소득의 불평등이 심각한 것으로 나타났다. 불평등에 대한 사회구성원의 주관적 판단을 반영한 '앳킨슨지수'로 측정한 결과다. 2016년 OECD가 발표한 '일자리의 질' 보고서를 보면 앳킨슨지수를 활용한 한국의 소득 불평등도는 0.32로 나타났다. 조사 대상 33개국 중 이스라엘(0.41), 미국(0.35), 터키(0.34)에 이어 4번째로 소득 불평등도가 높았다. 앳킨슨지수는 앤토니 앳킨슨 런던정경대 교수가 개발한 불평등 지표로 사회구성원이 불평등을 얼마나 심각하게 여기고 있는지 여부를 변수로 반영한다. 0부터 1 사이에서 나타나며 1에 가까울수록 불평등 정도가 심각하다는 것을 뜻한다. 양극화에 민감하게 반응하도록 설계돼 있어 양극화가 심할수록 수치가 커지는 폭이 크다. 공평한 소득 분배에 대한 구성원의 열망이 얼마나 강하냐에 따라 평가가 달라질 수 있다는 뜻이다

앳킨슨지수의 산식은 $A = 1 - (Ye/\overline{y})$로 나타나며, 소득 분배가 균등

하게 이루어지고 있는 사회에서는 0에 가까운 수치가, 반대로 평등에 대한 선호가 높지 않은 경우 1에 가까운 수치가 나타난다.

3. 불평등의 원인

불평등의 발생 원인은 개인적 원인과 사회적 원인으로 대별해볼 수 있다. 우선 개인적 원인은 <그림 8-3>에서 보는 바와 같이 원초적 단계인 유전적 요인, 교육적 환경, 경제적 환경으로, 이로부터 불평등의 싹이 돋아난다. 즉 가정에서 태어나면서부터 금수저와 흙수저가 갈린다는 이야기다. 유전적 요인 및 교육적 환경으로 인해서는 단어·문장·숫자를 능숙하게 구사할 수 있는 능력, 주어진 정보를 소화할 수 있는 능력, 논리적 추론을 할 수 있는 능력을 포괄하는 인지적 능력에 차이가 발생한

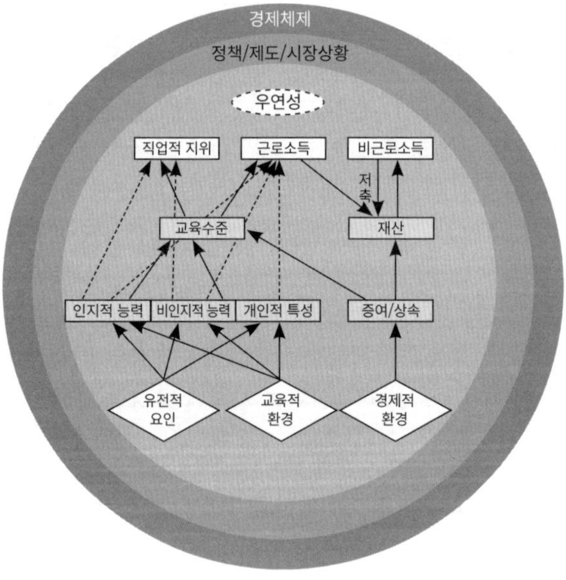

<그림 8-3> 불평등의 발생 경로

다. 또, 성취동기 · 추진력과 같은 정서적 측면GRIT(성장growth, 회복력resilience, 내재적 동기intrinsic motivation, 끈기tenacity), 힘 · 손재주와 같은 육체적 능력 등 비인지적 능력에도 차이가 생기고, 말하는 방식, 옷 입는 방식, 행동하는 방식 등 개인적인 특성도 달라진다. 이와 같은 능력이나 개인적 특성은 다시 교육 수준의 차이로 이어지고, 이것이 궁극적으로는 직업적 지위와 근로소득의 차이로 이어진다. 한편 개인적 원인 중 경제적 환경의 차이로 인해서는 증여나 상속 등에 의해 재산상의 차이가 촉발된다. 특히 우리나라와 같이 급격한 성장을 경험한 사회의 경우 부의 대물림을 통해 자녀 세대의 소득이 결정되는 정도가 심하다.

한 사람이 벌어들이는 소득뿐 아니라 그의 직업적 지위에 의해서도 경제적 지위는 결정된다. 다시 말해 유전적 요인, 교육적 환경, 경제적 환경의 원초적 단계를 거쳐 중간적 단계에서는 이 세 요소가 결합하고 상호 영향을 미침으로써 개인의 경제적 지위를 결정짓는다는 것이다. 그림에서 인지적 능력, 비인지적 능력, 개인적 특성으로부터 뻗어나와 직업적 지위와 근로소득으로까지 이어지는 점선들은 교육이라는 중간매체를 거치지 않고 바로 영향을 주고 있음을 보여준다. 그러나 교육을 통한 영향에 비할 때 이와 같은 영향은 부차적인 것에 지나지 않는다. 이에 더하여, 운칠기삼運七技三이라는 말도 있듯이 우연성 또한 불평등을 발생시키는 매우 중요한 비물질적 경로로 작용한다.

불평등 발생의 사회적 요인은 사회적 자원의 부족과 사회구조를 들 수 있다. 우리나라의 경우 인종과 종교 등으로 인한 사회적 원인 및 계급과 같은 구조적 문제는 상대적으로 심각하지 않지만, 다문화 사회를 편안하게 받아들이지 못하는 등의 다양한 사회적 불평등 문제가 서서히 중요하게 대두되고 있다. 이와 같은 사회적 원인에 대처하는 것 역시 정부의 역할이 된다.

4. 정부의 재분배 정책

1) 불평등 요인의 제거 가능성

가정이라는 사회제도를 없애는 것이 불가능한 것처럼 이 속에서 싹튼 불평등의 요인들을 전적으로 제거하는 것 역시 불가능에 가깝다. 개인적인 차원에서 볼 때 가장 원초적인 불평등의 요인(특히 유전적 요인)은 제거하기 어려우며, 교육적 환경 역시 평준화시키기 어렵다. 유전적 요인과 교육적 환경의 차이에서 발생되는 인지적·비인지적 능력의 차이나 개인적 특성의 차이 역시 일단 발생된 것을 제거하기는 힘들다. 다만 물질적 경로에 의해 발생하는 불평등, 즉 사회적 차원에서 발생하는 불평등 요인은 대부분 차단하고 제거할 수 있다. 현재의 분배 상태가 움직일 수 없이 고정된 것은 아니며, 또한 모든 것이 개인의 책임일 수는 없다는 사실에 주목할 필요가 있다. 따라서 사회적 차원에서 발생하는 요인이 분배 상태에 영향을 주고 있는 것이 분명한 이상, 개인이 최선의 노력을 다했음에도 불구하고 빈곤의 늪에 빠질 여지가 있음을 인정해야 한다.

2) 소득 재분배 정책

사회적으로 발생한 분배 격차는 정부의 재정 정책, 곧 조세 정책과 지출 정책을 통해 완화시킬 수 있다. 소득세와 법인세, 소비세, 재산세 등을 통한 재분배가 가능하다는 것이다. 먼저 소득세와 법인세의 경우 소득이 많을수록 중과함으로써, 다시 말해 누진세제를 적용함으로써 분배 구조를 개선할 수 있다. 소비세의 경우에는 개별소비세 같은 사치재나 중산층 이상이 주로 소비하는 물품·서비스에 대한 일반소비세에 더하여 추가적인 개별소비세를 부과하기도 한다. 재산세에는 부유세net wealth tax 성격의 세금을 포함할 수도 있는 등 거래와 보유 모든 단계에서 분배 구조를 개선하기 위한 세금 부과가 이루어질 수 있다.

공적부조와 같은 사회지출은 지출 대상을 보편적으로 할지 선택적으로 할지가 논란이 되기도 하지만, 기본적으로 사회보험이나 사회복지 서비스와 같이 취약계층을 타깃으로 해서 사회 안전망을 두텁게 확충하는 것을 목표로 하는 재정 지출프로그램이다. 이 밖에도 사회간접자본이 되는 공공시설에 투자하는 경우 대중교통수단을 주로 활용하는 중산층 이하에 수혜가 집중되게 마련이다. 한편 부負의 소득세negative income tax와 같은 프로그램은 사회복지 함정에 빠지는 것을 방지하면서 자격 조건을 특정하는 어려움도 극복할 수 있어 자주 활용되는 재분배 정책이다. 이 부분에 대해서는 뒤에서 상세히 살펴보기로 하자.

3) 재분배 정책에 대한 찬반 논쟁

재분배 정책에 대한 반대 논리의 근거로는, 첫째, 자유주의자들은 정부가 재분배에 간여할 윤리적 근거가 없다고 주장한다. 프리드먼은 사람들이 자유로이 선택한 결과가 현재의 분배 상태이므로 이에 개입하는 것은 부당하다고 한다. 노직도 정부는 재분배할 수 있는 아무런 소득도 가지고 있지 않다는 점을 강조한다. 둘째, 재분배가 효율성에 부정적 영향을 미친다고 본다. 정부 개입의 영향이 어떠할지 확실하게 알지 못할 뿐 아니라, 재분배 정책의 유형에 따라 그 효과가 다르게 나타날 수밖에 없다는 것이다. 셋째, 정치적 현실에 대한 인식과 관점도 문제로 지적된다. 불완전한 정치기구가 불완전한 시장기구보다 반드시 나은 대안임지에 대한 고민이다. 재분배를 표방한 많은 정책이 실제 중상층의 이익을 위한 봉사에 집중되어 있는 경우가 자주 있다.[5]

5 팬데믹으로 인한 재난지원금의 경우도 저소득층을 두텁게 지원하자는 의견이 많았지만, 소득과 재산 구간을 설정하는 데 있어서의 곤란으로 인해 이런 경우 결국은 전 국민 균등 지원으로 결론이 나기 십상이다. 기본소득에 대한 논의도 마찬가지다.

반면에 재분배 정책을 찬성하는 입장의 근거는 다음과 같다. 첫째, 평등주의자는 불평등한 분배를 윤리적 견지에서 받아들일 수 없다. 하지만 이는 공리주의자들도 전체 후생을 증진시킬 수 있다면 재분배를 지지한다는 점에서 뚜렷한 관점 차이로 보기 어려울 수 있다. 둘째, 레스터 써로우Lester C. Thurow의 주장과 같이 공평한 분배는 공공재적 특성을 지닌다. 셋째, 존 롤스의 최소 극대화 원칙에서 볼 수 있듯이 사회 안전망, 즉 사회보험의 관점을 보탤 수 있다. 넷째, 정치적 관점에서 권력의 과도한 집중을 막기 위해 재분배가 필요하다. 돈은 때때로 정치적 권력까지 살 수 있는 것이 현실이기 때문이다.

4) 재분배 정책의 사례

재분배 정책의 사례로는 크게 네 가지의 경우를 살펴볼 수 있다. 첫째, 일반 조세다. 머스그레이브와 씬(Musgrave & Thin, 1948), 페크만과 오크너(Pechman & Okner, 1974), 페크만(Pechman, 1967) 등의 연구에 따르면 미국의 조세 제도는 누진성이 그리 크지 않으며, 이는 우리나라의 경우도 마찬가지다. 즉 총체적 관점에서 조세 제도의 누진성은 크지 않고, 따라서 일반적인 조세는 가처분소득의 격차를 줄이는 효과는 기대할 수 있지만 빈곤층에 직접적인 도움이 되기는 어렵다. 특히 우리나라와 같이 직접세의 비중이 상대적으로 낮고 세원의 탈루가 상당한 경우 재분배 효과(시장소득 지니계수-가처분소득 지니계수)가 그리 크지 않은 것으로 나타난다.[6]

---

6 한국의 경우 조세와 복지제도를 통한 소득 재분배 기능은 OECD 회원국 중 최하위권 수준이지만 차츰 개선되고 있는 것으로 나타났다. OECD에 따르면 한국의 2017년 기준 세전·세후 지니계수 개선율은 12.6%로, 통계가 발표된 나라 중 뒤에서 다섯번째다. 세전·세후 지니계수 개선율은 세금을 떼기 전 시장소득 기준의 지니계수, 그리고 조세 및 복지제도를 통한 소득 재분배 이후 가처분소득 기준의 지니계수를 비교해 산출한다. 가처분소득은 시장소득에서 공적 이전소득을 더하고 조세를 제한 것이다. 개선율이 높

둘째, 사회보험이다. 정부가 사회보험을 제공해야 한다는 인식이 일반화된 것은 20세기 들어서이며, 일반적으로 알려진 영국의 사회보험보다 독일의 사회보험이 더 빨리 도입되었다. 독일의 경우 급격한 국가 주도 산업화와 더불어 일어난 문제들을 완화하는 차원에서 제도가 도입되었고, 전제국가를 강화하기 위한 수단이라는 성격, 즉 가부장적 관점paternalistic approach의 비스마르크형 사회보험이 제도화되었다. 한편 영국에서는 민간부문의 자발적인 보험제도가 사회보험으로 이행된바, 분권적인 성격이 두드러진다. 영국은 국민 전체에게 최저수준의 혜택을 보장하는 데 주안점을 둔 보편주의 성향의 비버리지형 사회보험제도가 발달했다. 사회보험제도는 보험제도의 일환이기에 재분배 효과를 기본적으로 제약하는 요인이 내재되어 있지만, 여기에 재분배 요인을 가미하여 저소득계층이 이로부터 혜택을 볼 수 있도록 설계되곤 한다.

셋째, 공적부조다. 극빈계층에게 정책의 초점을 맞추어 같은 규모의 예산으로 더 큰 재분배 효과를 기대할 수 있다. 일정한 소득 수준 이하의 사람은 누구나 수혜자가 되는 일반적 공적부조와 추가적인 기준, 즉 나이, 가족 구성, 장애 여부 등에 따라 범주적 공적부조 프로그램categorical public assistance policy이 시행된다. 다만 수혜 자격entitlement과 적용 방법을 투명하고 명확하게 해야 하는 문제, 혜택의 절대적 수준의 문제, 실질적인 도움이 되는지의 여부, 그리고 차별적 구분의 한계 등이 풀어야 하는 숙제가 된다.

넷째, 부좀의 소득세 제도다. 조지 스티글러George J. Stigler가 1946년 『미국경제학회지*American Economic Review*』에 발표한 바 있으며, 1942년에는 영국의 줄리엣 라이즈윌리엄스Juliet Rhys Williams가 실시를 제의한 사회배당금 제도social dividend scheme 등은 당시 크게 주목받지 못했으나 부

다는 것은 그만큼 조세와 복지제도를 통한 소득 재분배 기능이 강하게 작동하고 있음을 의미한다. 한국의 2017년 세전·세후 지니계수는 각각 0.402, 0.354였다. 2021년 기준으로는 각각 0.405, 0.333으로 조금씩 정책 효과성이 개선되는 모습을 보인다.

분적으로는 실시되기도 했다. 영국의 소득지원인 'Family Income Supplement'와 'Supplementary Benefit', 미국의 'Earned Income Tax Credit' 제도(일종의 부의 소득세 제도)가 이에 해당한다. 이 제도는 면세점 이하의 소득계층에 대해 현금급여 혜택을 부여하는 것으로, 국민의 최저생활수준을 보장하기 위하여 정부 지출의 측면에서 빈곤층에 주는 보조금을 소득세 구조와 체계적으로 연결시킴으로써 저소득층에 대한 소득 재분배 기능을 발휘하려는 공적부조 제도다.[7] 기본적으로 누진세제의 논리적 연장으로 수혜와 관련된 수치감을 없앨 수 있다는 장점, 일반적인 조세 제도 내에서 운영할 수 있어 행정이 단순하고 별도의 수혜 자격 심사가 필요하지 않다는 강점이 있다. 구체적인 규모는 기초수당(m)과 한계세율(t), 그리고 저소득자가 받는 보조금(S)에 대해 $S = m - tE$(E는 스스로 번 소득)로 정해진다(<그림 8-4> 참조). 예산상 총 비용이 일정하게 정해지면 높은 m은 높은 t로 연결되고, 조금 더 큰 재분배 효과를 위해서는 m을 올려야 하지만 이를 위해서는 t 역시 높아져야 하기 때문에 효율성의 문제가 발생한다. 이러한 부의 소득세제의 문제점으로는 비용이 많이 든다는 점, 일정 수준 이상의 근로 의욕에 악영향을 미친다는 점, 사회 상황을 어느 정도로 개선할 수 있을 것인지 예측하기가 어렵다는 점 등이 있으며, 결국 이는 실증의 영역에 맡겨져 있다. 그럼에도 불구하고 자격 기준을 따지지 않으면서no means test 저소득층이 복지 함정에 안주하는 것을 막을 수 있는 좋은 대안으로 간주되어 미국과 캐나다 등 많은 나라에서 이 제도를 도입·운용하고 있다.

---

7 변양호 전 금융정보분석원장은 "기본소득은 전 국민에게 동일한 현금 지원을 하자는 건데, 이념적으로 그게 왜 약자 보호인지 잘 모르겠다. 기초생활수급자를 대상으로 한 생계급여 등 기존의 시스템은 그대로 두고, 돈을 더 마련해서 주자는 것으로 돈도 많이 들고 역진逆進적이다. 우리 경제를 더 어렵게 할 수 있다. 우리가 얘기하는 부의 소득세는 적게 버는 사람을 위한 사회 안전망을 만들어 불평등을 없애고, 규제 완화를 통해 경제적 자유와 공정한 경쟁 환경을 만들자는 것이다."라고 하면서 부의 소득세 도입을 주장한다(황정일·전민규, 2021. 5. 8.).

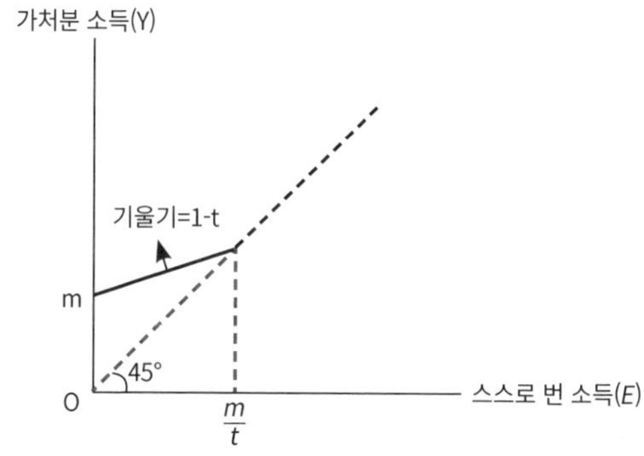

<그림 8-4> 부의 소득세제

5) 빈곤선의 결정

빈곤선을 결정하는 문제와 관련해서는 절대적·객관적 기준을 따를 것인지 상대적·객관적 기준을 따를 것인지에 따라 결과가 다르게 나타난다. 절대적이며 객관적인 기준으로서의 빈곤선은 라운트리(Rowntree, 1901)의 연구에 기반해, 생물학적 혹은 사회적 생존을 위해 최소한으로 필요한 수준을 계산하려는 노력이다. 기본적 필요라고 할 때 생물학적인 관점과 사회적 생존은 환경에 크게 좌우된다. 미국 사회보장청은 최저생계비를 최저식품비에 3을 곱한 금액으로 정한다.

상대적이며 객관적인 기준으로서의 빈곤선은 평균이나 중위소득의 일정 비율로 정하기도 하고 소득분포상 하위의 일정 비율로 정하기도 한다. 라이덴Leyden 방식은 설문조사 결과에 기초해 주관적인 빈곤선을 정한다. 공시 빈곤선은 정책적인 결정으로서 최저임금 논쟁과 함께 많은 논란의 대상이 되고 있다. 미국의 대표적 싱크탱크인 브루킹스연구소The Brookings Institution에 따르면 세계은행은 「2018 빈곤과 공동번영Poverty and Shared Prosperity 2018」(2018)이라는 제목의 보고서에서 저개발국에 적용해온 빈곤 기준의 상향이 필요함을 주장했다(Sharma, 2018). 2015년 기준 절대빈곤선은 하루 1.9달러(약 2,150원)로, 이를 적용하면 세계 빈곤

인구(7억 3,600만 명)는 25년 전인 1990년의 19억 명 대비 절반 가까이 감소한 것으로 나타나지만 실상은 그렇지 않다는 것이다. 세계은행은 '하루 1.9달러'라는 기준은 전 세계의 다양한 빈곤 상황을 드러내기에는 너무 '낮을' 뿐만 아니라 '단편적'이라며 빈곤을 정의할 새로운 지표들을 제안했다.

우리나라는 국민기초생활보장법에 의거해 기준중위소득을 정하고, 이에 기초해 60% 수준을 최저생계비로 매년 고시하도록 하고 있다.[8] 기준중위소득은 '통계청이 공표하는 통계자료의 가구 경상소득(근로소득, 사업소득, 재산소득, 이전소득을 합산한 소득) 중간값'에, '최근의 가구소득 평균 증가율', 그리고 '가구 규모에 따른 소득 수준의 차이' 등을 반영해 가구 규모별로 산정한 금액을 말한다. 2021년 4인 가구 기준 최저생계비는 기준중위소득의 60%인 292만 5,774원이다.

6) 재분배 정책과 효율성

전통적 견해에 따르면 효율성과 공평성 사이에는 충돌이 발생한다. 이는 아서 오쿤Arthur Okun의 구멍 뚫린 양동이 비유에서도 잘 표현된다. 하지만 정책에 따라서는 공평성과 효율성이 반드시 상충되는 것만은 아니다. 이 둘이 오히려 보완적일 수 있다는 점에 주목할 필요가 있다. 써로우도 팀워크라든지 사기가 장기적 성장에 중요함을 지적하며, 사회 안전망이 두터워야 성장 동기도 최대한 발휘될 수 있다는 점을 강조한다. 포용적 정치제도와 경제제도는 지속가능한 발전을 위해 꼭 필요한 공공재라고 하겠다.

8 우리나라의 기초생활보장제도에 있어 기초생활수급자 생계급여 지급 기준은 이보다 훨씬 못 미치는 수준으로, 수급가구 재산의 소득환산금액과 소득만을 합산해 기준중위소득 30% 이하인 경우 생계급여를 지급한다.

* * *

지금까지 살펴본 바와 같이 분배는 자유, 정의, 평등과 얽힌 매우 이념적인 개념이며, 특히 적정한 분배라고 할 때 적정의 개념은 사상적 기초에 따라 다양하게 설정된다. 재정이 적자가 되고 부채가 누적되는 이유를 보수주의자들은 방만한 사업 운영과 과도한 정부 개입으로 설명하고, 진보주의자들은 능력 있는 사람들이 제대로 세금 부담을 하지 않아서라고 이야기한다. 분배만큼 가치가 많이 반영된 개념도 찾아보기 어렵다. 모든 사람이 똑같이 소유하는 것이 공평한 분배라고 주장하는 공산주의를 제외하고 이야기하더라도 기본적으로 자유, 소유, 분배와 관련한 정부의 역할에 대해서는 나라마다 접근 방식에 큰 차이가 나타난다. 자본주의만을 놓고 보아도 애덤 스미스가 이야기하는 분업, 교환, 보이지 않는 손의 자유방임주의에서부터, 케인즈의 적극적 재정 개입을 통한 유효수요 창출, 과도한 정부 개입 실패를 강조하는 신자유주의적 입장, 그리고 미하우 칼레츠키Michał Kalecki의 따뜻한 자본주의까지 다양한 스펙트럼으로 진화해왔음을 알 수 있다.

우리나라는 이웃한 북한의 전체주의와 비교해 자본주의의 창의성과 인센티브 유인을 잘 활용했고, 그로 인해 오늘날과 같은 경제적 성장을 이루게 되었다. 문제는 지금부터의 방향성으로, 우리가 감내할 수 있는 최대한의 사후적 분배 공평성과 성장을 위한 인센티브 기제 간의 균형을 잡는 지혜가 그 어느 때보다 필요한 시점이다. 우리 정부는 경제개발 중심의 예산 편성에 치중하는 개발연대의 관습을 복지사회인 지금까지도 탈피하지 못하고 있는 것으로 평가된다. 정부가 발표하는 나라살림의 구성 중 복지부문이 가장 커진 이후로도 상당한 세월이 흘렀지만, 실제 복지부문으로 발표하는 예산의 세부 내역을 살펴보면 경제개발로도 분류가 가능한 임대주택건설 등 SOC 예산을 포함하고 있다. 적정 분배를 위해서는 니테일이 중요하며, 특히 분배와 관련된 통계의 투명성과 지속가능성을 확보해 정책의 성과를 측정할 수 있도록 해야 한다.

이 장에서는 분배 상태를 측정할 수 있는 지표에 대해 학습하고, 분배가 불평등하게 되는 원인, 그리고 적정 분배로 나아갈 수 있게 만드는 정부의 프로그램에 대해 알아보았다. 과거 정부의 주된 기능이 치안과 국방이었다고 하면 이제는 복지와 사회 안전망이 가장 중요한 비중으로 자리 잡고 있다. 우리는 과거 초·중등 학교 무상급식 시행과 관련해서 이념 진영에 따라 전혀 다른 주장을 하는 모습을 봤다. 결국 국민의 선택을 통해 보편적 복지프로그램의 일환으로 무상급식이 자리매김하는 과정을 경험하며, 정부가 개입했을 때 과연 어떠한 결과가 나타나는가에 대해 현장학습할 수 있는 기회를 가졌다. 댄 에리얼리Dan Ariely는 『거짓말하는 착한 사람들*The Honest Truth About Dishonesty*』(2012/2012)에서, 우리의 선택은 경제성보다는 도덕성에 더 좌우되며 이성적인 비용-편익 분석을 바탕으로 부정행위를 저지르는 것은 아니라고 갈파한다. 내 돈이 아니라 다른 사람의 부담으로 보편적 복지가 이루어질 수 있다고 믿는 것은 또 하나의 신화에 불과하다. 건전성도 챙겨야 하고 복지의 사회 안전망도 보다 촘촘하게 챙겨야 한다고 할 때 보편적으로 접근해야 하는 경우와 선택적으로 접근해야 하는 경우를 잘 구분하는 지식이 중요한 시점이다.

2020년대 들어 우리나라는 연금 개혁에 대한 논의가 모수개혁에서 나아가 구조개혁까지로 번지며 뜨겁게 달아오르고 있다. 특히 노인복지를 지원하는 국민연금 제도의 지속가능성에 의문이 제기되면서 기여자의 수와 범위를 늘려야 한다는 주장이 힘을 받고 있다. 인구 고령화와 저출산 현상이 지속됨에 따라 연금을 받는 퇴직자의 수는 증가하는 반면 기여자의 수는 감소하고 있기 때문이다. 이것은 시스템에 압력을 가하고 장기적인 지속가능성을 위협한다. 1988년 도입을 시작할 때부터 오늘날까지 낮은 기여율 또한 지속가능성 문제의 원인이 되고 있다. 우리나라의 모든 근로자가 연금 제도에 가입해야 하는 것은 아니며, 이는 일부 근로자가 연금 보장을 받지 못한다는 것을 의미한다. 따라서 불충분한 보장 역시 문제로 지적된다.

이러한 국민연금 제도의 문제를 해결하기 위해서는 기여율(보험요율) 인상, 보장 범위 확대, 연금기금에 대한 투자 전략 개선이 필요하며, 나아가 국민연금 외에도 노후 소득 보충을 위해 근로자가 사적 연금 제도에 가입할 것을 장려하고 있다. 먼저 기초연금과 국민연금을 어떻게 짜 맞출 것인가의 문제를 보면, 노인 하위 70%에게 지급하는 기초연금은 '사각지대' 없이 해당 노인들에게 보편적으로 돈이 흘러 들어가도록 되어 있다. 그러므로 최악의 노인 빈곤율이 지금은 물론 앞으로도 계속될 것으로 예상되는 한국에서 '기초연금 강화'는 국가가 노후 소득의 최저선을 맞춰줄 수 있는 합리적인 대안으로 꼽히기도 한다. 퇴직연금의 '공적 연금화' 역시 논의 주제가 될 수 있다. 퇴직금을 일시금으로 받아가도록 하지 말고 국가가 나서서 그것을 굴린다면 기금재원(퇴직연금기금+국민연금기금)은 더 커지고, 노후 소득도 효율적으로 보장할 수 있으리라는 발상이다. OECD와 세계은행 등은 공적·사적 연금을 조합한 다층구조를 권한다. 각 연금의 역할과 성격이 다르므로 이들이 여러 겹으로 쌓여야만 국민 노후 소득이 탄탄해질 수 있기 때문이다. 분배의 문제는 이처럼 복잡하며 이해관계가 얽혀 있어 합의에 도달한다는 것이 쉽지 않다. 적정 분배를 달성하기 위해서는 실로 부단한 노력이 필요할 것이다.

Chapter 9

조세 이론과 정책

1. 조세의 기초이론

인류 역사상 세금은 국가가 존재하는 한 항상 있어왔다. 정부는 복지나 사회간접자본, 교육이나 국방 등 제반 기능을 수행하는 데 필요한 정부 지출을 충당해야 하고, 이를 위해서는 재원의 조달이 필수적이기 때문이다.[1] 일반적인 재원 조달 수단으로는 조세 이외에도 공공요금, 사용료, 수수료 같은 세외 수입, 그리고 차입금 등이 활용되지만, 그중에서도 조세가 가장 중요한 수입원이 된다. 시대의 흐름에 따라 세원tax base 구성에 생긴 변화는 조세 부과의 대상이 되는 경제행위를 통해 살펴볼 수 있다. 전통사회에서는 화폐경제의 수준이 미약해 토지세地租와 인두세人頭稅·poll tax가 주요 세원이 되었다. 하지만 전통사회에서 근대사회로 진전됨에 따라 관세, 주세, 담배세와 같은 물품세가 대부분을 차지하게 되

1 일반적으로 '총이냐 버터냐'라는 배분의 문제를 논의하는 과정을 예산 과정으로 보는데, 이러한 정부 지출을 가능하게 하는 재원이 곧 세금이다.

었고, 조세의 기능은 재정 수입으로만 인식되는 경향이 나타났다. 이후 근대사회에서는 직접세의 비중이 증가하면서 물품세의 부과 대상도 확대되었고, 이것이 경제·사회 전반에 미치는 직간접적 영향을 고려하는 경향을 나타내고 있다.[2]

경세학 고전 중에서 딱 한 권만을 꼽으라고 한다면 많은 경제학자가 애덤 스미스의 『국부론』(1776/2018)을 추천할 것이다. 원제는 '국부의 본질과 원인에 관한 연구An Inquiry into the Nature and Causes of the Wealth of Nations'이지만 줄여서 '국부론'이라고 부른다. 제목이 말해주듯 이 책은 여러 나라와 비교한 결과를 바탕으로 나라가 부강해지는 원인을 근본적으로 파헤치고, 그 나라와 국민의 번영을 위한 해법을 제시한다. 이 책에도 좋은 조세 제도의 요건이 나온다. 먼저 조세 부담이 공평해야 하고, 경제적으로 효율적이어야 하며, 행정적으로 단순해야 한다는 점을 강조한다. 또한 경제적·사회적 여건에 따라 신축적이어야 하고, 정치적으로 책임성이 높아야 하며, '누가who, 왜why, 무엇을 대상으로what 얼마나how much 부담해야 하는가'가 확실해야 한다는 점을 좋은 세금의 덕목으로 꼽고 있다. 이는 오늘날의 시각으로 봐도 매우 타당한 요건들이라 하겠다.

모름지기 이상적인 조세의 조건은 다음과 같은 여섯 가지를 생각할 수 있다. 첫째, 충분한 세수 확보가 가능해야 한다. 공평성도 중요하고 효율성도 중요하지만, 조세의 존재 이유가 정부 지출을 충당하는 것에 있다고 할 때 나라살림을 위한 충분하고 지속가능한 세수 확보는 반드시 필요하다.

둘째, 공평한 세 부담이 확보되어야 한다. 많은 경우 조세 정책을 잘못 활용함으로써 정권이 위태로워지거나 무너지기도 한다. 우리는 이러한 사례를 영국의 대처 정부와 미국의 독립전쟁 원인에 대한 분석에서도 찾

2 경제적·사회적 영향은 결국 효율성과 공평성의 문제로 나타나며, 최근에는 환경에 미치는 영향도 소비세의 구성에 있어 주요 쟁점이 된다.

아볼 수 있다. 철의 여인으로 불리고 영국병을 치유한 장본인으로 칭송받는 대처 수상의 보수당 정권 역시 주거 부동산rates 세금을 주민부담금 community charge이라는 인두세로 바꾸는 과정에서 민심 이반을 경험했고, 미국 대륙의 경우에도 보스톤 차 사건을 통해 독립전쟁이 촉발되었음은 역사가 말해주는 바와 같다.[3] 뷰캐넌과 털럭의 『국민 합의의 분석 *The Calculus of Consent*』(1962)에서 볼 수 있듯이 조세 부담의 공평성은 국민의 전반적인 동의에 달려 있다.

셋째, 경제적 효율성과 중립성을 유지해야 한다. 조세 정책으로 인해 사람들의 의사결정을 왜곡하는 정도를 최소화해야 한다. 이 부분은 조세의 전가와 귀착에 관한 문제인 동시에 사중손실dead weight loss로 인한 소비자 잉여와 공급자 잉여 감소의 최소화에 대한 덕목이라 하겠다.[4]

넷째, 납세자 순응 및 세무 행정 비용을 최소화해야 한다. 조세 부과에 불복하거나 성실 납부 의무를 회피하고자 하는 적극적 의미에서의 조세과정 비용뿐만 아니라 성실 납부하는 과정에서 수반되는 순응 비용(예를 들면 법인세를 계산하기 위한, 또는 종업원의 원천징수를 위한 대리 비용 등 포함)과 이를 담보하기 위해 존재하는 세무당국의 징수 비용 및 조사 비용을 포함해서 행정 비용을 최소화하는 것이 필요하다.

다섯째, 정치적 책임성이 확보되어야 한다. '대표 없이 과세 없다'는 조세 민주주의 원칙에 입각해, 계층별 대표성이 보장되는 조세법률주의가 요구된다. 여섯째, 거시재정의 일환으로 경기변동에 신축적으로 대응할 수 있어야 한다. 정부의 경제 안정화 기능을 수행하는 하나의 수단으로서 경기 침체 시 적극적인 재정 정책(지출이 조세 수입을 초과하는 적자재정)을

---

3 영국에서는 2022년 트러스 수상이 경제위기의 극복을 위해 소득세와 법인세 감세를 통한 성장 도모 정책을 발표했다가 거센 국민적 반대에 부딪혀 45일 만에 실각한 일도 있었다.

4 사중손실死重損失은 'deadweight loss'를 한자어로 번역한 것으로 자중손실自重損失이라고도 한다. 화물을 싣지 않고도 나가는 차량 자체의 무게를 의미하는 용어이며, 후생손실 또는 후생비용의 경제적 의미로서 초과부담excess burden을 지칭한다.

수행하고, 경기 활황 시에는 소극적 재정 정책(조세 수입이 지출을 초과하는 흑자재정)을 수행하는 유연한 접근이 필요하다. 이러한 기능을 위해서도 소득세 누진 구조 등 자동 안정화 장치built in stabilizer는 필수적이다.

1) 조세의 분류

조세는 크게 네 가지 기준, 즉 과세 주체가 누구인지, 과세 대상·표준이 무엇인지, 납세 의무자와 담세자가 일치하는지, 과세 표준의 대상을 무엇으로 할 것인지에 따라 분류할 수 있다. 첫째, 과세 주체가 누구인지에 따라 국가(중앙정부)가 주체인 경우에 국세, 지방자치단체가 주체인 경우에 지방세로 분류한다(<그림 9-1> 참조). 우리나라의 경우 국세는 내국세, 관세, 목적세로 대별되고, 내국세는 직접세와 간접세로 구분된다. 또 지방세는 부과 주체에 따라 광역자치단체 세목인 특별시·광역시·도세 그리고 기초자치단체 세목인 시·군·자치구세로 구분하며, 세목의 성격에 따라서는 보통세와 목적세로 구분한다. 참고로 지방교육 자치단체인 시도교육청의 경우 과세 주체로 인정되지 않는다.

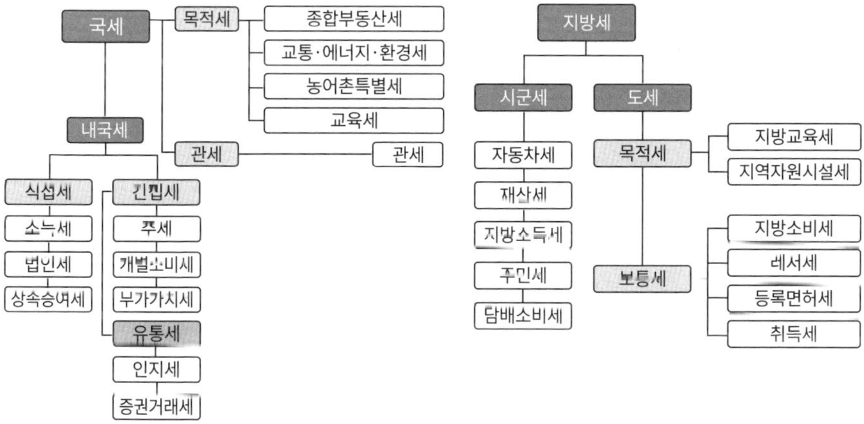

<그림 9-1> 우리나라 국세와 지방세 체계

둘째, 과세 대상 또는 과세 표준이 무엇인지에 따라 인세personal tax와 물세in rem tax로 분류된다. 인세는 납세자를 기준으로 과세함으로써 개인적인 부담 능력을 감안할 수 있는 반면, 물세는 과세 객체인 재화나 서비스를 기준으로 과세함으로써 납세자의 개인적 특성과 관계없이 부담이 이루어진다.

셋째, 납세 의무자와 담세자의 일치 여부에 따라 직접세와 간접세로 분류된다. 직접세는 소득세와 같이 납세 의무자와 직접 부담하는 주체(담세자)가 동일한 조세이며, 간접세는 부가가치세나 개별소비세와 같이 납세 의무자가 그 부담을 다른 경제 주체에게 전가할 것으로 세법에 명시되어 있는 조세다. 납세 의무자가 경제적인 측면에서 해당 조세 부담을 실제 스스로 지는지, 아니면 다른 경제 주체가 지는지는 다른 문제라고 할 수 있다. 법인세의 경우 투자된 자본이 이동하지 않는 단기에는 법인의 주주들이 그것을 부담하지만, 생산부문 간 자본의 이동이 가능한 장기에는 해당 법인의 주주만이 아니라 경제 전체 자산의 모든 소유자가, 그리고 임금이나 상품 가격이 변화한다면 근로자나 소비자도 법인세의 부담을 나눠지게 된다.

넷째, 과세 표준의 대상을 무엇으로 할 것인지에 따라 종가세ad valorem tax와 종량세unit tax로 구분할 수 있다. 과세 표준이 화폐 단위로 표시된 과세 물건의 가치이면 종가세, 과세 물건의 수량이나 용적 등이면 종량세다. 과세 표준을 가격으로 정하면 과세의 공평 부담을 도모할 수 있는 장점이 있는 반면, 가격 변화에 따라 세수 변동이 커지고 가격 측정이 어려운 경우에는 아예 종가세 활용이 불가능한 경우도 생긴다.

2) 공평한 조세 부담

조세 부담을 어떻게 분배하는 것이 공평한가의 문제는, 적정 분배를 다룬 8장에서도 논의했듯이 윤리적인 정의justice와도 연결되는 철학적인 문제다. 누가 얼마나 부담하는 것이 정의로운가 하는 부분은 바람직한 분배에 대한 자유주의적 관점과 평등주의적 관점이 전혀 생각을 달리한다. 자유주의적 관점을 발전시킨 공리주의는 그 사회의 총체적 후생을 극대화할 수 있는 분배, 즉 공리의 원칙principles of utility이 유일한 도덕적 기준이라고 본다. 최대다수의 최대행복을 가져오는 분배 상태란, 에지워스에 따르면 스튜어트 밀이 제시한 공평한 조세의 규칙으로서 동등희생 규칙equal sacrifice rule이 적용된 상태다. 즉 모든 사람이 한계에서 동일한 정도의 효용을 희생해야 한다는 것이다. 모든 사람의 효용함수가 동일하고 소득의 한계효용이 체감한다고 가정할 때 모든 조세 수입이 전적으로 부유층에 대한 과세로써 충당되어야만 균등한 희생의 규칙을 충족할 수 있다고 본다. 그러나 이러한 주장의 문제점으로는 무척 불균등한 분배의 상태를 정당화할 가능성, 그것의 실천 과정에서 개인의 권리가 침해될 가능성, 그리고 현실적으로 불가능한 개인 간 효용 비교interpersonal utility comparison를 전제하는 점 등을 들 수 있다.

한편 원초적 상황과 무지의 장막 속에서 사회 기본질서의 방향에 대해 이루어진 원칙적인 합의(불편부당, 공정)를 생각할 때 사람들이 선택하리라고 기대되는 정의의 원칙은, 첫째, 모든 사람이 다른 사람들의 자유와 양립할 수 있는 한도 내에서의 가장 광범위한 자유에 대해 동등한 권리를 보유해야 한다는 것, 둘째, 사회적 · 경제적 불평등의 정당성을 인정하는 조건으로 최소 극대화 원칙이 지켜져야 한다는 것이다. 최소 극대화 원칙은 두 가지로, ① 불평등성이 모든 사람에게 이득이 되는 것으로 기대할 수 있어야 한다는 것, ② 모든 사람에게 그 기회가 개방된 직위 및 직책과 결부되어서만 불평등성이 존재해야 한다는 것이다. 결국 공평성은 공리주의적 접근과 존 롤스적 접근으로 대변해 설명할 수 있다.

조세 부담 배분은 원칙적으로 두 가지 접근 방법이 적용되는바, 첫째는 편익원칙이고 둘째는 능력원칙이다. 먼저 편익원칙benefit principle은 빅셀의 자발적 교환모형에 근거해, 각자가 정부의 서비스로부터 받는 편익을 분배의 기초로 삼아 조세 부담이 이루어지도록 하는 것이 타당하다고 보는 원칙이다. 기본적으로 배제가 가능하고 경합이 이루어지는 사적재와 달리, 집합적 소비의 특성을 지니는 정부 서비스는 납세자의 자발적 협조를 기대하는 것이 매우 곤란하다. 객관적으로 편익의 크기를 측정하는 것이 어렵고 이를 자발적으로 시현하게 만드는 것도 어려워 무임승차의 문제가 발생할 수 있기 때문이다. 뿐만 아니라 적절한 소득 분배를 전제로 하는 편익의 원칙은 원론적인 수준에서 지방자치단체의 서비스에 대해 적용의 비교우위를 찾아볼 수 있다.

최근 공공기관의 부채 문제가 불거지면서 우리나라 공공요금 규제에 대해서도 보다 명료하게 이러한 편익원칙을 적용해야 한다는 논의가 이루어지고 있다. 인위적으로 억제한 원가 이하의 공공요금은 결국 조세에 의한 일반부담으로 그 적자를 충당해야 한다는 점에서, 적정한 원가 보상 수준의 공공요금 정책이 필요하다는 정책 제언의 논거에 따라서도 편익원칙이 활용된다.

다음으로 동등원칙은 스튜어트 밀이 강조하는 동등희생equal sacrifice 원칙에 따라, 능력이 조세 부담 분배의 기초가 되어야 한다고 보는 원칙이다. 균등한 기회가 보장되려면 조세·지출의 운용을 통한 재분배가 가능해야 하며, 이를 위해서는 정부 지출에 의한 혜택을 재원 부담과 연결지어서는 안 된다고 본다. 이때 납세자들의 자발적 협조를 얻으려면 국민 합의의 분석에 따라 능력에 걸맞은 구체적인 부담 분배 원칙을 마련해야 한다는 것이다.

동등원칙의 실현을 위한 구체적인 부담 분배의 원칙으로는 크게 두 가지를 살펴볼 수 있다. 첫째, 수평적 공평성으로, 같은 능력을 가진 사람들은 같은 수준의 부담을 져야 한다는 것이다. 즉 동일한 경제적 능력이 있다면 동일한 세금을 부담해야 한다. 문제는 어떤 사람을 동일한 능력의 소유자로 간주해야 하는지에 대한 것이다. 어떠한 측면에서의 차이를 유의한 것으로 인정해야 하는가, 어느 정도까지 차이를 두어야 하는가는 그 사회의 일반적인 국민 합의 수준에 달려 있다. 대표적으로 지하경제 양성화 정책을 예로 들 수 있다. 현금 거래가 많이 이루어지는 성형외과나 치과의 의사와 같은 자영업자인 경우, 그리고 '유리지갑'으로 대변되는 봉급생활자인 경우가 대비되곤 한다. 박근혜 정부에서 지하경제 양성화를 통해 복지공약에 필요한 재원의 상당 부분을 마련하겠다고 했을 때 많은 국민이 공감한 것도 이러한 원칙으로 설명할 수 있다. 구체적으로 박근혜 정부 5년간 지하경제 양성화를 통해 53조 원의 재원을 추가로 마련하겠다고 한 공약의 실천 가능성feasibility은 차치하더라도, 그 방향에 대해서만큼은 국민들이 공감한 것이다.[5] 물론 이 과정에서 세무조사 대상 확대, 금융거래 정보의 과세 정보로의 활용 등을 통해 납세 순응 수준의 문제가 구체적으로 드러나기도 했다.

둘째, 수직적 공평성으로, 더 큰 경제적 능력을 지닌 사람은 더 많은 세금을 부담해야 한다는 것이다. 2020년 최고소득세율이 적용되는 구간을 연 소득 3억 원 초과에서 10억 원 초과로 높이는 의사결정을 하는 과정에서 특히 이러한 문제가 첨예하게 대두되었다. 얼마나 누진적으로 세금을 부담하게 하는 것이 공평한가는 수직적 공평성의 원칙과 불가분의 관계에 있다. 능력원칙을 적용하는 데는 경제적 능력에 대한 정확한 평가가 전제되어야 한다. 경제적 복지 수준이 경제적 능력의 판별 기준으로 활용되는 것이 이상적이지만, 복지 수준을 결정하는 기준이 주관적이라는 데 문제가 있다.

결국 적합한 대리변수proxy variable를 선택해 경제적 능력을 판별해야 한다. 첫 번째 대리변수 후보로는 소득을 들 수 있다. 소득은 화폐경제 체제에서 다른 어떠한 비교 대상보다도 경제적 복지 수준을 측정하는 데 비교우위를 보이지만, 역시 동일한 예산 집합을 다르게 취급할 가능성

5 실제로 박근혜 정부는 탄핵의 결과 4년 재임에 그쳤지만, 세원의 확대 효과는 상당했던 것으로 평가된다. 이는 법정 세율의 증가 없이 조세 부담률의 증가가 이루어졌다는 점에서 확인된다.

때문에 한계가 있을 수밖에 없다. 소득에 대한 가장 포괄적인 정의는 헤이그-사이먼스Haig-Simons의 정의로, 일정 기간에 이루어진 개인 소비 능력의 순증가를 화폐가치로 환산한 것이다. 개인 소비 능력의 순증가는 일정한 기간(보통 1년)에 이루어진 개인의 실질 소비지출에 순자산가치net worth의 증가를 합한 값으로 나타난다. 다시 말해 소비와 저축을 모두 포함하는 개념이다. 문제는 현실적으로 다양한 소득을 측정하기가 곤란하다는 것이다. 예산 집합의 명확한 순위를 매길 수 없다는 점, 재산 소득, 특히 미실현 자본 이득과 관련된 부분이 문제가 된다. 실제 거래가 이루어지지 않은 재산의 가치 변화를 정확히 측정하는 것은 불가능에 가깝다. 귀속임대료imputed rent를 정확하게 측정하는 것도 결코 쉽지 않은 과제로 등장한다. 따라서 주택의 소유로부터 발생하는 귀속임대료는 대부분의 경우 과세 대상에서 제외되고 있다. 이외에도 소득을 능력 평가의 기준으로 삼았을 때 발생하는 문제로는 실질소득을 기준으로 해야 하는가의 문제, 요소소득과 이전소득의 차등과세 필요성의 문제, 소득의 취득에 들어간 비용의 처리 문제 등이 있을 수 있다.

두 번째 대리변수 후보는 임금율이다. 임금율을 대리변수로 사용하는 경우 인적 투자에 영향을 미치게 되며, 임금을 측정하는 경우에도 근로에 소요되는 비용을 어떻게 측정할 것인가의 문제에 봉착하게 된다. 아울러 비근로 소득과의 차이를 어떻게 인정할 것인가 하는 부분도 어려운 문제로 등장한다. 한편 이 밖에 소비 수준을 대리변수로 삼을 경우에는 선택의 결과까지를 반영해야 하는 문제에 봉착하고, 재산을 대리변수로 활용하는 경우에는 부채를 제외한 순자산가치의 파악이 어렵고 현금 흐름이 부족한 문제도 해결해야 하는 과제로 남게 된다.

동등희생 원칙에서 동등희생이란 희생되는 효용이 서로 같음을 의미한다. 이는 흔히 희생의 절대량이 같은 경우를 생각해볼 수 있다. 하지만 희생의 절대량이 같아야 한다는 원칙이 반드시 누진세제를 요구하는 것은 아니다. 만약 사람들이 소득으로부터 얻는 한계효용이 불변으로 유지된다면, 다시 말해 한계효용곡선이 수평선이라면 모든 사람이 똑같은 금액의 세금을 낼 때 희생의 절대량은 같아지게 되므로 이때의 세금은 인두세가 되어야 할 것이다. 그러므로 소득이 증가함에 따라 한계효용이 급격히 체감하는 상황이어야만 누진세가 정당화될 수 있다. 소득 수준이 올라가도 소득의 한계효용이 체감하지 않고 같은 수준에 머문다면 이때의 세금은 비례세가 되는 것이 타당하다. 동일한 한계에서의 희생을 상정하는 경우에는 극단적인 누진 구조가 요구된다.

누진세제에 대해서는 경제적 불평등이 감소한다는 점, 편익원칙에 입각해 경제적인 능력이 클수록 더 많은 혜택을 받게 된다는 점, 사회계약의 틀 안에서 누진세의 정당성을 찾고 사람들이 자발적으로 선택하게 된다는 점, 그리고 동등한 희생의 원칙에 입각한 주장이라는 관점에서 찬성 의견이 형성된다. 반면에 복잡한 조세 제도의 문제, 정치적 책임성의 문제, 그리고 무엇보다 경제적 효율성에 대한 부정적인 영향은 반대의 근거가 된다. 이 부분에 대해서는 다음 절에서 보다 자세히 살펴보기로 하자. 요컨대 동등희생 원칙은 그 해석에 따라 누진세를 정당화하기도 하고 그렇지 않기도 한다. 동일한 효용함수 및 소득의 한계효용 체감을 전제로, 조세로 인한 사회 전체의 희생을 최소화한다는 차원에서는 누진과세의 정당성이 주장되는바, 이를 어떻게 해석하느냐에 따라 누진세 채택 자체와 누진도의 수준 결정에 대한 논거가 확보된다.

3) 효율적인 조세 부담

조세의 영향은 개인과 기업, 나아가서 사회 전체의 행태를 변화시키는 결과로 나타난다. 예를 들어 1696년 중세 영국에서 부과된 창문세window tax의 영향은 당대의 건축 구조에 결정적 영향을 미친바, 조세가 경제행위에 영향을 미친 대표적인 사례로 꼽힌다. 조세는 노동의 선택, 저축의 결정, 투자행위 및 위험부담행위 등 실물적 의사결정뿐 아니라 금융적 의사결정에도 영향을 미친다. 새로운 조세 부과 계획이 발표되는 경우 공표효과announcement effect를 통해서도 자원 배분에 변화가 초래된다.[6] 결국 조세는 민간부문의 의사결정에 영향을 미쳐 교란distortion을 일으키며, 이는 경제에 비효율성을 초래하기도 하지만 오히려 환경오염 등 민간부문의 비효율성이 조세(피구세Pigouvian tax)를 통해 교정되기도 한다.

민간부문의 의사결정 과정에 교란을 일으키지 않는 조세로는 중립세lump-sum tax를 생각해볼 수 있다. 이는 경제 주체가 경제행위를 변화시켜도 조세 부담은 변화하지 않는 조세다. 중립세에 가장 가까운 세금으로는 인두세를 상정할 수 있지만, 형평성을 고려한다면 현실적 의미의 중립세는 소득효과만 있고 대체효과는 없는 조세라고 할 수 있다. 한편 조세가 시장의 실패를 보완하고 민간부문의 경제행위에 긍정적인 영향을 미치는 경우도 있다. 특히 환경세와 에너지 관련 세제의 경우 교정과세corrective tax의 특징을 지닌다. 이것은 소비자가 근시안적인 태도로 비합리적인 결정을 내릴 가능성을 보완한다는 차원에서 그 효율성을 제고해 볼 수 있지만, 여전히 소비자 주권과의 상충 위험은 피하기 어렵다.

효율적인 자원 배분의 조건은 한계대체율과 한계생산변환율을 일치시키는 것이다. 이 경우 파레토 효율성이 달성된다. 초과부담을 이해하기 위해 가장 단순한 경우를 상정해보자. 시장의 차원을 설명하는 <그림 9-2>에서 $\overline{Dc}$는 쌀의 보상수요곡선으로, 이것은 소득효과를 배제한 조세의 대체효과만을 나타낸다. 공급자가 세금만큼 가격을 올리면 공급곡선은 위로 이동하고 P_oGHP_t만큼 소비자 잉여가 줄어들게 되는데, 이때 조세 수입은 P_oIHP_t에 그치게 되므로 IGH만큼의 소비자 잉여 상실은 초과부담excess burden으로 설명된다. 이러한 초과부담은 물품세뿐만 아

6 이러한 효과는 2013년 12월 10일 국회를 통과한 취득세율 영구 인하 의사결정을 8.28 부동산 대책 발표일로 소급 적용하기로 결정한 사례에서도 명확하게 보인다. 당시 소급 시점을 언제로 정할 것인가에 대한 논란으로 부동산 거래 자체가 얼어붙었는데, 이를 통해 보더라도 공표효과의 영향력을 쉽게 짐작할 수 있다.

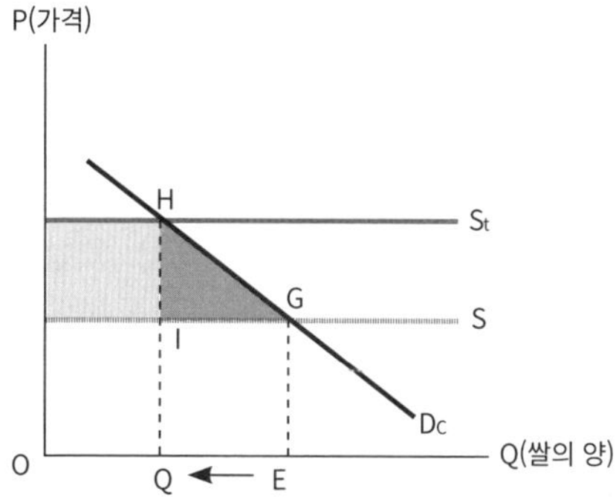

<그림 9-2> 물품세의 초과부담: 시장의 차원

니라 요소시장, 즉 근로소득세에 대해서도 같은 설명이 가능하다.

다음은 개인 차원에서 발생하는 물품세의 초과부담을 생각해보자. 쌀에 대해 물품세가 부과되는 경우 <그림 9-3>에서 볼 수 있듯이 예산선이 $\overline{AB}$에서 $\overline{AC}$로 바뀌게 되고, 소비자 균형은 E에서 E'로 변화함에 따라 세금의 크기는 $\overline{LE'}$로 나타낼 수 있게 된다. 여기서 원래의 예산선과 기울기가 같으며 무차별곡선 i'에 접하는 예산선 $\overline{HI}$를 상정하면 물품세의 영향을 소득효과와 대체효과로 구분해볼 수 있다. 소득이 $\overline{AH}$만큼 감소한 것은 대등 변화이므로 물품세 부과로 인한 후생 손실은 조세수입에 추가되어 $\overline{E'N}$만큼의 초과부담이 생기게 된다. 결국 초과부담은

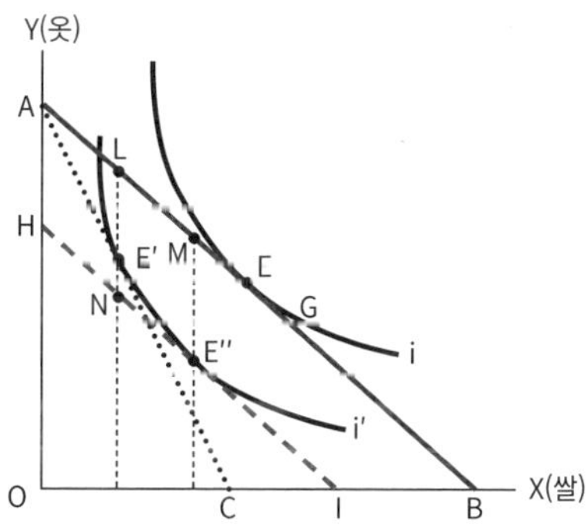

<그림 9-3> 물품세의 초과부담: 개인의 차원

인위적 가격 변화에 따른 대체효과에 의해 발생함을 알 수 있다.

종합하면 중립세가 아닌 조세는 비효율을 초래하고, 비효율의 크기는 소비자 잉여의 차이, 즉 초과부담으로 측정된다. 조세의 효과는 소득효과와 대체효과로 구분되고, 중립세는 소득효과만 있는 경우를 말하며, 대체효과가 크면 클수록 초과부담이 증가한다. 마찬가지로 생산자의 경우도 조세 부과는 가격의 하락으로 이어지고, 이로 인한 이윤의 감소 규모를 통해 비효율의 크기를 측정할 수 있다. 소비세는 소득효과와 대체효과 모두를 통해 소비수준을 감소시킨다.

4) 조세의 전가와 귀착

세법상 조세 납부 의무를 지는 사람에게 조세 부담이 귀착된다고 보는 개념이 법적 귀착statutory incidence이다. 반면 경제적 귀착economic incidence은 실제 부담자를 기준으로 하는바, 이들 간의 차이는 조세 부담의 전가shifting로 인해 발생한다. 조세 부담의 전가 규모는 조세 납부액에서 실질가처분소득의 변화 폭을 제외한 규모로 나타난다. 예를 들어 법인세를 부과하는 경우 상품이나 서비스의 가격이 상승하게 되는데, 이처럼 소비자가 법인세의 일부를 부담하는 결과로 이어지게 되는 경우를 부담의 전전forward shifting이라 하고, 법인세 부과 결과 고용의 규모가 줄고 임금 수준이 줄어드는 등 법인의 구성원들이 법인세를 부분적으로 나눠 부담하게 되는 경우를 부담의 후전backward shifting이라고 한다.

궁극적으로 조세의 부담은 개인이 질 수밖에 없다. 조세 부담이 개인에게 귀착되는 패턴을 분석할 때 부담의 주체로서 개인은 크게 세 가지 기준에 따라 분류된다. 첫째, 기능별 소득 분배functional distribution of income 기준으로, 어떠한 생산요소를 공급하는가에 따라 구분하는 방식이다. 둘째, 계층별 소득 분배size distribution of income 기준으로, 부유층과 빈곤층 사이의 조세 부담을 구분할 수 있다. 셋째, 이외에도 성별·연령별·지역별로 구분할 수 있다. 특히 성별 조세 부담의 구분은 성인지 예산gender budgeting으로, 연령별 조세 부담의 구분은 세대별 정부 순지출 부담 회계generational government net expenditure-tax burden accounting로 나타나며, 이는 연금재정과 같은 거시재정 분석에서 그 활용도가 높다. 조세 부과 시 부담의 규모는 실질가처분소득의 변화로 판단하게 되는바, 명목가처분소득의 감소를 물가 수준으로 나눠서 평가해야 한다. 소득세를 부과하는 경우에는 분자(명목가처분소득의 감소)가 변화하는데, 이로써 실질가처분소득이 변화한다면 이를 원천 측의 효과로 볼 수 있다. 총수요의 감소로 인한 고용 효과와 같은 명목소득 자체의 변화, 또는 저축에 대한 과세가 궁극적으로 임금의 하락을 가져오는 경우 등 조세 부과가 각 생산요소의 수요와 공급에 영향을 미쳐서 생산요소의 공급자가 얻는 소득이 달라지는 경우를 말한다. 한편 조세 부과는 가격의 변화를 가져오는바, 이는 사용 측use side의 효과를 의미하게 된다.

조세의 귀착을 분석할 때는 세 가지 개념이 중요하다. 첫째, 균형예산 귀착balanced budget incidence으로, 조세 징수와 지출 프로그램의 효과를 묶어서 귀착을 분석하는 방법이다. 이러한 방식은 조세 수입의 사용에 따라 분배적 효과가 달라짐을 고려할 수 있다는 장점이 있다. 둘째, 차별 귀착differential incidence으로, 정부예산을 불변으로 유지한다는 가정하에 두 조세가 갖는 분배적 차이를 반영하여 하나의 조세에 대해 같은 조세 수입을 가져다주는 다른 종류의 조세로 대체했을 때 어떤 분배 효과가 나타나는지를 관찰하는 방식이다. 셋째, 절대 귀착absolute incidence으로, 다른 조세나 지출에 아무런 변화가 없다고 가정하고 특정한 조세의 분배적 효과를 분석하는 부분균형 분석 방식이다. 이러한 방식은 편리하기는 하나 바람직한 방법은 아니다.

부분균형 분석 방식은 경제의 한 부문이 다른 부문과 주고받는 영향이 매우 적다고 가정하고 분석하는 것인데, 실제는 시장 사이의 상호 연관 관계가 무시해서는 안 될 정도로 강할 수 있기 때문에 일반균형general

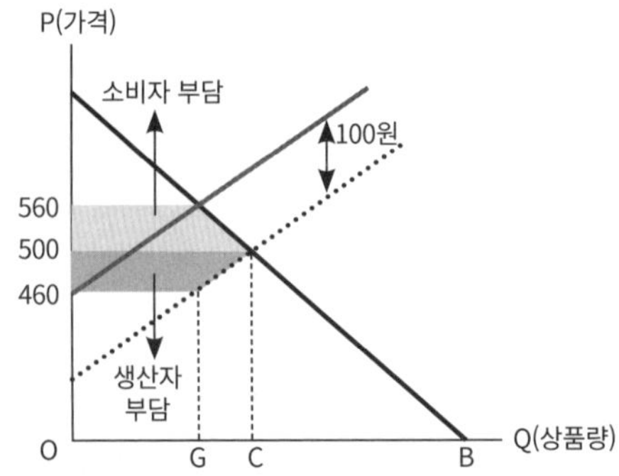

<그림 9-4> 물품세의 귀착: 부분균형 분석

equilibrium의 틀에서 분석할 필요가 있다. 또한 단기와 장기를 구분하여 분석할 필요도 있다. 예를 들어 저축에 과세하는 경우 단기는 저축자의 세금 부담 증가로 이어지지만, 장기로 가면 저축의 감소가 자본 스톡의 감소로 이어지고, 이는 다시 노동에 대한 수요의 감소로 이어짐으로써 근로자에게까지 영향을 미치게 된다. 폐쇄경제와 개방경제에서의 귀착도 감안해야 한다. 경제의 규모가 작고 개방의 정도가 큰 우리나라와 같은 경제 구조에 있어서 자본과세가 실시되는 경우 세전 수익률과 세후 수익률 간 차이가 크게 나타나면서 자본의 유출이 발생하게 되므로, 결국 장기로 가면 수익률 차이는 사라지게 된다.

<그림 9-4>는 물품세의 귀착을 부분균형 분석의 틀로 설명한다. 단위세unit tax를 부과하는 것으로 가정하고 납세 의무가 생산자에게 귀착되는 경쟁시장을 생각해보자. 볼펜 한 자루당 100원의 세금을 부과한다면 가격은 500원에서 560원으로 상승하게 되고, 물품세의 부담은 수요와 공급의 가격탄력성에 의존하게 된다. 공급자가 되었든 소비자가 되었든 탄력적인 부문은 그렇지 않은 부문에 비해 조세 부담을 적게 질 수 있다는 점에서 역탄력성의 규칙이 적용된다. 즉 탄력성이 높으면 조세 부담이 적어지는 모습을 나타내게 된다.

<그림 9-5>에서 볼 수 있는 바와 같이 불완전 경쟁시장의 경우 물품

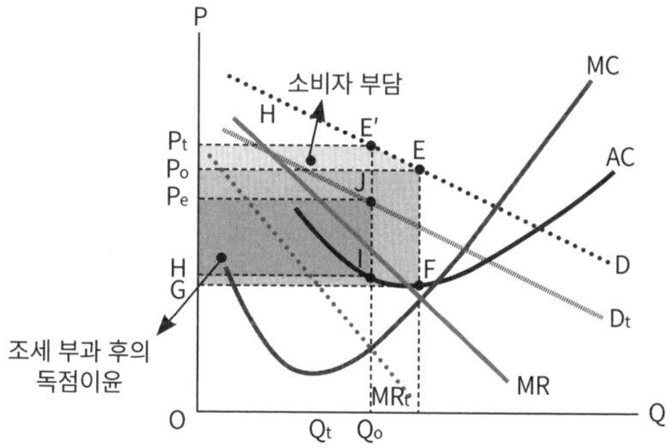

<그림 9-5> 물품세의 귀착: 독점시장

세를 부과하면 수요곡선이 이동하게 되고, 소비자는 더 높은 가격과 소비량 감소를 경험하게 된다. 이러한 차원에서 소비자가 부담하게 되는 결과는 경쟁시장과 차이가 없다. 여기서 유의해야 하는 부분은 공급자가 독점력을 보유해도 조세 부담을 소비자에게 모두 전가하는 것은 불가능하다는 점이다.

한편 토지와 같이 그 공급이 고정되어 있고 내구재적인 성격을 가진 상품에 조세를 부과하는 경우에는 조세 부담이 자본화capitalization되어 상품 가격이 하락하게 된다. 이는 자산의 가격이 미래에 발생할 조세 부담의 현재가치에 해당하는 부분만큼 하락한다는 것을 의미한다. 하지만 토지 공급이 신축적이라면 완전한 의미에서의 자본화는 일어나지 않는다.

앞에서 논의한 부분균형 분석을 일반균형 분석의 틀로 확장하는 경우, 한 상품에만 물품세를 부과하게 되면 요소집약도의 차이가 클수록 상대가격의 비율은 더 큰 폭으로 변화한다. 조세 부과의 대상이 된 상품에 대한 수요의 가격탄력성이 클수록, 혹은 요소 사이의 대체탄력성이 작을수록 상대가격의 변화는 커진다. 원천 측에서 살펴보면 물품세가 부과된 산업에서 집약적으로 사용되는 생산요소일수록 공급자에게 부담이 귀착되며, 사용 측에서 살펴보면 과세되는 상품을 상대적으로 더 많이 소비하는 사람일수록 더 많은 부담을 지게 된다. 결론적으로 세금이 소비자에게 부과되는 것과 생산자에게 부과되는 것은 차이가 없다. 대신 탄력성의 크기와 경쟁시장인지 여부에 따라 그것을 부담하는 주체가 생산자인지 소비자인지가 결정된다. 세금이 상대가격의 변화를 야기하며, 이것이 세금 부담의 주체를 결정하게 되는 것이다.

5) 최적 조세

지금까지 공평성의 차원, 그리고 효율성의 차원에서 조세 부담의 전가와 귀착을 중심으로 조세 분석의 기초이론을 살펴보았다. 이러한 기본적인 개념과 분석의 틀은 결국 이론적으로는 최적 조세 구조optimal tax structure, 즉 사회후생을 극대화할 수 있는 조세 구조를 효율성 및 분배의 공평성이라는 측면에서 바람직하게 설계할 수 있음을 보여준다. 하지만 현실에서는 효율성과 공평성 사이의 적절한 타협이 필요한바, 이때 가치판단이 개입하게 된다. 결국 효율성과 공평성의 관계에 대한 지식 부족, 사회제도, 경제 상황, 역사적 배경 등으로 인해 객관적이고 일반적인 해결책을 찾기는 매우 어렵다. 프랭크 램지Frank P. Ramsey와 마르셀 보아뙤Marcel Boiteux 등이 전통적 최적 조세에 효율성 관점에서 접근하고 있고 분배적 측면을 감안한 최적 조세 이론이 등장하고 있지만, 효율성 위주의 최적 조세 이론이 지배적인 것은 틀림없다.

현실에서는 파레토 효율적인 조세 구조를 찾기 힘들다는 점에서 최선first-best의 조세 구조는 생각하기 어렵다. 전통적 최적 조세 이론에 따르면 최선의 방책을 찾을 수 없다는 현실을 인정하고 차선second-best의 방책을 찾는 데 주력하게 되고, 이는 효율성 상실을 최소화하는 조세 구조를 찾는 모습으로 나타나게 된다. 최적 조세와 관련해 다음의 두 가지 논의를 주목하자. 첫째, 최적 물품세에 대한 논의다. 총 초과부담의 극소화는 상품에 대한 한계 초과부담과 동일할 때 달성될 수 있으므로 모든 상품의 (보상된) 수요량에 똑같은 비율의 감소가 일어나도록 세율 구조를 만들어야 한다는 램지 규칙Ramsey rule이 등장한다. 이에 따르면 모든 상품에 대해 똑같은 세율을 적용하는 물품세 체계가 반드시 최적일 이유는 없게 된다. 역탄력성 규칙이라고도 하는 램지 규칙을 적용하면 초과부담이 최소화되는 조세 제도를 추구하는 경우에 공평한 분배에는 무관심하게 되는 문제가 발생한다.[7] 분배적 측면을 고려하면, 먼저 어느 정도의 평등주의적 성향을 전제하느냐에 따라 분배의 구조는 달라진다. 평등주의적 성향이 강해질수록 램지 규칙에 더 많은 수정이 필요하게 된다. 또한 부자와 가난한 사람 사이의 소비 패턴에 얼마나 차이가 있느냐도 중요한 이슈로, 가난한 사람이 주로 소비하는 상품에 낮은 세율을 적용하는 것이 더 큰 재분배 효과를 가져올 수 있다.

둘째, 최적 소득세에 대한 논의다. 누진성progressiveness은 납세자의 소득 수준이 높아짐에 따라 평균 세율이 올라가는 성격을 갖는 조세 제도를 의미하며, 초과부담은 한계세율의 제곱에 비례한다는 점에서 낮은 세율과 넓은 과세 표준이 선호된다. <그림 9-6>은 선형 누진세 형태의 부의 소득세제를 나타낸다. 모든 사람에게 S만큼 정액 보조lump-sum grant

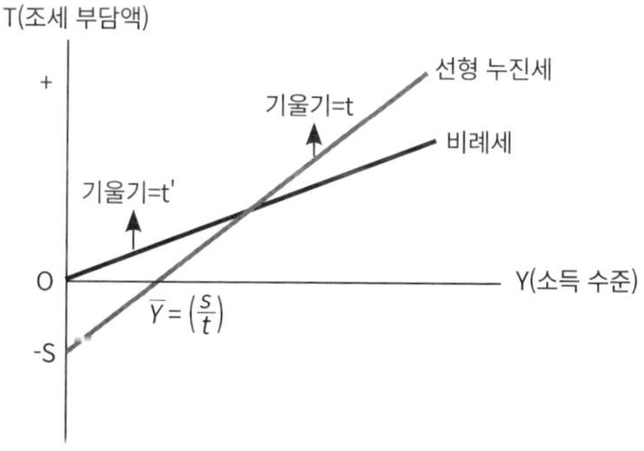

<그림 9-6> 선형 누진세 상황에서의 조세 부담

7 역탄력성 법칙inverse elasticity rule은 상품에 적용되는 물품세의 세율을 수요의 가격 탄력성에 반비례하도록 정해야 한다는 것이다.

를 해준 후, 납세자가 번 소득에 대해 그 크기에 관계없이 t의 세율을 적용하는 조세 제도, 즉 $T = S + tY$ (T: 조세 부담액, Y: 소득 수준)를 생각해보자. 이때 소득이 $\overline{Y}$를 초과하는 사람에게서만 세금을 걷고, 그 이하로 떨어지면 정부가 보조금을 지급하는 부의 소득세 제도를 상정함으로써 소득 보장 효과를 거둘 수 있다.

<그림 9-7>에서 볼 수 있듯이 선형 누진세의 한계세율 t가 높을수록 초과부담은 커지며, 정액 보조금 S가 커질수록 재분배 효과는 커지게 돼 적절한 최적 선형 누진세 구조를 도출할 수 있다. 일정한 조세 수입의 달성을 전제로 정액 보조를 하기 위해서는, 즉 복지 수준을 높이기 위해서는 한계세율을 높여야 한다($S \Rightarrow S'$, $t \Rightarrow t'$). 이러한 모형은 우리나라에서 제기된 '증세 없는 복지' 주장의 한계를 보여주는 것으로 설명할 수 있다. 미국의 니컬러스 스턴Nicholas H. Stern은 1976년 최적 선형 누진세를 실제로 계산한 바 있다. 모든 사람이 소득과 여가 차원에서 같은 선호를 지닌다고 가정하고, 또 소득과 여가의 대체탄력성은 불변함을 가정했다. 최적 세율은 대체탄력성의 크기와 배경이 되는 사회후생함수의 성격에 민감하게 반응하는바, 사람들이 공평성에 대해 어떠한 태도를 갖는지에 따라 최적 세율은 달라진다. 평등성에 대한 선호가 강할수록 높은 세

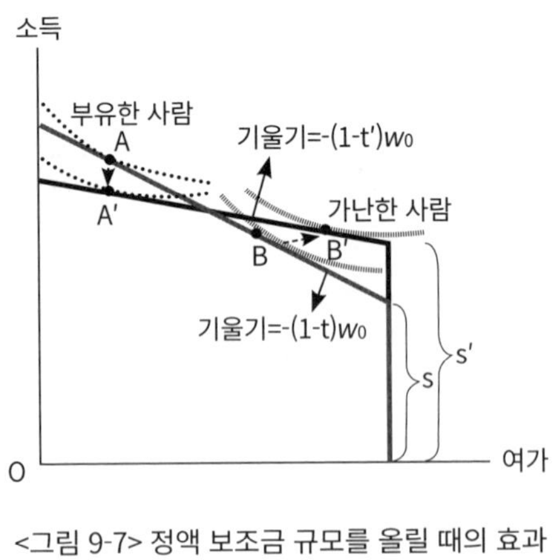

<그림 9-7> 정액 보조금 규모를 올릴 때의 효과

율을 요구하고, 소득과 여가 사이의 대체탄력성이 클수록 최적 세율은 낮아진다. 결론적으로 극단적인 평등성 선호를 전제하지 않는 한 선형 누진세의 최적 세율은 별로 높지 않게 나온다.

2. 개별 조세론

1) 소득과세

법인세를 포함해 우리나라 전체 조세에서 가장 큰 비중을 차지하는 소득세의 역사는 그리 오래되지 않았다. 소득에 과세를 한다는 개념은 근대의 혁신이며 매우 엄격한 선세 조건을 충족해야 한다. 화폐경제, 투명하고 엄정한 회계, 상식적으로 받아들여지는 영수증 문화, 비용과 이윤, 신뢰할 수 있는 장부 기록이 존재하는 질서 있는 사회가 그것이다. 문명사회의 역사에서는 대부분 이러한 전제조건이 성립하지 않아 세금이 다른 기준으로 부과되곤 했다. 재산, 사회적 지위, 토지와 노예 같은 생산수단의 소유권이 주로 활용되었다. 십일조나 첫 수확의 제공 등과 같은 관행은 고대부터 유래하며, 이들이 소득세의 원형으로 여겨진다. 하지만 순이익net profit 개념에 기초한 명확한 소득세 개념은 아니었다.[8]

소득세는 대부분의 나라에서 중요하게 활용되고 있다. 조세 체계는 역진, 비례, 누진의 다양한 형태가 적용되고 있어 세율의 국가 간 비교는 쉽지 않다. 세법은 대부분의 나라에서 지극히 복잡하며, 세 부담과 정부

8 소득세의 기원은 동양이 서양보다 빠르다. 서기 10년경 중국 진나라 왕망 황제 때 초기 형태의 소득세가 등장했는데, 곧 전문 기술노동에 대해 이윤의 10%를 거둬들이는 정책을 시행한 적이 있고, 이후 한나라 때도 같은 정책이 시행되었다고 한다. 한편 영국에서는 1188년 헨리 2세가 3차 십자군 전쟁을 위해 십일조를 거뒀다는 기록이 있으나 근대적 의미의 소득세는 1799년에 도입된 것으로 보인다.

의 서비스 혜택 역시 매우 다양해 비교를 더욱 어렵게 한다. 소득세를 일반적으로 활용하는 나라들은 원천지 기준 시스템과 주거지 기준 시스템을 활용하고, 일반적으로 거주자에 대해서는 모든 소득을, 비거주자에 대해서는 국내 소득을 과세 대상으로 하며, 조세 조약에 따라 다른 나라에서 과세한 부분에 대해서는 공제가 이루어진다. 이때 개인소득과 법인소득에 대해 반드시 동일한 과세 체계를 활용하는 것은 아니다. 예를 들어 프랑스는 개인소득에 대해서는 거주지 기준을, 그리고 법인소득에 대해서는 원천지 기준territorial system을 적용한다. 싱가포르는 반대이며, 브루나이는 법인에 대해서는 과세가 이루어지지만 개인소득세는 없다.

먼저 우리나라 소득세의 법적 규정을 살펴보자. 소득세는 국세이며 직접세다. 개인소득세와 법인소득세로 나눌 수 있고, 법인소득세는 법인세법에 따라 법인세로 부과되며, 소득세법에 의한 소득세는 개인소득세만을 의미한다. 소득세법에 따른 거주자와 비거주자는 소득세를 납부할 의무를 진다(1조). 거주자는 모든 소득에 대해 과세하며, 비거주자는 국내 원천소득에 대해서만 과세한다(3조). 과세 소득은 종합소득(해당 연도에 발생하는 이자소득, 배당소득, 부동산임대소득, 사업소득, 근로소득, 연금소득과 기타소득을 합산한 것), 퇴직소득, 양도소득으로 구분하고, 원칙적으로 계속적이고 경상적으로 발생하는 소득을 과세 대상으로 한다(4조). 일정 기간에 발생한 소득을 그 종류에 관계없이 합산하여 종합과세하는 것을 기본원칙으로 하되, 양도소득 및 퇴직소득에 대한 과세 표준은 각각 구분하여 계산한다. 또 비과세 소득의 소득 금액, 일용근로자의 급여액, 원천징수하는 이자소득 및 배당소득과 직장공제회 초과 반환금 등은 분리과세한다(14조).

우리나라의 소득세 과세 대상은 1월 1일부터 12월 31일까지 1년간의 소득 금액으로 한다(5조). 납세지는 거주자는 주소지로, 비거주자는 국내사업장의 소재지로 하고(6조), 원천징수의 경우는 별도의 규정에 의한다(7조). 과세 관할은 납세지를 관할하는 세무서장 또는 지방국세청장이 담당한다(11조). 소득 금액이 있는 거주자는 소득과세 표준을 해당 연도의 다음 연도 5월 1일부터 5월 31일까지 납세지 관할 세무서장에게 신고하고 납부하여야 한다(70조 내지 77조). 하지만 근로소득만 있는 경우에는 근무하는 직장에서 원천징수하고 연말정산함으로써 신고 납부 의무가 마무리된다. 소득세의 계산 구조를 보면, 종합소득·퇴직소득·양도소득을 구분하여 계산하고, 소득공제(24조 내지 54조)를 한 과세 표준에 기본 세율(55조)을 적용하여 소득 산출 세액을 계산한다. 여기에 다시 세액공제(56조 내지 59조)를 마이너스하여 소득 결정 세액을 계산한 뒤, 감면세액을 공제하고 가산세(81조)를 가산하여 부과 세액을 계산한다(14조, 15조). 부양가족에 따른 인적 공제(50조, 51조)와 담세 능력에 따른 누진세율(55조)이 적용된다는 것이 특징이다.

2021년부터 기존의 과세 표준 5억 원 초과 시 42%의 최고 세율을 적용했지만 10억 원 초과 구간이 신설되면서 최고 세율이 45%로 상향 조정되었다.[9] 또 부동산 양도소득세와 관련해서는 단기 보유 주택의 중과 세율을 완화하고, 조정 대상 지역 다주택자에 대한 양도세 중과 제도를 폐지하기로 했다.[10]

초과 누진 구조 형식을 취하는 우리나라 소득세의 세율 체계는 최고 세율은 45%, 과세 표준으로 10억 원 초과분이 적용 대상이 된다(2021년부터 적용). 세법상 과표 구간별 소득세율은 6.6~49.5%(소득세액에 10% 지방소득세 포함)다. 연간 소득액이 8,800만 원을 넘으면 부담이 크게 불어나는 구조다. 과세 표준이 4,600만~8,800만 원이면 24%를 부담하지만

9 누진세progressive tax라고 하면 과세 표준의 규모가 증가할수록 세율이 증가하는 것을, 비례세proportional tax는 세율이 일정한 것을, 역진세regressive tax는 세율이 줄어드는 것을 말한다. 이때 실효세율 기준을 적용하는데, 이는 실제 과세 표준 비율, 여기서는 소득이라고 할 때 소득 대비 세금 부담액의 비율을 의미한다.

10 양도소득세는 자산 소득과세라는 점에서 당연히 소득과세로 보아야 하지만, 일반적으로는 재산에 대한 가치평가가 수반되는 등 재산과세의 성격도 일부 지닌다. 문재인 정부 시절의 부동산과세 중과와 관련된 규정들은 윤석열 정부 들어 다소 완화되는 모습을 보인다.

<표 9-1> 우리나라 소득세 세율 구조(2023년 기준)

과세 표준	한계세율
1,200만 원 이하	6%
1,200~4,600만 원	15%
4,600~8,800만 원	24%
8,800만 원~1.5억 원	35%
1.5~3억 원	38%
3~5억 원	40%
5~10억 원	42%
10억 원 초과	45%

8,800만~1억 5,000만 원이면 35%, 1억 5,000만~3억 원이면 38%를 부담하는 등 점차 높아지다가 10억 원을 초과하면 최고 세율을 적용받는다(<표 9-1> 참조).

소득세를 과세하는 세금 부과 대상에는 개인소득(임금), 자본 이득 및 사업소득을 포함해 포괄소득의 개념이 적용된다. 소득의 다른 유형에 대한 요율 체계는 다르게 마련이며, 일부는 전혀 과세되지 않기도 한다. 자본 이득(가령 주식을 매각하는 경우)은 이득이 실현되었을 때, 또는 주식의 가치가 상승하는 경우와 같이 발생 시 과세될 수 있다. 상당한 수준의 수익이 발생한 경우에는 사업 소득이 과세된다. 은행 등 금융기관의 저축에 대한 이자 등의 금융소득은 개인소득(임금과 유사)의 형태로, 또는 실현 자본 이득(주식을 판매하는 경우)으로 구분과세된다. 물론 금융소득도 일정 금액(2023년 기준 2,000만 원) 이상인 경우에는 종합과세 대상이 된다. 노동, 기술, 투자가 요구되는 경우로 한정해 개인소득을 엄격하게 정의할 수도 있지만 횡재windfall를 포함해 광범위하게 정의할 수도 있다.

세율은 누진적·역진적·비례적으로 정할 수 있다. 구간이 다양한 누진세에 대해서는 점진적으로 더 높은 세율을 적용한다. 예를 들어 소득의 첫 번째 1,000만 원은 7%, 그 이상의 1,000만 원은 10%, 그리고 그 이상은 30%로 세금이 부과되는 경우를 상정해볼 수 있다. 또한 비례세는 소득 금액에 관계없이 같은 세율로 모든 수입에 대해 과세한다. 역진 소득세는 1억 원이 넘어서야만 과세가 이루어지는 경우를 예로 들 수 있다. 특히 누진과세는 소득 불평등을 감소시킨다.

개인소득세와 법인소득세는 모두 일반적으로 과세 연도 종료 후 신고납부의 형태로 과세가 이루어진다. 그리고 정부는 과다 납부한 사람들에게 세금을 환급한다. 누진성의 최적 수준에 대해서는 의견 차이(애덤 스미스부터 마르크스에 이르기까지)가 있지만, 누진 구조라는 진보적인 세금 부과 구조의 아이디어는 경제학자와 정치학자들 사이에서 광범위한 지지를 얻고 있다.

2) 소비과세

앞서 소득과세는 순이익을 계산하기 위해 거래 내역을 증빙할 수 있는 제도적 과세기반이 필요한 근대적 세금임을 보았다. 반면에 소비과세는 재화 및 서비스의 생산, 판매, 소비 과정에 부과되는 세금으로, 소득의 사용 측면에 부과되는 물物세라는 특징을 지니고 있어 상대적으로 단순하다는 장점이 있다. 이러한 이유로 각종 공제제도와 같이 개인적 사정을 감안하기 어렵다는 점, 그리고 공평성의 차원에서 누진세율을 적용하는 것이 원천적으로 불가능하다는 점 등에서 개인의 능력을 감안하지 못하는 단점이 함께 존재한다. 결국 소비과세는 재화와 서비스의 거래 과정에 부과되는 조세이기 때문에 행정적으로 용이하다는 장점과 공평성을 제대로 감안하지 못한다는 단점을 함께 고려해 운용하게 된다.

소비과세는 다양한 형태로 운용되는데, 이를 분류하는 대표적인 방법은 과세 범위에 따른 분류와 과세 단계에 따른 분류의 두 가지를 생각해볼 수 있다. 먼저 과세 범위에 따른 분류는, 소비세가 특정 재화나 서비스에만 부과되는가, 혹은 모든 재화와 서비스에 대해 일률적으로 부과되는가에 따른 분류다. 특정한 재화나 서비스에 대해서만 부과되는 경우 이를 개별소비세excise tax라고 하고, 모든 재화와 서비스에 대해 일반적으로 부과되는 소비세는 일반판매세general sales tax라고 한다. 한편 과세 단계에 따른 분류는 거래 단계, 즉 생산, 제조, 도매, 소매를 거쳐 최종 소비자에 이르기까지 각 단계 사이에서 거래 행위가 이루어지는바, 이러한 생산과 유통 과정의 어느 한 단계에 세금이 부과되는가, 혹은 생산이나 유통을 통틀어 모든 과정에 걸쳐 세금이 부과되는가에 따른 분류다. 소매업자에게만 과세하는 소매 판매세retail sales tax, 거래가 이루어지는 모든 단계에 부과되는 다단계 거래세, 각 거래 단계에서 이루어지는 부가가치에 대해 부과하는 방식의 부가가치세value added tax 등이 있다. 일반적으로 중립적인 과세 원칙의 적용을 통해 자원 배분의 효율성을 도모하기 위하여 부가가치세를 활용한다.

부가가치세는 전 단계 매입 세액을 공제하는 소비형 부가가치세가 단일 세율로 부과되어 징수되는 경우가 일반적이다. 이러한 부가가치세는 다음과 같은 장점이 있다. 첫째, 모든 재화나 서비스에 단일 세율을 적용함으로써 의사결정의 왜곡을 방지해 소비자 잉여의 감소, 즉 초과부담의 최소화를 도모할 수 있다. 둘째, 다른 개별소비세나 일반판매세와 달리 이전 단계에서 납부한 세액에 대해 공제가 이루어지기 때문에 누적 효과가 발생하지 않고, 따라서 자원 배분의 효율성을 도모할 수 있다. 셋째, 단계별 부가가치에 대해서만 부과하기 때문에 생산 방법 선택의 왜곡을 방지할 수 있다. 넷째, 납세자 간 상호 견제를 통해 탈세를 최소화할 수 있다. 실제로 부가가치세를 적용함에 있어서 발생하는 탈세는 일반과세와 전 단계 매입 세액공제라는 원칙의 예외를 감안하지 않으면 원천적으로 발생하지 않는다. 하지만 이러한 장점에도 불구하고 부가가치세는 소비과세가 지니는 부담의 역진성 문제에서 자유롭지 못하다. 각종 면세 제도와 사치품 등에 대한 높은 세율의 개별소비세 도입 등으로 어느 정도 완화는 가능하지만, 조세 부담의 수직적 불공평성은 생래적인 문제라 하겠다. 또한 부가가치세는 모든 단계에 걸쳐 거래를 파악해야 하는 조세 행정상의 어려움이 있다. 부가가치세의 납세와 관련된 이해관계자들은 모든 경제활동 관련자라고 할 수 있을 정도다. 따라서 단일 단계 판매세에 비해 조세 행정 비용이 많이 들 수밖에 없다. 지하경제 양성화, 유통 혁신, 성실 납세 의식의 정착, 세금계산서와 장부 기록의 완비 등이 모두 부가가치세와 관련된 정책 과제다.

2023년 기준 우리나라의 부가가치세율은 10%이며, 연간 매출액이 8,000만 원 미만인 사업자의 경우 간이과세자(과세를 간단히 해주는 사업자)로 구분해 세금계산서, 기장 등 증빙의 예외를 인정한다(2021년 개정). 일반과세자는 세금계산서를 발행하고 매출 10%, 매입 10%로 차액을 환급받으며 1년에 두 번 매출장부에 따라 신고 납부하도록 되어 있는 반면, 간이과세자는 공급한 대가에 업종별 부가가치율을 적용해 곱해서 1년에 한 번 신고하고, 실제로는 매출의 0.5~3%의 낮은 세율을 적용받는다. 연매출액 4,800만 원 미만인 경우에는 신고는 하되 세금을 전혀 내지 않아도 되므로 세금계산서는 발행할 수 없다. 이처럼 부가가치세는 민간 소비 지출의 일정 부분을 세금으로 부과하는 것으로서 경제 성장에 비례해 세수입이 증가한다. 우리나라는 1990년 이후 2021년까지 부가가치세 수입이 7조 원에서 71.2조 원으로 비교적 빠른 증가세를 보였는데, 여기에는 경제 성장 이외에도 세원 투명화를 위한 노력에 따라 과세 표준이 확대된 것이 중요한 역할을 한 것으로 보인다.

부가가치세와 관련된 향후의 주요 쟁점을 정리하면 다음과 같다. 첫째, 광범위한 부가가치세의 영세율 또는 면세 범위를 지속적으로 줄여나가야 한다. 금융보험 서비스의 경우 명시적으로 수수료를 수취하는 부수적 서비스를 부가가치세 과세로 전환해야 한다. 의료보건 서비스와 교육 서비스의 경우에는 면세 범위를 대폭 줄이는 것이 필요하다. 민간기업과 경쟁 관계에 있는 공공기관 서비스도 원칙적으로 과세 대상으로 전환하고, 농산물의 경우도 일정 부분 과세 대상으로 전환해 과세 자료의 확보 및 유통 질서의 확립을 기해야 한다. 둘째, 복지 지출 확대 등 지출 소요 증대에 따른 건전한 재정 관리 유지를 위해 세율 인상을 고려해야 한다. 우리나라의 부가가치 세율은 1977년 도입 이래 단일 세율 10% 수준을 유지해왔다. 다른 나라와 비교할 때 세율이 가장 낮은 그룹에 속하는 만큼 세율 인상의 여지는 분명히 있다. 물론 부가가치세의 강화는 역진적이라는 지적도 있지만, OECD나 IMF 등의 연구에 따르면 부가가치세 역진성은 그다지 유의하지 않다는 점에서 과세기반 확대를 통한 면세 품목의 과세 전환, 그리고 취약계층에 대한 이전지출 확대와 함께 운용한다면 세율 인상은 충분히 고려할 수 있는 정책 대안이라 하겠다.

3) 재산 과세

세금을 내는 주체는 사람이다. 과세당국은 세수 확보를 위해 개인 및 기업의 경제활동 어딘가에 세금을 부과하는데, 이를 과세기반tax base이라 한다. 현대 국가에서 주요 과세기반은 소득, 소비, 보유재산의 세 범주로 구분된다. 이 중 재산property은 앞의 두 가지 기반, 즉 소득 및 소비와는 차원이 다르다. 대부분의 경제 주체가 참여하는 경제행위인 소득과 소비는 벌어들이는 돈과 쓰는 돈이 중요한 세원이 되기에 효율성과 형평성을 감안해 낮은 세율과 넓은 과세 표준을 활용할 수 있게끔 함으로써 풍부한 과세 대상으로 삼는다. 그러나 보유재산은 경제활동을 하는 데 반드시 수반되는 것이 아니기 때문에 역사적인 설명이 필요하다. 근대 산업혁명 이전에는 소득이나 소비 행위가 발달하지 못했으므로 보유재산이 풍부한 과세기반의 역할을 수행했다. 하지만 이후 경제가 발전하면서 보유재산의 역할은 과거에 비해 감소했다. 그럼에도 재산은 여전히 소득, 소비 등과 더불어 현대 국가의 중요한 세원이 되고 있다.

재산(부동산과 동산을 포괄)에 대한 과세는 재산을 과세 대상으로 하기 때문에 기본적으로 물세의 성격을 지닌다. 세금을 매기는 대상을 기준으로 할 때 물세는 사람을 기준으로 부과하는 인세와 대비된다. 따라서 물세로서의 재산세는 과세 대상인 재산만을 고려할 뿐 그 소유자의 인적사항은 고려하지 않는 특징이 있다. 재산세는 응익의 원칙benefit principle과 응능의 원칙ability principle이 함께 적용될 수 있는 좋은 수단이다. 정부의 서비스 수혜를 많이 받는 사람이 더 많은 세금을 내야 한다는 측면에서 응익의 원칙은 재산세에 보다 적합하다. 보유재산이 많은 사람은 정부가 제공하는 재산권 보호와 같은 서비스의 혜택을 더 많이 받게 마련이다. 물론 재산이 많은 사람은 대체로 세금을 부담할 능력도 큰 경우가 많다는 점에서 응능의 원칙에도 부합한다.

재산세는 물세로서의 성격이 강조될수록 지방세로 운영되기 적합한 특징을 지니게 된다. 지방정부가 제공하는 각종 서비스, 예컨대 치안, 교육, 도로, 상하수도, 공원 등의 서비스가 제공되는 수준에 따라 재산의 가치가 달라진다는 점에서 재산세는 대가성을 띤다. 거래가 아니라 보유사실을 기반으로 할 경우 재산세의 세수는 매우 안정적일 수 있으며, 이러한 성격 역시 일상적인 서비스를 상정하는 지방정부의 재원으로서 타당한 측면이 있다. 특히 토지나 건물과 같은 부동산의 경우를 상정할 때 확인할 수 있는 또 하나의 특징은 정착적immobility이라는 측면이다. 이처럼 경제 거래를 기반으로 하는 것이 아니라 과세 물건이 고정되어 있다는 점에서 재산세는 지방세로서의 적합성을 보인다.

우리나라에서도 재산세(OECD 조세 분류)는 국세로 종합부동산세와 상속증여세, 지방세로 재산세, 지역자원시설세, 취득세, 등록면허세, 주민세 재산분이 존재한다.[11] 여기서 재산세는 보유과세의 특성을, 취득세나 등록면허세는 거래과세의 특성을 지닌다. 재산세이면서 인세적 성격

11 많은 경우 양도소득세를 재산 과세로 분류하기도 한다. 하지만 엄밀한 의미에서는 자본이득과세라는 점에서 금융소득과세와 마찬가지로 소득과세의 일환으로 분류하는 것이 타당하다.

<표 9-2> OECD 국가 부동산 보유세 GDP 대비 비중

연도 \ 구분	대한민국	미국	영국	프랑스	일본	OECD 평균
2010년	0.70	2.93	3.12	2.51	2.05	0.98
2011년	0.70	2.83	3.11	2.54	2.07	1.00
2012년	0.72	2.74	3.11	2.63	1.98	1.04
2013년	0.72	2.72	3.09	2.71	1.95	1.06
2014년	0.75	2.71	3.04	2.72	1.93	1.09
2015년	0.75	2.69	3.04	2.75	1.88	1.09
2016년	0.75	2.74	3.02	2.80	1.89	1.09
2017년	0.78	2.79	3.03	2.79	1.89	1.08
2018년	0.82*	2.73	3.09	2.66	1.90	1.07

* 주: 2019년, 2020년, 2021년에는 각각 0.93%, 1.05%, 1.22%임.
* 자료: OECD Statistics. "Revenue Statistics-OECD countries: Comparative tables."

을 지닌 종합부동산세는 부동산의 보유 정도에 따라 조세 부담 비율을 달리하게 된다. 이때 납세의 형평성을 제고한 국세로서 주택과 토지, 각각의 종합부동산세를 합한 금액이 과세 표준이 되며, 이는 부동산 교부세 재원으로서 지방 이전된다. 이와 같은 정책은 부동산 투기 수요를 억제하여 부동산 가격을 안정화하기 위한 목적으로 2005년부터 시행되고 있다.

일반적으로 우리나라의 재산과세 비중(GDP 대비 3.3%)이 다른 나라(OECD 평균 1.9%)에 비해 높은 것은 우리의 토지와 주택을 비롯한 부동산 가격이 상대적으로 높기 때문이다. 특히 우리나라는 전통적으로 보유과세에 비해 거래과세의 비중이 높아 지속적인 정책 과제로 등장한다. <표 9-2>에서 확인할 수 있듯이, 우리의 보유과세 부담률은 OECD 평균에 대비해 높은 편은 아니다.

세수 비중을 통해 거래세 수준을 살펴보면, 우리나라의 GDP 대비 부동산 거래세 비중은 1.8%로 세계 최고 수준이다.[12] 이처럼 우리나라 부동산 거래 세율이 국제적으로 최고 수준이 아님에도 불구하고 세수 비중이 높은 것은 전통적으로 부동산 보유 성향이 강하고 거래량이 많기 때문에 나타나는 현상으로 볼 수 있다.

3. 수입 관리와 세수 추계

지금까지 조세의 기초이론, 우리나라의 조세 부담 구조, 개별 세수 기반별 세제의 개략적 구조를 살펴보았다. 이러한 지식은 수입 관리의 기초가 되며, 수입 관리의 핵심은 세수 추계 작업이라 할 수 있다. 국가재정법과 지방재정법에 따라 중앙정부 및 지방자치단체가 국가재정 운용 계획 및 중기 지방재정 운용 계획을 수립하고 다음 연도 예산안 편성 작업을 하기 위한 기초과정에 있어서, 그리고 국회와 지방의회에서 이를 심의하는 과정에 있어서 세입 전망은 필수적이다. 세입 전망의 배경에 경제 전망이 자리한다고 할 때 정확한 세입 전망을 도출하는 것에 어려움이 따른다는 사실은 쉽게 짐작할 수 있다.[13] 여기에 행정부가 전망하는 세수 추계의 경우는 정권의 차원에서 다소 희망적으로 나타날 수 있으며, 정책 의지가 반영된 경제 전망에 기초하여 나타나게 된다.

세수를 추계하는 방법으로는 다음과 같은 네 가지를 생각해볼 수 있다(McKinney, 2004). 첫째, 전문가를 활용해 그들의 감에 의존best guess or rule of thumb하는 방법이다. 전문가의 경험, 지혜, 과거 성공 사례 등이 다

12 이는 금융거래 부분인 증권거래세를 제외한 값이다.

13 경제 전망과 관련해 우스갯소리처럼 하는 말이 있다. 첫째, 가능한 한 전망을 하지 마라. 둘째, 반드시 해야 한다면 가능한 한 장기 전망을 하라. 셋째, 반드시 단기 전망을 해야 한다면 자주 전망치를 수정하라. 이런 이야기는 얼마나 경제가 복잡하고 다양한 변수에 의해 결정되는지를 웅변한다.

른 어떠한 공식이나 명시적인 거시계량 경제모형보다도 정확할 수 있다는 이야기다. 물론 이들 전문가도 나름의 회귀방정식이나 공식을 활용하지만 이를 공개적으로 밝히지는 않는다. 둘째, 시계열 분석 방법time-series component approach이다. 이 모형은 전적으로 과거의 실적을 활용해 미래를 전망하는 기법이다. 안정적인 경제모델에서는 이와 같이 과거의 실적에 기초해 미래를 추정하는 방식의 정확성이 높은 편이다. 셋째, 회귀분석 방법regression approach을 활용하는 것이다. 세수 실적의 원인이 되는 설명변수를 찾아 인과모형cause-effect model을 설계하고, 세수 실적의 원인이 되는 이 설명변수가 변화함에 따라 세수가 어떻게 변화하는지를 전망한다. 넷째, 거시계량 경제모형macro econometric modelling approach을 활용하는 방법이다. 일반경제모형Computable General Equilibrium Model: CGEM에 입각해 다양한 거시경제변수를 투입한 다수의 연립방정식 모형을 구축하고, 이를 통하여 세수 전망을 하는 방식이다. 다섯째, 모의실험 방식simulation method도 세법 개정의 효과를 추정하는 데 활용된다. 소득원 자료나 재정패널모형 등을 활용해 공제제도 혹은 세율 변화에 따른 세수 효과를 전망하는 방식이 일반적이다. 물론 진도비 분석과 같이 전년도 대비 징수 실적을 감안해 올해의 세수 전망을 시도하는 단기적인 방법도 일선에서는 일반적으로 활용된다. 우리나라 정부와 한국조세재정연구원, 국회예산정책처 등에서는 회귀분석 방법과 거시계량 경제모형을 혼합한 방법을 일반적으로 활용한다.[14]

다음은 세목별로 세수 추정의 개요를 알아보도록 하자. 소득세의 경우 단일 세목으로 추계하는 것이 아니라 종합소득, 근로소득, 이자소득, 배당소득, 연금소득, 기타소득 등 세원의 특성별로 세분하여 추계하는 방식을 통해 정확도를 높일 수 있다. 경상 GDP 이외에도 명목임금, 취업

14 그럼에도 불구하고 2021년 60조 원에 육박하는 초과 세수가 발생할 정도로 세수 추계가 틀린 것은 부동산 정책 때문이라는 지적이 있다. 부동산 관련 세목들인 양도소득세, 상속·증여세, 종합부동산세가 정부 예측보다 훨씬 많이 걷힌 것이 근거다(박명호, 2022).

자 수, 주택 매매, 개인 예금, 금리, 환율 등을 설명변수로 추가하여 회귀방정식에 활용하는 방식이다. 법인세의 경우도 단일 세목으로 추정하기보다는 이를 세분화해 기업 이윤을 세원으로 하는 신고분, 그리고 법인의 금융소득을 세원으로 하는 원천분을 구분해 추계하는 것이 정확도 차원에서 바람직하다. 신고분의 경우 설명변수로 경상 GDP, 환율, 회사채 금리 등을 사용하고, 시계열 문제의 해결 및 예측력 제고를 위해 단순회귀방정식모형Ordinary Least Square: OLS에서 탈피하여 단위근과 공적분 검정을 통해 오차수정모형Error Correction Model: ECM으로 추정한다. 원천분의 경우에는 법인의 예금과 채권 잔액을 경상 GDP와 회사채 금리로 따로 추정하고 이를 토대로 전망한 뒤 금리 변화율을 적용하기도 한다.

부가가치세의 경우에도 설명변수와 추정모형의 다양화가 시도되고 있다. 경상 GDP와 민간 소비의 선택 문제, 총수입과 총수출, 설비 투사의 함수 설정, 단일 식을 벗어나 국내분과 수입분 등 세분화된 방정식으로 추정하는 방법, 수준변수가 아니라 차분변수difference variable를 활용하는 방법 등이 고려된다. 개별소비세의 경우에는 유류분과 기타분을 구분하여 추정하고, 과세 대상 유종별 소비량을 설명변수로 활용한다. 주세는 대표적 설명변수를 선정하는 과정에서 맥주세율을 맥주 출고량으로 대체해 사용하기도 한다. 재산과세의 일환인 상속증여 세수는 상속세와 증여세를 분리해 추계하고, 토지의 공시지가 및 전년도 증여 세수를 설명변수로 하여 경상 GDP와 함께 사용한다. 종합부동산 세수는 서울 지역 아파트 및 수도권 지역 토지의 공시가격 변동률 추이를 활용한다. 지방자치단체의 주력 세목인 취득세, 등록면허세, 재산세 등도 경상 GDP 변수의 설명력이 가장 높은 것으로 나타난다. 다만 시차변수의 활용 등 모형을 보다 정치화하려는 노력이 요구된다.

4. 조세 지출 예산 제도

우리나라 정부는 국가재정법 34조 및 동법 27조[15]에 따라 2011년도 예산안 이후 조세 지출 예산서를 작성해 국회에 제출하고 있다. 조세 지출 예산 제도[16]는 조세 정책 및 재정 운용의 투명성과 효율성을 증진하기 위해 각종 비과세·감면 등 조세특례를 통한 재정 지원 현황을 예산의 기능별 분류에 따라 작성·공개하고, 이를 세출 예산과 연계함으로써 국가 재원 배분은 물론 재정 지원 수단의 효과성을 비교·평가하는 등 예산 심사에 직접 활용하기 위한 제도로서 '음(-)의 보조금 명세서'라고 할 수 있다. 연도별 국세 감면액은 2012년 33조 3,809억 원 수준이었으나 2023년에는 69조 원으로 늘어날 전망이다. 연도별 국세 감면율은 2012년 14.1%, 2013년 13.8%, 2014년 13.2%로 지속적으로 하락하다가 2023년에는 13.8%로 다시 증가할 전망이다(<표 9-3> 참조).

우리나라의 조세 지출 제도는 다음과 같은 특징을 지닌다. 첫째, 2017년부터 2021년까지 5년간 조세 지출액은 근로장려세제 확대, 투자 및 고용 관련 세액공제 확대 등의 영향으로 연평균 9.49% 증가하고 있다. 둘째, 2019년과 2020년 국세 감면율은 각각 13.9%, 14.8%로 법정한도 13.3%, 13.6%를 초과했으나 2022년과 2023년에는 국가재정법 88조가 정한 대로 국세 감면율 법정한도 이하로 국세 감면 제도를 운용하고 있다. 그럼에도 불구하고 조세 지출 및 예산 사업 간 중복 지원과 관련해서는 근본적인 개선이 필요하다.

---

15 27조(조세 지출 예산서의 작성) ① 기획재정부장관은 조세감면·비과세·소득공제·세액공제·우대세율적용 또는 과세이연課稅移延 등 조세특례에 따른 재정지원(이하 "조세 지출"이라 한다)의 직전 회계연도 실적과 당해 회계연도 및 다음 회계연도의 추정금액을 기능별·세목별로 분석한 보고서(이하 "조세 지출 예산서"라 한다)를 작성하여야 한다.

16 현행 국가재정법은 조세 지출을 "조세감면·비과세·소득공제·세액공제·우대세율적용 또는 과세이연 등 조세특례에 따른 재정지원"이라고 규정하고 있고, OECD(1996)는 조세 지출의 개념을 "조세 체계상 일반적인 원칙인 기준 조세 체계benchmark tax system를 벗어난 것"으로 규정하고 있다.

<표 9-3> 연도별 국세 감면 추이(2020~2022년)

(단위 : 조 원, %)

구분 \ 연도	2020년 (실적)	2021년 (잠정)	2022년 (전망)
국세 감면액(A)	52.9	55.9	59.5
국세 수입 총액(B)	303.6	363.9	367.4
국세 감면율[A/(A+B)]	14.8	13.3	13.9
국세 감면율 법정한도	13.6	14.3	14.5

* 자료: 기획재정부(2022b).

윤석열 정부는 조세 지출–예산 사업 간 중복지원 조정 · 연계를 위하여, ① 정부보조금, 융자금은 세액공제 대상에서 제외하는 방안, ② 조세 지출–예산 사업이 상호보완적 정책 조합을 이루는 경우 현행 체계를 유지하고 통합 성과를 평가하는 방안, ③ 보육 · 국가장학금 등 고소득층까지 예산 지원이 확대된 사업은 세제 혜택을 저소득층 위주로 재설계(소득 → 세액공제)하는 방안을 계획하고 있다고 밝혔다. 세제실과 예산실 간의 역할 구분으로 인하여 그 효과를 연계하기는 쉽지 않은 것이 사실이다. 하지만 중장기적 관점에서 특정 정책 목적을 달성하기 위하여 재정 사업 또는 조세 지출, 또는 양자 결합 중 어떤 정책 수단을 사용하는 것이 효율적이고 효과적인지를 결정하려면 반드시 이를 연계하여 통합 관리할 필요가 있다. 또한 특정 분야에 대한 투자 규모 산정 시 통합적 관점에서의 적정 규모를 산정할 때는 통합적 관점에서 적정 규모를 산정할 수도 있고, 혹은 양자 간 중복되는 부분을 조정하여 산정할 수도 있다.

이와 같이 조세 지출 예산 제도는 조세 지출의 방만함을 예방함으로써 효과적인 조세 지출을 추진할 수 있다. 하지만 그 효과 및 크기를 측정하기 어렵고, 지출의 범주를 규정하기 어려우며, 경제적인 효과를 측정하기도 어려운 단점이 있다. 향후의 수입 관리 방향은, 조세 감면의 총량 한도를 설정하고 그 한도 내에서 우선순위로 정비 대상을 선정하는 실천적인 방안을 강구할 뿐만 아니라 비과세와 감면을 정비하고, 지하 경제를 양성화하며, 금융소득에 대한 과세를 강화하는 등 공정·공평 과세를 실현함으로써 세수 확대를 지속해나가는 방향으로 설정되어야 한다. 그런 점에서 수입 관리는 지속적인 개혁 노력이 경주되어야 할 영역이다.

조세 지출 예산서는 조세 지출 실적치를 집계하고 차년도 조세 지출 규모를 전망하여 조세 지출 관리를 위한 기초정보로서 제공된다. 정부는 조세 지출의 직전년도 실적과 해당 연도 및 다음 연도의 추정 금액을 기능별·세목별로 분석한 조세 지출 예산서를 작성하여 예산안 제출 시 첨부서류로 함께 제출하고 있다. 이와 관련해 1999년부터 2009년까지는 조세 지출 보고서를 발행했고, 2010년부터는 국가재정법 개정에 따라 직전·당해·다음 연도의 국세 감면 실적 및 추정 금액을 작성한 조세 지출 예산서를 예산안과 함께 국회에 제출하고 있으며, 국회의 세입 예산안 및 세법 심사 과정에서 참고자료로 활용하고 있다. 따라서 조세 지출 관리를 위한 조세 지출 예산서상의 조세 지출 전망의 정확성 제고가 필요하다. 신용카드 등의 사용 금액에 대한 소득공제 등 2019년 세목별 감면 실적액이 1,000억 원 이상인 항목 43건을 대상으로 오차율을 분석한 결과, 실적치에 비해 전망치를 과소 전망한 건은 28건, 과다 전망한 건은 15건으로 조세 지출액 규모에 대한 추계의 정확성이 저조한 실정이다. 5% 이상 과소·과다 전망한 건은 29건(67.4%)에 이른다. 세목별로는 법인세의 오차율이 22.1%로 가장 크고, 소득세 15.8%, 부가가치세 13.2% 순으로 나타난다.

조세 지출 예산서의 관리 대상 유형별 관리 계획 수립도 필요하다. 정부는 조세 지출을 정비하고 항목별로 분류하기 위한 논의의 기초자료를 제공하기 위해 2018년도 조세 지출 예산서부터 관리 대상 유형별 정보를 제공하고 있다. 조세 지출의 특성(특정성, 대체 가능성, 폐지 가능성)을 모두 충족하는 비과세·감면 정비 대상을 적극적 관리 대상으로, 폐지 가능성이 없고 특정성 및 대체 가능성 중 한 가지가 없어 적극적 관리가 곤란한 항목을 잠재적 관리 대상으로, 조세 지출의 특성이 없는 항목으로서 정비가 곤란한 항목을 구조적 지출로 지정하고, 적극적 관리 대상과 잠재적 관리 대상을 구분하는 명확한 기준을 정립해 적극적 관리 대상의 정비에 대한 중장기 로드맵을 수립해야 한다.

2023년 기준 우리나라는 조세 지출 성과를 사후적으로 관리하기 위한 조세특례 심층평가 제도를 운영하고 있다. 일몰이 도래한 제도 중 연간 감면액이 300억 원 이상인 항목에 대해서는 의무적으로 조세특례 심층평가를 실시하고, 필요하다면 300억 원 미만의 항목이더라도 주요 조세특례에 대해 임의 심층평가를 실시한다. 심층평가 결과 축소·폐지 의견이 제시된 조세특례 항목의 경우 사후 관리를 철저히 할 필요가 있다. 실제 2018~2020년 정부가 국회에 제출한 조세특례 심층평가 항목 30건 중 12건에 대해 축소·폐지가 제시되었다. 신용카드 등 사용액 소득공제, 비과세 종합저축에 대한 과세특례 등 11건은 공제율을 인하하거나 수혜대상을 축소하는 등 축소 연장 의견이 제시되었다. 심층평가 결과 축소 연장 및 폐지 의견이 제시된 12건 중에서 정부의 세법 개정안 제출에 반영된 축소 연장 및 폐지 항목은 6건이며, 정부가 축소 연장을 제안한 5건 중 4건은 국회의 세법 개정안 심사 과정에서 단순 연장으로 수정되어 의결되었다. 이는 개별 항목 위주로 시행되는 조세특례 심층평가 중심 조세 지출 관리의 한계를 극복하기 위한 중장기적이고 거시적인 조세 지출 감축 방안의 마련이 필요함을 시사한다. 현행 심층평가 위주의 조세특례 성과 관리 제도는 개별 항목 중심으로 이루어지고 있어 총체적 관점에서 조세 지출을 축소하는 데는 한계가 있다. 조세 지출 감축의 목표 수준을 정하고 제도 간 우선순위를 정하여 조세 지출 규모를 감축하는 통합적인 계획 마련이 필요한 시점이다.

* * *

지금까지 살펴본 바와 같이 조세는 이론과 실제에 상당한 차이가 있는바, 제도와 행정이 어우러져 정책 효과를 나타내게 된다. 경제학의 아버지로 불리는 애덤 스미스는 『국부론』(1776/2018)을 통해 '보이지 않는 손에 의하여 자원 배분의 효율성을 이루는 시장'의 이야기만 하고 있는 것이 아니다. 그는 도덕철학에 기초하여, 조세에 대한 일반원칙으로서 국민의 지불 능력에 기반을 둔 세금의 징수 기준이 확실해야 하며 임의적이어서는 안 된다는 점, 조세의 납부 시기와 방법은 납세자의 편의에 맞추어야 한다는 점, 세금의 징수는 경제적이야 한다는 점 등을 강조한다. 『국부론』이 1776년의 저작물임에도 불구하고 2023년 현재까지 여전히 타당한 일반원칙이라는 데 이의를 제기하기는 어렵다. 과연 우리의 국세와 지방세는 이러한 원칙에 어느 정도나 부합하는지 돌이켜볼 일이다. 아울러 지속가능한 재정 운용을 위해 합리적이고 객관적인 세수 추계란 무엇인지 이해하고, 음(−)의 보조금이라 할 수 있는 조세 지출 예산 제도에 대해 이해하는 것도 필수적이다.

죽음과 조세는 피할 수 없는 것이라고 한다. 그만큼 조세의 문제는 국가 재정에서 매우 핵심적인 문제일 뿐 아니라 개인의 생활이나 기업 활동에 있어서도 우선순위가 매우 높은 중요한 사안이다. 많은 정책과 제도가 있지만 조세 제도처럼 빈번하게 바뀌는 제도는 찾아보기 어렵다. 이론과 실제의 차원에서 정치적인 고려도 중요하지만, 넓은 세원 및 낮은 세율이라는 든든한 이론적 뒷받침이 제공되어야 납세자들의 부담을 줄일 수 있다. 우리는 초고령사회, 기후 변화 등에 따른 장기적인 재정위기를 타개하기 위해 근시안적인 정치 지도자들에게 끊임없이 경종을 울려야 한다. 우리나라의 경우 중부담과 중복지 패키지로 가야 한다고 할 때 현재의 조세 구조를 전면 손질할 필요가 있다. 지나치게 정책과세로 활용되는 부동산 세제를 정비하고 소득과세와 소비과세의 세 부담을 적정 수준으로 증가시키는 데 국민적 합의를 모으려는 노력이 필요하다.

우리는 항상 과도기를 지내고 있으며, 역사 속에서 위기가 아닌 시기를 찾기 어려울 정도로 위기에 대해서는 기시감이 있다. 그렇지만 오늘날 우리 경제는 전반의 생산성을 나타내는 총요소 생산성이 급격하게 둔화되고 있는 상황이다. 경제 규모가 성숙하고 인구 구조가 변화함에 따라 물적 자본 투자 및 노동 투입 확대에는 일정한 한계가 있을 수밖에 없다. 따라서 우리나라의 세금 관련 정책도 생산성 향상을 통해 경제 성장을 견인할 수 있도록 향후의 방향을 모색해야 한다. 먼저 법인세는 우리가 알고 있는 것과 달리 부담의 전가가 많이 이루어지며 다른 나라에 비해 GDP 대비 비중이 높은 것을 알 수 있다. 그러므로 총요소 생산성 증가를 위해 법인세의 추가적인 세율 인상은 신중해야 하며, 생산성 향상을 통한 세원 확대와 세율 인하를 검토할 필요가 있다. 재산세의 경우에는 세 부담 수준이나 총조세 대비 수입 비중이 다소 확대되더라도 경제 전반의 생산성 향상에는 부정적이지 않은 것으로 나타난다. 보유과세는 다소 늘려가되 취득과세나 거래과세의 비중은 낮추는 것이 바람직하다.

우리나라 국민들은 복지 수준이 더 확대되어야 한다고 생각하지만 내 주머니에서 돈이 나가는 것은 안 된다고 생각한다. 우리의 재정 정책이 포퓰리즘을 벗어나려면 납세자의 입장에서 조세 정책의 책임성을 확립하는 것이 중요하다. 정부의 개입으로 인해 나타난 경제효과가 애초 의도한 바와 다를 수 있음은 앞서 수차례 강조했다. 그간 서민 감세, 영세사업자의 세 부담 완화, 부자 증세(법인세 및 상속증여세 부과) 정책이 실효성을 보일 수 있도록 하기 위해 이루어진 세법 개정은 실제 큰 효과를 발휘하지 못한 것으로 나타난다. 세무 행정도 문제다. 선심 쓰듯 세무조사 면제를 남발하는 경우 제대로 세금을 내는 사람이 오히려 남보다 더 내거나 실제 낸 것보다 덜 받았다고 느끼게 될 수 있다. 그러므로 이에 대한 철저한 분석과 평가가 이루어져야 할 것이다.

Chapter 10

사회보장제도와 복지 정책

1. 사회보장제도의 이해

복지국가는 근로와 상부상조, 사회적 연대를 바탕으로 이루어진다. 일하는 시민들이 국가의 저금통에 세금과 보험료를 십시일반 기여하고, 사회적 위험social risks에 빠진 사람이 여기서 필요한 만큼만 꺼내어 가도록 하는 시스템을 가정해보자. 이 경우 저금은 전 국민이 하지만 받는 사람의 수는 상대적으로 소수 그룹이 된다. 수혜 그룹이 작으니 보험급여는 후할 수 있다. 내가 당장 가져가지는 않지만, 만약 내가 위험에 빠지고 사회적으로 인정받고자 하는 욕구needs가 발생한다면 언제든 도움을 받을 수 있다는 점에서 복지국가는 이와 같이 돼지저금통에 비유되기도 한다(양재진, 2022).

정상적으로 노동(소득 활동)을 하다가 실업 등 사회적 위험에 빠져 소득이 상실되는 경우, 소득을 보장하기 위한 정책으로 산업재해 수당, 실업급여, 연금, 출산 전후 및 육아 시 휴직 급여, 장애연금 등의 제도가 운영되고 있다. 정상적인 노동을 하지 못하는 경우(빈곤층) 또는 소득이 불충분한 경우(근로 빈곤층)에는 기초소득 보장 정책으로 국민기초생활보장제도와 근로장려세제Earned Income Tax Credit: EITC가 운영된다. 또, 정상적으로 노동을 하지만 재난적 지출이 발생해 실질소득이 줄어드는 경우에는 비용의 사회화 정책으로서 건강보험, 공공의료, 장애인 재활 및 치료, 장애수당, 공보육, 아동수당 등이 도움을 준다. 노동시장에서 요구하는 직업 역량이나 정보가 부족해 취업을 하지 못하고 제대로 된 소득을 얻지 못하는 경우라면 적극적 노동시장 정책의 일환으로 공공 직업 훈련, 공공근로, 국민 취업 지원 제도, 취약계층 창업 지원 정책 등이 활용된다.

이와 같은 사회보장제도는 재원에 따라 기여형과 비기여형으로 구분할 수 있다. 사회보험형이라고도 하는 기여형에는 건강보험과 노인장기요양보험, 고용보험, 산재보험, 국민연금, 공무원연금, 군인연금, 사학연금 등의 특수직역연금, 그리고 육아휴직급여 등이 포함된다. 한편 세금으로 지원되는 비기여형 사회보장제도로는 기초생활보장제도, 근로장려세제, 기초연금, 장애수당 및 장애연금, 국민취업지원제도, 보육 및 각종 사회복지 서비스 등을 들 수 있다. <표 10-1>은 복지 정책의 재원으로서 사회보험료와 조세가 갖는 특성에 대해 설명하고 있다.

<그림 10-1>에서 볼 수 있듯이 우리나라는 2011년부터 2020년까지

<표 10-1> 복지 정책 재원 및 특성

구분 \ 기준	포괄 범위	행정 비용	급여 설계	재원 조달	경제적 함의	거버넌스
사회 보험료	제한적	높음	소득 비례형	- 일반회계와 독립적 - 재원 출처 명확 - 경직적	- 고용 수요 감소 - 공식부문 고용 증가	노사 또는 노사정 기여 체제
조세	보편적	낮음	정액형	- 일반회계 규모와 연동 - 삭감이나 증액 유연	- 노동시장에 직접 영향 없음 - 누진 구조가 강할 경우 투자나 근로 유인 저해	정부

* 자료: ILO(2005).

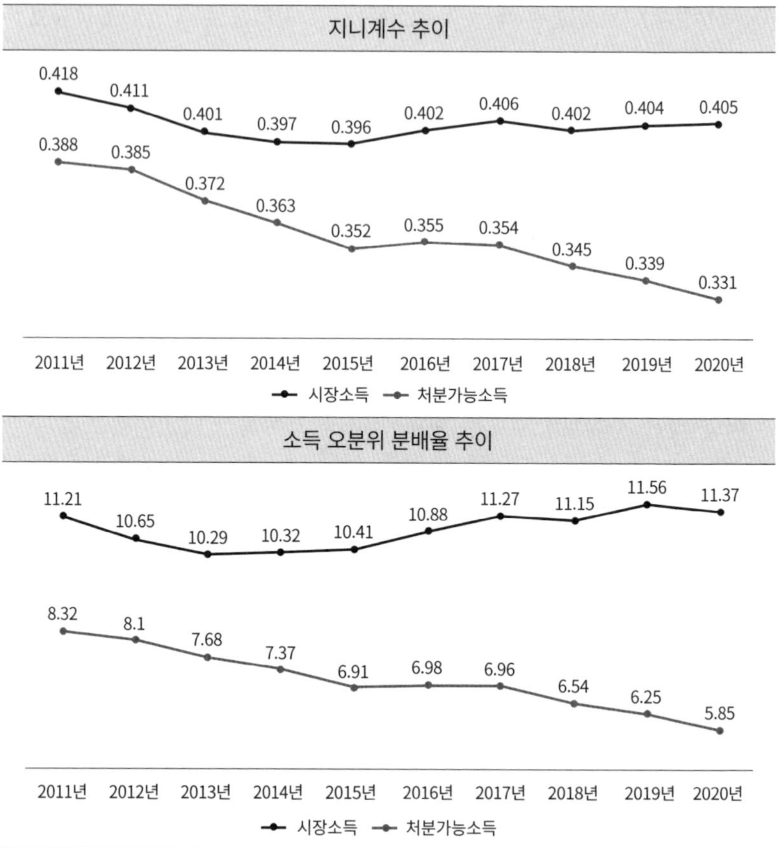

<그림 10-1> 우리나라의 소득 분배 추이(2011~2020년)

* 주1: 시장소득=근로소득+사업소득+재산소득+사적이전소득-사적이전지출.
* 주2: 처분가능소득=시장소득+공적이전소득-공적이전지출.
* 자료: 통계청(2011~2022).

10년간 소득 분배 개선 정도가 미미했지만, 정부가 조세 및 지출 정책을 시행한 이후의 가처분소득 분배 상태에는 많은 개선이 있었다. 이러한 현상은 상위 20%의 소득을 하위 20%의 소득으로 나눈 오분위 분배율 추이에 뚜렷한 개선 양상이 나타나는 것을 통해서도 확인할 수 있다.

2011년 대비 2019년의 우리나라 시장소득 분배도 다소 나아졌고, 특히 정부 개입 후 처분 가능 소득의 분배 상태가 상당한 수준으로 개선되고 있음을 확인할 수 있다. 하지만 <그림 10-2>를 통해 확인할 수 있듯이 우리나라의 가처분소득 분배 상태는 OECD 국가들 중 하위권에 속하며, 특히 덴마크나 스웨덴, 네덜란드, 독일과 같은 복지 선진국들에 비해서는 한참 못 미치는 수준이다. 미국형 경제 시스템을 지향·운용한 결과라고 할 수 있지만, <표 10-2>에서 미국의 지니 소득 분배 개선율이 우리나라에 비해 훨씬 양호한 수준임을 미루어 보면 또 반드시 그렇다고

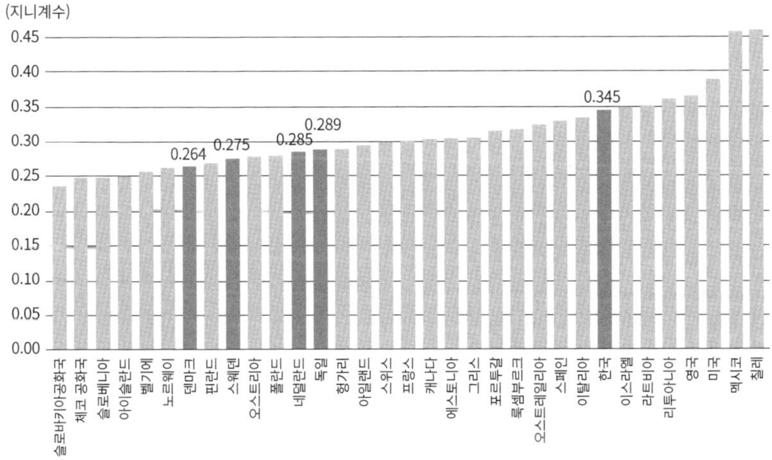

<그림 10-2> 2018년 기준 OECD 국가의 소득 불평등 비교: 가처분소득 기준 지니계수

* 자료: OECD(2020).

<표 10-2> 2018년 기준 소득 불평등의 국제 비교

기준 국가	임금배율 (D9/D1)	시장소득 지니계수	가처분소득 지니계수	지니 소득 분배 개선율(%)
스웨덴	2.284	0.428	0.275	35
독일	3.333	0.5	0.289	42.2
이탈리아	2.167	0.516	0.334	35.3
미국	5.048	0.505	0.39	22.8
한국	4.502	0.402	0.345	14.2

* 자료: OECD(2020).

볼 수도 없다.

2. 한국 사회보장제도 재구조화의 필요성

우리의 고령화 속도는 전례 없이 빠르게 진행되고 있으며 저출산 추세 역시 타의 추종을 불허하는 수준으로, 우리나라 복지제도 정착에 커다란 도전 과제를 제기하고 있다. 2011년부터 2020년까지 10년간 한국의 65세 이상 고령 인구는 연평균 4.4%씩(매년 29만 명씩) 증가했는데, 이는 OECD 평균(2.6%)의 1.7배로 OECD 국가들 중 가장 빠른 속도다. 한편 우리나라의 합계출산율은 1970년 4.53명에서 2021년 0.81명으로 연평균 3.1%씩 감소했다. OECD 회원국 중 저출산 속도가 가장 빠른 것이다. <그림 10-3>에서 확인할 수 있는 바와 같이 우리나라는 2010년 73.1%를 정점으로 근로 연령 계층(15~64세)의 비중이 급격하게 감소하

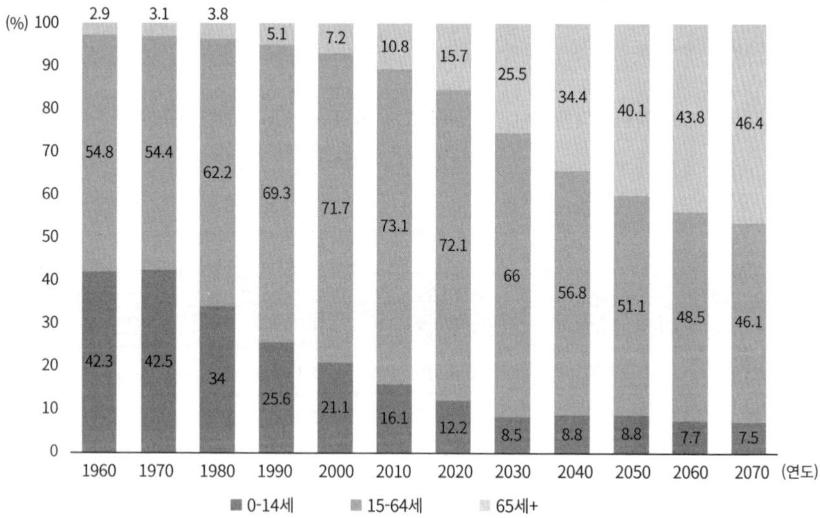

<그림 10-3> 연령 계층별 인구 구조(1960~2070)

* 자료: 통계청(2021).

고 있으며, 보건 및 복지 부담이 큰 고령층 비율의 경우 2020년 15.7%에서 2070년에는 46.4%로 늘어날 전망이다.

김태완 등(2020)은 우리나라가 직면한 분배 악화의 원인으로, 첫째, 고령화와 가족 구조의 변화, 둘째, 노동시장의 이중 구조, 셋째, 자산 분배 및 자산 불평등으로 인한 분배 문제를 지적한다. 우리나라의 사회보장제도는 외형상 선진국가형 체계를 갖추고는 있지만, 사각지대의 잔존과 제도 간 정합성의 문제가 있다. '송파 세 모녀 사건'과 '수원 세 모녀 사건' 등에서 볼 수 있듯이 기준중위소득 30% 이하의 근로 무능력층에는 생계급여 지급 대상 중 부양의무자 및 재산 기준에 따른 사각지대의 문제가 있다. 생계급여 이상인 기준중위소득 30~75% 이하의 근로 무능력층도 현금성 지원이 거의 없는 실정이다. 만 65세 이상은 국민연금과 기초연금을 받고 있지만, 두 제도에서 지급하고 있는 수급 금액이 낮아 삶의 질과 소득을 보장하는 데는 많이 부족한 실정이다. 장애인 대상 지원의 경우에도 같은 문제가 있음을 지적할 수 있다. 한국복지패널이 조사한 바에 따르면 국민의 7~8%가, 또 통계청 가계금융복지조사의 조사 결과에 따르면 경상소득 기준 기준중위소득 60% 이하에서 인구의 20%가 제도의 사각지대, 즉 소득보장의 위기에 놓여 있는 것으로 나타난다(김태완 외, 2020).

3. 한국 사회보장제도의 재설계

우리나라의 사회보장제도를 재설계하기 위한 방안으로는 크게 여섯 가지를 살펴볼 수 있다. 첫째, 노인 부양비의 증가에 대한 대안을 마련하고 건강보험 지출의 합리성을 제고해야 한다. 우리나라의 사회보장제도 현실에 대한 진단을 기반으로 향후의 발전 방향을 모색해보자면, 무엇보다도 0층에 국민기초생활보장, 1층에 기초연금과 특수직역연금, 2층에 국민연금과 특수직역연금, 3층에 퇴직금과 퇴직연금을 쌓아올림으로써

준準공적연금화를 통한 보장을 두텁게 하고, 국민연금과 특수직역연금을 더해 사회보장제도가 지속가능하도록 공적연금의 재정 안정화 개혁을 서둘러야 한다. 또한 건강보험 지출의 합리성을 제고하기 위해 포괄수가제를 확대하고 혼합 진료를 금지하는 등 공급자의 도덕적 해이를 통제해야 한다.[1] 비필수 의료 서비스에 대한 비급여의 급여화를 재고하고, 이를 민간보험이 담당하도록 하며, 건강보험의 경우 1차 의료의 문지기 역할을 강화하고, 경증이나 비필수 치료는 개인 의료 저축 계정에서 지불하도록 해야 한다. 다른 한편으로는 의료 사각지대에의 접근성을 개선하기 위해 공공의료를 확충하는 등 의료 서비스의 보편성 확대도 필요하다. 아울러 아동에 대한 보장성 강화와 접근성 개선 또한 필요하다.

둘째, 생산인구가 감소하는 데 대한 대안으로서 고용률을 증대해야 한다. 여성 고용률 증대를 위해 공보육 질의 제고, 방과후 학습 질의 제고, 정규직 시간제 등 근로자의 시간 통제권을 강화하는 유연근무제 활성화 등, 여성의 경력 단절을 방지하는 정책들을 시행·활성화해야 한다. 더불어 직장과 가정 내 성평등 구현을 위한 굵고 짧은 육아휴직 및 남성 육아휴직의 장려, 가사도우미 소득공제 등의 정책을 시행하는 것도 고려해볼 수 있다. 청년의 고용률 증대를 위해서는 전문대학 및 기존 산업대학의 폴리텍대학화 등 직업교육훈련을 강화하고, 훈련수당을 인상할 필요가 있다. 디딤돌 일자리와 같은 청년 취업 보장 제도의 확대도 필요하다. 한계기업은 정책금융을 통해 좀비기업으로 연명하게 하기보다는 과감히 정리하며 중견기업을 적극적으로 육성하는 정책을 시행해야 한다. 또한 이주 노동의 확대 및 포용 정책의 강화도 필수적이다. 서구의 여러 나라들 역시 저출산의 위기가 보편적이었으나, 이를 극복하는 과정에서 보편적 포용 정책 및 적극적인 이민 노동자 수용 정책의 시행 여부가 문제 해결의 성패를 갈랐다. 우리나라의 경우 이미 다문화가정이 인구 과

1 오는 2070년까지 건강보험의 누적 적자 규모는 7,000조 원에 이를 전망이다.

소 지역을 비롯해 비수도권 지역에서 상당한 비중으로 커지고 있는바, 이들에 대한 포용 정책이 매우 중요한 과제로 등장하고 있다. 일각에서는 인공지능의 발전과 4차산업혁명이 저출산 현상으로 인한 산업현장의 인력 부족 문제를 해결해줄 것으로 전망한다. 특히 챗GPTgenerative pre-trained transformer, 즉 인공지능 채팅 서비스가 급속도로 활용되면서 그 영향력에 대해 논란이 일고 있는데, 이러한 서비스로 인력 수요를 대체하는 데는 상당한 시간이 필요할 것으로 보인다.

셋째, 저출산 대책을 마련해야 한다. 임신·출산 및 육아기에 대한 두터운 소득 보장이 필요하다. 휴직으로 인한 소득 상실과 육아 비용이라는 이중고를 해소해줘야 한다. 우리나라의 경우 공보육은 세계적 수준이지만 소득보장은 최저 수준이다. 전 국민을 대상으로 부모급여 제도를 도입할 필요가 있다. 0세아 아동수당을 100만 원으로 파격 인상하고 고용보험에 따른 육아휴직 급여를 최대 200만 원으로 인상하는 등 소득 비례 급여를 도입할 필요가 있다.[2]

넷째, 노동시장의 불안정성을 해결하기 위해 전 국민 고용 안전망을 구축해야 한다. 우리나라는 고용보험의 보편화를 위한 전 국민 고용보험 확대 정책을 추진하고 있다. 1995년 도입된 고용보험은 1998년 외환위기 당시 근로기준법도 적용되지 않는 5인 미만 사업장을 대상으로 확대되었고 2004년에는 다른 사회보험보다 앞서서 일용근로자에게 적용되었지만, 오늘날 고용보험 가입자는 여전히 취업자의 절반 수준에 불과하다. 특히 코로나19로 인한 고용 위기의 시기에 고용보험의 한계가 극적으로 드러났다. 실업과 생계 위협을 받는 비공식 노동자, 특수형태 근로

---

2 정부에서도 2022년부터 영아수당을 도입해, 출생아부터 생후 24개월 이내의 아동에 대해서는 영아수당을 월 30만 원 지급하는 것으로 시작하여 2025년 매월 50만 원 지급하는 데까지 단계적인 인상을 하기로 했다. 또한 2022년 1월부터는 '3+3 부모육아휴직제'를 도입해, 부모가 모두 육아휴직을 사용하는 경우 개인당 최대 300만 원까지, 부부 합산 최대 600만 원까지 지원하고 있다. 2023년 기준 육아휴직 기간에 대해 통상임금의 100분의 80(상한액 월 150만 원, 하한액 월 70만 원)에 해당하는 육아휴직 급여를 지급하고 있다.

종사자, 프리랜서, 플랫폼 노무 제공자, 영세 자영업자는 고용보험의 보호를 받지 못했다(이병희, 2020). 이에 정부는 소득·매출이 감소한 특수형태 근로 종사자, 프리랜서, 영세 자영업자와 무급 휴직자를 위한 긴급 지원 대책을 내놓았다. 이는 고용보험의 사각지대에 놓인 취약계층을 표적화한 최초의 소득 지원이라는 점에서 긍정적으로 평가되지만, 공적인 소득을 확인할 수 있는 인프라가 부족하여 당사자가 소득·매출의 감소를 입증하는 증빙서류를 직접 제출하도록 하여 폭넓게 인정하는 일회적 방식을 채택할 수밖에 없었다. 또한 20대 국회 마지막 본회의에서 입법된 국민취업지원제도는 구직 빈곤층을 지원하는 제도로서 의의가 컸으나 낮은 급여 수준, 취업 경험을 조건으로 한 자격 요건과 엄격한 자산조사, 강한 구직 활동 활성화 의무 부과 등으로 인해 고용보험의 사각지대를 메우기에는 부족하다는 평가를 받았다.

모든 취업자가 고용보험의 혜택을 받게 하려면 고용보험의 틀을 근본적으로 개혁해야 한다. 근본적인 개혁은 적용의 보편성뿐만 아니라 보장의 보편성을 함께 지향해야 한다는 점에서 고용 형태와 관계없는 보편적인 고용보험이 도입되어야 하며, 이를 위해서는 적용뿐만 아니라 징수체계, 급여 제도 등 고용보험의 틀이 전반적으로 개혁되어야 한다. 첫째, 적용의 보편성, 보장 수준의 적정성, 재정의 지속가능성 간 균형을 달성할 수 있는 로드맵을 수립해야 한다. 이를 위해 보호의 우선순위, 관리가능성, 노동시장의 효율성과 안정성을 고려하여 형식성을 넘어선 추진체계를 마련해야 한다.

둘째, 보편적 적용을 위해 소득 확인 및 징수 체계가 구축되어야 한다. 상대적으로 안정적인 기존의 피보험자와 달리 새롭게 보호할 계층은 취업과 실업의 경계가 모호하고 근로 시간을 파악하기 어렵기 때문에 고용보험을 소득 기준으로 전환하는 것이 불가피하다. 소득 기준을 적용하기 위해서는 소득을 적시에 파악할 수 있어야 한다. 국민연금이나 건강보험과 달리 고용보험은 취업과 실업을 판단하여 기여 기간을 산정하고, 그에 따라 급여액과 수급 기간을 달리 지급하며, 수급 기간 중의 소득 활동을 허용하기 때문에 월별 소득 확인이 중요하다. 조세 행정의 적극적인 협조가 있다면 소득 파악은 어렵지 않다. 적시의 소득 정보를 확인하기 위해서는 매달 소득을 신고하게 하고, 소득세와 함께 사회보험료를 통합 징수하는 행정 혁신이 뒷받침되어야 한다. 고용보험을 포함한 사회보험의 소득 기준 전환, 소득세와 사회보험료의 통합 징수는 순차적으로 또는 동시에 추진할 수 있을 것이다.

셋째, 적용 확대의 목적은 고용보험의 혜택을 받도록 하는 것이므로 근로 형태별 노동시장 행태를 고려하면서도 고용보험 가입의 매력을 높여야 한다. 자영업자의 가입을 유도하기 위해 자영업자의 특성을 반영한 급여 제도를 설계할 필요가 있다. 폐업의 위험으로 직결될 수 있는 육아휴직을 자영업자의 욕구에 맞춰 재설계하고, 자영업자 맞춤형 고용 유지 지원금의 지급을 검토할 필요가 있다(성재민, 2020). 장기 기여자에 대한 혜택도 고려할 필요가 있다. 10년 이상 장기 가입자에 대한 10일간의 교육 훈련 휴가 급여를 신설하는 것을 예로 들 수 있다. 장기 구직자 구직급여 제도도 미루기 어렵다. 한편 월별 실소득이 파악된다면 임금 노동, 특수형태 노동, 자영 노동 간 이동이 큰 우리의 노동시장을 고려하여 고용 형태 간 차이를 최대한 줄이는 급여 제도를 설계할 필요도 있다.

넷째, 고용보험의 확대에 따른 보험료 및 재정 부담은 불가피하다. 보험료 인상, 국고 부담 및 사회보험료 지원 등 부담의 공유에 대한 사회적 합의를 형성해야 한다. 일자리안정자금과 두루누리 사업을 사업주 사회보험료 지원 및 저소득 가구의 취업자 사회보험료 지원으로 개편할 필요가 있다(이병희, 2020). 벤치마크로서 독일형과 덴마크형, 현실주의와 미래지향의 두 가지 형태를 고려해볼 수 있다. 현행 고용보험의 확대를 통해 특수고용 직역을 고용보험에 포괄하고, 여기에 근로장려세제EITC, 그리고 한국형 실업부조인 국민취업지원제도 및 노란우산공제 확대, 그리고 보편주의로 국민내일배움카드를 더한 형식이 단기 대안이 될 것이다.

미래지향적으로는 모든 소득자에게 정률 노동시장세를 징수하고, 여기에 임의 가입한 고용보험의 월정액 보험료로 소득자 중심 고용보험을 운영할 수 있다. 덴마크의 경우에는 노동시장세 8%에 가입률 77%의 보험료 약 8만 5,000원을 통해 소득 대체율 90%, 상한 300만 원의 실업급여를 지급하고 있다.

다섯째, 기본소득을 환경 변화에 따라 유연하게 도입해야 한다. 기본소득의 보편주의 및 무차별주의는 사회적 위험과 필요 여부를 따지지 않고 근로 연령대 인구를 포함한 모든 이에게 소득을 지급한다는 개념이다. 반면에 선별주의는 사회적 위험과 필요 여부를 판정한 후 소득과 자산 기준을 적용해 저소득층에게 소득을 지급한다는 차별성이 있다. 우리나라의 건강보험은 누구나 아프면 의료지원 혜택을 받도록 하는 보편적 서비스이지만, 기본소득 개념은 건강해서 병원에 가지 않는 사람에게도 매달 현금을 지급하는 것으로서 제도 운용에 많은 비용이 든다. 재정 소요를 추계해보면 우리나라 인구 5,000만 명에게 매달 30만 원의 기본소득을 지급하기 위해서는 180조 원이 소요되는바, 이는 GDP의 약 10% 수준이다. 2019년 현금 지원, 사회 서비스, 바우처 지원, 적극적 노동시장 예산을 모두 합한 사회 지출이 232조 원이었다.[3]

물론 기본소득을 도입하면 표면적으로 적용의 사각지대는 없어진다. 그러나 기본소득 액수가 낮을 수밖에 없다는 점에서 실효성이 떨어진다. 그러므로 기본소득을 통해서는 저소득층에 집중된 사회보장과 그로 인한 양극화 해소 효과를 거두기 힘들다. 기본소득 도입의 필요성은 최저생계의 보장에 있다. 생계가 기본소득으로 충족될 수 있다는 전제가 있어야만 노동의 자유가 보장될 수 있으며, 기존의 선별적 복지제도가 지닌 문제점인 선별을 위한 낙인효과, 행정의 복잡성, 지속적인 복지 혜택

---

3 국회예산정책처는 2021년 9월 30일자 해명 보도자료를 통해, "이재명 기본소득 매년 50조 들고 5년간 252조 들어간다"는 매일경제신문의 보도에 대해서, 이는 국민의힘 소속 추경호 의원실이 의뢰한 다양한 전제와 가정에 따른 추계 결과라는 점을 밝혔다.

수혜를 위한 전략적 행태 등의 문제점을 개선할 수 있다.

논리적으로 기본소득 제도의 소득 재분배 효과는 재원 조달 방안에서 비롯된다고 할 수 있다. 지출 측면에서는 모든 구성원에게 일정한 금액의 재원을 지급하므로 재분배 효과가 발생하지 않는다. 그러므로 기본소득제의 재분배 효과는 누진적인 세금 징수를 전제로 하는 것이라고 할 수 있다. 기본소득을 도입하는 경우 최저소득 계층의 생계를 보장한다는 것 외에 최고소득 계층으로부터 중간소득 계층으로 상당한 규모의 소득이 재분배됨을 확인할 수 있다. 상위 20~40%에 해당하는 계층에도 적지 않은 금액이 재분배될 수 있는데, 이에 대해서는 사회적 합의가 필요하다. 최저소득 계층의 생계보장과 달리 최고소득 계층에서 중간소득 계층으로의 소득 재분배에 대해서는 구성원에 따라 선호가 다를 수 있기 때문이다.

여섯째, 복지 지출을 재구조화해야 한다. 2022년 기준 우리나라의 복지 지출은 2050년 GDP 대비 22.4%로, 상대적으로 높은 복지 지출 수준을 보이는 EU 국가들의 평균 25.9%에 근접하고 있는 것으로 보인다. 건강보험 재정의 증가 추세를 감안할 경우 2050년 EU 국가들과의 복지 지출 격차를 건강보험 지출 증가가 상쇄할 가능성이 높다. 따라서 지속가능한 국가 재정을 위해서는 재정 전망 등 정책 모니터링을 강화하고, 지출 및 재원 배분을 합리화하며, 소득 파악률 제고 및 사회보장기여금 중심의 재원 확보를 위한 노력을 기울일 필요가 있다. 이와 함께 정기적인 재정 전망 및 투명성 제고를 통해 복지제도별 재정위험을 평가하고 재정 대응 능력을 강화해야 한다. 복지제도별 도입 목적, 자체 재원 조달 가능성 등을 감안하여 지출 요인을 통제하고 국가 재원 배분 구조의 조정 가능성도 검토해야 한다. 또한 충실한 재원 조달을 위해서는 과세 투명성을 제고하려는 노력과 함께 세원별로 조화롭게 세제를 구조조정해야 하며, 이를 바탕으로 제도별 사회보장기여금의 역할을 강화하는 것이 무엇보다 중요하다. 초고령화 · 초저출산 시대의 흐름 속에서 세대 간 형평성을 감안한 복지제도의 재구조화도 시급한 과제로 꼽힌다.

* * *

지금까지 살펴본 바와 같이 우리나라 사회복지의 보장 수준은 갈 길이 멀다. 2014년 '송파 세 모녀 사건'이 일어난 이후 정부는 복지 사각지대를 보완하겠다고 대책을 내놓았지만, 결국 2022년 수원에서 유사한 사건이 다시 벌어지고 말았다. 정부와 지방자치단체, 국회가 국민기초생활보장법, 긴급복지지원법, 사회보장급여법을 제정·개정하고 사각지대 발굴을 위한 복지 행정을 강화했음에도 불구하고 현행 사회 안전망의 허점은 여전한 것으로 보인다. 복지 정보시스템이 제대로 작동되지 않는 취약계층을 위해서는 땜질식이 아닌 근본적인 대책이 마련되어야 한다.

우리나라 정부는 소득 분배 위기, 코로나19 위기를 극복하기 위한 한국판 뉴딜정책을 발표하고, 사회정책 강화를 위해 전 국민 고용보험 확대, 기초생활보장제도 중 생계급여 부양의무자 기준 폐지, 새로운 국민취업지원제도, 상병수당제도 등을 도입했거나 도입할 예정이다. 여기서 나아가 제도 간 정합성 및 다층 노후 소득보장의 측면에서 볼 때 저소득 노인 계층은 모두 기초연금이 담당하고, 국민연금은 적정 노후 소득보장을 위해 국민 개개인의 갹출과 소득 계층 간 재분배에 따라 급여를 지급하는 방식으로 제도의 역할을 기능적으로 분할하는 것이 바람직하다. 생애주기별 소득보장제도는 연령과 근로 능력을 토대로 하여 다층적으로 범주형 소득보장제도를 구축함으로써 사각지대와 제도 간 중복 문제를 최소화하는 방향으로 개편되어야 한다. 아울러 저부담 고급여 형식의 국민연금을 지속가능한 형식으로 개편하는 것 역시 반드시 해결해야 할 시급한 정책 과제다.

우리나라를 비롯한 전 세계는 코로나19 팬데믹이라는 위기를 겪으면서 특히 취약계층이 집중적인 타격을 입었고, 이를 극복하기 위해 전례

없는 규모의 추경과 금융 지원(이자 차이 지원 중심) 같은 경기부양 정책을 시행하는 등 적극적인 재정 개입에 나섰다. 이처럼 대규모로 이루어진 재정 개입으로 인한 영향을 판단하고, 장기적이며 중요한 의사결정을 올바르게 내리기 위해서는 국가 재정에 대한 정확한 정보가 필요하다. 이를 위해서는 3장 정부회계 부분에서 다룬 발생주의 회계 및 재무 보고 시스템이 제대로 작동하는 것이 중요하다.

사회보장 지출이 빠르게 증가함에 따라 사회보장제도의 지속가능성이 우려된다. 사회보험은 보험 방식을 적용하여 질병, 노령, 장애, 실업, 사망 등으로 활동 능력을 상실하거나 소득이 감소하는 경우에 이를 보장하기 위한 제도로, 우리나라에서는 국민연금, 사학연금, 공무원연금, 군인연금, 고용보험, 산재보험, 건강보험, 노인장기요양보험 등 8대 사회보험이 운영되고 있다. 사회보험은 기본적으로 가입자와 사용자가 납부하는 보험료를 주요 재원으로 하여 운영되지만, 보험료만으로는 운영이 어려워 정부 재정이 지원된다. 재정이 악화하고 있는 고용보험, 건강보험 등 8대 사회보험에 대한 세금 지원은 빠르게 증가한 것으로 나타난다. 원론적으로 사회보험에 대한 재정 지원은 발생해서는 안 되는 지출이다. 가입자 보험료 등 자체 수입으로 지출을 해결하는 '자기 부담'이 원칙이기 때문이다. 하지만 저출산·고령화의 심화에 코로나19 사태까지 터지면서 나갈 돈은 많아졌다. 반면에 지출 구조조정이나 제도 개편은 계속 미뤄지면서 정부 재정에 손을 벌리는 정도가 심해지고 있다. 2021년 국민 부담률은 이미 29.9%에 달한다. 향후 사회보험의 지출 소요를 충당하기 위해 보험료율 인상이 불가피할 것으로 전망되는바, 국민 부담을 최소화하기 위해서는 적극적인 지출 관리가 필요하다. 개혁의 필요성은 절감하면서도 '표 잃는 정책'이라는 이유로 차일피일 미루는 모습은 책임 있는 정부의 행태가 아니다. 보험료를 더 많이 거두거나 혜택을 줄이는 식으로 수입과 지출의 구조에 대한 전면적 재검토가 필요한 시점이다.

Part 4

예산과 세금의 정치경제학

PUBLIC FINANCE AS LEVIATHAN

Chapter 11

재정위기와 대응

1. 복합 위기

우리나라는 국가채무 비율이 다른 선진국과 달리 향후에도 지속적으로 늘어날 전망이다. IMF가 2022년 4월 발표한 『재정 모니터*Fiscal Monitor*』에 따르면, 한국의 GDP 대비 국가채무 비율은 2021년 49.8%(국제 비교 지표인 D2 기준, 기재부가 발표한 결산 자료는 D1 기준 46.9%)에서 2027년 59.8%로 10%p 증가하는 것으로 나타났다. 2027년 59.8%까지 올라가더라도 우리나라의 국가채무 비율이 선진국 35개국 평균치 112.7%보다 여전히 낮은 수준임에는 틀림이 없다. 그러나 2020년 35개국 중 11위 수준이던 우리나라의 재정건전성 순위는 2027년 19위로 처질 것으로 예상된다. 무엇보다 실제 수준보다도 눈여겨보아야 할 부분은 증가 속도로, 2000년 16.68%, 2010년 29.49%에 비해 증가 속도가 너무 가파르다.

주요 선진국들은 코로나19 팬데믹 이후 급격히 늘어난 국가채무를 감축하기 위해 돈 풀기를 줄이며 재정건전성을 회복하려는 움직임을 보이고 있다. 하지만 우리나라는 아직 복지 수준이 성숙 단계에 이르지 못한 데다 합계출산율이 0.8에도 미치지 못하는 인구 구조, 또 타의 추종을 불허하는 고령화 속도가 재정건전성에 대한 부정적 전망에 힘을 보태고 있다. 일각에서는 이 같은 속도로 국가채무가 증가할 경우 국가 신용등급 하락 등 국가 신인도 유지에도 문제가 생길 것이라는 우려가 나온다. 반면에 국가부채 비율이 높고 또 급증하는 것은 무언가 불균형이 크기 때문이지만, 이때의 재정 확대가 민간 수요의 급속한 감소를 메워주고 구조적 문제를 수습하는 과정에서 생겨난 것이라면 불가피하다는 주장도 있다(하준경, 2021). 국가부채는 수치 그 자체보다는 근본 원인이 되는 민간부문의 불균형, 즉 내수 부족, 양극화, 일자리 부족, 경상수지 적자 등에 주목하는 것이 더 중요하다는 주장이다. 결국 국제통화 체제에서 위기를 촉발하는 요인은 기축 통화인지 여부가 아니라 거시경제의 불균형이며, 내수 위축과 대량 실업이라는 거시경제 위험이 더 크다는 점에서 팽창적 재정 정책을 지지한다. 일본 역시 아베노믹스 이후 경제 성장률이 국채 이자율보다 높은 상태를 유지하는 상황에서 재정 지출의 확대로 인한 재정건전성에 대한 우려가 크지 않은 만큼, 적극적인 재정의 역할이 강조되고 있다(원종학 · 이강국 · Toshiyuki Uemura, 2020).

앞의 두 시각 모두 팬데믹 위기를 극복하기 위해 적극적인 재정 정책을 운용한 부분에 대해서는 긍정적인 평가를 내리지만, 향후의 대응 방안에 대해서는 서로 다른 입장을 보인다. 중요한 것은 재정건전화에 대한 맹신 혹은 비기축 통화에 대한 지나친 우려가 아니라, 우리의 복지 성숙 단계와 능력에 적절한 사회보험 재구조화 기제를 마련하고, 유연하면서도 실효성 있는 재정 통제제도를 갖추는 것이다. 미래에 대한 책무성을 확립하려는 재정 제도가 잘 운용되도록 하는 노력이 행정부와 입법부 양자 모두에 요구된다.

우리나라는 정부부채만이 아니라 가계부채의 증가 속도도 우려할 만한 수준인바, 전 세계 주요국보다 빠른 속도로 늘어난 것으로 나타났다(<그

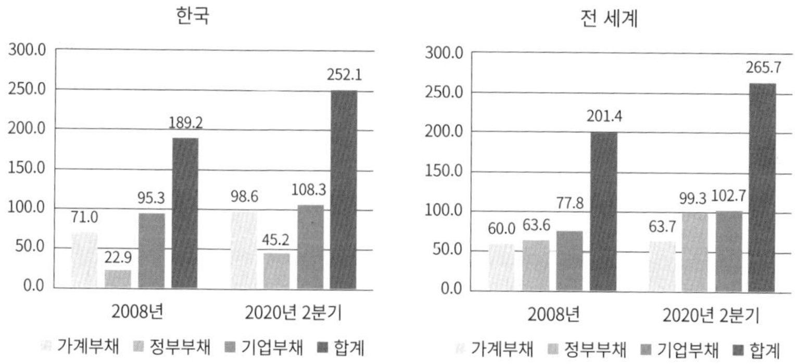

<그림 11-1> 한국 총부채 현황(단위: GDP 대비 %)

* 자료: 박윤진·이기돈(2021).

림 11-1> 참조). 경기 회복과 함께 금리가 오를 경우 가계부채는 국내 경제에 큰 악재로 작용할 수 있다. 한국의 가계부채는 GDP 대비 2008년 71.0%에서 2020년 2분기 98.6%로 27.6%p 늘어난 것으로 나타났다. 반면 같은 기간 선진국은 76.2%에서 75.3%로 조금 줄었고, 전 세계 가계부채는 60.0%에서 63.7%로 소폭 증가하는 데 그쳤다. 한국의 가계부채는 질적인 측면에서도 좋지 않다. 2019년 기준 단기(1년) 부채 비중이 22.8%에 달해 프랑스(2.3%), 독일(3.2%), 스페인(4.5%) 등 해외 주요국보다 훨씬 높고, 금융자산 대비 금융부채 비율도 47.2%(2019년 기준)로 프랑스(30.0%), 영국(28.7%), 미국(17.3%) 등에 비해 높아서 부채 상환 능력이 상대적으로 낮은 것으로 나타났다. 금리가 오를 경우 부담이 커지는 것은 물론 상환 요구에 시달릴 가능성이 다른 나라보다 더 높은 셈이다. 가계부채의 경우 증가 폭과 규모가 가시 집중 관리가 필요하며, 특히 주택담보대출을 제외한 신용대출의 비중 및 규모가 해외 주요국 대비 매우 높은 수준으로서 주의가 필요하다.

우리나라가 직면한 도전 과제로는 대부분의 OECD 회원국 중에서도 다양한 수준으로 공유되는 바와 같이, 급속한 인구 고령화와 서비스 부문에서의 상대적으로 낮은 생산성을 들 수 있다(<그림 11-2> 참조). 한국은 OECD 회원국들 중 가장 빠른 고령화 속도를 보이고 있으며, 65세 이상 인구는 2060년까지 생산 가능 인구의 80%를 초과할 것으로 예상되고, 이는 OECD 국가들 사이에서도 가장 높은 비율이다. 감소하는 노동 연령 인구는 향후 수십 년 동안 GDP 성장에 부담을 줄 것으로 보인다.

한국의 사회복지 지출 규모는 GDP의 12.2%(2019년 기준)로, OECD 회원국 평균치 20.0%와 비교하면 매우 낮은 수준이다. 고령화와 저성장이 지속되면 세대 간 재분배 문제는 더욱 심각해진다. 그리고 이러한 문

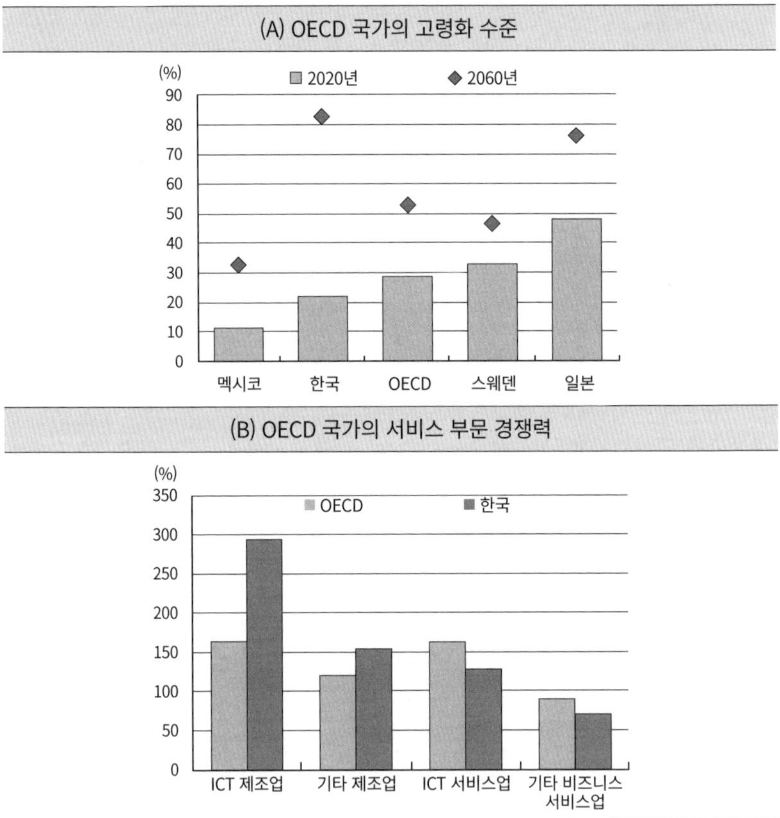

<그림 11-2> 한국의 고령화 수준과 서비스 부문 경쟁력 비교

* 주: (A) 15~64세 인구 대비 65세 이상 인구 비율.
  (B) 각 부문의 생산력은 전체 생산력에 비례함.
* 자료: OECD. "OECD STAN Database."

제를 완화하기 위해서는 재정의 확대가 불가피해진다. 물론 건강보험이나 국민연금 등의 사회보험료 인상이 우선이지만, 정치적 부담이 되는 것은 보험료 인상이 더 클 수 있다. 저출산·고령화는 향후 복지 지출을 지속적으로 확대하는 요인으로 작용하는 동시에 생산 가능 인구를 감소시켜 경제 성장을 제약함으로써 세입 기반이 약화되게 만들 것이다. 국내외의 기관들에 따르면 향후 한국의 잠재성장률은 계속 하락할 것으로 전망된다(<표 11-1> 참조). IMF(2018)와 KDI(2022)에 따르면, 한국의 연평균 잠재성장률은 2020~2030년 각각 2.2%와 2.3%, 2030~2040년 각각 1.9%와 1.3%, 2040~2050년 각각 1.5%와 0.8%로 낮아질 전망이다. 우리나라 잠재성장률이 둔화되는 원인으로는 생산 가능 인구의 감소와 노동 투입력의 약화, 투자 부진과 자본 축적 저하, 신성장 산업 출현의 지연과 고부가 서비스업의 성장세 위축, R&D 투자 부문의 낮은 효율성과 취약한 인프라 등이 꼽힌다(홍순표·민지원, 2019).

IMF(2018)에 따르면 불리한 인구 구조 및 기타 구조적 취약점은 한국의 재정 및 잠재적 성장에 장기적인 영향을 미칠 전망이다. 더욱이 미성숙한 사회복지 시스템은 빈곤층과 저소득층의 소비 감소를 초래할 것이며, 복지 지출로 인한 재정적 요구의 증가는 조세 부담률이 변하지 않는다는 가정 아래 폭발적인 부채 증가를 초래할 것으로 보인다. 이 시나리오에 따르면 2050년까지 GDP의 100% 이상에 달하는 수준으로 부채가 발생할 것이고, 이는 연령 관련 지출 적자에 계속해서 상승 압력을 가할

<표 11-1> 한국의 연평균 잠재성장률 전망치 비교

(단위 : %)

구분 \ 시기	2020~2030	2030~2040	2040~2050	2050~2060
IMF	2.2	1.9	1.5	1.2
KDI	2.3	1.3	0.8	0.5

* 자료: IMF(2018), KDI(2022).

것으로 보인다. 국회예산정책처의 장기 재정 전망도 복지 지출 증가가 2060년 정부 채무 비율을 150%대 이상으로 끌어올릴 것이라 예상한다(박명호 외, 2020). 적자에 대한 이러한 상승 압력은 실제 이자율 수준이 경제의 실질 성장률보다 클 경우 폭발적인 부채 증가를 발생시킬 수 있다.

이상의 분석 결과는 다음과 같이 요약된다. 첫째, 1997년 동아시아 금융위기(우리는 IMF 외환위기라고 한다)를 극복하는 과정에서 한국의 재정이 수행하는 역할은 지대했으나, 최근의 코로나19 위기 대응을 제외하더라도 복지 지출의 확장 및 잠재성장률 하락 등으로 재정의 여력은 크게 낮아지고 있다. 둘째, 한국은 전 세계적으로 가장 빠른 고령화 추세를 보이고 있으며, 다른 한편으로는 선진국 중에서 가장 낮은 합계출산율을 보이고 있다. 이에 따라 아직까지 사회 안전망 등이 선진국 수준으로 조밀하게 마련되어 있지 못한 상황에서 향후 연금, 건강보험, 사회보험 등 재정 지출은 지속적으로 늘어날 것으로 전망된다. 셋째, 한국은 정부부채나 기업부채보다도 가계부채의 추이가 우려스러운 수준이다. 급격하게 늘고 있는 주택담보대출뿐만 아니라 신용대출을 포함한 가계부채의 관리가 향후의 재정 운용에 있어 중요한 고려 사항이 될 것이다. 넷째, 장기 잠재성장률 전망과 재정 전망을 살펴보면 적절한 구조조정과 함께 준칙에 기초하고 지속가능성에 초점을 맞춘 거시재정 운용이 필요하다.

2. 예산 제도와 재정 운용 성과

재정거버넌스는 의회와 행정부가 함께 재정을 운용하는 양식으로 정의할 수 있다(박정수, 2018). 우리나라는 행정부 주도, 그것도 기획재정부 예산실 중심의 예산 편성과 재정 운용이 이루어지고 있다.[1] 개발연대를

1 문재인 정부 들어 주민들이 직접 예산 편성에 참여하는 주민참여예산제도를 확대한 국

거치면서 이러한 집권화된 예산당국의 계획 및 건전성 중심의 재정 운용은 상당한 성과를 거두어왔다. 최근 계속된 세계 각국의 재정위기 상황은 책임성 강화, 그리고 행정부를 견제하는 의회의 역할 강화를 요구하고 있다. 적절한 재정 통제와 효율적 재정거버넌스 구축을 위해서는 재정 권한 측면에서 감사원의 국회 이관, 거시예산 결정 과정의 강화를 위한 사전 예산 심의 제도의 강화, 예결위의 상임위로의 전환 등 국회 제도의 재설계가 필요할 것이다. 또한 예산 과정에서도 생애주기 관리 기능의 강화, 심의·의결 기간의 연장, 국회와 행정부 간 정보 공유 시스템 구축, 결산 심사 종료 시기의 명확한 규정 및 예산 심사 기간 연장 등이 이루어져야 한다(박형준·김춘순, 2013).

권위주의 시대의 국회는 통법부rubber stamp parliament라 불렸으나, 민주화의 진전 및 정책 결정 과정, 즉 입법 및 예산 심의 과정의 충실화를 통해 국회의 권력은 상당히 강화되고 있다. 문제는 삼권분립이라는 민주주의 체제에서의 국회 통제력 강화가 재정위기 상황의 복원력 회복에도 긍정적인 영향을 미치는가 하는 점이다. 사전에 거시예산 한도를 설정하고, 행정부 차원이 아니라 국회 차원에서 재정 준칙을 입법화함으로써 강제 수단을 마련하는 경우 재정건전성 회복에 긍정적인 영향을 미칠 수 있다. 우리나라의 경우 2004년 거시예산에 의한 재정 편성, 국가재정운용계획 도입, 총액배분 자율편성 제도 도입, 성과 관리 제도 도입, 디지털 예산회계시스템 도입을 골자로 하는 예산제도개혁을 단행한 바 있다. 하지만 중기 재정계획의 운용, 분권화된 기획 예산 기능 수립, 통제 중심이 아닌 성과 중심의 예산 운용, 복식부기 발생주의에 기초한 예산회계 정보시스템 운용 등은 그 제도적 복잡성과 체계에도 불구하고 형식적 운용의 한계가 지적된다. 정중선(2017)은 국회의 예산 심의가 어느 정도로 실

민참여예산제도도 운영되어, 시민이 입법부를 통하지 않고 직접 예산 운용에 참여하는 기제가 마련된 바 있다. 하지만 이러한 직접민주주의 방식의 확대가 근본적으로는 국회에 대한 신뢰 회복에 도움이 되지 않는다는 견해도 있다(최순영, 2022. 1. 11.).

질적으로 이루어지고 있는지를 측정하기 위해, 정부가 제출한 예산안이 국회에서 수정되는 비율을 사용하여 국회예산정책처 설립이 국회의 예산안 수정 비율에 어떤 영향을 미쳤는지 실증적으로 분석했다. 이 연구 결과에 따르면 국회예산정책처 설립 이후 감액 비율과 총 수정 비율이 높게 나타나, 국회예산정책처 설립이 국회 예산 심의의 실질화에 기여한 것으로 분석된다.

재정위기에 대한 대응에 있어서는 의회의 견제력이 작동하기를 기대하는 대통령중심제 국가들에 비해 행정부와 입법부가 한목소리를 내는 의원내각제 국가들이 비교우위가 있다. 실제로 코로나19 위기 대응을 위한 확장적 거시재정 운용에 있어서 의원내각제 국가들은 신속히 대응하고 있다. 구체적으로 사회적 거리두기 조치의 영향으로 가구와 기업이 받는 충격을 완화하고, 최악의 보건위기가 지나간 이후 경제활동을 재개할 수 있도록 유동성을 제공하며, 직접적인 영향을 받는 가구에 대해 소득을 지원했다. 경제회복을 위한 경기부양 패키지의 규모도 상상을 뛰어넘었고 포용과 지속가능성이 강조되었다. 대통령제를 채택하는 우리나라의 재정 제도 운용에 대한 평가는 '선한 의지와 형식주의'로 요약할 수 있다. 2004년부터 단행한 4대 재정 제도개혁으로 선진화된 재정 운용의 틀은 갖추었으나 정치 환경의 미성숙 등으로 쉽게 포퓰리즘에 흔들리며 제도의 실효성도 제대로 발휘되지 못하고 있다. 공무원연금을 비롯한 공적연금의 개혁을 외치지만 인구 감소와 고령화가 가파르게 진행되는 상황에서 미래세대가 짊어져야 할 국가부채는 급속하게 확대되고 있다. 경기 활성화 정책이 시행되면서 고삐 풀린 가계부채도 빠른 속도로 증가하고 있고, 부동산 가격은 침체와 폭등을 반복하는 등 안정화와는 거리가 먼 모습을 보인다. 대기업 중심의 외형적 성장으로 인해 중소기업을 중심으로 한 생산성 확산은 더디게 이루어지고, 과실 배분에 대한 불만은 사회불안정의 요소가 되고 있다. 공기업을 포함한 공공부문에서 생산성 증대와 사회적 가치 제고를 위해 추진 중인 정책들의 진행은 여의치 않은 반면, 부채 및 공공부문의 규모 그 자체는 증가·확대되고 있다.

왜 정책 의도는 선한데 그 정책의 결과는 기대에 부응하지 않고 오히려 예상치 못한 부작용만을 양산하는 것일까? 한국은 그동안 경제 성장 및 국가발전 패러다임 속에서 분배와 복지보다 압축 성장을 우선시해왔기 때문이다. 대기업 중심의 경제 성장을 통해 일자리를 늘리고 국민소득을 확대하는 고성장 경제 구조를 지향해왔다. 또한 정부 및 공공기관 중심의 사회경제 체제를 통해 고성장 경제 구조를 뒷받침하고 부족한 사회경제 서비스를 직접 제공하는 국가 운영 시스템을 만들어왔다. 2000년대 중반까지 이러한 국가경영 모델은 성공적인 것으로 평가받았으며, 많은 개발도상국의 벤치마킹 대상이 되기도 했다. 최근 한국형 국가발전 전략이 실효성을 잃어가는 와중에 단행된 4대 재정개혁은 적절한 제도개혁으로 평가받아왔으나 환경의 변화에 대응한 체화가 제대로 이루어지지 않아 형식주의가 만연한 문제를 발생시켰다. 복지 서비스 확대를 통해 사회 안전망을 구축하고 내수 기반을 확대하려는 정책도 국민들의 복지 수요는 폭발시켰으나 정작 복지 사각지대를 해소해야 하는 과제는 제대로 해결하지 못하고 있다. 세수 증대 등을 통한 안정적 재정 수입이 확대되지 않은 상황에서의 복지 서비스 확대는 국가 재정 적자를, 그리고 미래세대가 짊어질 국가부채를 키우는 결과를 낳았다.

행정부 중심 재정개혁 제도의 운영 형식에 대해 살펴보자. <그림 11-3>은 정부 지출의 효과성을 GDP 대비 정부 지출, 그리고 세계거버넌스지표World Governance Indicator: WGI 가운데 정부 정책의 효과성 측면에서 살펴본 것이다. 이 그림이 시사하는 바는 정부의 지출 규모와 정책의 효과성은 체계적인 관계를 갖지 않으며, 주어진 정부 지출 규모에서 국가에 따라 다양한 정책의 효과성을 나타낸다는 것이다.

맨슈어 올슨Mancur Olson(2000)의 주장대로, 1990년대 들어 민주화가 가속화하고 각 이익집단의 요구에 정치권이 대응하면서 예산은 확대되기 시작했다. 특히 1997년의 외환위기, 2008년의 금융위기, 2020년의

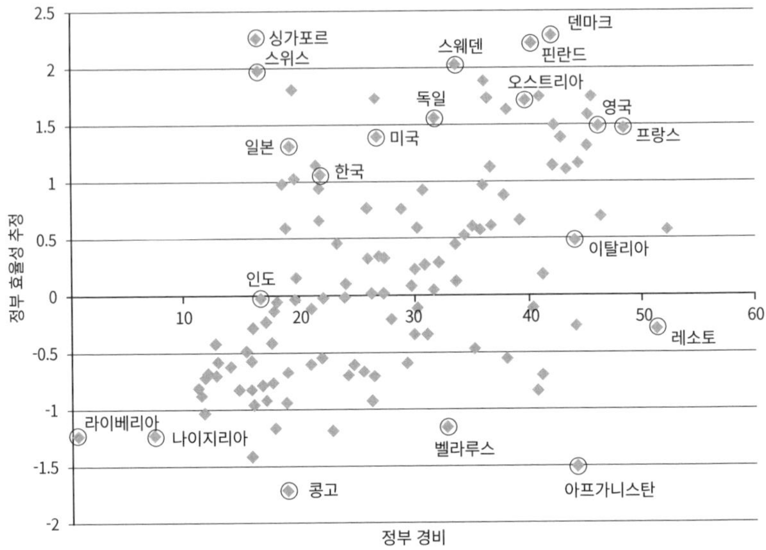

<그림 11-3> GDP 대비 정부 지출과 정부 정책의 효과성
* 자료: The World Bank(2013), IMF(2013).

팬데믹 위기를 거치면서 재정 확대는 걷잡을 수 없이 빠르게 추진되었다. 노무현 정부에서는 확장적 재정 정책으로 인한 방만한 재정 운영에 제동을 걸기 위해 2004년부터 재정개혁을 정부개혁의 중대 요소로 선정하고 4대 재정개혁을 추진했다. 총액배분 자율편성, 성과 관리, 국가재정운용계획, '차세대 D-Brain'이 그것이다. 예산개혁의 법적 뒷받침을 위해서는 2006년 종전의 예산회계법을 국가재정법으로 대체했으며, 이 밖에도 재정건전성 강화와 효율성 제고를 위한 다양한 조치가 포함되었다.

4대 재정개혁의 구체적인 내용을 보면 다음과 같다. 첫째, 총액배분 자율편성이다. 총액배분 방식의 의사결정은 거시 한도 내에서 부문예산의 우선순위를 변경할 수 있는 계기를 마련했다. 예산 당국이 총액을 결정함으로써 예산의 거시적 안정성과 미시적 전략성이 강조되었고, 각 사업의 우선순위는 해당 사업을 담당하는 개별 사업부처line ministry가 가장 잘 알기 때문에 사업의 채택 여부와 수순을 결정하게 했다. 그리고 기획재정부 예산실은 전략·기획·조정 기능을 강화하도록 했다. 그러나 예산실이 개별 사업부처를 신뢰하지 못하고 사업 심의에 관여하게 되면서 총액배분 자율편성의 실효성이 떨어지게 되었다. 총액배분 자율편성 예산제도의 실패와 관련한 주요 쟁점은 거시예산 지출 한도의 실효성 상실, 그리고 예산실과 부처 간 기능 분담 체계의 한계라고 할 수 있다.

둘째, 자율평가 방식의 성과 관리다. 성과 관리를 위해 재정 사업에 대하여 개별 부처에서 자율평가를 하고 예산실에서 심층평가를 하는 체계를 갖추었다. 기존의 기획재정부 중심 성과 평가 제도는 형식과 절차 면에서 정교하게 설계되긴 했으나 내실을 보면 평가에 집착한 형식주의가 만연했고 사후 통과의례로 전락한 측면이 있었다. 정책 과정 이론에 충실한 평가에 집착했지만, 정작 사업 방식의 개선 등 성과 제고에는 큰 도움이 되지 못했다. 행정 비용과 순응 비용이 높은 방식이 계속되었지만 평가가 컨설팅의 과정으로 전환되지는 못했다.

셋째, 중기 재정 운용이다. 1997년에 제7차 경제개발 5개년 계획을 마지막으로 경제개발종합계획이 폐지되고, 이를 대체하는 5년 단위 중기 재정 계획으로 국가재정운용계획이 도입되었다. IMF와 세계은행의 모델을 원용한 국가재정운용계획은 5년 단위의 중기 재정계획으로, 단년도 중심의 사업 심의를 넘어서 중기적인 사업 생애주기의 계획 및 환류 기회를 가졌다. 그러나 구속력이 부족해 실효성이 떨어졌고 매년 계획을 수정해야 하는 등 한계가 드러났다. 지금도 예산 과정에서 거시 차원의 중기 전망을 재설계해보는 형식으로 운영되는 본질적 문제를 노정하고 있는 점은 한계로 지적된다.

넷째, 재무회계다. 우리나라의 재정개혁 중 세계적으로 모범적인 것으로 평가받는 것 중 하나가 정부회계에 복식부기와 발생주의를 전면적으로 도입한 것이다. 2007년 국가회계법, 2016년 지방회계법의 근거로 갖추었고, 매년 현금주의에 의한 예산과 결산 이외에 재무 보고서를 별도로 발간하고 있다. 그러나 결산을 담당하는 공무원과 '자세대

D-Brain' 담당자 외에는 별 관심을 두지 않는 보고서가 되고 말았다. 어렵게 자산, 부채, 순자산, 수익, 비용의 자료를 산출했지만, 예산 관련 의사결정에 도움이 되는 정보가 생산되지 못했다.[2] 이은경(2020)에 따르면 국가재무제표는 외부감사 등의 품질 평가를 받지 않고 국회에 제출되고 있어 2011년부터 2019년까지 총 200.1조 원의 오류액이 집계되었으며, 그 오류액도 불규칙하게 발생함으로써 국가재무제표의 오류가 통제되지 못하고 있다.

3. 혁신의 진화

전 세계를 휩쓸고 간 팬데믹이 보건위기, 금융위기, 재정위기로 전이되면서 세계 경제는 앞을 예견할 수 없는 혼란에 빠져 있다. 팬데믹 경제위기를 극복하기 위해 적극적인 재정 운용과 팽창적 화폐 발행을 앞다투어 하다 보니 어느새 우리는 끝을 알 수 없는 인플레이션과 금리 상승, 거기에 환율 급등까지 겹친 복합 불황을 걱정하기에 이르렀다. 그동안 세계 경제의 버팀목 역할을 해온 글로벌 경제의 리더십이 실종되고 미래에 대한 신뢰의 위기는 사태를 더욱 어둡게 하고 있다. 러시아와 우크라이나 분쟁으로 시작된 글로벌 공급망의 단절 및 각국의 자국 이기주의는 위기 극복의 방향성을 보여주기보다는 정책 선택의 제약을 초래하고 있다. 이와 같은 재정위기는 우리에게 기시감을 갖게 한다. 2008년 9월에 일어난 리먼 브라더스의 파산은 글로벌 금융위기를 가져왔고, 국가들이 이에 대응해 확장적 재정 정책을 지속적으로 추진하면서 많은 국가의 재정 상태가 급격히 악화됐다. 그리스, 포르투갈, 스페인 등의 남유럽 국가

2 실제 2007년 개발된 'D-Brain'과 2022년에 개발이 완료되어 가동 중인 '차세대 D-Brain'의 핵심은 통합재정정보를 실시간으로 생성해 재정 관련 의사결정을 지원하는 것이다.

들이 대표적인 사례다. 이들은 복지 지출을 과도하게 늘리다가 막상 경제위기를 맞이했을 때 재정 지출을 늘릴 수 있는 능력에 한계를 맞으면서 결국 국가부도사태에 이르렀다. 재정위기가 발생하는 구체적인 원인은 국가별로 상이하지만, 재정 운용을 지나치게 안일하게 함으로써 생기는 만성적인 재정 적자, 수출 부진 등 취약한 사업 구조로 인한 대외 채무 증가, 정부의 위기 대응 능력 부재 및 정부에 대한 낮은 신뢰 등이 공통적인 재정위기의 원인으로 인식된다.

시대정신이라는 말이 있다. 재정을 운용하는 정부의 역할에 거는 기대에 대한 중장기적인 추세를 나타내는 개념이다. 오늘날 우리나라의 시대정신은 지속가능한 국민 신뢰를 확보하기 위하여 복지와 환경, 전략산업에 대한 지원이 제대로 이루어져야 하며, 이것은 축소 지향의 재정건전화를 탈피하는 데서 시작해야 한다는 것이다. '국가가 내 돈을 어떻게 쓰는가'에 대한 믿음에 기초해 세금을 충실히 거둘 수 있는 행정 환경을 만드는 것이 중요한 과제로 대두되고 있다. 우리가 경험하고 있는 급격한 고령화와 저출산 추이, 저성장 기조, 정치 포퓰리즘적인 복지 논쟁, 그리고 서울을 중심으로 한 수도권으로의 끝없는 집중, 여기에 북한 문제라는 안보와 통일 대비 비용을 감안하면 우리에게 주어진 건전한 재정 운용 과제는 결코 녹록한 이슈가 아니다. 그럼에도 불구하고 우리나라의 과거 70여 년 재정사를 돌이켜보면 시기마다 요구된 시대적 과제를 충실히 감당해왔다는 자부심을 가질 만하다. 원조경제기를 거쳐 경제개발기의 재정은 국내 고정자본 형성에 절대적으로 이바지함으로써 빈곤 탈출 및 자립경제 기반 구축의 일익을 담당했다. 안정화 시기에는 인플레이션을 구조적으로 개선하여 경제를 안정화시키기 위해 재정 운용 방식도 체질을 개선하는 데 역점을 두어야 한다. 반세계화와 자국 이기주의의 팽배, 기후 변화 대응, 사회 형평성 추구라는 새로운 변화 속에서 재원 배분의 중점이 경제에서 복지로 전환됨에 따라 재정의 역할은 더욱 중요하게 자리 잡게 되었다.

해방 이후 우리 재정은 빚더미에서 출발했다. 이제는 선진국의 문턱에서 국민들의 행복을 증진할 수 있는 미래를 이야기해야 한다는 과제에 당면해 있다. '축적의 일본과 흐름의 한국' 같은 이분법적 사고로는 고질적인 형식주의와 정부 실패를 극복하기 어렵다. 정치문화의 성숙 등 근본적인 접근 방식을 바꾸기 위해서는 국민적인 공감대 형성이 필수적인바, 오히려 오늘날의 복합 위기는 1997년 외환위기 때와 유사하게 철저한 거듭나기를 할 수 있는 꼭 필요한 기회일 수 있다.

이를 위해 우리가 함께 풀어가야 할 혁신 과제로는 크게 세 가지를 생각해볼 수 있다. 첫째, 지속가능한 재정 대응력을 확보하기 위해서 재정제도개혁이 선행되어야 한다. 역사적 경로 의존성이라는 명제에는 예외가 없으며, 우리의 4대 재정개혁도 마찬가지였다. 국가재정운용계획이라는 중장기 재정 운용의 틀, 총액배분 자율편성이라는 분권화된 재정 운용 체계, 지속가능한 혁신과 증거에 기반한 성과 관리, 거기에 디지털 예산회계시스템이라는 첨단 재정정보 체계가 어우러져 오늘날의 재정 운용 기반을 마련할 수 있었다. 그렇지만 형식주의와 정치에의 예속이라는 함정에서는 빠져나와야 한다. 중기 재정계획의 구속력 확보와 재정 준칙의 준수, 지출 구조조정과 지출 점검의 예산 연계가 가능해야 한다. 이를 위해서는 단년도 중심의 미시적 예산 배분에 한정되었던 예산당국의 역량을 중장기 거시재정 총량 중심의 프로그램 예산으로 진화시켜야 한다. 행정부의 예산 편성 단계만이 아니라 입법부의 예산 심의 단계에서도 거시총량 중심이 강조되어야 한다. 그렇게 된다면 자연스럽게 경제 전망과 재정 추계에서 장밋빛 화장 관행을 배제할 수 있는 독립된 재정위원회의 역할 역시 마련될 수 있을 것이다.

둘째, 정치 · 사회 · 문화가 바뀌고 중앙과 지방의 접근 방식이 달라져야 한다. 대부분의 국민이 제왕적 대통령제를 바꿔야 한다고 생각하며 보다 분권화된 정치 시스템을 요구한다. 우리의 2022년도 2분기 합계출산율은 0.75명으로 집계됐다. 서울만 집계하면 0.6을 넘지 못한다. 그럼에도 불구하고 수도권 집중 현상은 나아질 기미가 보이지 않는다. 베이비부머들이 대부분 현업에서 은퇴하는 2030년이 되면 말 그대로 인구절벽이라는 말이 실감나게 될 것으로 보인다. 이러한 초저출산, 수도권 집중의 현상을 그대로 방치해서는 대한민국의 미래를 이야기하기 어렵다. 대안으로 서울과 같은 매력적인 도시를 여럿 만들면 어떨까? 분권도 획일적인 접근으로는 매번 초입에서 왜곡되고 마는 현상이 반복될 수밖에 없는바, 적극적인 이민 정책 등 다양성과 입체적 접근이라는 발상의 전환이 불가피할 것이다. 셋째, 가장 중요한 부분으로 시민의식의 회복이다. 자본주의라는 것이 프로테스탄티즘이라는 정신혁명과 함께했기에 생명력을 가질 수 있었다는 점에 주목해야 한다. 제도개혁도, 정치문화개혁도 모두 시민의식의 발로가 없이는 넘기 어려운 산이다. 임진왜란 극복을 위한 의병운동, 일세식민통치 극복을 위한 국채보상운동, 외환위기 극복을 위한 금 모으기 운동 등은 모두 누가 시켜서 한 것이 아니지 않은가.

재정은 필요할 때 충실하게 쓰기 위해서 평상시 건전하게 운용해야 한다. 지방교육재정교부금 개혁, 연금 개혁 등 눈에 보이는 제도개혁의 어려움은 이러한 신뢰할 수 있는 재정 운용을 도모하기 위한 시금석이 될 것으로 전망된다. 시작이 절반이고 첫걸음이 중요하다. 국민은 현명하며, 진심으로 소통하면 신뢰를 얻을 수 있다는 점을 잊지 말아야 한다.

* * *

지금까지 살펴본 바와 같이 우리의 재정 데이터와 운용 시스템은 지속가능성 관점에서 평가하면 그리 높은 점수를 받지 못한다. 대런 애쓰모글루Daron Acemoglu와 제임스 로빈슨James A. Robinson의 저작 『좁은 회랑*The Narrow Corridor*』(2019/2020)에 따르면 우리나라는 과거 독재정권에서 민주화 과정을 거쳐, 오늘날 족쇄 찬 리바이어던을 나름 잘 운용하고 있는 것으로 평가받는다. 국가와 사회, 개인의 자유가 균형을 이루고 있는 나라를 선진국이라고 한다면 우리도 이제는 선진국 반열에 진입한 것으로 평가되고 있다. 다만 지금부터의 방향성 견지가 중요함을 재차 강조할 필요가 있다. 사회복지 안전망의 두께가 충분히 두텁지도 못할뿐더러, 대내외 환경을 감안하면 많은 어려움이 예상된다. 그럼에도 불구하고 필요한 시기에 필요한 정책 과제를 제때 풀어내기 위해서는 국민적 합의를 이룰 수 있는 포용적 정치제도와 포용적 경제제도를 확립하는 것이 중요하다.

우리나라는 복합 위기, 또는 퍼펙트 스톰의 와중에 있다고 진단된다. 가계부채, 기업의 낮은 생산성과 경쟁력, 국가에 대한 신뢰자본의 미성숙이 앞으로의 재정 운용에 많은 어려움을 초래할 것으로 보인다. 2022년 7월부터 디지털플랫폼정부위원회가 출범하여 가동되기 시작했다. 재정 운용과 관련해서도 부처별로 분절적으로 활용하는 재정 네트워크와 데이터를 투명하게, 또 효율적으로 통합해 스마트 재정을 도모할 필요가 있다. 재정에 관한 네 가지 질문 중 두 번째 질문인 '어떻게 시장에 개입할 것인가'에 대해, 이제는 보다 진화되고 성숙한 맞춤형 지출 정책을 통한 성과 제고를 이루어야 한다. 같은 규모의 세금 부담, 동일한 지출 수준으로도 훨씬 나은 성과를 구현할 수 있는 재정 제도와 운용의 혁신은 현재진행형이다.

"우리가 저녁상을 차릴 수 있는 것은 정육점 주인, 양조업자, 제빵업자의 자비심 때문이 아니라 그들이 자기 이익을 추구하려는 마음 때문이다. 우리는 그들의 자비심이 아니라 그들의 자기애에 호소하는 것이며, 우리의 필요가 아닌 그들의 이익에 호소하는 것이다." 이는 『국부론』(1776/2018)에서 따온 이야기다. 미래를 대비해야 하는 우리는 기본으로 돌아가 자본주의 시장경제를 제대로 알아야 한다. 따뜻한 자본주의를 이야기하고 포용적 정치와 포용적 재정을 이야기하지만, 자본주의 시장경제 시스템이 원활히 작동하기 위해서는 무엇보다도 정부의 한계와 정부가 해야 할 일을 명확하게 이해해야 한다.

지속가능한 예산과 세금을 논의할 때 우리는 상대방보다 더 매력적인 기회를 제공함으로써 상대방을 이기려는 대항적 행위를 취해야 한다. 이는 스포츠에서의 경쟁과 본질적으로 같다. 애플의 스티브 잡스, 아마존의 제프 베이조스, 삼성의 이건희 모두 다 글로벌 경쟁의 산물이다. 경쟁의 개념에 대해 최상의 것을 찾아가는 동태적인 시장 과정으로 이해했다면, 미래 나라살림의 청사진 역시 진화적 생태계로서 경쟁력을 강조할 필요가 있다. '이것도 저것도' 식이 아닌, 예산의 제약을 분명히 인식하고 치열한 논의와 숙의를 통해서 시장과 조화로운 예산, 그리고 조화로운 세금 구조를 만들어가야 한다. 정치를 개혁하는 것은 어렵다. 여의도는 물론이고 지방에서도 의회를 볼 때마다 국민들은 실망을 넘어 절망감을 느끼곤 한다. 그래도 어떻게 하겠는가. 나라를 바꿀 수 없다면 큰 목소리로 항의해야 한다. 이를 감내해야 하는 것은 국민 모두의 몫이다. 치열하게 분석하고 냉정하게 평가하며, 시계는 망원경과 현미경을 모두 활용해야 한다. 다행히도 우리의 인적 · 기술적 · 환경적 역량은 세계 그 어느 나라보다 우수하다는 점을 잊지 말아야 한다.

Chapter 12

재정 포퓰리즘에 대한 대안

1. 재정건전화와 재정 준칙

우리나라 GDP 대비 국가채무 비율은 2022년 2차 추경 기준 49.7%로, 현재 수치만 보면 주요 선진국에 비해 높지는 않지만 증가 속도가 문제다. 더욱이 우리나라는 가계부채와 기업부채도 저금리 환경에서 다른 국가에 비해 빠르게 증가했으므로 금리 상승에 따른 원리금 상환 능력 변화를 주의 깊게 모니터링할 필요가 있다. 우리의 향후 5년간 경제 규모 대비 국가채무 증가 속도는 선진국 중 가장 빠를 것으로 전망된다. 저출산·고령화 등 국가채무가 늘어날 수밖에 없는 구조인 데다 코로나 팬데믹 사태 이후 재정 긴축에 속도를 내지 못하면서 나타나는 현상으로 해석된다. 자칫 국제 자본시장에서 채무 상환 능력을 의심받아 국채 발행이 어려워지고 자본 유출도 급증해 국가 파산 같은 금융위기에 직면할 수도 있다.

재정건전화는 재정 적자를 줄이는 것이다. 소비성 경상비는 세입 내에서, 자본 투자비는 중기적으로 빚을 내서 지출하되 탄력적으로 관리하는 것을 목표로, 지속가능한 균형을 달성하는 방법론은 다양한 모습을 보인다. 1985년 재정 준칙을 채택한 나라는 호주와 독일 등 9개국에 불과했으나, 2021년 말 기준 105개 국가가 최소한 하나 이상의 재정 준칙을 활용하고 있는 것을 보면 이제는 글로벌 표준이 되었다고 볼 수 있다. 최근 IMF의 실증연구(2022a)에 따르면 재정 준칙이 만병통치약은 아니더라도 건전재정으로의 회복력을 강화하는 역할은 톡톡히 하고 있음을 알 수 있다. 채무 준칙을 가진 국가는 그것이 없는 국가에 비해 재정 적자 개선 속도가 빠르고, 재정수지 준칙과 지출 준칙의 결합은 다른 방식에 비해 효과적인 것으로 나타난다.

각국은 평균적으로 두세 개의 재정 준칙을 함께 활용하는데, 93개국이 균형예산 규칙, 85개국이 채무 준칙, 그리고 55개국이 지출 준칙을 활용하고 있다(IMF, 2022a). 가장 보편적인 조합은 채무 준칙과 함께 지출의 운용 한도operational limit를 사전에 정하는 조합이며, 지출 준칙은 주로 선진국에서 활용되고 있다. 물론 유연성 및 회복력을 부여하는 규정을 두어 팬데믹 등 경제위기 시 예외를 인정한다. 실효적 집행이 관건이지만 40% 정도의 국가가 법률로 준칙의 구체적 수치 등을 정하고 있다. 가정이나 기업살림도 그렇지만 나라살림에도 공짜 점심은 없으며, 인기영합적으로 가기 쉬운 민주주의 국가에서 스스로를 점검하고 우선순위를 정하는 데는 제도화가 필수적이다.

재정 준칙의 실효성을 확보하기 위해서는 국가재정법에 기본적인 틀을 담고 구체적인 범위는 시행령으로 운영하는 방식이 적절할 것이다. 글로벌 금융 위기 및 팬데믹 기간에 재정 여력을 확보한 국가들이 재정에 대한 신뢰가 높아 쇼크 때 강하게 대응할 수 있었다는 점을 기억하자. K-재정 준칙의 스마트한 운영을 통해 지속가능성을 확보해야 할 때다.

1) 재정의 지속가능성

세계은행은 침체되는 경제 상황 속에서 물가가 과도하게 상승하는 스태그플레이션 가능성을 경고한다. 세계 경제의 침체 요인으로는 코로나19 대유행, 중국의 경제위기, 러시아-우크라이나 전쟁에 따른 공급망 불안, 세계 각국의 코로나 관련 재정 지원금 지출 급증에 따른 인플레이션 압력 등을 들 수 있다. 이번 위기는 1998년 및 2008년 복합 위기 때와 유사한 기시감을 갖게 한다. 1997년의 IMF 외환위기는 재벌 중심의 독점적 산업 지배구조가 집단적으로 부실화하면서 초래된 금융위기였다. 금융감독 체제가 잘 정비되지 않은 상태에서의 OECD 가입에 따른 금융 자유화의 조기 집행 등으로 외환위기가 외생적으로 촉발된 것이라고 볼 수 있다.

1997~1998년의 외환위기는 정부의 유동성 부족, 즉 우리 정부가 단기 외채에 비해 외화 준비금을 너무 적게 가지고 있었기에 발생했다. 2007~2008년의 전 세계적인 복합 불황은 미국 부동산 대출의 부실화에 따른 미국 금융위기라는 외생적 요인에 의해 한국에 경제위기를 초래했다. 이 두 번의 경제위기 모두에서 건전한 재정력이 굳건하게 경제를 뒷받침했기에 복합 위기로부터 탈출할 수 있었다.

지난 문재인 정부의 소득주도성장 정책은 역대급 재정 지출 증가와 공공기관부채 증가를 남겼다. 이는 정부 실패 내지는 국가 기획의 점진적 진화모델을 잊은 채 국민의 생활을 국가가 책임지겠다는 생각에 기반해 민간투자를 '구축crowd out'한 결과로서 미래 세대의 조세 부담을 가중시켰다. 문재인 정부가 남긴 2022년 말 국가채무는 약 1068.8조 원인데, 이는 2017년 말 약 660조 원에서 5년 만에 400조 원 이상 늘어난 규모다. 김대중·노무현·이명박·박근혜 정부까지 네 정부 동안 늘어난 국가채무(약 570조 원)의 70%에 이르는 규모다.

문재인 정부 이전 네 정부의 공무원 증원 총 규모가 9만 6,000명이었는데, 문재인 정부에서만 13만 명이 늘어났다. 2017년 5월 이후 5년간 공공기관은 28개가 늘어나 350개가 됐고, 부채는 매년 평균 18조 원씩 늘어났다. 이와 같은 정부와 공공기관의 '부채의 늪debt overhang'은 현재 한국경제를 짓누르고 있는 복합 위기의 내생 요인으로 작용하고 있다.

정부는 국가 재정 전략회의를 통해 재정 기조를 건전재정으로 전면 전환하고, 새로운 재정 운용의 틀 마련에 나서기로 했다. 향후 5년간의 재정수지, 국가채무 등 재정 총량 관리 목표를 설정하고, 이를 달성하기 위한 다각적인 재정 혁신 방안을 강구하며, 민간투자 활성화, 국유재산 활용 확대 등 재원 조달의 다변화 방안 및 지출 재구조화 방안 등을 검토하기로 했다. 실천이 필요한 궤도 수정이라 생각한다.

또 재정 준칙의 법제화를 추진하고 재량 지출뿐 아니라 의무성·경직성 지출도 강력히 구조조정한다는 계획인 것으로 알려졌다. 학령인구 감소, 미래 인재 육성 투자 수요 등을 감안하고 교육부문 간의 균형 있는 투자를 위해 지방교육재정교부금 제도도 개편할 방침이다. 또 재정의 중장기 지속가능성 확보를 위해 가칭 '재정 비전 2050'을 수립·추진하고 있다.

이 같은 논의는 적절한 방향 설정으로 평가되지만, 관건은 말의 성찬을 넘어 행동으로 실천력을 확보하는 것이다. 역대 정부는 대부분 5년 단위 국가재정운용계획, 성과 관리 제도, 총액배분 자율편성 예산 제도, 디지털 예산회계 제도 등 재정개혁을 추진해왔지만 성과는 만족스럽지 못했다. 법을 개정해서 실천력을 확보해야 하는 과제가 대부분이라는 점에서 적대적 여야 정치지형은 우리 재정의 지속가능성에 험난한 앞날을 예고하고 있다.

2) 재정 포퓰리즘

포퓰리즘이 도를 넘어섰다. 선거를 치를 때마다 등장하는 것이 선심성 복지공약이며, 지역 개발이라는 숙원 사업을 해결해주겠다는 공약이다. 대선과 총선 공히 후보들은 검증받지 않을 것이라고 생각하고 공약을 마구잡이로 쏟아내는 측면이 있다. 그렇게 표만 된다고 생각하면 공약을 내놓았다가 실현이 어려울 것 같으면 말을 바꾸곤 한다. 심각한 수준의 '허경영'식 포퓰리즘의 아류라고 할 수 있다. 아젠다 세팅, 실현 수단 확보, 과정 관리, 결과 도출 등 실천에 대해 평가받겠다는 구체적 그림을 갖고 유권자의 판단에 맡겨야 하는데 전혀 그렇게 하지 않고, 어떻게든 표만 되면 내놓았다가 실현이 어렵다고 생각되면 금세 말을 바꾸는 행태가 반복되고 있다. '무엇을, 어떻게, 왜'라는 핵심은 빠진 채 유권자들을 현혹하려 하는 것이다.

국가적 재난 상황에서 어려움에 처한 국민들을 위해 재정을 푸는 것은 정부의 당연한 책무다. 하지만 코로나19 재난 상황이 현재진행형인지, 더 나아가 팬데믹(세계적 대유행) 극복을 위한 재정 투자인지를 꼼꼼하게 따져봐야 한다. 독일이나 프랑스 등 주요 국가들은 코로나19에 대응해 펼쳤던 정책들을 정상화하면서 포스트 코로나를 준비하고 있는데, 우리나라는 여전히 확장 재정 기조를 유지하면서 거꾸로 행보를 보이고 있다. 2022년 연초부터 국회가 30조 원에 달하는 추경을 편성하라며 정부를 압박한 것은 전형적인 포퓰리즘이다. 이를 막아줘야 할 국회가 외려 '기획재정부의 나라냐'며 호통이나 치고 있었으니 기재부도 책임 행정을 하기 참 어려운 상황이다.

우리나라의 2022년 누적 국가채무는 당초 전망치에 추가경정예산 편성까지 더해지면서 1,069조 원 수준으로 1,000조 원을 훌쩍 넘기게 되었다. 문재인 정부 5년 사이에 나랏빚이 404조 원이나 폭증했는데, 이는 미래세대에 엄청난 부담으로 돌아오게 될 것이다. 국민건강보험공단 추계에 따르면 2023년 건강보험 부채 비율은 133%로 급증할 것으로 전망된다. '문재인 케어'로 보장성 항목이 늘어난 데다 세계에서 가장 빠른 고령화로 건강보험 진료비가 계속 증가하고 있다. 재정 여건을 고려하지 않은 채 선심성 공약만 남발하는 것은 국가를 운영해보겠다는 대리인으로서 책임지는 자세가 아니다. 무조건 돈 풀기에 올인할 게 아니라 미래 세대를 위해 재정건전성을 최우선순위에 두고 정책 과제를 선정하고 집행해야 한다.

우리나라는 OECD 회원국 평균에 비해 법인세와 재산세 비중은 너무 높고 소득세와 부가가치세 비중은 낮다는 점에 주목해야 한다. '넓은 세원, 낮은 세율'이라는 조세 대원칙을 무시하고 '부자 증세'와 '기업 쥐어짜기'로 치달은 결과다. 단적으로 우리나라는 부가가치세율이 10%인데, 이를 OECD 평균인 19.3%(2020년 기준) 수준으로 올려야 한다. 당장은 포스트 코로나19 대응과 소비 위축 효과 때문에 신중해야겠지만 치밀하게 준비를 시작해 사회적 합의를 만들어야 한다. 40%에 달하는 소득세 면세자 비율도 점차 줄여 사회 전체적으로 세금을 내고 복지 혜택을 받는다는 인식이 뿌리내려야 한다.

우리나라는 제왕적 대통령제 경향이 강한 만큼 예산 편성 기능을 청와대 직속으로 두는 것도 문제지만, 이 기능을 국회에 넘기게 되면 적대적 여야관계로 포퓰리즘 폐해가 더 심해질 가능성이 높다. 더구나 대통령 5년 단임제이므로 재정건전성 문제는 아랑곳하지 않고 돈을 마구 써버릴 위험성도 있다. 기재부의 예산 편성과 국회의 예산 심의 과정 전체를 거시총량 중심으로 바꾸고 부문별 한도 설정 등 견제 역할을 제대로 할 수 있는 시스템을 마련해야 한다. 기재부는 총액과 한도만 결정하고 개별 부처가 구체적 사업을 결정하는 '총액배분 자율편성'으로 전환하는 게 시급하다.

기재부 예산실만으로는 중장기 재정 준칙에 근거한 거시 재정을 주신하기가 쉽지 않다. 제대로 예산을 집행하고 있는지 견제할 수 있는 국회 심의 기능을 더욱 강화해야 하는 이유다. 현재 국회에는 거시적 관점의 예산을 심사할 수 있는 능력의 부재, 예결위원의 전문성 부족, '쪽지 예산' 등 여러 문제점이 있다. 예결위원의 임기가 짧아 전문성을 확보하기 어렵고 지역 현안에 휘둘리는 경우도 적지 않다. 국회가 거시 재정에 대한 설계와 모니터링을 할 수 있도록 전문성을 키우는 한편, 이를 뒷받침할 수 있도록 국회예산정책처의 기능도 강화해야 한다.

지난 2010~2020년 평균으로 따지면 우리나라 전체 실업률은 3.6%, 청년 실업률은 10.1%로 청년 실업률이 전체 실업률의 세 배에 달한다. 특히 청년 실업률의 증가 속도가 OECD 회원국 가운데 5위를 차지한다. 매년 일자리 예산으로 30조 원씩 쏟아붓고 있지만 성과가 미흡한 실정이다. 607조 원이 넘는 2022년 예산 가운데 5%가량을 고용 지원에 쓰는데도 성적표가 낙제점이라는 것은 일자리 정책이 실패했다는 증거다.

국내 노동시장은 10%의 대기업 및 공공부문 정규직 노조원과 나머지 90%의 중소기업·비정규직 비非노조원으로 구분된다. 경직된 노동시장으로 인해 대기업이나 공기업에의 취업이 어려워지고, 청년들이 갈 수 있는 곳은 중소기업이나 비정규직에 불과하게 된 것이다. 노조가 대기업, 공공부문 등 가진 자의 이해만 대변하면서 기득권을 독점하는 구조인 탓에 노동시장에 새로 진입해야 하는 청년들이 피해를 볼 수밖에 없다. 지난 정부에서 지속적으로 추진한 공공기관 노동이사제도가 경영 투명성을 제고한다는 노동계의 주장과 달리, 이는 방만한 경영과 도덕적 해이를 부추길 가능성이 높다. 소득 주도 성장처럼 의도는 선하지만 정반대의 결과를 낳는 악순환이 반복될 공산이 크다.

8대 공적 보험의 고갈 문제도 매우 심각하다. 4대 연금(국민·공무원·군인·사학 연금)과 4대 보험(고용·산업재해·건강·노인장기요양 보험)에 대한 의무지출액이 2022년 90조 원, 2년 뒤인 2024년에는 100조 원을 돌파한다. 매년 적자 보전에만 20조 원이 넘는 혈세를 투입해야 한다는 국회예산정책처 보고서도 나왔다. 2018년에 정부는 소득의 9% 수준인 보험료율을 11~15%로 올리거나 기초연금을 25만 원에서 40만 원으로 올리는 방안 등 네 가지 국민연금 개혁안을 마련해 국회로 보냈는데, 문재인 정부가 이를 외면하면서 논의 자체가 중단됐다. 앞서 노무현 정부는 소득대체율을 60%에서 40%로 깎았고 박근혜 정부는 공무원연금 월 소득 기여율을 7%에서 9%로 올렸다. 미래세대를 위해 대통령이 결단한 것이다. 윤석열 정부는 욕먹을 각오로 연금 개혁과 노동 개혁 등 미래세대를 위한 정책 개혁을 최우선순위에 놓고 추진해야 한다.

헌법에 삼권분립이 명시되어 있긴 하지만 청와대가 행정부를 좌지우지하고 있고 사법부 독립도 무너진 상태다. 주요 정책 결정도 국무회의보다는 주로 청와대 수석보좌관회의에서 이뤄지고 있다. 청와대 입김에 좌우되는 수석보좌관회의가 아닌 각 부처의 의견이 충실히 반영되는 국무회의에 힘이 실려야 한다. 이를 위해 '책임장관제'가 정착돼야 한다.

상당수의 선거 관련 공약은 정당에서의 치열한 토론과 면밀한 분석을 통해 만들어지는 것이 아닌 캠프에서, 즉 소수의 머리에서 나온다. 대통령직인수위원회에서 100대 국정과제 등으로 구체화하는 과정을 거친다고는 하지만 2개월도 안 되는 짧은 기간에 도출되는 국정과제가 완벽할 수는 없다. 이를 보완하기 위해서는 촘촘한 평가 시스템이 뒷받침돼야 한다. 현재 국무조정실의 평가실에서 관리하고 있지만 '국정평가원'(가칭)을 만드는 방안도 고려해보아야 한다. 국정과제가 제대로 집행되고 있는지, 문제가 무엇인지, 무엇을 보완해야 하는지 종합적으로 모니터링하는 역할을 수행해야 한다. 현재 행정연구원 내 국정평가실과 한국조세재정연구원의 공공기관연구센터가 비슷한 기능을 하고 있으므로 이 기관들을 합쳐 '국정평가원'으로 출범시키는 방안도 검토해볼 수 있다.

3) 정책의 과잉정치화

안나 카레니나 법칙이라는 것이 있다. 톨스토이의 소설 『안나 카레니나*Anna Karenina*』(1877)에서 비롯된 이 개념이 의미하는 바는, 행복한 집안은 다 엇비슷하지만 불행한 가정은 그 이유가 제각각이라는 것이다. 이는 결국 여러 요소 중 하나만 잘못돼도 전체가 실패하기 쉬우므로 여러 실패 요소를 모두 피해야만 성공할 수 있음을 설명하는 개념이다. 이 말은 정책 과정에도 그대로 적용된다. 이상적인 정책 의도를 가지고 부동산 대책을 마련하거나 증권거래와 관련한 양도소득세를 부과하지만, 그 과정이 갈팡질팡하며 혼선을 빚고 있는 우리나라에 딱 들어맞는 법칙이 아닐까? 하나의 원인을 제거하기 위한 섣부른 정책 노력이 다른 원인들을 악화시킬 수 있고, 그러면 더 깊은 정책 실패의 수렁에 빠져들 뿐이다.

그린벨트 해제나 주식 양도세 강화 여부 등이 중요 정책임에도 불구하고 정부 당국자들의 발언과 공식 정책 발표 결과가 제각각 달라지면서 정책의 일관성은 물론 정책을 만드는 정부에 대한 신뢰마저 하락하는 상황이 반복되고 있다. 사실에 대한 이해 부족과 지지율 하락 등을 견디지 못해 조급증에 초조해하는 정치적인 이해관계가 개입하기 때문이다. 이론에 기초한 정책 결정과 집행이 아니라 이념에만 충실한, 정책의 '과잉 정치화'가 화근이다. 증거에 기반한 전문가들의 치열한 현실 진단과 대안에 대한 효과 분석을 믿고 정책 효과가 나타날 시간을 충분히 기다리면 될 것을 만병통치약 수준의 땜질 처방과 다양한 오류 가능성을 간과하는 방식으로 문제에 접근한다. 이로써 결국 우리가 목도하는 바와 같은 정책 실패를 피하기는 어렵다.

2019년부터 2021년까지 3년간 서울 집값이 정부 당국은 11%, 시민단체는 52% 올랐다고 보았다. 한국감정원의 주택 매매 가격 지수를 활용한 수치와 KB국민은행의 아파트 중위가격 상승률을 각각 활용한 결과를 통해 정책 문제를 이해하는 현실 자체에서 커다란 인식 격차가 있는 것이다. 한국은행 통계(2019년 국민대차대조표)에 따르면 우리나라의 주거용 부동산 자산의 가치는 3년 동안 1,000조 원 이상 증가한 5,056조여 원으로 나타났다. 나라의 부富가 부동산에 쏠린다는 것은 부동산을 가진 자와 못 가진 자 사이의 빈부 격차가 커지고, 장부와 실제 체감 경기 사이의 괴리만 커진다는 점에서 분명히 문제가 있다. 또한 같은 소득을 얻는데도 불구하고 근로소득과 이자 및 배당 등의 금융소득, 그리고 주식 양도소득 간에 엄연한 격차가 존재하는 것 역시 형평성 차원에서 끊임없는 문제 제기의 대상이 되어왔다.

한국의 자부심이 된 코로나19 방역 대책, 즉 K-방역은 보건복지부나 지방자치단체의 역량보다는 질병관리본부의 시스템과 보건 현장에 있는 의료진의 전문성에 힘입은 바가 크다. 메르스와 사스 등에 따른 과거의 정책 실패를 기반으로 매뉴얼과 시스템을 갖췄고, 이를 일관성 있게 집행했기에 가능한 결과였다. 부동산 정책도 마찬가지다. 민간 임대시장을 활성화해 전월세 시장을 안정화시키겠다던 정부가 이제는 임대사업자에 대한 세제 혜택을 대폭 줄이는 한편으로 임대차 3법을 입법화하고, 나아가 표준임대료 제도를 도입하겠다고 나섰다. 임대차 3법은 전월세신고제와 계약갱신요구권제, 전월세상한제를 말한다. 아직도 정부가 시장을 이길 수 있다고 믿는 모양이다.

대출 규제, 그리고 취득·보유 단계에서의 부동산 관련 세금 위주의 수요 관리 정책과 함께 공급 확대 대책이 촘촘하게 마련돼야 한다는 점에는 전문가들의 일관된 제언이 있어왔다. 과다하게 풀린 유동성과 초저금리로 부동산 가격이 단기적으로 상승하는 것이 자연스러운 현상이라고 하더라도 체계적이고 장기적인 시계에서 종합적인 대책을 마련하고 이를 흔들림 없이 추진해야 시장의 신뢰를 얻을 수 있다. 근로소득에 과세하고 이자나 배당소득 같은 금융소득에 과세하는 것처럼 주식을 팔아 이득이 생기면 과세가 돼야 하는 것은 당연한 이치다.

민주주의에서는 다수결 투표majority voting로 대리인을 뽑고, 중도적 생각을 지닌 계층을 포용하는 집단이 집권하게 된다. 당연히 대선 후보로서는 중원을 장악하려는 목적으로 각종 공약과 정책을 표방하게 된다. 하지만 정책의 현실적 가능성이나 가치판단, 옳고 그름 등 본래 목적은 외면하고 대중적 인기에만 영합해 목적을 달성하려는 정치 행태에 대해서 우리 국민은 매우 부정적으로 표심을 드러내왔다. 미국에서 도널드

트럼프가 대통령에 당선되고, 영국이 브렉시트 안건을 국민투표에 부쳐 EU를 탈퇴한 선례를 통해 전 세계가 포퓰리즘 양상을 보이고 있음을 실감한다. 스티븐 레비츠키Steven Levitsky와 대니얼 지블랫Daniel Ziblatt은 『민주주의는 어떻게 무너지는가*How Democracies Die*』(2018)에서 상호 관용과 제도적 자제라는 민주주의 관습 및 규범을 강조한다. 내 편과 네 편을 가르기보다 더 포괄적인 민주주의·다원주의로 맞서야 한다. 정당이 민주주의의 문지기로서, 극단주의로부터 민주주의를 보호할 수 있어야 한다. 사회 양극화를 완화해 유권자 간의 지속적인 연대감을 부여해야 한다. 계층 갈등과 경제 불평등 등에 의해 정치 참여자 간 공존이 불가능할 정도로 분열이 심해지면 민주주의를 일탈로부터 보호하는 규범의 가드레일이 약해지기 때문이다.

정책의 합리성은 단기적이고 단편적인 처방으로 확보할 수 없다. 일찍이 윌다브스키가 이야기한 것처럼 '시민들이 원하는 것이면 무엇이든 실현해줘야 한다'는 혼돈에 빠져 있지만, 증거에 기반한 전문적·종합적 대책을 가지고 점진적·장기적 관점으로 접근해야만 문제를 해결할 수 있는 것이다. 높은 이상과 목표에 집착하는 정책 패러다임으로는 정책 실패의 반복과 무모한 정책 실험의 조장이라는 폐해를 피하기 어렵다.

어차피 과잉 유동성과 초저금리 현상도 무한히 지속될 순 없는 노릇이고, 부동산 가격도 시간이 지나면 안정화되는 방향으로 수렴될 것이다. 이를 인내하고 증거에 기반한 합리적인 수요 대책과 공급 대책 등 검증된 정책을 일관성 있게 추진하는 것이 정도正道라 하겠다. 2023년 2월을 기준으로, 오히려 인플레이션과 고금리, 부동산을 포함한 경기 침체를 걱정하고 있는 것을 보면 정책의 과잉정치화는 큰 문제라 하겠다. 시장을 이기려는 정책 실패의 사례가 또 하나 축적된 것이다.

4) 재정건전화의 길

"세금은 많아도 안 되지만 적어도 좋지 않다. 세금이 너무 적으면 정부가 할 일을 제대로 할 수 없기 때문이다. 가장 적당한 것은 가장 훌륭한 정치가 행해졌을 때의 세율이다." 『맹자孟子』의 「고자告子」 하편에 나오는 내용이다. 2022년 나라살림이 마감되고 2023년 예산이 국회를 통과했다. 국회법 개정에도 불구하고 국회는 새해를 일주일 앞둔 지난 12월 24일 오전 1시경에 윤석열 정부의 첫 예산안을 지각 통과시켰다. 당초 정부가 제출한 원안에서 3,000억 원 삭감한 638조 7,000억 원 규모다. 재정 준칙 등을 담은 국가재정법 개정은 본격적인 논의조차 이루어지지 않아 재정건전화의 길은 결코 쉽지 않아 보인다.

'고등·평생교육지원 특별회계'가 통과됨에 따라 그렇지 않아도 지나치게 많은 주머니(특별회계 21개, 기금 68개)로 인한 효율적인 살림 운영의 어려움과 적자 추이 및 국가부채의 증가 속도에 주의해야 한다. 정부의 경제적 부담을 가장 정확하게 나타내는 국가부채는 지난해를 기점으로 GDP 대비 90%에 육박하고, 또 매년 100조 원씩 늘어나고 있다. 국가부채는 세대 간의 심각한 불공평을 야기한다. 재정건전성의 악화는 현세대가 미래세대에게 경제적 부담을 전가하는 것이다. 우리나라와 같은 개방경제에 있어서 1997년 외환위기, 2008년 세계금융위기, 2020~2022년 코로나19 팬데믹 위기 등과 같은 대외 여건의 급변에 대비한 안전망 확충은 아무리 강조해도 지나침이 없다.

특히 눈여겨보아야 하는 부분은 역시 나라살림에 대한 계획이다. 정부는 사회적 약자 보호, 안전, 환경, 소득 분배 개선 등에 대한 투자를 확대하고, 인구 구조 변화와 저성장 등 구조적 요인에 대응하기 위해 거시 재정을 국가재정운용계획상 엄격하게 운용하기로 했다. 양적·질적인 구조조정을 통한 지출 구조 혁신과 안정적 재원 마련 등 재정건전성 관리에 방점이 있지만, 재정의 적극적이고 선제적인 역할에 있어서도 손 놓을 수 없다. 여기서 지적하고자 하는 내용은 엄격한 포지셔닝이 아니라 불과 몇 개월 앞도 내다보지 못하고 고쳐대는 중기 재정계획 제도의 가벼움이다.

국가재정운용계획은 지난 노무현 정부 때 재정개혁의 일환으로 도입되었고, 대부분의 선진국에서도 채택하고 있는 중기 살림 계획이다. 나라 살림을 한 해만 보지 말고 최소 3~4년 앞을 내다보고 계획하라는 취지다. 재량적으로 취사선택할 수 있는 사업이 점차 줄어들고 의무적 지출entitlement이 지속적으로 늘어나는 환경 속에서 재정 성과를 도출할 수 있는 매우 필요한 시스템이라는 평가를 받고 있다. 윌다브스키는 미국의 경우 예산을 통해 새로이 재량적으로 사업을 벌일 수 있는 여지가 전체 예산 중 5~10%에 그친다고 하고 있고, 우리의 경우도 다를 바가 없다. 물론 중기계획은 매년 연동제로 운용되어 대내외 경제환경의 변화에 탄력적으로 대응하는 것이 필요하다. 하지만 몇 년 뒤도 아니고 몇 달 뒤의 환경 변화 정도는 예측할 수 있는 전문성이 있어야 하지 않겠는가.

OECD가 권고하는 재정거버넌스의 10대 원칙에서 가장 강조되는 부분이 예측 가능성, 그리고 중기전략 우선순위와의 부합성이다. 맹자가 이야기하는 훌륭한 정치를 통해 국민들이 내는 세금이 잘 쓰이고 있다는 확신이 들 때 증세도 국민적 공감대를 얻을 수 있다. 정부와 국회에 대한 신뢰, 예산 결정의 모든 과정에 있어서의 투명성 확보, 그리고 최소한 다음 해의 살림에 대해서는 구속력을 지닌 중기 재정계획의 준수는 글로벌 표준이 되는 개혁 의제라고 본다. 기후 변화에 대한 효과적인 대안 마련, 초고령화·초저출산 대책에 대한 보다 집중적인 정부의 역할이 필요하다. 이를 위해서는 최소한 1년 앞을 내다보고 큰 그림의 틀 아래 재정이 운용되는 금도가 지켜져야 할 것이다.

철저한 반성과 치밀한 진단 아래 재정건전화와 역할 충실화를 이루려면 다음과 같은 변화가 필수적이다. 첫째, 정부의 생산성 증대를 위해 '더하기'가 아니라 '빼기'에 집중하는 혁신 전략이 마련돼야 한다. 재정 분권을 추진하면서 지방소비세는 대폭 늘어났으나 정작 중앙정부의 국고보조금은 전혀 줄지 않았다. 지방 분권화를 위해서는 중앙정부의 몸집 줄이기가 필수적이다. 지출 구조조정에 명확한 성과 목표를 정하고, 공공기관의 방만 경영을 탓하기 전에 중앙정부가 솔선수범해야 한다.

둘째, 총액배분 자율편성의 취지를 살려 '거시 중기 재정 운용'의 형식화를 극복해야 한다. 앙상블 개혁이라고 했던 국회의 미시예산 중심 심의 관행에서 벗어나 거시예산 심의로의 혁신이 함께 이뤄져야 한다. 재정 전략회의를 통해 부처별 지출 한도가 설정되고, 그 한도 내 사업의 우선순위는 각 부처가 책임지는 방식으로의 혁신도 요구된다.

셋째, 2022년은 코로나19 극복을 위한 확장적 재정 포지션 유지가 불가피했다 하더라도, 2023년 이후에는 균형예산을 유지해야 한다. 물론 경제위기 극복을 위해 중소기업·농어민·자영업자 등 정부의 지원을 기대하는 수많은 이해집단의 수요·복지 수준 제고를 위한 지출 증가가 필요하다. 또 차세대 먹거리를 위한 연구·개발 지원 등 지출과 소요 어느 것 하나 소홀하게 볼 수도 없다. 그럼에도 불구하고 생산성에 초점을 맞춰 재정 운용 패러다임을 세운 뒤 선택과 집중 전략을 견지하는 것 또한 미룰 수 없는 과제다.

넷째, 정부가 계획하는 '재정 비전 2050'에 8대 사회보험과 연금 제도를 포함하고, 우리나라의 재정 범위도 글로벌 표준에 맞도록 건강보험과 장기요양보험을 포함하는 일반정부 기준의 재정으로 운용해야 한다. 재정 준칙은 선진국의 사례를 벤치마킹해 수지 준칙과 함께 지출 준칙을 병행 활용하는 것이 실효성 확보에 도움이 될 것이다.

5) 재정과 경제

우리 경제는 항상 과도기라는 말을 들어왔다. 지난 IMF 외환위기 때도 그러했고 리만사태로 인한 미국발 금융위기 때도 그랬다. 더 거슬러 올라가면 1960년대 이래 정부 주도형 경제개발을 추진하면서도 우리는 과도기라는 표현을 자주 쓰곤 했다. 조금만 지나면 정상적이고 안정된 모습을 보일 것으로 기대하고 당장의 어려움을 참아내자는 차원으로 과도기라는 명명을 이해했다. 그러나 이러한 기대는 신기루였을까?

주변을 살펴보면 작금의 어려움은 1997년 외환위기 때에 버금간다고 한다. 제조업은 제조업대로, 금융업은 금융업대로 성장 동력을 찾지 못하고 있고 그렇다고 서비스업에서 활력이 느껴지지도 않는다. 벤처기업은 여전히 투자 부족을 호소하고 있으며, 가계부채에 공기업부채까지 관련 이슈가 연일 미디어를 장식한다. 정부가 2023년 예산 편성의 재정 긴축을 선언하자 국가 R&D를 지원하는 한국연구재단의 프로젝트 계속사업에 있어 자금 배정의 어려움도 걱정하는 모양이다.

우리나라 경제는 이제 세계 경제에서 차지하는 비중이 결코 작지 않다. 국민소득으로도 그렇지만 무역 규모나 GDP 등으로 측정한 경제 규모는 측정 방식에 따라 조금씩 차이는 있더라도 대개 세계에서 10~15번째로 큰 규모라는 점에는 대부분 같은 목소리를 낸다. 문제는 앞으로의 추세다. 중국 요인으로 지속적인 대외지향적 경제 성장을 계속할 수 있었던 우리에게 중국경제의 성장 지체는 양날의 칼이 되고 있다. 제조업에서부터 치이는 형국이다. 석유화학제품만 해도 그렇다. 세계 1위 자리를 내주어야 하는 시점이 온 것이다.

경제의 쏠림현상도 걱정이다. 실제 대기업 위주로 성장해온 한국경제가 2020년대 들어 순이익 기준으로 볼 때 삼성전자와 현대자동차를 빼면 제대로 장사를 한 대기업이 몇 되지 않는다. 삼성전자나 현대자동차의 지속가능성에 대해서도 우려를 표하는 시각이 있지만, 더 큰 문제는 한국경제의 소수 기업에 대한 과도한 의존 수준이다. 개인이 주식투자를 해도 계란을 한 바구니에 담지 말라 했거늘 국가경제야 두말할 필요가 없으리라.

한국경제가 사는 길은 결국은 성숙한 시장경제와 책임 있는 정부부문을 균형 있게 발전시키는, 원칙에 충실한 경로 유지에 있다. 지나치게 관료에 의존하고 정부가 시장을 좌지우지하는 모습은 결코 스마트한 창조경제라는 표어에 어울리지 않는다. 정부가 선택과 집중을 통해 선진국을 따라잡는 데 걸리는 시간을 앞당긴 과거 개발년대와 같은 성숙도를 이제는 민간부문에서 찾아보기 어렵다. 오히려 정부는 지속가능한 재정에 기반해 사회 안전망을 보다 촘촘하게 구축하고, 중소기업과 중견기업이 성장하는 데 마중물을 제공하며, 손톱 밑 가시가 되었든 전봇대가 되었든 과도한 규제가 있는 부분은 선도적으로 제도를 개선하는 데 그 역할을 집중해야 한다.

여전히 한국 사람들의 교육열은 높으며 근로 시간도 타의 추종을 불허할 만큼 길다. 여기에 행복 수준이 조금 더 높아질 수 있도록 사회가 따뜻해지고 여유가 생긴다면 앞으로도 상당한 기간 동안 우리 경제는 순항할 잠재력을 보유하고 있다. 작금에 대법원에서 통상임금에 대한 판결을 내린 것도 비정상의 정상화로 생각된다. 아직 우리의 도처에는 비정상적인 현상들이 상당히 많이 남아 있는바, 이를 정상화해나가는 것이야말로 우리 경제가 사는 길이 될 것이다. 이러한 취지에서 지난 박근혜 정부가 발표한 공공기관 정상화 대책에 대해서도 다시 생각해볼 필요가 있다. 정부가 책임져야 하는 부분과 공기업이 책임져야 하는 부분을 명확하게 구분해서 과도한 부채를 줄이고 방만경영의 여지를 차단하겠다는 정부의 정책은 지금 보아도 적절한 것으로 평가된다. 공기업의 주인은 국민이지만 국민은 공기업을 통해 정부를 바라보고 있다는 점에서 공기업 관리 정책을 정상화하려는 노력은 아무리 강조해도 지나치지 않다.

6) 재정 관리 기본으로 돌아가자

나라살림인 재정을 건전하게 운영하자는 데 이견을 달 사람은 별로 없다. 문제는 건전하고 절도 있는 나라살림 운영에 대한 생각이 서로 다르기도 하고, 많은 경우 세입 내 세출을 강조할 때 해당 정부에 대한 인기가 떨어진다는 데 있다. 그래서 선거를 통해 정부를 선택하는 민주주의 국가에서는 재정이 대개 적자를 보이고 누적 적자인 국가채무가 늘어난다. 급기야는 작금의 코로나19 팬데믹과 러시아-우크라이나 전쟁 등이 결국 세계 경제를 어렵게 하고 있는 형국이다. 그래도 지금까지 우리나라의 재정은 나름대로 건전하게 운영되어왔다고 할 수 있다. 1997년 IMF 외환위기 및 2008년 미국발 금융위기의 극복도 결국은 건전한 재정이 뒷받침되었기에 가능했다고 이야기한다. 그런데 이러한 재정 기조에 빨간불이 켜졌다. 100조 적자와 1,000조가 넘는 국가채무 수준도 문제지만, 그 증가 속도가 특히 우려스럽다.

2023년 세수는 2022년에 비해 0.8% 늘어난 400조 5,000억 원이 걷힐 것으로 전망된다. 2022년에는 기저효과 등으로 2021년 실적(344조 782억 원) 대비 15.4%(53조 104억 원) 늘어난 세금이 걷혔다. 2022년 일반회계 국세 수입은 386조 2,084억 원, 특별회계는 10조 8,802억 원 수준이다. 정부는 2021년도 제2회 추경예산을 통해 국세 수입 예산을 31조 5,000억 원 증액 경정했음에도 추경예산 대비 초과 수납 규모가 총 29조 8,000억 원(일반회계는 27억 9,000억 원)으로 나타났고, 이는 2021년도 본예산 기준 국세 수입 예산 282조 7,000억 원을 61조 4,000억 원(21.7%) 초과한 규모다. 계속되는 국세 수입 초과 수납의 규모가 크게 발생한 주요 원인은, 당초 예상보다 기업 실적이 개선되어 법인세 수입이 증가하고 부동산과 주식 등 자산시장의 거래량이 증가했으며, 가격 상승에 따른 양도소득세, 종합부동산세, 증권거래세 등 역시 증가했기 때문인 것으로 볼 수 있다.

사실 이러한 결과는 그리 놀랄 만한 일이 아니다. 학계와 민간경제연구소는 물론이고 국회예산정책처 등에서도 정부가 세입 예산을 편성할 당시 세수모형 고도화 등 국세 수입 추계의 정확도를 제고하기 위한 노력을 강화할 필요가 있다고 지적해왔다. 실제로 세수 전망이 계속 어긋

나자 한국조세재정연구원장의 경영계약 항목에 세수 추계의 정확성이 포함되었다.

이와 달리 2023년의 상황은 우려스럽다. 한국은행이 전망한 2023년 경제 성장률은 1.7%에 불과하다. 한국개발연구원은 1.8%를 전망하고 있고 정부는 이보다 낮은 1.6%를 전망하고 있다. 기획재정부 분석에 따르면 성장률이 1%p 떨어지면 세수가 2조 원 정도 줄어든다. 1.6% 성장률도 경기가 상반기 저점을 찍고 하반기에는 반등한다는 시나리오에 근거한 것이기에 예상보다 경기 회복 시점이 늦어지면 세수 부족 문제는 더 심각해질 수 있다.

건전재정을 견지하면서 성장을 견인하는 투자 사업에 충실하게 임한다는 정부 계획은 적절한 방향으로 평가된다. 다시 말해 줄일 데는 확실하게 줄이고 보탤 데는 확실히게 더하는 전략을 쓰겠다는 것이다. 그러나 경기 사이클에 따른 구조적 세수 감소를 막기엔 힘이 부칠 것으로 보인다. 결국 정부 지출 중 불요불급한 분야에서의 지출을 줄이려는 노력이 필수적이라는 이야기다. 정부가 적자를 통해 선심성 사업을 벌이거나 복지 지출을 증가시키는 부분에 대해서는 재정 지출 증가율의 한도를 법에 규정하는 등 재정규율을 확보하는 것이 필요하다. 성장 잠재력을 높이기 위해 감세 정책을 유지해야 할 필요도 있지만, 국민적 공감대를 형성한 복지 지출 증가의 필요가 있는 부문에 대해서는 정직하게 세제 개편을 통해 증세로 감당해야 한다.

세제 개편에 대한 논의도 현재와 같이 매년 누더기식으로 고쳐나가는 방식에서 탈피해 근본적인 개혁이 이루어져야 한다. 비과세와 감면에 대한 접근도 지방세를 포함한 전반적인 조세 지출 차원에서 재검토가 요구된다. 재정 수요로 인해 증세가 불가피하다면 부가가치세의 세율 인상을 적극적으로 검토할 필요가 있다. 선진국은 대부분 정부 규모가 크고 복지제도가 잘 되어 있다. 그래서 우리도 큰 정부를 지향하는 게 옳은 선택이라는 목소리에 쉽게 설득되곤 한다. 그러나 오늘날이 선진국들이 잠살게 된 것은 자유시장 덕분이지 큰 정부 때문이 아니라는 점을 명심해야 한다.

최병선(2023)은 최근 저서 『규제 vs 시장』에서 "가격은 복잡한 세상에서 오로지 '제한된 합리성bounded rationality'을 갖고 살아가는 인간이 꽤 합리적인 선택을 할 수 있도록 의사결정 상황을 단순화해주는 수단"이라고 했다. 시장은 불완전하지만 그렇다고 시장 실패가 정부 개입의 근거가 될 수는 없다. '자애롭고 유능한 정부'라는 가정은 엉터리라는 것이다. 정부는 만능 해결사가 아니다. 큰 정부는 '도대체 정부는 무엇을 하고 있나'라는 불평불만을 먹고 자라며, 냄비처럼 들끓는 여론과 미디어는 이의 열렬한 지지자가 된다. 세금과 규제 모두 시장을 제대로 알아야 좋은 사회를 만들 수 있다.

2. 국가는 왜 실패하는가

에쓰모글루와 로빈슨은 『국가는 왜 실패하는가*Why Nations Fail: The Origins of Power, Prosperity, and Poverty*』(2012/2020)에서 '왜 어떤 나라는 가난하고 어떤 나라는 부유한가'의 해답을 찾는 데 천착한다. 이들은 기독교 윤리와 자본주의를 이야기한 막스 베버Max Weber, 재러드 다이아몬드Jared Diamond의 『총 · 균 · 쇠*Guns, Germs, and Steel*』(1997/2005), 제프리 삭스Jaffrey Sachs의 『빈곤의 종말*The End of Poverty*』(2005/2006) 등의 주장을 넘어서 국가 간 격차를 포용적 정치와 포용적 경제제도로 본다. 우리나라의 경우도 북한과 달리, 다양한 계층과 집단의 참여를 보장하면서 인센티브를 활용하고 재산권을 확고하게 하는 자본주의-민주주의 간 균형을 통해 오늘날의 번영을 이뤘다고 설명한다.

정치제도와 경제제도가 총체적으로 잘 발달된 나라는 번성하고, 그렇지 않은 나라의 제도들은 소수의 권력자에게 유리하게 구조화되게 마련이며, 이러한 경우 국민들이 전체적으로 잘 살기를 기대하기는 어렵다는 것이다. 여기서 포용적 경제제도inclusive economic institutions는 잘 확립된 재산권 제도, 그리고 정부와 시장 간의 경쟁중립성levelling play field을 근간으로 한다. 이를 통해 경제 성장을 유도할 수 있는 새로운 기술개발을 견인하고 투자를 촉진할 수 있다. 이러한 포용적 경제제도는 포용적 정치제도를 지원하며, 거꾸로 역의 관계도 성립한다. 포용적 정치제도는 다원적인 차원으로 정치권력이 분산되어 있어, 한편으로는 재산권을 보호하고 다른 한편으로는 포용적 시장경제의 토대가 되는 법과 질서를 유지할 수 있는 집권화가 균형을 이룬다. 에쓰모글루와 로빈슨(2012/2020)은 현재까지 중국이 무서운 기세로 발전하고 있지만, 혁신과 높은 소득 수준에 필수적인 창조적 파괴를 통한 혁신innovation through destructive creation을 조장하기 어렵다는 점에서 추가적인 지속가능한 경제 성장을 이루기는 어려울 것으로 전망한다. 혁신이야말로 경제 성장을 촉진하기 때문이다. 미국에 대해서도 정치적 불평등으로 발전될 수 있는 경제적 불평등의 문제를 경고하고 있다. 경제양극화를 초래할 수 있는 금권정치 경향에 대한 우려도 잊지 않는다.

물론 『국가는 왜 실패하는가』는 아랍권, 특히 아프가니스탄과 파키스탄, 이집트 등을 염두에 두고 쓴 것이지만 우리나라에도 많은 시사점을 준다. 우리의 경우 법과 질서가 형식de jure과 실제de facto의 양면성을 유지하고 있어 시장에 대한 신뢰를 지속적으로 위협하고 있기 때문이다. 우리나라 경제제도나 재정 제도는 물론이고 정치제도를 보면 매우 수준 높은 제도들의 백화점이라는 평가를 받는다. IMF와 OECD도 우리나라에 대해서 놀랄 만한 수준의 좋은 경제제도 및 기업제도와 정치구조 관련 제도를 갖추고 있으나, 실제 적용하는 부분에 있어서는 형식적인 경우가 많음을 경고하고 있다. 이러한 부분이 특히 경제 성장과 경쟁력을 강조하는 보수층에 대해 국민적인 공감대 형성을 어렵게 하는 문제를 발생시킨다.

우리는 역사를 통해 학습해야 한다. 정치가 바로 서지 않고서는 경제가 바로 설 수 없다. 중국 공산당에 의한 정치 통제와 경제 성장의 마술적인 조합은 지속가능하지도 않고 보편화하기도 어렵다. 젊은 경제, 활력 있는 시장은 바른 정치 및 거버넌스 제도를 통해 뒷받침될 수 있다. 투명하고 실천력 있는 제도로의 구조 개혁을 위해 지혜를 모아야 할 때다. 국민들은 생각보다 현명하고 균형 있게 의사결정을 한다는 사실을 명심해야 한다.

에쓰모글루와 로빈슨은 『좁은 회랑』(2019/2020)을 통해 국가와 사회가 힘의 균형을 이루는 공간을 '좁은 회랑narrow corridor'으로 규정한 바 있다. 좋은 거버넌스는 국가라는 리바이어던을 독재로 흘러가게 하지도, 무정부 상태로 방치하지도 않고 회랑에서 균형을 이루도록 하는 '족쇄를 채운 리바이어던'이라고 설명한다. 우리나라 역시 독재 시대를 지나 민주화를 이루고 사회와 국가가 균형을 이루는 좋은 사례로 꼽고 있는데, 실상 우리는 여전히 부분적으로 개인의 자유 부족을 이야기하며, 국가가 제대로 사회 안전망의 역할을 다하지 못한다는 비판으로부터도 자유롭지 못하다. 특히 제도적 형식주의의 만연으로 실효적인 성과를 내지 못하는 사례가 종종 있다.

1) 지방교육재정교부금 사례

맬컴 글래드웰Malcolm Gladwell(2000)의 책 제목으로도 유명한 '티핑 포인트tipping point'는 어떤 말이나 행동·아이디어가 폭발적으로 유행하는 마법의 순간을 가리킨다. 임계점이라고도 하는데, 99도에 1도가 더해져 100도가 되면 물이 끓는 바로 그 지점이다. 과도하게 지출이 이뤄지도록 칸막이가 돼 있는 지방교육재정교부금 제도도 이젠 학생 수 급감으로 혁신 임계점에 이르렀다.

국가재정법에는, 나라 살림은 국민의 세금으로 운용하는 만큼 한정된 재원을 효율적으로 사용해야 한다는 예산의 제1원칙이 명시돼 있다. 그리고 정부가 매년 예산안을 짜고 국민의 대표인 국회가 이를 승인하는 것은, 한정된 국가 자원을 효율적으로 사용하기 위한 제도적 장치다. 국민 부담을 최소화하는 데 최선을 다하고 재정 지출의 성과를 제고하도록 규정하는 것도 그 때문이다.

2022년 지방교육재정교부금은 65조 1,000억 원이고, 2022년 초과세수로 인한 여유 재원으로 59조 원 규모의 추경이 편성된 점을 고려하면, 2024년에는 이 부분이 반영돼 교부금 규모는 더 늘어날 것이다. 교부금 총액은 매년 국민이 내는 내국세 총액의 20.79%와 교육 세수 일부의 합계로 정해지는데, 초·중·고등학교 교육비 재원으로 사용된다. 고령화와 함께 경제의 성장 속도가 둔해지고 있지만, 경상 GDP 통계 작성 이후 역성장을 보인 해는 1998년 한 해뿐이고, 추세적으로 세수 규모는 매년 확대돼왔다. 경제 규모가 작아지지 않는 한 교부금 규모는 구조적으로 커지게 돼 있다.

내국세 규모에 연동된 교부금 산정 방식은 인구 팽창기이던 1972년에 도입돼 50년간 유지되고 있다. 그러나 초·중·고등학교 학령인구는 계속 줄어드는 반면(<그림 12-1> 참조), 복지 정책의 주요 대상자인 고령인구는 급증 추세다. 인구 고령화가 더 빠르게 진행되고 복지 지출 부담이 크게 늘어나는 한편, 코로나19와 같은 경제적·사회적 위기에 적극적으로 대응하게 되면서 재정 여력은 계속 고갈되고 있다. 매년 100조 원의 적자, 1,000조 원이 넘는 국가채무 부담과 재정의 지속가능성에 대한 우려가 제기되는 시점에 이런 칸막이 재정 배분 시스템을 손볼 때가 됐다.

교육재정은 인적자원에 대한 투자로, 가장 중요한 재정 지출 분야 가운데 하나다. 그러나 교육 분야 중에서도 초·중등 교육 단계에만 재정 지원이 집중돼 있는 현행 교육재정 문제는 깊이 있는 논의를 통해 개선해야 한다. 특히 급격히 변화하는 인구 구조와 정책 환경을 고려해 모든

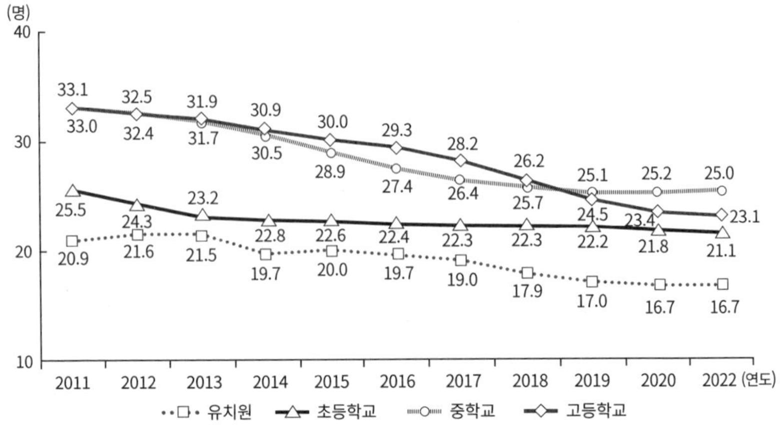

<그림 12-1> 유치원, 초·중·고등학교의 학급당 학생 수(2011~2022년)

* 자료: 국가지표체계 > 한국의사회지표 > 국가발전지표 > 국민삶의질지표 > 학급당학생수.

연령층의 국민에게 종합적인 교육 서비스를 고르게 제공할 수 있는 정책 방안을 모색해야 한다.

어떻게 고쳐야 할까? 두 가지 대안을 생각할 수 있다. 그 하나는, 학생 수 감소 요소를 배분 산식에 포함해 학생 수가 줄어드는 추세를 교부금 규모 산정에 반영하는 방식이다. 또 다른 하나는, 초·중등 교육에 한정적인 지출 대상을 평생교육으로 확대해 지방교육 자치의 취지에 걸맞게 지역의 직업훈련 수요를 반영하도록 전문대학 교육 지원도 가능케 하는 방식이다. 실제로 전자는 기재부와 한국개발연구원이 적극적으로 지지하는 방안이고, 교육부는 오히려 후자를 생각하는 눈치다. 결국 지방교육재정교부금법을 고쳐야 하므로 공은 국회로 넘어가 있다. 상식이 통하는, 반듯한 국가 재정 운용을 실천할 때다. 지방교육재정과 일반지방재정이 엄격하게 제도적으로 분리되어 효율적 재정 운영을 근원적으로 어렵게 하는 이원화된 지방재정거버넌스 역시 차제에 혁신되어야 할 것이다.

2) 서울시 예산과 시민단체 지원 사례

2021년 서울시 예산은 40조 1,562억 원에 이른다. 물론 일반회계와 특별회계 간, 또 자치구와의 중복계상된 내부거래 부분을 제외한 순계는 이보다 5조 원가량 줄어든 35조 4,485억 원으로 나타난다. 예산을 계획이라고 하면 결산은 실제 살림을 살고 난 후 결과를 공시하는 내용이라 더 정확한 씀씀이를 알 수 있다. 서울시가 2021년 8월 공시한 2020년 결산 결과 세금과 세외 수입이 27조 542억 원, 17개 기금을 포함한 세출은 48조 9,512억 원에 이른다. 이 가운데 사회복지비는 13조 3,851억 원, 지방보조금은 9,918억 원 수준이다. 이렇게 보면 예산과 기금은 어떻게 다른지, 총계와 순계는 무엇인지 등을 따지기가 너무 복잡해 일반 시민은 '내 돈을 걷어서 우리 시민을 위해 어떻게 썼는지' 도저히 알기 어렵다.

'새는 양동이 이론'이라 불리는 오쿤의 법칙Okun's Law은, 구멍 난 양동이로 물을 옮기다 보면 많은 양의 물이 새서 없어진다는 이론이다. 곧 세금을 걷는 데도 비용이 들고, 이를 지출하는 데는 더 많은 비용, 즉 인건비와 사업비, 업무추진비 등이 든다는 것이다. 실제로 오세훈 서울시장이 기자회견을 통해 밝힌 시민단체 지원비로 쓰인 돈이 지난 10년 동안 1조 원에 이른다는 내용을 통해 오쿤의 법칙이 여전히 유효하다는 것을 확인할 수 있다. 올슨은 『국가의 흥망성쇠*The Rise and Decline of Nations: Economic Growth, Stagflation, and Social Rigidities*』(1982/1990)에서 집단행동의 원리에 주목해 이익집단은 성장의 걸림돌이며 비효율과 갈등을 일으켜 경제를 둔화시킨다고 갈파했다. 시민단체도 이제는 대표적인 이익집단이 돼버렸다.

지난 50년 동안의 '한강의 기적'으로 대변되는 경제 성장, 그리고 지난 30년 동안의 민주화 과정에 있어 시민단체의 역할은 매우 긍정적이었다. 경제정의실천시민연합(경실련)과 참여연대로 대표되는 시민단체들이 경제정의 실천, 그리고 투명하며 참여와 인권이 보장되는 민주사회를 실현하는 데 크게 기여해온 것은 사실이다. 하지만 지난 10년 동안 박원순 전 서울시장의 리더십을 통해 시민단체가 서울시 행정 시스템에 전폭적으로 흡수되면서 본래의 비판 기능과 견제 기능은 상실됐다. 급기야는 자발적 기여와 정파적 독립성 및 중립성이라는 시민단체 본연의 덕목을 상실하고 지방보조금에 빨대를 꽂는 전형적인 이익집단의 모습을 어렵지 않게 볼 수 있다. 대표적인 주민참여 프로그램인 마을공동체사업의 경우 지원금의 절반 이상이 인건비로 지출됐다고 한다. 일각에서 지적하듯 시민의 세금으로 조성된 서울시 예산이 시민단체의 현금자동지급기가 되었다는, 또 세금 따먹기의 피라미드를 구축했다는 비판에서 결코 자유롭지 못하게 된 것이다. 이러한 현상은 서울시에 한정되지 않는다. 경기도를 비롯한 타 시·도, 나아가 문재인 정부에서도 이같이 시민단체가 행정부 내부에 깊숙이 들어가 의사결정에 직접 참여하고 보조금 같은 자원 배분에 영향을 미침으로써 곳곳에서 이익충돌이 벌어지고 있다.

이제 시민단체는 초심으로 돌아가야 한다. 정부가 시민의 세금을 얼마나 투명하고 공정하게, 그리고 효과적으로 잘 쓰는지 출범 초기의 순수했던 목적대로 견제와 비판의 기능에 충실해야 한다. 민주주의는 견제와 균형이 생명이다. 나라살림과 서울시의 살림에 있어서도 언론과 함께 깨어 있는 시민집단으로서 정부 살림 지킴이의 역할에 충실해야 한다.

3) 가덕도신공항건설을위한특별법 예비타당성 조사 면제 사례

'예산은 정치 과정을 통해 만들어지며 본질적으로 합리성이나 경제적 분석과는 거리가 있다'는 주장이 현실을 잘 설명할 때가 있지만, 이를 액면 그대로 받아들이면 보다 나은 재정 관리나 재무 행정과 관련된 각종 제도의 존재 이유를 찾기 어렵게 된다. 사회적 간접자본 등의 예비타당성 조사(이하 '예타')를 담당하는 한국개발연구원의 분석 추산에 따르면 예타 제도로 인해 1999년부터 2019년까지 20여 년간 144조 원의 예산이 절감되었다. 1999년 김대중 정부 시절 도입되어 2007년 제정된 국가재정법에도 명시되어 있듯이, 예타는 대규모 재정 사업을 시행하기 전에 그 사업의 타당성에 대한 객관적이고 중립적인 조사 결과를 제시함으로써 합리적 재정 집행을 위한 의사결정이 이루어질 수 있도록 지원하는 데 그 목적이 있다. 구체적으로 예타는 경제성, 정책성, 지역 균형발전성, 기술성 등을 판단하여 재정 운영의 효율성 제고에 기여하는 바람직한 재정 관리 제도인 것이다. 문제는 예타의 면제 조항이다.

공공청사, 교정시설, 초·중등 교육시설의 신축·증축 사업, 문화재 복원 사업, 국가 안보에 관계되거나 보안을 요하는 국방 산업, 남북 교류협력 관련 또는 국가 간 협약·조약에 따라 추진하는 사업, 재난 및 안전관리기본법에 따른 재난 복구 지원, 시설 안전성 확보, 보건·식품 안진 등의 문제로 시급한 추진이 필요한 사업, 법령에 따라 추진해야 하는 사업, 그리고 예타의 실익이 없다고 판단되는 사업은 예산을 지원받아도 예타를 면제받을 수 있다. 언제나 그렇듯이 제도가 제대로 작동하기 위해서는 면제와 같은 예외 조항의 최소화가 꼭 필요하다. 아직까지 특별법을 제정해서 예타를 면제하도록 한 경우는 없었으나, 2021년부터 공포·시행되기 시작한 가덕도 신공항 관련 특별법은 바로 이와 같은 예타 제도의 형해화形骸化 우려를 심각하게 낳고 있다.

가덕도 신공항 이슈는 2021년 4.7 부산시장 보궐선거의 뜨거운 감자로 등장했다. 여야를 막론하고 선거가 코앞이라, 국책 사업으로 동남권 지역의 숙원 사업이던 신공항 선설을 추진하자는 데에 이견을 내지 못했고, 그렇게 가덕도신공항건설을위한특별법이 국토교통위원회를 통과하자 대구·경북의 시사체장들은 대구·경북 통합 신공항에 대해서도 예타를 면제해달라고 요구했나. 그렇지 않아도 코로나19 팬데믹으로 인한 재난 위기 때문에 국가재무가 전내미문의 수준으로 늘어나고 있는 상태에서, 너도나도 예타 면제를 주장하면 나라살림은 회복 불능 수준으로 전락할 수 있는 상황이었다. 특히 프랑스의 한 세계적인 공항 엔지니어링 회사의 용역연구 결과 가덕도는 수심水深이 깊어 공사비가 많이 들고 태풍이 지나가는 길목이라 항공기 이착륙에 안전성 문제가 제기될 수 있다는 이유로 동남권 신공항 후보지 세 곳 중 꼴찌를 한 곳이기도 하다. 2020년 말 총리실 산하의 김해신공항검증위원회가 김해공항 확장안의 재검토를 언급하자 당시 3순위였던 가덕도로 후보지를 바꾼 것은 법적으로도, 또 행정적으로도 합당하지 않다. 따라서 선거를 앞두고 대규모 국책 사업에 예타를 특별법으로 면제하려 한 것은 선거용 특혜 시비로부터 자유로울 수 없다.

재정의 역할은 재난적 위기 상황에서 그 빛을 발한다. 우리나라는 불요불급한 지출을 억제하고 꼭 필요한 곳에 세금으로 마련된 예산을 건전하게 운영해왔기에 1997년의 IMF 외환위기, 2008년의 금융위기, 또 근간의 코로나19로 인한 재난적 위기에 적극적인 재정 지출을 할 수 있었다. 여야가 합심해서 정치적 계산에 의해 대형 국책 사업의 타당성 검토를 면제하는 법을 통과시킨 일은 무책임했다는 비판을 피할 수 없다. 화수분으로서의 재정보다는, 평상시의 재정으로 회복할 수 있도록 보장해주는 재정 준칙 관련 입법을 서두를 일이다.

4) 기초단체장들의 현금 살포 금지를 위한 복지 대타협 사례

우리나라에서 지방자치가 부활해 실시되기 시작한 것은 1991년이다. 이제 32년이라는 연륜과 경험이 축적되었으니 청년을 넘어 성숙한 어른의 모습이 조금씩 보이고 있는 것도 당연하다고 하겠다. 특히 과거 문재인 정부에서는 대통령 소속으로 자치분권위원회를 설치하여 당시 8:2였던 국세:지방세 비율을 7:3을 거쳐 중장기적으로 6:4에까지 이르도록 재정 분권의 큰 그림을 그리고 그것을 실행에 옮기려 했다. 국가의 재정 지원에 의존하기보다 자체 재원의 비중을 넓혀 스스로 살림에 대한 의사결정을 할 수 있게 하려는 제도적 노력의 일환이라 이해된다. 그러나 문제는 수도권과 비수도권 등 지역 간 재정력 격차가 매우 크다는 점이다. 무엇보다 복지 지출의 증가 추세가 급격하다는 점에서 고민이 깊을 수밖에 없다. 이러한 시점에 지방자치단체들의 선심성 현금복지 경쟁을 원점부터 재검토하자는 취지로 전국 시·군·구청장협의회 산하에 복지대타협 특별위원회를 지난 2019년 설치한 것은 매우 바람직한 것으로 보인다.

주민이 직접 선출하는 자치단체장으로서는 이웃 지자체들이 경쟁적으로 쏟아내는 선심성 현금 살포형 복지프로그램에 초연할 수 없다. 어르신공로수당, 독서수당, 어린이 무상의료, 청년배당, 청년연금, 해녀수당, 경로당지킴이수당, 출산수당 등 우후죽순격으로 늘어나는 현금복지 정책은 결국 과도한 지자체 간 경쟁을 유발해 건전한 지방재정 운용을 어렵게 한다. 현장을 발로 뛰면서 지역 밀착 서비스 복지프로그램을 열심히 설계해 차별적으로 실시한다 한들, 이웃의 현금 살포 복지프로그램에는 당해낼 재간이 없다. 우리가 포퓰리즘에 취약한 민주주의와 함께, 공공의 이익 및 연대 중심의 공화주의republicanism를 강조하는 시대정신과 맥락을 함께한다. 이러한 측면에서 지자체장들의 과열된 현금복지 경쟁에 대한 자발적인 시정 노력은 시의적절하고 신선한 느낌마저 들며, 우리나라의 지방자치와 분권에 희망을 갖게 만든다.

사실 지금은 복지프로그램에 있어서 국가와 지방, 그리고 광역자치단체와 기초자치단체 간 적절한 역할 분담에 대해 근본적인 고민을 해야 할 때다. 많이 늘었다고는 해도 아직 OECD 평균에 크게 못 미치는 우리나라의 복지 서비스 수준을 감안하면 향후에도 복지 확대가 필요할 것으로 보인다. 금수저·흙수저 논란을 불러일으키는 운fortune에 의해 좌우되는 것이 아니라 역량virtue에 기댈 수 있는 사회를 만들기 위해서는 주입식 암기 위주 교육에서 벗어나 토론과 실험이 위주가 되는 교육혁명, 재기의 기회가 충분히 주어지고 공동체가 함께 만들어가는 지속가능한 사회혁명이 필수적이다. 스웨덴을 비롯한 북구형은 아니더라도 독일형의 중복지 중부담 모델로 나아가기 위해서는, 현금을 지원하는 복지프로그램의 경우 국가가, 서비스를 지원하는 프로그램의 경우 기초자치단체가 중심이 되어 정부 계층 간 복지 서비스에 있어 적절한 역할 분담을 이루어야 한다.

특위의 미션은 그동안 지자체의 현금복지 성과를 증거에 기반해 분석하고 정책 조정 권고안을 제시하는 것으로, 중앙정부, 광역지자체, 기초지자체가 공동으로 국가복지 대타협을 도출하는 것이었다. 이미 지자체가 시행하고 있는 현금 복지 사업의 경우 1년, 신규 착수 사업은 2년간 실시한 뒤 성과를 분석해 효과가 없다고 판단되면 일몰제를 적용해 폐기하고, 효과가 좋은 것으로 판명되면 중앙정부에 건의해 전국에 적용하는 보편 복지로 확대한다는 구상을 밝혔다. 중요한 것은 이러한 권고안과 대타협을 순산하는 과정이며, 특히 대타협을 강제할 수 있는 실효성 확보 메커니즘을 마련하는 일이다.

5) 일자리 예산 사례

우리나라는 물론이고 일본과 미국도 일자리가 온 국민의 관심사다. 다만 그 방향이 우리와는 정반대다. 주지하는 바와 같이 트럼프 전 정권은 소위 '아메리카 퍼스트'라는 구호 아래 글로벌 다자 및 양자 간 자유무역 체제를 전면 수정하여 자국 보호주의로 전환했고, 중국과의 무역전쟁도 불사한 바 있다. 그리고 오로지 미국 내 일자리로 승부하겠다는 생각으로 2년 가까이 밀어붙인 결과 거의 완전고용 수준의 성과를 거둔 것으로 보인다. 일본도 마찬가지다. 3차 중임을 통해 일본 역사상 가장 길게 수상직을 유지했던 아베 수상의 양적 완화, 엔화 평가절하 등의 정책은 일본의 '잃어버린 20년'에 종지부를 찍었고, 경제는 미미하지만 회복세를 보였으며 고용 역시 수요 초과 현상을 장기간 나타내고 있다. 일본을 방문하는 외국인들로부터 거두는 관광 수입도 팬데믹으로 잠시 주춤

하긴 했으나 계속 신기록을 경신하며 순항 중이다. 물론 고용의 질 측면에서 정규직보다는 비정규직 중심의 고용 확대가 두드러지고 있다는 점은 문제로 지적된다. 트럼프와 바이든 및 아베와 기시다 정권의 사례에 나타난 공통점은 정부의 정책이 기대한 성과를 거두고 있다는 것으로, 여기서 주목할 부분은 재정 정책보다는 무역 정책과 금융 정책의 수단이 주로 활용되었다는 점이다.

우리나라는 저출산과 고령화, 양극화와 실업 만연의 문제를 해결하기 위해 정부 차원의 적극적인 재정 확대 정책을 써왔다. 지난 문재인 정부는 마중물 역할을 하겠다며 공공부문 일자리 사업에 치중했다. 국회예산정책처에 따르면 재정 지원 일자리 사업 예산은 문재인 정부가 출범한 2017년 15조 9,000억 원에서 2021년 30조 6,000억 원으로 5년 새 두 배쯤 늘었다. 5년간 111조 원이 넘는 예산을 쏟아부었고 공무원도 대폭 늘렸다. 정부 조직 관리 시스템을 보면 2020년 말 기준 문재인 정부의 국가직 공무원 정원은 73만 5,909명이다. 박근혜 정부 말(63만 1,380명)보다 10만 4,529명이나 늘었다.

이외에도 여성과 노인 일자리 지원, 중견·중소기업 청년 추가 고용, 신중년 재취업 지원, 해외 일자리 지원, 사회적 경제 창업 지원 등에 예산 지출 방안이 마련되었다. 문제는 정부의 희망에도 불구하고 여러 해 동안 일자리 지원 예산의 성과 평가에서 우리가 학습한 바는 재정 지출을 통한 일자리 만들기의 효과가 매우 제한적이며 경제에 잘못된 시그널을 주곤 했다는 점이다. 공공부문만 비대해졌을 뿐 재정 지출 증가로 기업의 투자 위축이 이루어지는 구축 효과의 전형이 나타난 것이다.

문재인 정부는 가시적인 성과를 조급하게 시현하기 위해 공무원을 증원하고 공공기관으로 하여금 선도적으로 일자리 창출에 나설 것을 주문했다. 하지만 공공기관의 경우 다수의 고유 사업 영역이 자본집약적이거나 민간부문과 중첩하는 등 고용을 더 늘리기 어렵게 되어 있고, 사회적 혁신 가치를 강조하면서 사내 창업을 장려하지만 이 역시 성과를 기대하기는 어렵다. 결국 정부는 노동시장을 유연하게 유지하기 위해 든든하고 촘촘하게 복지 안전망을 확충하고 교육과 훈련 지원에 집중하는 것이 바람직하다. 4차 산업혁명 시대에 혁신경제를 실현하기 위한 기초적 연구개발 지원 역시 정부의 몫이 되겠다. 대기업과 중견·중소기업, 그리고 자영업자들이 신바람 나게 사업을 영위할 수 있도록 기업하기 좋은 사회를 만드는 일이야말로 일자리 창출의 기본이다.

우리나라와 같은 소규모 개방경제의 경우 건강하고 지속가능한 고용의 증대는 생산성 증대와 경쟁력 제고를 통해 가능하다는 점을 명확하게 직시해야 한다. 지난 정부의 공언대로 마중물로서 재정 정책의 효과를 기대하지만, 결국 규제 개혁이 제조업의 구조조정과 가치사슬의 확대, 관광 등 서비스 산업의 유연하고 탄력적인 경쟁력 확보로 이어질 수 있어야 안정적 고용 증대가 이루어질 수 있다.

6) 일하는 국회, 포퓰리즘 국회

예산국회가 열릴 때마다 국민들은 과연 국회가 나라살림의 지킴이로서 존재 이유가 있는지 심각하게 고민한다. 적대적 여야 관계, 168석의 거대 야당 대표에 대한 검찰 수사 등에도 불구하고 한껏 높아진 국회의 위상만큼이나 성과로 부응하는 모습을 보고 싶은 것은 지지하는 정당과 상관없는 지극히 자연스러운 국민 모두의 바람이다. 그러나 지속적으로 드러나는 포퓰리즘에 휘둘리는 입법 양태와 기득권에 연연하는 국회의원들의 모습은 우리가 보고 싶은 일하는 국회의 그림과는 거리가 한참이나 멀다.

하나씩 생각해보자. 우선 상임위원회 중심으로 상시 국회를 이끌어가는 상임위원장을 선출하는 데 있어 관례적인 임기가 정해져 있음에도 불구하고 이를 인위적으로 1년씩 나눠 돌아가면서 맡도록 한 모습은 결코 신뢰로운 모습이 아니다. 국민을 대표해 법률을 정하고 예산을 결정하는 국회에서는 편법이나 쉬운 타협보다는 합리적이게 상호 양보하여 합의를 도출하는 과정을 보여주어야 한다. 원의 구성, 특히 상임위원장을 선출하는 첫 단추에서부터 국민의 신망을 잃는 것은 결코 작은 흠으로 그치지 않는다.

국회의원의 미션은 법을 만드는 것이며, 따라서 법률안을 만들어 제출하는 실적으로 국회의원 개인의 성과를 측정하곤 한다. 해를 거듭하면서 과거 통법부 시절처럼 행정부가 발의한 법률이 중심이 되는 것이 아니라 의원이 주도적으로 발의하는 법률의 비중이 늘어나고 있는 모습은 바람직한 것으로 평가된다. 문제는 이렇게 제출된 법률안의 질이다. 실현 가능하고 정책적 영향력이 큰 법률안을 만들기 위해서 해야 할 일은 매우 많다. 우선은 왜 이러한 법률이 필요한가에 대한 입법 취지를 명확히 하고 기존 유관 법률과의 관계를 살펴본 뒤, 해당 법률이 집행되기 위해 필요한 재원이 얼마나 되고 이를 어떻게 마련할 것인가를 분석해야 한다. 새로운 법률이 만들어짐으로 해서 어떠한 이해관계의 변화가 생기는지도 자세하게 살펴야 한다. 이를 위해 국회에 전문기관으로 국회예산정책처와 입법조사처가 있는 것이고, 또 의원 개인에게 여러 명의 의원보좌진이 배당 · 지원되는 것이다. 국회예산정책처의 법안 비용 추계, 그리고 입법조사처의 입법 사전영향평가 제도가 실효적으로 활성화되어야 한다.

그러나 국가 전체의 이익이라는 관점보다는 포퓰리즘에 입각하여 지역구 이해를 극대화하는 법률안, 혹은 그 파급 효과나 국가 재정에 미치는 효과에 대한 신중한 고민 없이 표가 될 만한 법률안, 즉 선심성 및 과시용 법안을 제출하는 경우가 다수 발견된다. 공휴일을 늘리는 법안, 취업 준비생들에게 매달 40만 원을 구직 촉진 수당으로 지급하도록 하는 법안, 파주 북부 일원을 남북 경제 협력형 특구로 지정하는 법안, 자영업자 등 임차인의 계약 갱신 요구권 행사 기간을 5년에서 10년으로 늘리고 재건축 시 영업 시설 이전 비용 보상청구권을 보장하는 법안, 울릉도와 독도 지역 지원 법안, 노인복지청 등 노인 전담 행정조직을 신설하는 법안 등 여야가 경쟁하듯이 제출하는 법안들은 이루 셀 수가 없을 정도다.

페이고paygo원칙(비용이 수반되는 정책을 만들 때는 반드시 재원 확보 방안을 함께 마련해야 한다는 원칙)에 입각해 재정건전성을 지켜야 하는 의무, 즉 나라살림 지킴이의 역할도 국회의원의 몫이다. 영남권 신공항을 밀양에 배치할 것인지 가덕도에 배치할 것인지에 대해 비용과 편익에 기반한 엄정한 논의를 하기보다 지역의 이해만이 첨예하게 대립하는 모습에서 국민들은 다시 한 번 국회에 대한 신뢰를 거두고 있다. 더 이상 국민을 실망시켜선 안 된다. 이미 국민의 눈높이가 얼마나 높은지는 20대 대선과 21대 총선 결과가 여실히 증명하고 있지 않은가. 국민들이 원하는 국회의원은 덴마크의 경우처럼 밤을 새워 열심히 입법 활동을 하는 국회의원이다.

3. 국가와 지방재정의 하모니

한 나라의 재정은 중앙재정과 지방재정으로 구성되며, 분권의 형태는 역사적·문화적 전통에 따라 다양하게 나타난다. 정부 간 재정 관계intergovernmental fiscal relations로 설명하는 이 관계는 양극단에 중앙집권형과 분권형을 두고 다양한 스펙트럼을 구성한다. 우선 중앙집권제도의 장점을 생각해보자. 획일적으로 세금과 지출 정책이 이루어지면 지역 간 이해 갈등으로 생기는 비효율과 혼란을 피할 수 있다는 장점이 있다. 규모의 경제 효과를 기대할 수도 있는바, 경제 안정, 소득 재분배 기능 등에서 특히 장점이 두드러진다. 지방자치단체들은 효과적인 재정 정책 수단을 갖지 못하고 실업 대책이나 물가 대책 등 경제 안정화를 위한 정책은 중앙이 확고한 우위를 점한다. 이런 경우 소득 재분배 정책이 지방정부의 책임하에 운영되면 지역마다 재분배 정책의 내용에 차이가 있어 그로 인한 주민의 이동이 촉발될 수 있다. 분권화된 체제에서 주거지 선택과 관련한 의사결정 과정에 교란이 일어나면 사회후생의 손실을 가져올 수 있으며 소득 재분배 정책이 장기적으로 유지되기에도 곤란해진다.

자원 배분과 관련해서는 국방이나 우편서비스와 같은 순수 공공재의 경우 중앙정부가, 청소 및 쓰레기 수거를 비롯한 지방공공재는 지방에서 공급하는 것이 효율적이다. 이들 자원 배분의 효율성은 그러나 서비스의 누출 효과spill-over effect가 미치는 범위까지 외부효과가 발생하는 경우 서로 다른 지방정부에 기대고자 하는 무임승차 경향을 초래할 수 있다. 우편서비스의 제공에 있어 중앙정부가 상대적 우위를 갖게 되는 것은, 그것이 전국적으로 통일된 표준 규격을 유지하고 규모의 경제에서 나오는 이득이 현저한 네트워크 서비스이기 때문이다. 분권화된 상태에서 이동성이 높은 물품이나 서비스에 세금을 부과하는 경우 해당 서비스로 인한 이득이 다른 지역으로 이동하게 만드는 교란이 발생할 수도 있으나, 중앙정부는 조세 징수와 관련 행정 비용의 측면에서 상대적인 비교우위를 점한다.

지방 분권 제도의 장점으로는, 첫째, 주민의 선호를 충실히 반영할 수 있다. 주민과 가까운 거리에서 대화할 수 있는 여건을 활용해 주민들이 원하는 바를 정책에 충실하게 반영할 수 있다는 것이다. 둘째, 공공사업과 관련한 조세 부담의 인식 수준이 높다. 정부의 지출 프로그램이 의미하는 추가적 조세 부담에 대해 주민들이 명백하게 인식할 수 있기 때문에 효율적인 결정을 내릴 수 있다. 셋째, 정부 간 경쟁을 통한 효율성 제고가 가능하다. 분권화된 체제에서는 지방정부들 사이에서 선의의 경쟁이 벌어지므로 정부 운영상의 혁신이 더 자주 일어날 수 있다.

1) 이론적 논의

가장 적절한 정부 계층 간 재정 운영 체계는 집권과 분권의 장점을 적당하게 살린 절충 형태로, 이를 재정 연방 체제fiscal federalism라고 한다. 월레스 오우츠Wallace E. Oates는 어느 단계의 정부가 지방 공공재를 생산하는가에 관계없이 동일한 비용이 소요된다면, 중앙정부가 모든 지역에 대해 일정한 양을 획일적으로 공급하는 것보다 각 지방정부가 스스로의 판단에 의해 적절한 양을 공급하게 하는 것이 더욱 효율적이라는 분권화 정리decentralization theorem를 설명한다. 중앙과 지방 사이에 공공재 생산 비용 측면에서 무차별을 전제하는 경우 지방정부의 자율결정이 더 낫다는 것이다. 이를 확장하면 단계별로 더 작은 단위의 지방정부에서 지방 공공재를 공급하도록 설계하는 것이 더 효율적이라고 할 수 있다. 최적의 재정 연방 체제는 가능한 한 작은 단위로 설계된 지방정부에서 기능한다. 하지만 현실에서는 의사결정의 단위가 되는 정부의 크기가 커질수록 고정비용 부담이 줄어드는 이점이 있으므로 지방정부 조직을 너무 세분화하는 것은 바람직하지 않다. <그림 12-2>에서 L곡선은 지방정부의 크기가 커짐에 따라 후생 손실이 더 커지는 부분을 반영하고, G곡선은 반대로 비용의 측면에서 생기는 이득의 크기를 나타낸다. 따라서 G곡선과 L곡선 사이의 수직거리가 가장 길어지는 지점이 최적의 지방정부의 크기(n*)가 된다.

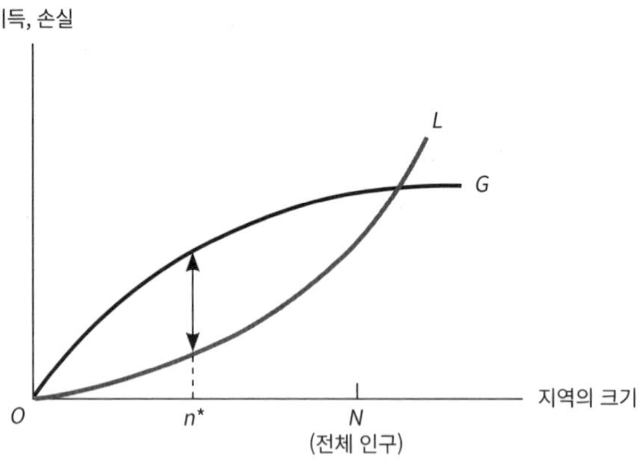

<그림 12-2> 최적의 분권화 수준

분권화 정리는 어느 정도로 분권화된 재정 연방 체제가 가장 바람직한가에 대해 주로 논의하는 반면, 각 단계의 정부 사이에 어떻게 역할의 분담이 이루어져야 하는가에 대해서는 크게 관심을 기울이지 않는다. 국가공공재의 경우 중앙정부가 공급 책임을 지고, 지방공공재는 지방정부가 담당하도록 하는 역할 분담이 이루어진다. 지방공공재에는 영향의 범위에 다른 다양한 성격의 공공재가 포함되므로 각자의 성격에 따라 적합한 단계의 지방정부에 공급의 책임을 맡기는 문제가 남는다. 이는 각 지방공공재를 소비하는 사람들이 어떠한 지역에 분포되어 있는가를 살펴보고 지역을 대표하는 지방정부가 공공재 공급 임무를 맡도록 하는 방식으로 해결할 수 있다. 이를 극대화하여 경제 안에 존재하는 공공재 모두에 대해, 각 공공재를 소비하는 사람들이 분포된 지역을 대표하는 정부가 그 공급의 책임을 맡도록 완벽하게 임무 분담이 이루어지는 상태를 '완전일치perfect correspondence'라고 한다. 완전일치 상태에서는 정부부문이 공급하고자 하는 공공재의 성격에 따라 적절한 재정 연방 체제를 구성할 수 있다.

분권화 정리와 함께 지방자치의 당위성을 이론적으로 뒷받침해주는 역할을 티부 모형Tiebout model이 담당한다. 지방공공재는 각 지방정부가 독자적으로 그 공급에 대한 의사결정을 하는 분권화 체제가 효율적이라는 것이다. 비경합성이 완벽하지 않을 경우 혼잡이 일어나며, 이를 피하는 상황이 선호된다. 따라서 이를 해결하기 위해 각 공동체를 대표하는 지방정부가 독자적으로 세금과 지출 관련 결정을 하는 분권화 체제를 설정하게 되는데, 이것이 바로 유명한 '발로 하는 투표voting with the feet' 모형을 통한 설명이다. 이는 앨버트 허시먼Albert O. Hirschman(1970/2016)이 '이탈exit · 항의voice · 충성loyalty' 개념과 맥락을 같이한다. 티부모형의 기본 가정은 다수의 공동체의 존재, 완전한 정보, 완전한 이동성, 규모에 따른 수익 불변의 생산기술, 외부효과의 부존재 등이다. 여러 공동체가 존재하고 사람들이 발로 투표할 때 지방공공재 배분이 효율적으로 이루어짐을 보인 것이다. 티부모형은 지방공공재의 성격을 갖는 재화의 경우 분권화된 배분 체계가 효율적이라는 점을 입증했다. 각 지방정부가 독자적으로 세금과 지출 패키지에 관한 결정을 내리는 분권화 체제가 효율적 자원 배분을 달성한다는 점에서, 주민은 자신이 가장 선호하는 공동체를 골라 거주하게 되므로 더 이상의 파레토 개선은 없다. 각 공동체에는 비슷한 기호와 소득을 갖는 사람들이 모여 살게 되므로 배타적인 구획 설정exclusionary zoning을 전제하게 되고, 이는 공평성 측면에서는 바람직하지 못한 현상을 발생시킬 가능성도 있다.

2) 지방재정 조정 제도

대부분의 나라에서 지방정부의 재정 능력은 중앙정부에 비해 취약한 것이 사실이며 지방정부 간에도 불균형이 상당하다. 우리나라의 국세와 지방세 비율은 2차 재정 분권 조치에도 불구하고 2021년 징수액 기준으로 75.3:24.7이며, 수도권과 비수도권 간의 격차를 생각해보면 지방의 취약성과 지역 간의 불균형한 분포는 더욱 심할 것임을 쉽게 이해할 수 있다. 그런 점에서 지방재정 조정 제도는 다음과 같은 의의를 지닌다. 첫째, 지역 간 외부효과를 해결한다. 완전일치가 달성될 경우에는 외부효과의 문제가 발생하지 않지만, 현실에서는 지역 간 외부효과가 발생하는 것이 일반적이다. 그러므로 상위에 있는 정부가 외부효과에 대해 적절히 보상함으로써 유인 구조를 바로잡아주는 것이 필요하다. 이 경우는 조건부 보조금conditional grant을 주로 활용하며, 중앙과 지방이 부담을 공유하는, 즉 매칭 방식이 사용된다. 우리나라의 국고보조금을 떠올리면 된다. 가격효과를 기대하므로 사용 목적이 제한되는 범주적 보조금categorical grant이 이에 해당한다.

둘째, 재정 능력의 불균형을 조정한다. 중앙정부가 재정 능력이 빈약한 지방정부를 집중적으로 보조하는 경우를 상정해보자. 중앙과 지방이 조세 수입을 나눠 쓴다는 관점에서 중앙정부는 수직적 불균형을 해소할 의무를 진다. 이때 활용되는 조정 제도가 무조건부 교부금unconditional grant이다. 지역마다 재정력에 차이가 있기 때문에 국민들 사이에 발생할 수 있는 수평적 공평성horizontal equity의 문제를 해결하는 것이 목적이다. 우리나라의 지방교부세와 같이 소득효과를 기대하는 일반교부금general grant이 이에 해당한다.

셋째, 중앙의 기능(가령 여권 발급 사무 등)을 지방에 위임하는 경우 발생하는 비용을 보전한다. 지방정부가 서비스하는 것이 더 효율적인 이유는 주민 선호나 필요를 파악하는 데 있어 비교우위가 있다는 점, 그리고 여러 지방정부가 경쟁을 하게 되므로 효율성 제고가 가능하다는 점을 들 수 있다.

3) 한국의 현실

우리나라 정부 간 재정 관계는 역사적 제도주의 관점에서 볼 때 자연발생적인 것이 아닌, 민주화의 과정에서 설계되었기 때문에 합리적인 모습보다는 경직적인 칸막이식 운영의 형태를 띤다. 미군정하에서 기초적인 자치 구조가 마련되어 지방교육 기능은 별도의 자치단체(17개 시도교육청)를 구성하고 있고, 이는 지방재정의 통합적이고 효율적인 운영의 발목을 잡는 한계가 있다. 뿐만 아니라 지방교부세 제도가 지방세 중심의 분권적 재정 운영의 효율성을 보완하기보다는 중앙의 입장에서 각 지역의 표준 수요 부족분을 채워주는 보정 장치paternalistic function로 기능하고 있어 지방재정의 책임성 문제도 발생한다. 이에 더해 일반교부금인 지방교부세보다 특정목적보조금인 국고보조금의 규모가 더 크다는 점에서 분권적 의사결정이 제대로 이루어지지 못한다는 한계 역시 있다.

2022~2026년 중기 재정 계획에 의하면 2026년까지 국가부채를 GDP의 60% 이내로 관리하기 위해서는 재정 지출 증가율을 연평균

4.6%로 제한해야 하는데, 의무지출 증가율은 연평균 7.5%가 불가피하므로 재량 지출 증가율을 연평균 1.5%로 제한해야 한다. 의무지출의 증가 요인은 수급권 보장 프로그램, 일반행정비 증가와 함께 지방재정 및 교육재정교부금의 경직적 구조에서 찾을 수 있다. 재정개혁특별위원회(2019)도 재정 운용을 일반정부 차원에서 효율성에 입각해 혁신하도록 권고한바, 진정한 분권화와 함께 책임성을 제고하는 방향으로 전환해야 한다. 재정분권전문위원회(2021)에서 논의한 바와 같이 지방교부세는 국가와 지방의 공동세로, 지방교육재정교부금은 지방교부세와 통합해 한계적 지출 책임을 지방의 부담으로 귀속시키는 지방재정의 혁신이 필요하다.

4) 실효적 지방 분권, 지방세다운 지방세 확충이 답이다

우리나라 지방재정의 근본적인 문제점은 세출 권한과 세입 부담 의무 간에 비대칭이 있어 재정 운영의 책임성을 확보하는 데 어려움이 있다는 것이다. 재정의 책임성을 확보하기 위해 전 지방자치단체 행사 및 축제의 원가 회계 정보를 공개하고, 공공시설, 행사, 축제 등에서의 예산 비효율 사례를 주민이 직접 감시하는 '내 세금 국민감시단'을 출범시키는 것도 중요하지만, 이것이 근본적 대책이 되기는 어렵다. 지방재정 영역에서는 보충성의 원칙, 정치경제학적 논점의 공공선택론 등에 입각한 분권을 강조하고 있지만, 먼저 민간과 정부 간에 교육, 복지, 산업지원 등의 역할을 분명히 나누고 그 기초 위에서 중앙과 지방의 역할을 구분하며, 이에 따라 세입 부담과 세출 권한을 동시에 조정하는 구조적 개혁이 필요하다.

지역 발전과 지역의 세수를 연계하려는 시도로는 지방교부세 제도의 단순화와 연계한 지방소득세제의 확충이 바람직하다. 2023년까지 단계적으로 부가가치세의 25.3%까지 지방소비세를 확대하는 현재의 절충

방안은 배분적 효율성 차원에서 지방의 책임성을 제고하는 데 한계가 있어, 오히려 지방소득세를 확충하는 것이 조세 원리나 세계적인 추세에 비추어 보다 적절할 것으로 평가된다. 지방세 확충에 따라 지방교부세 비교부 단체가 늘어나게 되면 이들을 대상으로 보다 분권적인 실험이 가능할 수 있을 것으로 기대된다.

이렇게 지방세가 늘어나면 수도권 재정 확충에 따른 이외 지역의 지방교부세 감소를 보완하기 위해 지방교육재정교부금의 배분 기제를 연계 조정하는 것도 필요할 것이다. 지방교육재정과 지방재정의 연계를 위해서는 보다 근본적인 제도 혁신 차원에서 접근하여 지방교부세와 지방교육재정교부금을 통합하는 것이 필수적이다. 목적세의 취지에 맞게 7개 세목에 부가piggy backing하여 부과하는 지방교육세를 재산세와 지방소득세 중심의 진정한 의미의 지방교육세로 전환하는 방안도 원칙론적인 입장에서 바람직한 것으로 판단된다. 지방교육 자치의 수준을 주민에게 보다 가깝게 기초 수준으로 낮추되, 자체 재원으로 새로운 지방교육세를 부과할 수 있도록 하는 경우 효율적인 자원 배분의 효과를 기대할 수 있다.[1]

국세인 부가가치세와 공동으로 소득세(법인세 포함)를 활용하는 지방소비세 및 지방소득세의 운용과는 별도로 지방세의 운영에 있어서의 자율화 방안 역시 적극적으로 추진할 필요가 있다. 임의세 제도 및 최저한 세율 제도 등과 함께 지방자치단체의 과세 자주권 확대를 위해 구체적인 과세 대상 및 비과세 대상 등을 지방자치단체의 조례로 정하는 방안을 추진할 필요가 있는바, 일본의 법정외세 제도를 벤치마킹할 필요가 있다. 이제 우리나라는 지방자치제도 실시의 청장년기라고 할 수 있는 30

1 물론 기초단위로 교육 자치를 실시한다고 하더라도 대도시(특별시와 광역시)의 자치구에까지 교육 자치를 실시하는 것은 무리다. 따라서 현재 17개 광역 단위에서 교육 자치를 하고 있다고 하면, 바람직한 모형으로는 시·군 단위의 중역 교육 자치의 형식을 생각해 볼 수 있다.

년을 넘어 성숙의 단계로 진입하고 있다. 지방의 살림에 대한 의사결정 권한을 지방이 행사하고, 부담 역시 지역 주민이 지는 중앙-지방정부 간 재정 관계 패러다임 전환이야말로 분권을 실효적으로 달성할 수 있는 필요조건이다. 지방자치단체 간의 이해가 엇갈리는 부분은 상생 기금과 같은 지방 간 역교부금 방식을 활용하면 되지 않을까? 지금과 같은 2할 자치는 이제 일몰을 선언할 때가 되었다.

5) 국고보조금 개혁

2022년 국고보조금의 규모는 102.3조 원에 달한다. 최근 5년간 국고보조사업의 규모는 증가하는 추세에 있으며, 2022년의 경우 2021년 대비 4.4조 원 증가했고, 정부 총지출 규모는 연평균 증가율이 9.1%인 데 반해 국고보조금 규모의 평균 증가율은 11.3%로 높게 나타났다. 이와 같이 지출 목적string attached, ear-marked이 제한되어 있는 국고보조금이 지속적으로 커지는 것은 재정 분권에 역행하는 추세라고 할 수 있다. 정부가 민간 평가단에 맡겨 2019년 보조사업평가를 받은 사업과 존속 기한 3년이 도래한 사업을 대상으로 500개 세부사업을 평가한 결과, 정상 운영되는 사업은 6.4%에 불과한 것으로 나타났다. 민간 평가단은 즉시 폐지 4%, 단계적 폐지 5.2%, 통폐합 0.4%, 감축 42.6%, 사업 방식 변경은 41.4%에 달한다고 분석했다(기획재정부, 2022a).

국고보조금은 중앙정부, 지방자치단체, 그리고 민간에 이르는 다양한 부담 주체와 복잡한 지출 단계를 특징으로 하다 보니 투명성이 떨어지고 책임 주체가 모호한 사업이 상당히 많다. 나아가 보조금을 중복 수령하거나 선심성 사업에 대한 지출이 이루어지기도 하고, 누수가 되어 부정부패의 온상이 되는 경우도 종종 발견되곤 한다. 오죽하면 국민권익위원회에서 나서 공공재정의 허위 또는 과다 청구, 목적 외 사용 등 재정 누수를 막기 위한 '공공재정 부정 청구 금지 및 부정 이익 환수 등에 관한 법률'을 마련하기에 이르렀다. 그동안 정부의 지속적인 재정 지출 증가와 맞물려 각종 지원금, 복지보조금, 보상금, 연구개발지원금 등 거의 모든 분야에서도 계속해서 부정수급이 발생하는 등 재정 누수가 심각한 실정이라는 판단이다.

현행 보조금 사업을 대폭 정비하기 위해 보조사업의 지방 이양, 일몰제 적용에 따른 자동 폐지, 그리고 중앙정부가 해당 사업을 직접 수행하는 방식으로 전환하는 근본적 개혁 방안 등의 검토가 필요하다. 지방자치단체의 재정 관리 혁신이 기대되거나 상위 프로그램의 전략 목표가 동일한 사업에 대해서는 포괄보조금으로 개편하는 방안도 전향적으로 추진할 필요가 있다. 무엇보다 중앙정부가 부처별 재정 기능의 중복 혹은 재정 사업의 경쟁 체계를 개편하여 국고보조사업을 전담할 수 있도록 부처별 업무 경계를 명확히 설정해야 한다. 정책의 사각지대가 부처별 업무 경계 영역에서 적지 않게 발생할 수 있어, 예상할 수 없는 새로운 사회경제적 문제에 대한 능동적 대응이 힘들 가능성에 주의해야 한다. 매년 국고보조금 평가단이 운용되는 존재의 이유를 여기서 찾을 수 있다.

중앙-광역-기초로 연결되는 중층적 관리 체계를 단층화시켜 재정 관리의 효율성과 사업 성과에 대한 책임성을 제고하려는 노력도 필요하다. 이를 위해 지방자치단체 중 광역과 기초 간의 역할을 명확히 하는 기능 조정이 선행되어야 함은 물론이다. 또한 각종 국고보조사업에서 지방비 부담 수준의 적정성에 대한 사전 심사 제도를 운영하고, 효율적인 재원 배분을 위해 지자체 간 보조사업에서 지불 정산 체계를 설계·운영해야 한다. 지방비를 부담해야 하는 사업의 경우에는 그 유형을 의무적 부담과 재량적 부담으로 구분하여 전자를 중심으로 지방세입 항목에 '지방부담금'을 신설·관리함으로써 국고보조사업의 특성을 명확하게 확인하고 지방재정의 실질적 부담 가능성과 재정 건전성 등을 체계적으로 분석해야 한다.

일반적으로 나라살림은 효율적이고 공평할 때 바람직한 것으로 평가

한다. 그런데 사람들은 이보다 더 우선적으로 요구되는 덕목이 있다는 것은 쉽게 잊는다. 국민들이 세금을 낼 때 '과연 내가 낸 세금이 그 값을 하는가value for money'를 우선적으로 평가한다는 것, 즉 자신의 세금이 제대로 쓰일 것이라는 신뢰를 가장 중요하게 생각한다는 이야기다. 이제는 '눈먼 돈'이라는 오명에서 벗어날 수 있도록 국고보조금 제도의 근본적 개혁이 필요한 시점이다.

6) 재산세 개혁

흔히 문재인 정부의 대표적인 실책으로 부동산 정책을 꼽는다. 천정부지로 올랐던 부동산 가격이 복합 위기를 맞아 뚝 떨어지자 황당한 일이 벌어지고 말았는데, 바로 실거래 가격보다 높은 공시 가격을 기준으로 세금이 부과되기 시작한 것이다. 몇 해 전부터 서울 강남의 오피스텔 공시 가격이 시장 가격보다 높은 경우가 종종 생기곤 했지만, 이제는 본격적으로 실거래 가격이 공시 가격보다 낮은 경우가 속출하고 있다.

다른 세금도 아니고 살고 있는 집에 부과되는 세금이기에 재산세에 대해서는 장바구니 물가와 같이 전통적으로 저항 수준이 높았다. 임대소득이 발생하는 것도 아니고 거래를 한 것도 아니며, 단지 거주하고 있을 뿐인 주택에 대해 엄청난 부담을 지우는 정책은 국민들의 분노를 사기에 충분했다. 뛰는 집값을 잡겠다고 내세운 정책이 바로 공시가 현실화 로드맵이었다. 시세의 70% 수준인 아파트 공시지가를 2030년까지 90% 수준으로 만들겠다는 정책을 추진했다. 결과적으로 시세가 폭등할 때는 세금 폭탄을 맞고, 하락기에는 공시지가의 부과가 곧 징벌적 수단이 되고 말았다.

정부가 시장에 개입하는 세금이든 지출 프로그램이든 의도한 대로 결과가 나타나기는 매우 어렵다. 시장의 실패를 보완하기 위해 정부가 활동하지만 정부 역시 실패할 수 있기 때문이다. 세금을 제대로 운용하지 못해 정부가 전복되는 일은 비일비재하며, 2022년 10월 영국의 리즈 트러스Liz Truss 총리가 취임 45일 만에 실각한 것도 세금 이슈가 결정적이었다. 당연히 시장에서 활동하는 개인들은 각자의 인센티브에 따라 정부 정책에 대응하고 움직이게 마련이다. 창문의 개수에 따라 세금을 부과했던 중세 유럽의 창문세를 예로 들 필요도 없을 것이다. 세금으로 집값을 잡겠다는 잘못된 발상이 세금에 대한 국민의 신뢰를 바닥으로 떨어뜨리고 말았다.

바람직한 세금의 덕목에 대해서는 애덤 스미스의 『국부론』(1776/2018)에도 잘 나와 있듯이, 국민의 지불 능력에 따라 세금을 부과해야 하고, 세금은 확실해야 하고 임의적이어서는 안 되며, 세금의 징수는 가능한 한 경제적이어야 한다. 재산세의 부과는 과세 대상이 되는 자산의 가치를 평가해야 하므로 비용이 많이 드는 작업을 필요로 한다. 그리고 비용을 많이 들여도 정확한 가격을 평가하는 것이 어렵다. 재산세는 실효세 부담이 평가율(공시가)에 의해 좌우될 수 있다는 점에서 조세법률주의가 실질적으로 침해될 가능성이 매우 높은 세목이다. 정치적 반발이 높은 이유도 평가에 의해 부과되어 불공평하다는 의식이 팽배하기 때문이며, 일 년에 한두 번만 내므로 한꺼번에 큰돈을 내야 한다는 점에서도 큰 부담이 된다. 유동성의 문제와 지방정부에 대한 불만을 제기하기가 상대적으로 용이하다는 점 역시 높은 반발심의 근거가 된다.

재산세를 합리화하는 방향은, 재산 보유에 대한 과세권을 전적으로 자치단체에 돌려주고 그것을 소득 재분배나 지역 균형발전 등의 정책 수단으로 사용하려는 시도를 포기하는 것에서부터 출발해야 한다. 기본적으로 재산세는 지방정부의 기본적인 살림 밑천으로서, 주민의 신뢰를 바탕으로 과세 표준을 안정적으로 운용해야 한다. 대부분의 나라에서 재산세는 지방정부가 제공하는 교육, 소방, 치안 등의 서비스에 대한 대가라는 성격을 띠며, 능력의 원칙보다는 편익의 원칙에 입각한 세금으로서 운용된다. 우리나라에서는 재산세를 부의 재분배 수단으로 사용해야 한다는 주장이 강하다. 또한 부동산 가격의 안정을 위한 정책 수단으로 사용하자는 주장도 많다. 그럼에도 불구하고 문재인 정부가 보여준 패착을 통해서도 알 수 있듯, 평가와 면제의 규정이 스마트하기는 정말 어렵다. 재산세제가 또다시 집값 안정에 동원되는 일은 없어야 할 것이다.

* * *

지금까지 살펴본 바와 같이 좋은 나라살림은 민주주의와 함께 가는 것이 무척이나 어려운 것이 사실이다. 재정은 화수분이 아니며, 효율적이고 공평하게 운영되기 위해서는 재정 당국은 물론이고 국회와 시민단체, 그리고 언론의 계몽된 역할이 매우 중요하다. 한국 정부가 벤치마킹하고 싶어 하는 스웨덴의 재정 운용 양상은, 대타협을 통해 위기를 극복하고 스스로를 족쇄 채우는 건전한 재정 운용으로서 시장의 역할을 제대로 보완하는 모습을 보인다. 국가는 제도적 설계와 그 제도의 실효적 운용을 통해 부유해지기도 하고 가난해지기도 한다. 포퓰리즘에 기반해 치러진 선거는 그대로 재정부담으로 이어지고, 이는 자연스럽게 국가경쟁력의 저하로 귀결된다. 현재 세대의 낭비는 후속 세대의 부담으로 갚아야 한다는 단순한 논리는 여러 현란한 수사와 포장에도 불구하고 명확하게 실증되고 있다. 우리가 공적연금 개혁을 서둘러야 하는 근본적 이유가 바로 이것이다.

우리는 지방자치를 민주화의 일환으로 쟁취했다. 따라서 지방재정의 모습도 중앙과 대립적인 설계 구도를 취한다. 하지만 수도권과 비수도권, 도시와 농어촌 지역의 수요가 극명하게 다름에도 불구하고 중앙으로부터 어떻게 해서든 많은 재원을 지방으로 돌리는 것을 선이라고 주장하는 경우가 많다. 지난 노무현 정부와 문재인 정부에서 분권화를 적극적으로 추진했으나 여전히 지방재정의 데이터는 중앙 의존형 재정 운영의 형태를 띤다. 닭이 먼저냐, 달걀이 먼저냐 하는 논란으로 시작되는 분권화 논쟁도 기본으로 돌아가 재정 운용에 있어 지방자치의 취지가 무엇인지부터 다시금 생각해봐야 한다. 우리는 선진국에서 지방재정을 분권화된 형태로 운영하는 이유가 분권화 이론에 따른 '경쟁을 통한 혁신' 그리고 '주민 참여 및 모니터링의 수월성'이라는 장점에서 기인한다는 점을 쉽게 잊는다. 성년을 맞이한 우리 지방재정도 정부 간 재정 관계 이론에 걸맞은 제대로 된 분권을 추진할 때가 되었다.

균형 잡힌 시각이 그 어느 때보다 강조된다. 우리나라 국민은 누구나 교육에 관한 한은 일가견이 있어, 선거 때마다 가장 뜨거운 주제로 교육이 등장한다. 교육열도 높아서 가족 중 수험생이 있는 경우 정상적인 가정생활이 어려울 정도이고, 대입 수능이 실시되는 날에는 국가가 비행기 이착륙까지 규제할 정도다. 세금으로 마련한 교육예산도 이제 많이 늘어 초·중·고등학교 학생 1인당 교육비가 OECD 평균보다 월등히 높은 수준이다. 그런데 이해가 안 되는 점은 사교육비가 줄어들 줄을 모른다는 것, 그리고 학생, 학부모, 교사 모두가 행복하지 않다는 것이다. 평준화를 지상 최대의 과업으로 추진해왔음에도 불구하고 다양화가 아닌 서열화로 인해 겪는 대학들의 피해가 이만저만이 아니다. 창의적이고 혁신적인 아이디어가 중요한 4차 산업혁명 시대에 수월성 교육은 더욱 강조될 필요가 있고, 다양성 차원에서 사립학교가 필요하며 유지되어야 한다. 학교교육은 수월성과 형평성을 두 축으로 하여 균형 있게 추진되어야 한다.

국민 한 사람 한 사람이 생각하는 바람직한 교육은 획일화보다는 다양화라고 보는 것이 오히려 자연스러움을 인정해야 한다. 지금까지와 같이 획일적으로 하나의 틀에 맞춰서 모든 것을 교육부·교육청이 결정하게 하는 방식이 아니라 진정한 분권화, 즉 마을 단위로 교육에 대한 의사결정을 하는 자율화, 그리고 시·군 단위로 이루어지는 지방교육 자치가 해법일 수 있다. 자연스럽게 지역의 특성을 반영한 평준화학교가 기반을 이루고, 수월성을 강조하는 특성화학교는 진정한 사립의 성격을 띨 수 있게 되지 않을까? 지방교육재정교부금의 재구조화가 논의되는 이 시점에서 지방교육을 지방으로 돌려주어야 한다. 교육재정거버넌스에 대해 중앙에서 이래라 저래라 해서는 제대로 된 분권이라 할 수 없다.

이스털린Easterlin의 역설이라는 것이 있다. 부가 일정 수준에 이르면 더는 돈만으로 행복이 커지지 않는다는 것이다. 우리나라의 1인당 GDP는 2021년 3만 4,870달러로, OECD 국가들 중에서도 중간 이상이다. 하지만 우리 국민들의 삶의 만족도는 2023년 통계청 자료에 따르면 10점 만점에 5.9점으로, 이는 OECD 38개국 중 36위에 그치는 수준이라고 한다(심수진 · 남상민 · 김은아, 2023). 예산과 세금을 통해 국민 행복을 증진시키기는 물론 쉽지 않겠지만, 노인 자살률이나 노인 빈곤율 등을 해결할 수 있는 고령층의 사회 안전망을 두텁게 하는 것은 가능하지 않을까? 홍보성 구호에 그치는 일자리 예산, 저출산 대책 예산, 그리고 균형발전 예산 등을 구조조정하면 충분히 재원을 마련할 수 있다. 한편으로는 외형적 성장에만 치우치고 다른 한편으로는 포퓰리즘에 취약한 우리의 공동체를 건강하게 재건하고, 구성원들이 일과 생활의 균형을 이루도록 하기 위해 한 발짝씩 실천해나가야 할 것이다.

에필로그

신뢰의 정치, 국민 행복의 정책에 대한 기대는 한껏 하면서도 복지공약에 대한 재원을 마련하기 위한 뾰족한 수는 없어 고민이다. 더욱이 북한이 핵 위협과 미사일 위협을 계속하면서 국방비는 어느 정도 통제가 가능한 것으로 상정했던 복지 확대 위주의 공약에 대한 전면적인 재검토 역시 불가피해 보인다. 최근 러시아-우크라이나 전쟁의 여파로, 팬데믹 경제위기가 채 극복되기도 전에 경기 침체를 걱정해야 하는 '스태그플레이션 위기의 상시화'라는 새로운 패러다임이 나타나고 있다. 수출 위주의 소규모 개방경제로서 우리나라는 크게 영향을 받을 수밖에 없다. 러시아발 자원 위기는 특히 대부분의 에너지를 수입에 의존하는 우리 경제에 큰 부담이 되고 있으며, 이러한 상황에서 국채를 추가 발행해야 하는 재정 당국으로서는 고민이 깊을 수밖에 없다.

장기적인 관점에서는 저출산·고령화라는 도전이 세계에서 유래를 찾아볼 수 없을 정도로 빠르게 도래하고 있어 2060년 우리나라의 65세 이상 노인 인구는 전체 인구의 40%를 차지할 전망이다. 이러한 인구 구조의 변화는 경제 성장의 둔화, 그에 따른 세입 기반의 약화, 복지 지출 확대 등 경제와 재정 측면에서 부정적인 영향을 미치게 될 것이다. 단지 '65세 이상 노인이 지하철을 이용할 때 승차 요금을 전액 무료로 이용하게 해주는 제도를 어떻게 개선할 것인가'에만 국한된 문제가 결코 아니라는 것이다.

최근 가계부채 증가율이 경제 성장률을 지속적으로 상회하고, 그 규모 역시 눈덩이처럼 불어나면서 우려가 확산되고 있다. 내수 부진이 이어지는 상황에서 유럽 국가들의 재정위기 심화와 미국, 중국 등의 경기 둔화로 인해 수출 의존도가 높은 우리 경제의 불확실성이 증가함에 따라 가계부채 문제가 경제위기의 뇌관으로 작용할 수 있다는 불안감이 커지고 있다. 가계부채가 임계치를 넘어 과도한 수준에 이르면 원리금 상환 부담의 증가로 소비가 위축될 것이고, 이는 채무 불이행으로 이어져 금융회사의 부실화를 가져올 뿐만 아니라 거시 건전성을 위협하고 경기 침체의 장기화마저 초래할 수 있다.

우리나라 재정 제도의 운용에 대한 평가는 형식주의로 요약할 수 있다. 2004년부터 단행한 4대 재정 제도개혁으로 선진화된 재정 운용의 틀은 갖추었으나, 정치 환경의 미성숙 등으로 쉽게 포퓰리즘에 휘둘리며 제도의 실효성이 제대로 발휘되지 못하고 있다. 국민연금을 비롯한 공적 연금 개혁을 외치지만 인구 감소와 고령화가 가파르게 진행되는 상황에서 미래세대가 짊어져야 할 국가부채는 급속하게 확대되고 있다. 경기 활성화 정책이 시행되면서 고삐 풀린 가계부채도 빠른 속도로 증가하고 있고, 부동산 가격은 침체와 폭등을 반복하는 등 안정화와는 거리가 먼 상황이다. 대기업 중심의 외형적 성장에도 불구하고 중소기업을 중심으로 하는 생산성 확산은 더디게 진행되고 있으며, 협력업체 중심의 낙수효과trickle-down effect도 좀처럼 찾아보기 힘들어지면서 과실 배분에 대한 불만은 사회불안정의 요소가 되고 있다. 공기업을 포함한 공공부문에서 추진 중인 생산성 증대와 사회적 가치에 대한 제고는 여의치 않은 반면, 부채 및 공공부문의 규모 그 자체는 증가·확대되고 있다.

우리나라는 그동안 정부 주도의 경제 성장 및 국가발전 패러다임 속에서 분배나 복지보다는 압축 성장을 우선시해왔다. 대기업 중심의 경제 성장을 통해 일자리를 늘리고 국민소득을 확대하는 고성장 경제 구조를 지향하는 한편, 정부와 공공기관 중심의 사회경제 체제를 통해 고성장

경제 구조를 뒷받침하고 부족한 사회경제 서비스를 직접 제공하는 국가 운영 시스템을 견지해왔다. 2000년대 중반까지 이러한 국가경영 모델은 성공적인 것으로 평가받았으며, 많은 개발도상국의 벤치마킹 대상이 되기도 했다. 하지만 2000년대 중반을 넘어가면서 한국형 국가발전 전략이 실효성을 잃어가는 가운데 4대 재정개혁을 단행했고, 이는 적절한 제도개혁으로 평가받아왔으나 환경의 변화에 대응한 체화가 제대로 이루어지지 않아 형식주의가 만연하게 되는 문제가 발생했다. 복지 서비스 확대를 통해 사회 안전망을 구축하고 내수 기반을 확대하려는 정책도 국민들의 복지 수요는 폭발시켰으나 정작 복지 사각지대의 해소 문제는 제대로 해결되지 않고 있다. 세수 증대 등을 통한 안정적 재정 수입이 확대되지 않은 상황에서 복지 서비스의 확대는 국가 재정 적자를 확대하고 미래세대가 짊어질 국가부채를 키우는 결과를 낳았다.

정부가 책임져야 하는 부분과 기업이 책임져야 하는 부분을 명확하게 구분해서 과도한 부채를 줄이고 방만한 정부살림의 여지를 차단하겠다는 윤석열 정부의 정책 방향은 시의적절한 것으로 평가된다. 지난 정부의 과도한 개입 중심 경제 정책을 정상화하려는 노력은 아무리 강조해도 지나치지 않다. 노동·교육·연금 개혁의 추진, 과감한 지방으로의 기능 이양과 국고보조금의 포괄화 등 세출 구조조정을 본격적으로 시작하려면 재정 제도 재설계, 재정 전달 체계의 개선 과제 실효화가 필수적이다.

우선 '낮은 세율과 넓은 세원' 기조를 유지하면서 세입 기반의 확충 노력을 강화하는 것이 필요하다. 지하경제의 양성화 과제를 지속적으로 추진함과 동시에 비과세·감면의 일관된 정비를 추진해야 한다. 일몰제의 엄격한 적용을 통해 도입 목적을 달성했거나 실효성이 미미한 비과세 및 감면 항목을 지속해서 정비해야 한다. 국유재산 및 국가채권 관리의 효율화를 통한 수입 확대도 지속적으로 추진해야 한다. 국유부동산 및 정부 보유 주식을 매각하고 국유지의 취득·처분·활용에 대한 총괄적인 조성·관리 기능을 강화하며, 국유지 무상 사용 및 양여를 억제할 필요가 있다.

무엇보다도 지출 효율성 제고가 급선무다. 각종 분절적인 성과 평가 결과를 프로그램 차원에서 통합해 예산 편성에 반영하여 성과 중심의 재정 운용을 강화하고, 유사 중복 사업의 통폐합을 계속해서 추진해야 한다. 부처 간 칸막이에 대한 융합적 사고를 통해 중복사업을 지속해서 점검하고 중복 투자를 방지하는 실효성을 제고하는 것이 과제다. 여기서 스웨덴의 성공 사례를 참고할 필요가 있다. 구속력 있는 한도를 준수하기 위해서는 사전에 어떠한 기득권veto power도 인정하지 않는 것이 중요하다.

사회보험을 포함한 재정 장기 전망을 도출하는 이유는 국가 차원의 전략을 마련하고자 함이다. 국민연금 개혁은 사회적 합의가 어렵지만 그 해법은 단순하다. 25년째 그대로인 9%의 보험료율을 높이거나, 40%인 노후 소득대체율을 낮추거나, 두 방법을 조합하거나 하는 것이다. 한국은 노인 빈곤율이 39%로 OECD 평균의 세 배이고, 가입 기간 평균 소득 대비 연금의 비율인 소득대체율도 적은 편이어서 지급액을 더 낮추기 어렵다. 오히려 소득대체율을 50%로 올리는 안을 논의하기도 한다. 한편 보험료율 인상안 역시 근로자와 기업의 반발이 나올 수밖에 없다.

하지만 국민연금 개혁에 대한 국민의 공감대가 커진 만큼 윤석열 정부는 이전 정부들보다 유리한 상황이다. 출산율, 기대수명, 성장률의 변동에 따라 지급액과 보험료율이 자동 조정되는 선진국형 연금 제도 도입도 검토해볼 만하다. 기초연금을 월 40만 원으로 올리는 공약, 퇴직연금과 통합하는 방안 혹은 공무원연금 등 다른 직역연금과 통합하는 방안도 복지제도의 큰 틀 안에서 함께 다뤄져야 한다.

재정의 장기 건전성 관리와 역량 강화를 위해 잠재성장률을 제고하고 새로운 세원을 발굴하는 것이 중요함을 다시 한 번 강조하고자 한다. 조속한 비과세·감면 축소, 금융 관련 세원 확충, 부가가치세율 인상, 연금보험율 인상, 수급 개시 연령 조절 등의 정책 조합이 필요하다. 아울러 고

통에너지 환경세는 탄력적인 재원 배분을 저해하므로, 성장 잠재력을 훼손하지 않고 저탄소 녹색성장을 실현하면서 재원 조달이 가능한 환경세로 개편하는 것을 신중히 검토할 필요가 있다. 가장 강조되어야 하는 부분은 신성장 동력 확충, 고령자와 여성 인력 활용 확대, 잠재성장률 제고 등의 전략을 통해 인적자원의 효과성을 높이는 것임을 잊지 말아야 한다.

정부는 여러 차례에 걸쳐 재정 준칙을 마련하려는 노력을 기울여온 바, 가장 최근에는 국가재정법의 개정을 통해 관리재정수지 3% 적자, 국가채무 비율 60%를 한계로 하는 재정 준칙을 법제화하는 방안이 정부 발의로 국회에 계류 중이다. 재정 준칙은 국가채무 등 재정 지표가 일정 수준을 넘지 않도록 정한 규범이다. 즉 미래세대의 부담을 줄이고 국가 신용을 유지하기 위한 재정의 마지노선을 말한다. 이는 팬데믹 경제위기를 극복하는 과정에서 발생한 재정 악화 수준을 완화하고, 거시경제의 불안정성을 통제하며, 인구 고령화로 인해 미래세대의 재정 부담이 크게 증가하는 것을 막기 위해 고안되었다. 구속력과 위기 시 재정의 탄력적 대응을 모두 담보할 수 있도록 적정 재정 지표, 관리 한도, 이행 담보 방안이 설계·도입되어야 한다.

다음으로 우리나라와 같이 예산 편성 및 재정 집행이 주로 행정부에서 이루어지는 경우 국회는 정부의 재정 권한을 감독하기 위해, 그리고 재정의 회복탄력성을 확보하기 위해 예산 심의 관점을 거시적 방향으로 전환해야 한다. 국회예산정책처의 역할 강화가 필요하다. 향후 급격한 고령화와 저출산 등으로 인해 재정건전성이 악화될 것으로 예상되므로 장기 재정 전망에는 선망의 중립성과 함께 8대 사회보험 및 연금 제도개혁 등의 대응 방안이 포함되어야 한다. 장기 재정 전망의 초기 연도에 국가재정운용계획에 일치시키는 문제를 검토하여 임의로 연결하거나 조정하지 말아야 하며, 재정통계에 포함되는 범위의 차이 문제를 해결해야 한다. 국민연금 등 적립기금의 고갈 이후 대응 방안도 함께 논의해야 한다. 전략적 재원 배분과 과감한 지출 구조조정을 전제로 한 실효성 있는 준기 재정계획과 단년도 예산 편성의 연계를 강화하고, 여기에 구속력을 부여하는 제도적 장치가 마련되어야 한다.

아울러 정부는 나라살림 지킴이 역할과 함께, 급변하는 경제적·사회적 여건을 반영하여 제도가 탄력적으로 운영될 수 있도록 예비타당성 조사의 대상 및 사업 범위의 조정, 사업별 특성을 감안한 맞춤형 타당성 평가 체계 도입 등의 제도 개선을 이해해야 한다. 유사 기금 간 통폐합, 특별회계와 기금 간 과부족 해소 장치의 보강이 필요하며, 초·중등교육 및 고등·평생교육 간 투자 재원 배분 효율화를 위해 중앙-지방 간 기능 조정과 연계한 의무적 경비 재배분에 대한 실행 가능한 대안을 마련하는 것이 반드시 필요하다.

책임 있는 국정 운영을 위해서 기본으로 돌아가, 정부가 해야 하고 또 잘할 수 있는 프로그램에 집중하는 정상화가 필요하다. 선제적인 제도개혁을 통해 형식화되고 있는 국가재정운용계획의 구속력을 확보하고, 실효성 있는 지출 점검 등을 이행하는 것과 함께 의미 있는 재정 준칙을 도입할 수 있기를 기대한다. 더 중요한 것은 시민의식의 혁명이다. 공급자 중심이 아니라 국민의 관점에서 칸막이를 걷고 결과 중심으로 성과를 내도록 하는 깨어 있는 시민의식이 지속가능한 재정 운용을 가능하게 할 것이다.

리바이어던이 사회계약의 산물이라는 점을 잊지 말자. 국가가 내 돈을 어떻게 쓰는지 눈을 부릅뜨고 지켜볼 일이다. 아는 만큼 보이고, 보이는 만큼 책임 있는 재정을 만들 수 있다. 재정 중독의 대안은 냉철한 머리와 뜨거운 가슴이다. 철저한 지출 점검을 통해 마련한 재정 여력을 집중적으로, 그리고 효과적으로 지출하도록 함으로써 '리바이던 족쇄 채우기'에 앞장서야 할 것이다.

PUBLIC FINANCE AS LEVIATHAN

참고문헌

EAI분권화센터 엮음(2006). 『국가-지방정부 관계 재정립을 위한 헌법 개정안 연구: 최종 보고서』. 서울: EAI동아시아연구원.

KDI공공투자관리센터(2021). 『2021년도 공공기관 사업 예비타당성 조사 연구 보고서』. 세종: KDI한국개발연구원.

KDI한국개발연구원(2008). 「울릉(사동)항 2단계 개발사업」. 한국개발연구원 미간행 연구보고서.

______(2022). 「장기경제성장률 전망과 시사점」. 한국개발연구원 미간행 보고서.

KMI한국해양수산개발원(2009). 「울릉도 관광거점항 개발사업검토」. 한국해양수산개발원 미간행 보고서.

감사원(2020). 「성과감사 보고서: 중장기 국가재정 운용 및 관리실태」. 감사원 미간행 보고서.

강장석(2010). 「국회 예산결산특별위원회의 상임위원회화 방안에 관한 연구」, 국회예산결산특별위원회 연구용역 보고서.

고든 털럭(1970/2005). 『사적 욕망과 공공수단: 정부의 바람직한 규모에 관한 경제학적 분석』(원저: *Private Wants, Public Means: An Economic Analysis of the Desirable Scope of Government*, New York: Basic Books), 김행범·황수연 옮김. 고양: 대영문화사.

공동성 엮음(2013). 『성과 관리: 한국제도편』. 고양: 대영문화사.

국가재정운용계획 지원단(2022). 「2022~2026년 국가재정운용계획 지원단 보고서」. KDI한국개발연구원 연구용역 보고서.

국경복 외(2012). 『국회 예산 심사 제도 개혁방안』. 서울: 기획재정위원회.

국경복(2015). 『재정의 이해』. 파주: 나남.

권오성(2013). 『재정건전성을 위한 지출 및 채무 제한제도 도입에 관한 연구』. 서울: 한국행정연구원.

기획재정부(2019). 「'통합재정수지' 통계정보보고서」. 기획재정부 미간행 보고서.

______(2021). 「2020년도 부담금운용종합보고서」. 기획재정부 미간행 보고서.

______(2022a). 「2022년 국고보조사업 연장평가 보고서」. 기획재정부 미간행 보고서.

______(2022b). 「2022년도 조세지출예산서」. 기획재정부 미간행 보고서.

______(2022c). 「공공기관 현황 편람」. 기획재정부 미간행 보고서.

김낙회 · 변양호 · 이석준 · 임종룡 · 최상목(2021). 『경제정책 어젠다 2022: 자유, 평등 그리고 공정』. 파주: 21세기북스.

김난영 · 김상헌(2007). 「예산결산특별위원회 상설화의 효과에 관한 실증적 연구: 예결위상설화는 기대효과를 발휘하고 있는가?」, 『행정논총』, 제45권 제3호, 81-109.

김동건(2012). 『비용、편익분석(제4판)』. 서울: 박영사.

김동건 · 원윤희(2012). 『현대재정학(제6판)』. 서울: 박영사.

김배원(2004). 『예 · 결산 제도상 국회와 정부간의 권한 조정에 관한 연구』. 세종: 한국법제연구원.

김병주 · 박정수(2006). 「지방교육재정교부금 배분구조의 혁신방안」, 『교육재정경제연구』, 제15권 제1호, 217-241.

김상헌 · 배병돌(2002). 「특별교부세 배분에 관한 실증적 연구」, 『한국행정학보』, 제36권 제1호, 159-171.

김상헌 · 이기영(2011). 「국회예산정책처 설립이 예산 심의에 미친 영향에 관한 연구」, 국회예산결산특별위원회 연구용역 보고서.

김순양(2011). 「예산 편성 단계에서의 국회의 역할」, 국회예산결산특별위원회 연구용역 보고서.

김재훈(2022). 「재정 분권과 신화: 지방소비세 도입과 확대를 중심으로」, 『한국지방재정논집』, 제27권 제2호, 67-108.

김철회 · 박경순(2011). 「재정건전성 관리를 위한 국회의 역할강화 방안: 예산안 심의과정을 중심으로」, 『사회과학연구』, 제20권 제2호, 61-78.

김춘순 · 박인화(2012). 「국회 예산 과정 분석과 확정예산의 정책적 함의」, 『재정정책논집』, 제14권 제2호, 125-154.
김태완 · 이주미 · 정은희 · 최옥금 · 최유석 · 송치호 · 박은정 · 김보미(2020). 『우리나라 소득 분배 진단과 사회보장 재구조화 방안』. 세종: 한국보건사회연구원.
김태일(2013). 『국가는 내 돈을 어떻게 쓰는가』. 파주: 웅진지식하우스.
______(2021). 「재정 운용의 계획성과 국회 예산 심사」, 2021 국회예산정책처 "예산정책심포지엄" 미간행 자료집.
대구경북연구원(2008). 「울릉(사동)항 2단계 타당성 조사 연구」. 대구경북연구원 미간행 보고서.
대런 애쓰모글루 · 제임스 로빈슨(2012/2020). 『국가는 왜 실패하는가』(원저: *Why Nations Fail: The Origins of Power, Prosperity, and Poverty*, New York: Crown), 최완규 옮김, 장경덕 감수. 서울: 시공사.
______(2019/2020). 『좁은 회랑: 국가, 사회 그리고 자유의 운명』(원저: *The Narrow Corridor: States, Societies, and the Fate of Liberty*, London: Penguin), 장경덕 옮김. 서울: 시공사.
댄 애리얼리(2012/2012). 『거짓말하는 착한 사람들: 우리는 왜 부정행위에 끌리는가』(원저: *The Honest Truth About Dishonesty: How We Lie to Everyone*, New York: HarperCollins), 이경식 옮김. 서울: 청림출판.
데이비드 존스턴(2011/2011). 『정의의 역사』(원저: *A Brief History of Justice*, Chichester: Wiley-Blackwell), 정명진 옮김. 서울: 부글북스.
맨슈어 올슨(1982/1990). 『국가의 흥망성쇠』(원저: *The Rise and Decline of Nations: : Economic Growth, Stagflation, and Social Rigidities*, New Haven, CT: Yale University Press), 최광 옮김. 서울: 한국경제신문사.
문명재 · 주기완(2007). 「정부규모, 기능, 역량에 관한 탐색적 연구: 문민정부, 국민의 정부, 참여정부를 중심으로」, 『행정논총』, 제45권 제3호, 61-80.
박노욱(2022). 「재정혁신을 위한 재정 준칙 도입방안: 주요 쟁점과 정책과제」, 『재정포럼』, 제314권, 8-31.
박명호(2022). 「현행 세수추계 방식의 개선방안 연구」, 『세무와 회계 연구』, 제11권 제3호, 83-140.
박명호 외(2020). 『2020 NABO 장기 재정 전망』, 서울: 국회예산정책처.

박병식 · 이준호(2005). 「국회의 국정평가기능 제고를 위한 국회예산정책처의 역할 정립방안」, 『한국사회와 행정연구』, 제15권 제4호, 203-225.

박상원(2011). 「국회 예산 결정의 정치경제학적 이해: 행정부, 여당, 야당의 관계를 중심으로」, 『재정학연구』, 제4권 제3호, 37-66.

박윤진 · 이기돈(2021). 「국가별 총부채 및 부문별 부채의 변화추이와 비교」, 『재정포럼』, 제297권, 28-41.

박재완(2004). 「예결특위의 상임위 전환, 왜 시급한가?」, 국회예산결산특별위원회 "국회 예결위 개편을 위한 공청회" 미간행 자료집.

______(2007). "국가채무와 국민부담", 한나라당 공공특위 미간행 발제문.

______(2013). 「국가정책과 국민통합: 국가정책과 국민통합」, 『The KAPS』, 제33권, 8-11.

박정수(2007). 「선진국 재정개혁에 있어 입법부의 역할변화와 시사점」, 국회예산정책처 연구용역 보고서.

______(2013a). 「국제기준에 따른 재정 범위의 설정: 국가채무와 국민 부담률을 중심으로」, 『예산정책연구』, 제2권 제2호, 107-134.

______(2013b). 「국회 예산 심사 제도 평가와 개선 방안, 『사회과학연구논총』, 제29권 제1호, 301-332.

______(2018). 『우리나라 재정정보 공개제도 시스템 개선 방안: 해외 사례와 비교를 중심으로』. 서울: 한국재정정보원.

박정수 · 신혜리(2013). 「거시예산개혁과 재정개혁 이후 예산 심의 과정에서 나타난 행태분석: 국회 예산결산특별위원회를 중심으로」, 『의정연구』, 제38권, 73-109.

박정수 · 유정숙 · 박한준(2011). 「주요국 공공기관 운영현황 및 재정과의 관계연구」, 기획재정부 · 한국조세연구원 연구용역 보고서.

박진식 · 문형표 · 이원희 · 황성현(2004). 「'예결위의 상임위화'에 관한 공청회」, 개혁특별위원회 "'예결위의 상임위화'에 관한 공청회" 미간행 자료집.

박종관 · 김철회 · 박경순 · 이창욱 · 곽길화(2012). 「신제도주의적 관점에서 본 국회예산 과정 변화와 시사점」, 국회예산정책처 연구용역 보고서.

박준석(2021. 5. 6.). "'일하는 국회법' 뚜껑 열어보니 '일 안 하는' 국회?". 한국일보(https://www.hankookilbo.com/News/Read/A2021050517500002520).

박형준 · 김춘순(2013). 「예산의 책임성 강화를 위한 재정거버넌스 제도 고찰: 국회 기능 강화의 관점에서」, 『예산정책연구』, 제2권 제1호, 43-69.

백웅기(2016). 「우리나라 재정 준칙의 도입방안」, 『입법과 정책』, 제8권 제1호, 265-288.

삼성경제연구소(2017). 「사회적 갈등 비용 조사」.

서갑수(2013). 「국회 예결산심의제도의 문제점과 개선 방안」, 국회예산결산특별위원회 연구용역 보고서.

서울시정개발연구원(2004). 「청계천 복원 타당성 조사 및 기본계획: 사회적비용편익부문」, 서울시정개발연구원 미간행 보고서.

성재민(2022). 「인구감소시대의 고용정책」, 『노동리뷰』, 제215호, 3-4.

손원익 · 정재호 · 김형준 · 김상헌(2004). 『기업의 준조세부담과 정책 방향』. 서울: 한국조세연구원.

신동균(2006). 「소득분포의 양극화: 개념과 실태」, 『노동리뷰』, 제13호, 63-80.

신혜리 · 박정수(2021). 「지방의회의 재정 지출 결정요인과 예산권한에 관한 연구」, 『의정연구』, 제27권 제2호, 111-143.

심수진 · 남상민 · 김은아(2023). 『국민 삶의 질 2022』. 대전: 통계청 통계개발원.

애덤 스미스(1776/2018). 『한 권으로 읽는 국부론』(원저: *An Inquiry into the Nature and Causes of the Wealth of Nations*, London: W. Strahan & T. Cadell), 안재욱 옮김. 서울: 박영사.

앨버트 O. 허시먼(1970/2016). 『떠날 것인가, 남을 것인가: 퇴보하는 기업, 조직, 국가에 대한 반응』(원저: *Exit, Voice, and Loyalty: Response to Decline in Firms, Organizations, and States*, Cambridge, MA: Harvard University Press), 강명구 옮김. 서울: 나무연필.

양재진(2022. 8. 31.). 「복지와 경제 I: 상생의 경우」, 서울복지교육센터 공유복지 플랫폼 "사회보장의 원리" 게시글(https://wish.welfare.seoul.kr/swflmsfront/board/boardr.do?bmno=10001&bno=96333&pno=10019&opno=0&).

오연천(2006). 「국가재정법시대의 국회의 역할」, 국회예산결산특별위원회 연구용역 보고서.

______(2017). 『국가 재정의 정치경제학: 국민이 미래를 선택한다』. 파주: 21세기북스.

오연천 · 임동욱(2000). 「예결위 상설화에 따른 제도정비 방안」, 한국의회발전연구회 "제37차 의정연구논단" 미간행 자료집.

오영균(2004). 「성과중심 국회결산을 위한 제도개선에 관한 연구」, 『한국행정논집』, 제16권 제1호, 155-178.

______(2004). 「정부회계와 조세부담율」, 『정부회계연구』, 제2권 제1호, 17-35.

옥동석(2009). 「재정민주주의와 국회의 재정통제권」, 예산결산특별위원회 연구용역 보고서.

______(2010). 「국회재정권한 및 절차의 체계성 및 실효성 제고방안 연구」, 국회예산정책처 연구용역 보고서.

______(2012). 「공공기관의 지정 및 분류 기준」, 『예산정책연구』, 제1권 제1호, 201-235.

______(2021). 「나라살림, 정치로부터 탈출시키자」, 강영철 · 이혁우 · 김진국 · 옥동석 · 곽노성 · 배원기 · 이민창, 『함께 못사는 나라로 가고 있다: 미래세대를 위한 대한민국 만들기』(pp. 163-183). 서울: 윤성사.

원윤희 · 김완석 · 유태현 · 윤석완 · 이재원 · 조계근 · 고성철(2008). 『국세-지방세 합리적 조정방안 연구』. 서울: 서울시립대학교 부설 지방세연구소.

원종학 · 이강국 · Toshiyuki Uemura(2020). 『일본의 재정 정책과 재정의 지속가능성: 2010년 이후의 동향과 전망』. 세종: 한국조세재정연구원.

윤영진(2009). 「예결산 심의의 연계강화를 위한 결산심사 제도의 개선 방안」, 『예산춘추』, 제15호, 19-24.

윤용중 · 이강구 · 윤준승 · 서재만 · 김정미(2011). 『재정통계 개편의 주요 쟁점과 과제』, 서울: 국회예산정책처.

이강구 · 최종하(2019). 「한국의 장기 재정 전망: 문헌연구: 입법과 정책」, 『입법과 정책』, 제11권 제1호, 205-236.

이겨레 · 함성득(2008). 「국회예산정책처의 제도적 발전과정: 미의회예산처와 비교를 통하여」, 『행정논총』, 제46권 제2호, 163-198.

이동규(2012). 「국회재정권 측면에서의 임시예산 제도의 비교법적 연구」, 국회예산정책처 연구용역 보고서.

이병희(2020). 「보편적 고용보험의 쟁점과 과제」, 『노동리뷰』, 제183권, 29-39.

이영 · 현진권(2006). 「한국의 재정 분권 수준은 과연 낮은가?」, 『공공경제, 제11

권 제1호, 93-120.
이영조(2002).「한국 국회의 예산안 심의실태분석」,『한국행정논집』, 제14권 제1호, 1-23.
이원희 · 박종혁(2009).「예산안의 사전심의제도에 관한 연구」, 국회예산결산특별위원회 연구용역 보고서.
이원희 · 이강원 · 박정식 · 이윤자(2003).「국회 예 · 결산제도 개선 방안」, 국회예산결산특별위원회 연구용역 보고서.
이은경(2020).「국가재무제표의 신뢰성 제고를 위한 제언: 오류총액에 대한 현황분석을 중심으로」,『예산정책연구』, 제9권 제3호, 163-186.
이정희(2010).「최근의 주요 예산이론들의 비교, 평가 및 발전방향에 관한 연구」,『한국행정학보』, 제44권 제4호, 103-130.
이종수 · 윤영진 외(2008).『새 행정학(제5판)』. 고양: 대영문화사.
이홍재(2011).「성과 관리와 예 · 결산 심의의 연계성 제고방안 연구: 국회 예 · 결산 심의과정을 중심으로」, 국회예산정책처 연구용역 보고서.
임기창(2022. 6. 1.). “[의원입법 ‘홍수’ 시대] ① 2년간 1만 4천여 건…급증하는 의원 발의”. 연합뉴스(https://www.yna.co.kr/view/AKR20220527129700501).
임동욱(2003).「국회예산정책처 설립과정과 향후 운영방안」,『의정연구』, 제9권 제2호, 209-214.
임성일(2007).「지방재정의 운영원리에 대한 검토와 방향 재정립」, 한국지방재정학회 “2007 지방재정세미나” 미간행 자료집.
임성일 · 손희준(2011).「지방교육재정제도의 개선 방안: 지방재정과 지방교육재정 간의 관계 재정립」,『지방행정연구』, 제25권 제3호, 59-92.
장문선 · 윤성식(2002).「국회 예산 심의액 증감의 영향요인에 관한 실증적 분석: 예산결산특별위원회를 중심으로」,『한국정책학회보』, 제11권 제2호, 99-119.
장윤정(2020).『재정건전성 회복을 위한 주요국 정책사례연구』, 서울: 한국재정정보원.
재정개혁특별위원회(2019).「재정개혁보고서」, 재정개혁특별위원회 미간행 보도자료.
재정분권전문위원회(2021). 자료 제목 누락, 재정분권전문위원회 미간행 자료.

전진영(2015). 「국회선진화법은 국회를 선진화시켰는가?」, 『현대정치연구』, 제8권 제1호, 99-125.

정병욱(2011). 「국회결산심사의 실효성 제고방안 연구」, 국회예산정책처 연구용역 보고서.

정종선(2017). 「국회예산정책처의 설립이 국회 예산 심의에 미친 영향에 관한 실증적 분석: 국회 일반회계 예산안 수정비율을 중심으로」, 『예산정책연구』, 제6권 제1호, 40-67.

정종섭(2005). 「국가 재정에 관한 국회의 기능강화 방안에 관한 연구」, 국회예산결산특별위원회 연구용역 보고서.

정진호(2022. 1. 20.). "세수추계 60조 오차 원인은 부동산…양도세, 예측치의 2배". 중앙일보(https://www.joongang.co.kr/article/25042144#home).

제임스 뷰캐넌 · 존 비튼 · 리처드 와그너(1978/2021). 『케인스는 어떻게 재정을 파탄냈는가: 한국의 미래는 재정 준칙에 달려 있다』(원저: *The Consequences of Mr. Keynes*, London: Institute of Economic Affairs, 옥동석 옮김. 서울: 자유기업원.

조영무(2013). 「최근의 국제 재정통계 지침으로 본 우리나라의 공공부문 채무 수준」, 『LG Business Insight』, 제1249호, 24-30.

조태현(2009). 「국회 예결산 심의제도의 문제점과 개선 방안: 국가재정법 시행에 따른 주요 변화 중심으로」, 서강대학교 경제대학원 석사학위논문.

조택 · 이근주(2013). 「국회 예결산 심의의 한계 및 효과성 제고방안」, 국회예산결산특별위원회 연구용역 보고서.

조형국(2016. 2. 12.). "한국 불평등 OECD '4위'". 경향신문(https://www.khan.co.kr/economy/economy-general/article/201602121727251).

최광 · 곽태원 외(2007). 『세금경제학』. 서울: 자유기업원.

최도열 · 이원희(2005). 「국회 예산 심의 과정에서 시민참여 확대 방안에 관한 연구」, 한국지방정부학회 "2005 춘계학술대회 '민선자치단체장 10주년의 평가'" 미간행 자료집.

최병선(2023). 『규제 vs 시장』. 고양: 가가날.

최병호(2007). 「재정 분권이론과 적정한 지방재정의 구조 모색」, 『한국지방재정논집』, 제12권 제1호, 129-160.

최병호 · 정종필(2007). 「재정 분권과 지방재정의 과제: 지방세 중심의 구조와 지방정부의 적정규모를 중심으로」, 한국지방재정학회 "2007 지방재정세미나" 미간행 자료집.

최준영(2022. 1. 11.). 「2022 대통령의 성공조건 시리즈: ⑦ 협치의 관점에서 국회를 존중하라」, EAI 동아시아연구원 "EAI 워킹페이퍼" 게시글(https://www.eai.or.kr/new/ko/project/view.asp?code=115&intSeq=21020&board=kor_workingpaper&keyword_option=&keyword=&more=).

코리아리서치센터(2010). 「예산안 편성과정에서의 국회와 정부간 역할배분 방안에 대한 설문조사」, 국회예산정책처 연구용역 보고서.

탁현우(2019). 「재정성과 평가제도 예산 과정 환류 방안 연구」, 한국정책분석평가학회 "2019 추계학술대회" 미간행 자료집.

통계청(2011~2020). 「소득분배지표」. 통계청 미간행 보고서.

______(2021). 「장래인구추계: 2020~2070년」. 통계청 미간행 보고서.

하능식(2013). 「취득세율 인하에 따른 지방재정 영향 및 향후과제」, 한국지방세학회 "2013 추계학술대회" 미간행 자료집.

하준경(2021). 「비기축통화국의 재정확대」, 『재정포럼』, 제298권, 2-5.

한국경제학회(2020). "국가부채에 대한 설문조사" 결과. 한국경제학회(http://www.kea.ne.kr/survey/read?id=25&no=N).

한국은행(2022). 경제통계지표(https://ecos.bok.or.kr/#/StatisticsByTheme/KoreanStat100).

한국조세연구원(2013). 「공공부문 재정통계 산출방안」, 한국조세연구원 "공공부문 재정통계 산출방안 공청회" 미간행 자료집.

한국행정연구원(2022). 「2019년 사회통합실태조사(국가승인통계 공표용 보고서)」. 한국행정연구원 미간행 보고서.

함성득(1996). 「예산 심의 과정에서 국회의 전문성 확보를 위한 조직 구성에 관한 연구: 미국 의회예산처와 한국 국회 법제예산실 비교」, 『행정과 정책』, 제2권, 195-227.

함성득 · 정광호(2009). 「국회의 예산 편성권과 예산정책처의 새로운 위상 확보방안 연구」, 국회예산정책처 연구용역 보고서.

해양수산부(2007). 『제2차 전국항만(무역항) 기본계획 수정계획』. 서울: 해양수산부.
홍준표 · 민지원(2019). 「잠재성장률 하락의 원인과 제고 방안」, 『한국경제주평』, 제851권, 1-19.
황정일 · 전민규(2021. 5. 8.). "[심층기획] 기본소득이 약자 보호? '부의 소득세'가 취약계층에 적합". 중앙선데이(https://www.joongang.co.kr/article/24052676#home).

Allen, Schick (1973). *Congress Versus the Budget*. Washington, D.C.: U.S. Government Printing Office.
______(2002). "Agencies in Search of Principles", *The OECD Journal on Budgeting*, 2(1), 7-27.
Bahl, Roy W., & Johannes F. Linn (1992). *Urban Public Finance in Developing Countries*. New York: Oxford University Press.
______(1994). "Fiscal Decentralization and Intergovernmental Transfers in Less Developed Countries", *Publius: The Journal of Federalism*, 24(1), 1-19.
Besley, Timothy, Torsten Persson, & Daniel M. Strum (2010). "Political Competition, Policy and Growth: Theory and Evidence from the U.S.", *Review of Economic Studies, 77*, 1329-1352.
Bird, Richard M., & François Vaillancourt (eds.) (2006). *Perspectives on Fiscal Federalism*. Washington, D.C.: The World Bank.
Bird, Richard M., & Milka Casanegra de Jantscher (eds.). (1992). *Improving Tax Administration in Developing Countries*. Washington, D.C.: International Monotary Fund.
Boije, Robert, & Albin Kainelainen (2012). "The Importance of Fiscal Policy Frameworks-Swedish Experience of the Crisis", In Daniele Franco (Ed.), *Rules and Institutions for Sound Fiscal Policy after Crisis* (pp. 321-342). Rome: Bank of Italy.
Boyne, George A. (1996). "Competition and Local Government: A Public Choice Perspective", *Urban Studies*, 33(4-5), 703-721.

Brennan, Geoffrey, & James M. Buchanan (1980). *The Power of Tax: Analytical Foundation of a Fiscal Constitution*. New York: Cambridge University Press.

Sharma, Dhiraj (2018. 11. 14.). "Why the World Bank is Taking a Wide Angle View of Poverty". Brookings Institution(https://www.brookings.edu/blog/future-development/2018/11/14/why-the-world-bank-is-taking-a-wide-angle-view-of-poverty/).

Buchanan, James M. (1950) "Federalism and Fiscal Equity", In Wallace E. Oates (ed.). (1998). *The Economic of Fiscal Federalism and Local Finance* (pp. 347-363). Northampton, MA: Edward Elgar.

Buchanan, James M., & Gordon Tullock (1962). *The Calculus of Consent: Logical Foundations of Constitutional Democracy*. Ann Arbor, MI: University of Michigan Press.

Coase, Ronald H. (1937). "The Nature of the Firm", *Economica*, 4(16), 386-405.

Djankov, Simeon, Rafael la Porta, Florencio López-de-Silanes Molina, & Andrei Shleifer (2002). "The Regulation of Entry: A Survey", *Quarterly Journal of Economics, 117*(1), 1-37.

Dollery, Brian E., & Joe L. Wallis (2001). *The Political Economy of Local Government*. Cheltenham: Edward Elgar.

Esteban, Joan-Maria, & Debraj Ray (1994). "On the Measurement of Polarization", *Econometrica, 62*(4), 819-851.

Framton, Dennis (1993). *Practical Tax Administration*. Bath: Fiscal.

Goel, Rajeev K., & Michael A. Nelson (1998). "Corruption and Government Size: A Disaggregated Analysis", *Public Choice, 97*(1-2), 107-120.

Gore, Al (1994). *The Intelligence Community: Accompanying Report of the National Performance Review*. Washington, D.C.: Office of Vice President.

Hagen, J. von, & Ian J. Harden (1995). "Budget Processes and Commitment to Fiscal Discipline." *European Economic Review*, 39, 771-779.

Hallerberg, Mark & Jürgen von Hagen (1999). "Electoral Institution, Cabinet Negotiations and Budget Deficits in the European Union", In James M. Poterba & J rgen von Hagen (eds.), *Fiscal Institutions and Fiscal Performance* (pp. 209-232). Chicago, IL: University of Chicago Press.

Hardin, Garrett J. (1968). "The Tragedy of the Commons: The Population Problem has No Technical Solution; It Requires a Fundamental Extension in Morality", *Science*, 162(3859), 1243-1248.

Hart, Oliver, Andrei Shleifer, & Robert W. Vishny (1997). "The Proper Scope of Government: Theory and an Application to Prisons", *The Quarterly Journal of Economics, 112*(4), 1127-1161.

HM Treasury. (2021). "Spending Review 2021: Priority Outcomes and Metrics"(https://assets.publishing.service.gov.uk/government/uploads/system/uploads/attachment_data/file/1029277/Supplementary_Document_on_Outcomes_Metrics.pdf).

Kemper, Peter, & Quigley, John M. (1976). *The Economics of Refuse Collection*, Cambridge, MA: Lippincott & Ballinger.

ILO. (2005). *Financing Social Protection, Vol. 5.* Geneva: ILO.

IMF. (2013). *World Economic Outlook Database April 2013: Hopes, Realities, Risks*. Washington, D.C.: IMF.

______(2014). *Government Finance Statistics Manual 2014.* Washington, D.C.: IMF.

______(2018). *IMF Country Report: Republic of Korea – Selected Issues*, Washington, D.C.: International Monetary Fund.

______(2020). *IMF World Economic Outlook: A Long and Difficult Ascent*. Washington, D.C.: IMF.

______(2022a). "Fiscal Rules and Fiscal Councils: Recent Trends and Performance During the COVID-19 Pandemic", IMF Working Paper,

no. 22/11.
_____(2022b). *Fiscal Monitor: Fiscal Policy from Pandemic to War*. Washington, D.C.: IMF.
Majumdar, Sumit K. (1998). "On the Utilization of Resources: Perspectives from the U.S. Telecommunications Industry", *Strategic Management, 19*(9), 809–831
Lawrence R. Jones, & Euske, Kenneth J. (1991). "Strategic Misrepresentation in Budgeting", *Journal of Public Administration Research and Theory*, 1(4), 437–460.
Levitsky, Steven, & Daniel Ziblatt (2018). *How Democracies Die*. New York: Crown Books.
Mathot, Axel, Anne Keller, & Flavia Giannini (2021). "OECD Spending Review Survey 2020", Paris: OECD.
McKinney, Jerome B. (2004). *Effective Financial Management in Public and Nonprofit Agencies* (3rd Ed.). Westport, CT: Praeger.
McLure, Charles E. Jr. (1983). *Tax Assignment in Federal Countries, Center for Research on Federal Financial Relations*. Canberra: Australian National University.
Merola, Rossana & Douglas Sutherland (2012). "Long-run Projections and Fiscal Gap Calculations", *OECD Economics Department Working Papers*, no. 934.
Messere, Kenneth C. & Jeffrey P. Owens (1985). "International Comparisons of Tax Levels: Pitfalls and Insights", *OECD Economic Studies*, 8(Spring), 93-119.
Mikesell, John L. (1991). *Fiscal Administration: Analysis and Applications for the Public Sector* (3rd Ed.). Pacific Grove, CA: Brooks/Cole.
Musgrave, Richard A. & Peggy B. Musgrave (1973). *Public Finance in Theory and Practice*. New York: McGraw-Hill.
Musgrave, Richard, A., & Tun Thin (1948). "Income Tax Progression, 1929~1948", *Journal of Political Economy, 56*(6), 498–514.

Niskanen, William A. (1971). *Bureaucracy and Representative Government*. Chicago, IL: Aldine.

Oates, Wallace E. (1972). *Fiscal Federalism*. New York: Hartcourt Brace Jovanovich,

______(1993). "Fiscal Decentralization and Economic Development", *National Tax Journal*, XLVI(2).

______(1999). "An Essay on Fiscal Federalism", *Journal of Economic Literature*, 38, 1120–1149.

Oates, Wallace E. (ed.). (1998). *Fiscal Federalism, The Economics of Fiscal Federalism and Local Finance*. Northampton, MA: Edward Elgar.

OECD(1996). "Definition of Taxes"(https://www.oecd.org/daf/mai/pdf/eg2/eg2963e.pdf).

______(1998). *User Charging for Government Services: Best Practice Guidelines and Case*. Paris: OECD.

______(2000). *Government of the Future*. Paris: OECD.

______(2007). *Linking Regions and Central Governments: Contracts for Regional Development*. Paris: OECD.

______(2021). *Government at a Glance 2021*. Paris: OECD.

Olson, Mancur (2000). *Power and Prosperity: Outgrowing Communist and Capitalist Dictatorships*. New York: Basic Books, member of the Perseus Books Group.

OMB. (1992. 10. 29.). "Circular No. A–94 Revised"(https://obamawhitehouse.archives.gov/omb/circulars_a094).

Osborne, David, & Ted Gaebler (1993). *Reinventing Government: How the Entrepreneurial Spirit is Transforming the Public Sector*. New York: Penguin Books.

Pechman, Joseph A., & Benjamin A. Okner (1974). "The American Tax System: Who Bears the Tax Burden?", *Brookings Bulletin, 11*(2), 3–5.

Pechman, Joseph A. (1966). *Federal Tax Policy*. Washington, D.C.:

Brookings Institution Press.

Rowntree, Seebohm B. (1901). *Poverty: A study of Town Life*. London: Macmillan.

Sandford, Cedric (1995). *Tax Compliance Costs: Measurement and Policy*. London: Fiscal.

Shah Anwar (1998). "Balance, Accountability, and Responsiveness: Lessons about Decentralization", The World Bank Policy Research Working Paper, no. 2021.

Steiss, Alan W. (1989). *Financial Management in Public Organizations*, Pacific Grove, CA: Brooks/Cole.

Tanzi, Vito, & Anthony J. Pellechio (1995). "The Reform of Taxation Administration", IMF Working Paper, no. 95/22.

Tax Law Review Committee (1995). *Interim Report on Tax Legislation*. London: Institute for Fiscal Studies.

Ter-Minassian, Teresa (ed.). (1997). *Fiscal Federalism in Theory and Practice*. Washington, D.C.: International Monetary Fund.

The World Bank. (2013). "Worldwide Governance Indicators"(http://info.worldbank.org/governance/wgi/index.aspx#reports).

Tiebout, Charles M. (1956). "A Pure Theory of Local Expenditure", *Journal of Political Economy*, 64, 416-424.

Tryggvadottir, Álfrún (2022). "OECD Best practices for Spending Reviews", *OECD Journal on Budgeting*, 22(2).

Weisenthal, Joe (2013. 5. 26.). "Carmen Reinhart And Ken Rogoff Write Huge, Brutal Letter To Paul Krugman Blasting Him For Being Uncivil" Business Insider (https://www.businessinsider.com/reinhart-and-rogoff-vs-krugman-2013-5).

Wildavsky, Aaron (1988). *The New Politics of the Budgetary Process* (4th Ed.). New York: Longman.

Zerbe, Richard O. Jr., & Allen S. Bellas (2006). *A Primer of Benefit Cost Analysis*, Cheltenham: Edward Elgar.

온라인 자료

e-나라지표 > 부단위기관 > 기획재정부 > 국가채무추이: https://www.index.go.kr/unity/potal/main/EachDtlPageDetail.do?idx_cd=1106

e-나라지표 > 부단위기관 > 기획재정부 > 통합재정수지: https://www.index.go.kr/unity/potal/main/EachDtlPageDetail.do?idx_cd=1104

e-나라지표 > 부단위기관 > 기획재정부 > 조세부담률: https://www.index.go.kr/unity/potal/main/EachDtlPageDetail.do?idx_cd=1122

e-나라지표 > 부단위기관 > 기획재정부 > 국민부담률: https://www.index.go.kr/unity/potal/indicator/IndexInfo.do?popup=Y&clasCd=2&idxCd=5015

국가지표체계 > 한국의사회지표 > 국가발전지표 > 국민삶의질지표 > 학급당학생수: https://www.index.go.kr/unity/potal/indicator/IndexInfo.do?cdNo=2&clasCd=10&idxCd=F0090

OECD Statistics > "Economic Outlook No. 106": https://stats.oecd.org/Index.aspx?DataSetCode=EO106_INTERNET

OECD Statistics > "Economic Outlook No. 111": https://stats.oecd.org/Index.aspx?DataSetCode=EO111_INTERNET

OECD Statistics > "Income distribution database": https://stats.oecd.org/Index.aspx?DataSetCode=IDD

OECD Statistics > "Revenue Statistics - OECD countries: Comparative tables": https://stats.oecd.org/index.aspx?DataSetCode=REV

OECD Statistics > "STAN Database for Structural Analysis": https://stats.oecd.org/Index.aspx?DataSetCode=STAN

찾아보기

[ㄴ]

[ㄷ]

[ㅅ]

[ㅇ]

[ㅊ]

[ㅋ]

[ㅌ]

[ㅍ]

리바이어던 재정
예산과 세금의 정치경제학

펴낸날 1판 1쇄 2023년 6월 22일
지은이 박정수
펴낸이 주소현
펴낸곳 이화여자대학교출판문화원
주소 서울특별시 서대문구 이화여대길 52(우 03760)
등록 1954년 7월 6일 제9-61호
전화 02) 3277-2965 (편집), 02) 362-6076 (마케팅)
팩스 02) 312-4312
전자우편 press@ewha.ac.kr
홈페이지 www.ewhapress.com
책임편집 이지예
디자인 정혜진

ISBN 979-11-5890-489-0 93320
값 29,000원

* 잘못된 책은 구입처에서 바꾸어 드립니다.